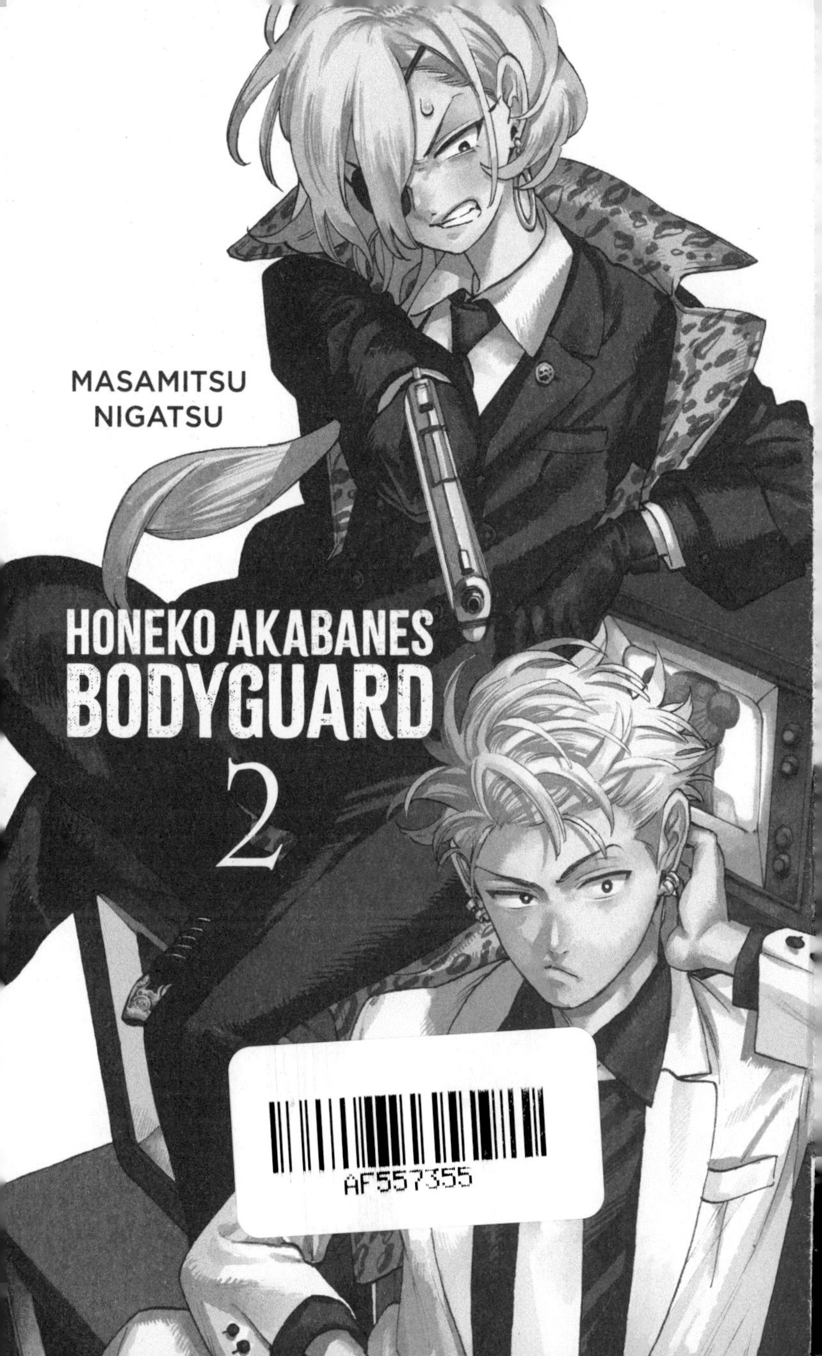
MASAMITSU
NIGATSU
HONEKO AKABANES
BODYGUARD
2

HONEKO AKABANES BODYGUARD

PERSONEN

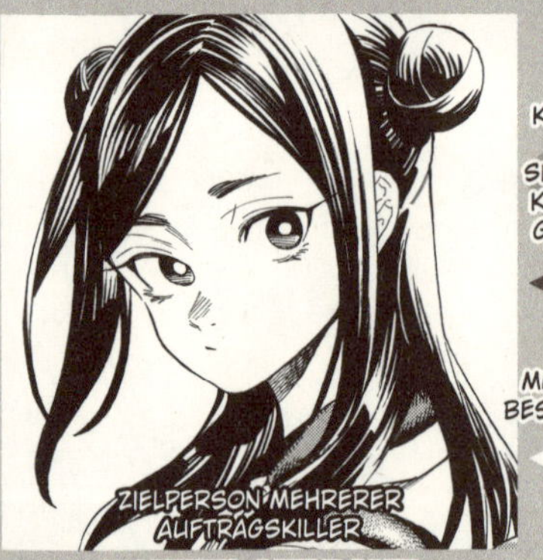

KENNEN SICH SEIT DEM KINDERGARTEN

MUSS SIE BESCHÜTZEN

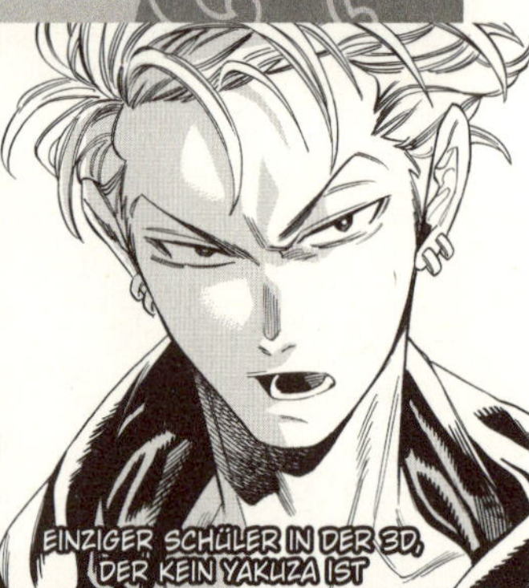

HONEKO AKABANE

ARAKUNIS KINDERGARTENFREUNDIN UND HEIMLICHE TOCHTER VON YAKUZA-BOSS MASAHITO JINGUU. NACHDEM SIE IN DEN KONFLIKT UM DIE NACHFOLGE DER JINGUU-GRUPPE GEZOGEN WIRD, TRACHTEN IHR PROFESSIONELLE KILLER NACH DEM LEBEN. HONEKO SELBST WEISS VON ALLDEM NICHTS.

ARAKUNI IBUKI

OBWOHL KEIN PROFI, IST ER FEST ENTSCHLOSSEN, HONEKO UNTER EINSATZ SEINES LEBENS ZU BESCHÜTZEN. SEIN JOB IST ES, DEN „VERRÄTER" ZU FINDEN.

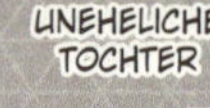

DIE MAFIÖSE JINGUU-GRUPPE

WILL HONEKO AUS DEM WEG RÄUMEN

UNEHELICHE TOCHTER

BEAUFTRAGT ARAKUNI ALS BODYGUARD

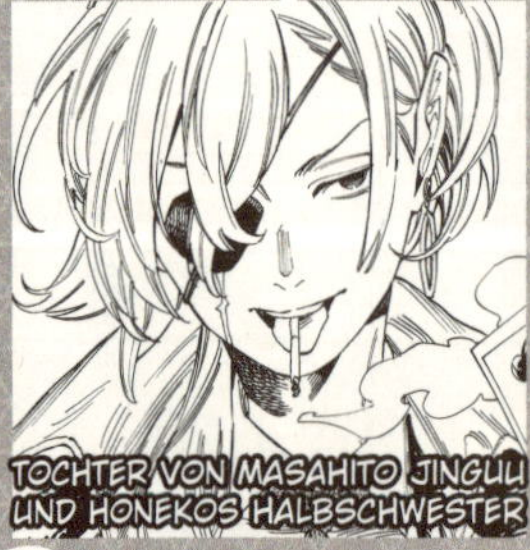

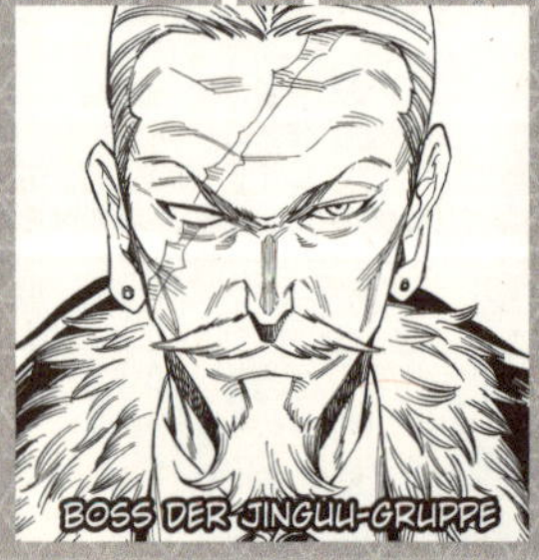

MASACHIKA JINGUU

WILL IHREM VATER ALS BOSS DER JINGUU-GRUPPE NACHFOLGEN. SIE SIEHT HONEKO ALS KONKURRENZ. HAT SICH IN ARAKUNI VERLIEBT.

MASAHITO JINGUU

WILL, DASS HONEKO EIN NORMALES LEBEN FÜHRT UND BEAUFTRAGT ARAKUNI, SIE VOR DEN KILLERN ZU BESCHÜTZEN.

DIE 3D DER SOUSOUJI-HIGHSCHOOL

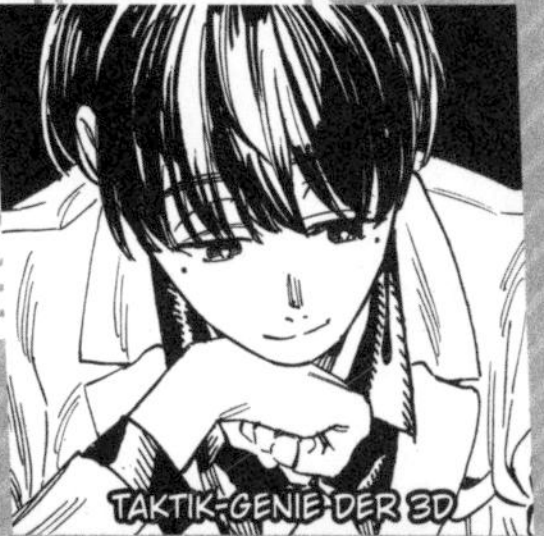

SUMIHIKO SOMEJIMA

SCHÜLER DER 3D. ANFÜHRER UND TAKTIKER DES BODYGUARD-TRUPPS.

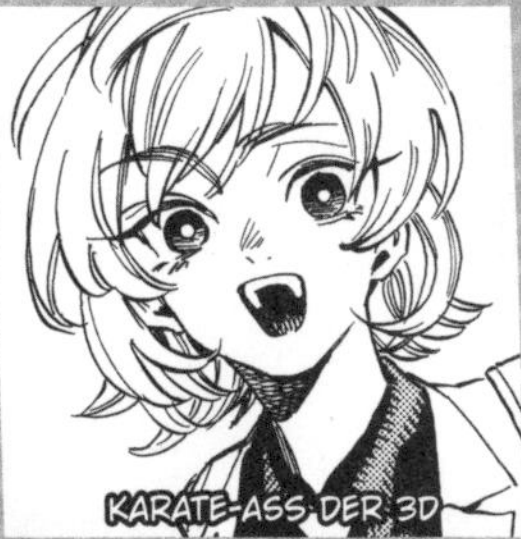

NEI TOGEYA

SCHÜLERIN DER 3D UND EINE VON HONEKOS BESTEN FREUNDINNEN. IHR SPEZIALGEBIET IST KARATE.

BEFREUNDET

ZWEIUNDZWANZIG BODYGUARDS FÜR HONEKO!

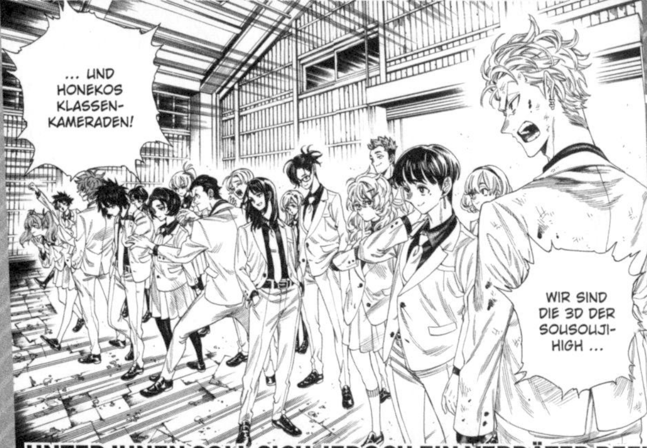

HONEKO MUSS BESCHÜTZT WERDEN!

UNTER IHNEN SOLL SICH JEDOCH EIN VERRÄTER BEFINDEN ...

WAS BISHER GESCHAH ...

DIE 3D IST EIN TRUPP SPEZIELL AUSGEBILDETER UNDERCOVER-BODYGUARDS, DIE HONEKO TÄGLICH DAS LEBEN RETTEN. EINER VON IHNEN SOLL JEDOCH HEIMLICH INFOS AN DEN FEIND WEITERGEBEN. ARAKUNI WURDE BEAUFTRAGT, DEN VERRÄTER AUSFINDIG ZU MACHEN. INDESSEN DRINGT MASACHIKA JINGUU MIT IHREN AUFTRAGSKILLERN IN DIE SOUSOUJI-HIGH EIN. WÄHREND DIE ANDEREN IM UNTERRICHT SITZEN UND DAS KLASSENZIMMER NICHT VERLASSEN KÖNNEN, MUSS ARAKUNI DIE EINDRINGLINGE ALLEIN HINHALTEN. ENDLICH LÄUTET DIE PAUSENGLOCKE UND VERSTÄRKUNG KOMMT! ES IST ZEIT, ZURÜCKZUSCHLAGEN!

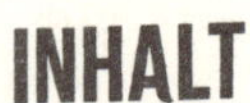

INHALT

Story & Zeichnungen

MASAMITSU NIGATSU

Übersetzung

BENJAMIN RUSCH

Lektorat

KATHARINA ALTREUTHER

Lettering

ANDREA RENZONI

KAPITEL 6: MASACHIKA IST RAUS!

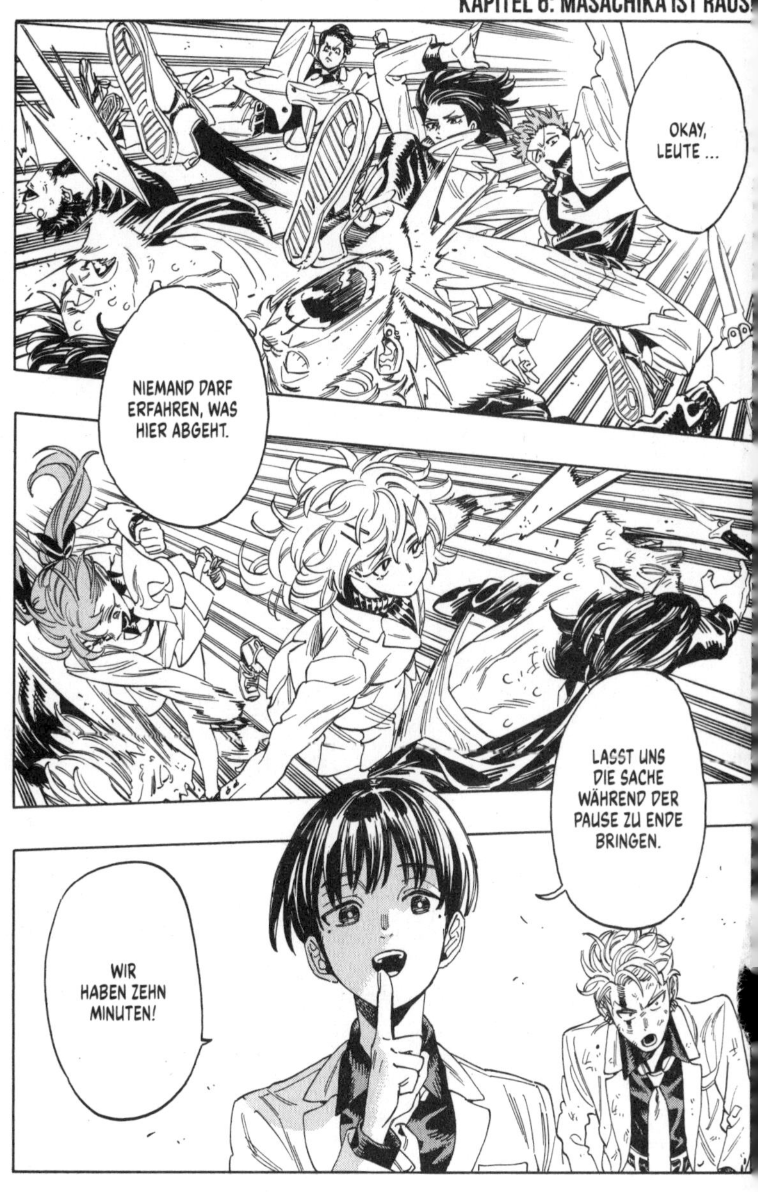

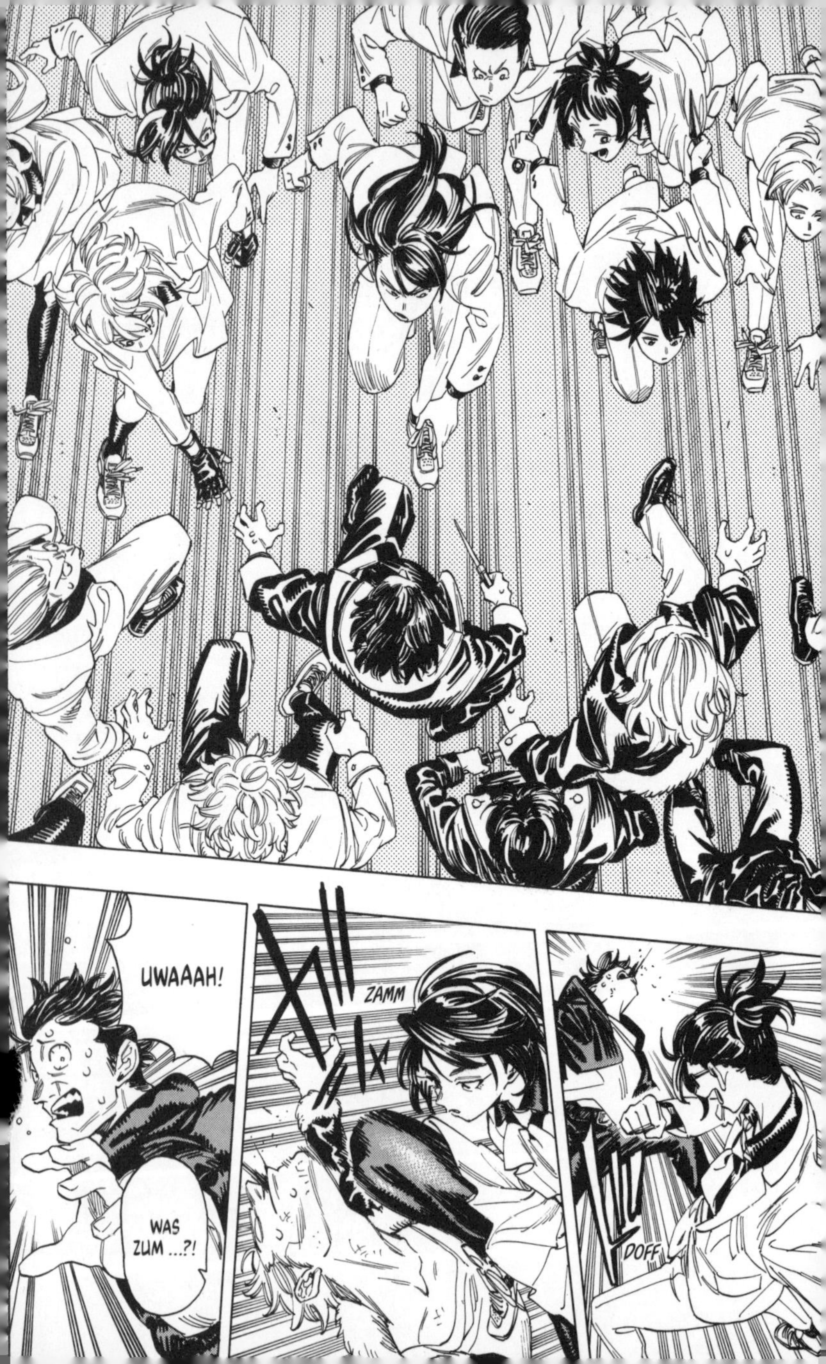
DOFF
ZAMM
UWAAAH!
WAS ZUM ...?!

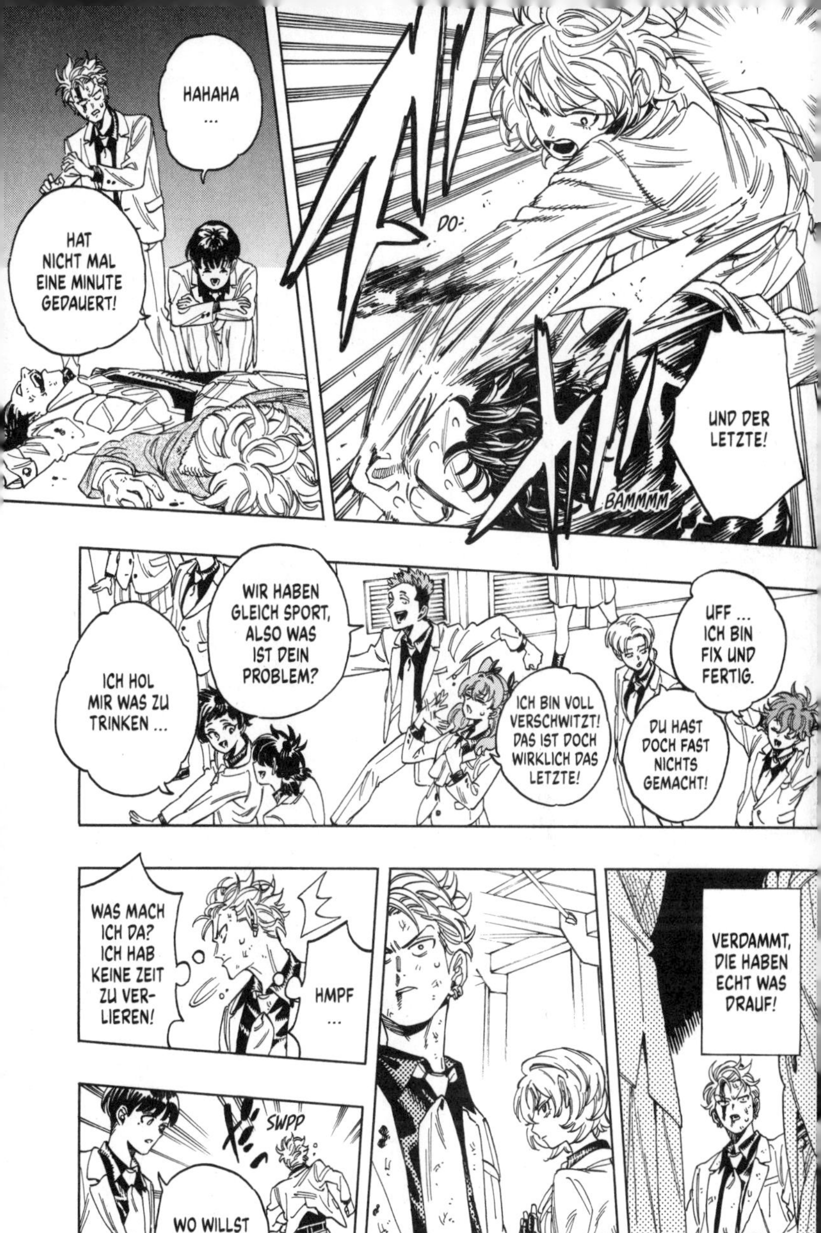
DO-
UND DER LETZTE!
BAMMMM
HAHAHA …
HAT NICHT MAL EINE MINUTE GEDAUERT!
UFF … ICH BIN FIX UND FERTIG.
DU HAST DOCH FAST NICHTS GEMACHT!
ICH BIN VOLL VERSCHWITZT! DAS IST DOCH WIRKLICH DAS LETZTE!
WIR HABEN GLEICH SPORT, ALSO WAS IST DEIN PROBLEM?
ICH HOL MIR WAS ZU TRINKEN …
VERDAMMT, DIE HABEN ECHT WAS DRAUF!
HMPF …
WAS MACH ICH DA? ICH HAB KEINE ZEIT ZU VER-LIEREN!
SWPP
WO WILLST DU HIN, ARAKUNI?

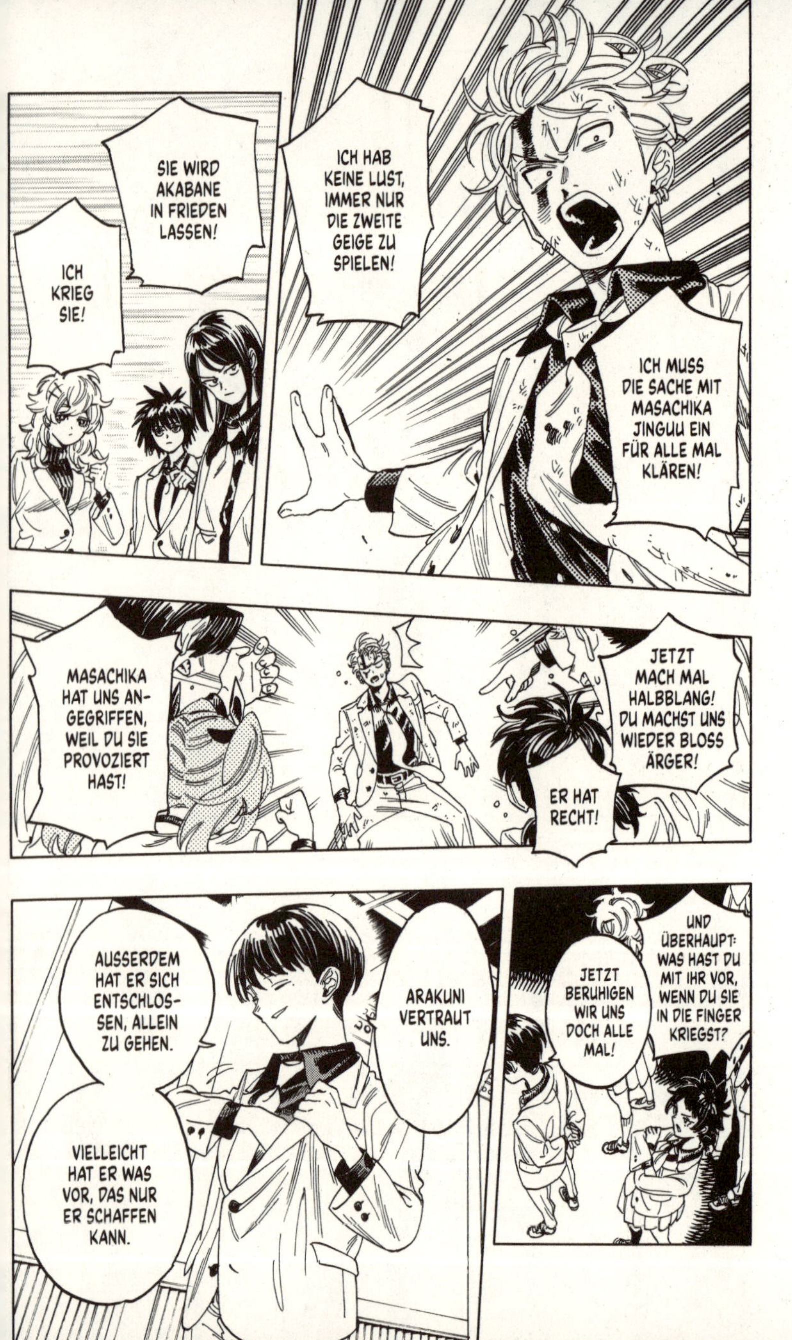
ICH HAB KEINE LUST, IMMER NUR DIE ZWEITE GEIGE ZU SPIELEN!
ICH MUSS DIE SACHE MIT MASACHIKA JINGUU EIN FÜR ALLE MAL KLÄREN!
SIE WIRD AKABANE IN FRIEDEN LASSEN!
ICH KRIEG SIE!
JETZT MACH MAL HALBBLANG! DU MACHST UNS WIEDER BLOSS ÄRGER!
ER HAT RECHT!
MASACHIKA HAT UNS AN-GEGRIFFEN, WEIL DU SIE PROVOZIERT HAST!
UND ÜBERHAUPT: WAS HAST DU MIT IHR VOR, WENN DU SIE IN DIE FINGER KRIEGST?
JETZT BERUHIGEN WIR UNS DOCH ALLE MAL!
ARAKUNI VERTRAUT UNS.
AUSSERDEM HAT ER SICH ENTSCHLOS-SEN, ALLEIN ZU GEHEN.
VIELLEICHT HAT ER WAS VOR, DAS NUR ER SCHAFFEN KANN.

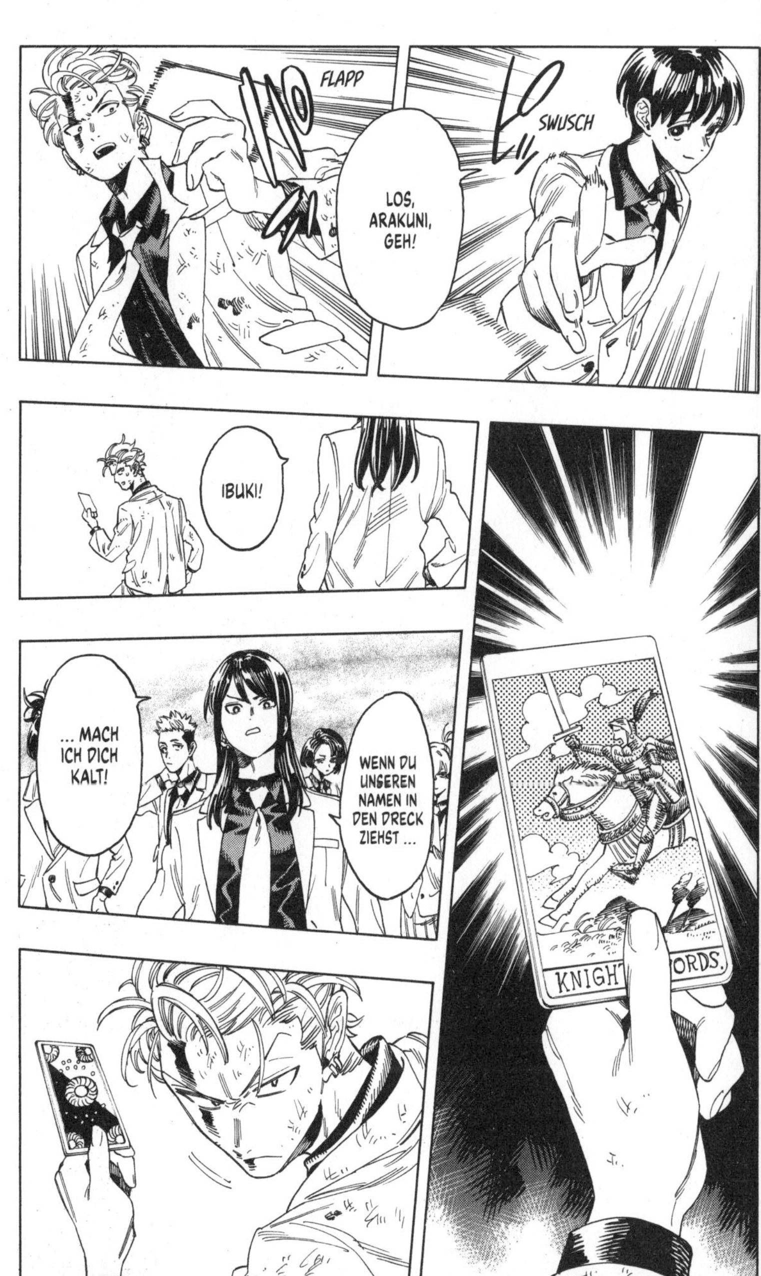
SWUSCH
LOS, ARAKUNI, GEH!
FLAPP
IBUKI!
WENN DU UNSEREN NAMEN IN DEN DRECK ZIEHST …
… MACH ICH DICH KALT!
KNIGHT
ORDS.

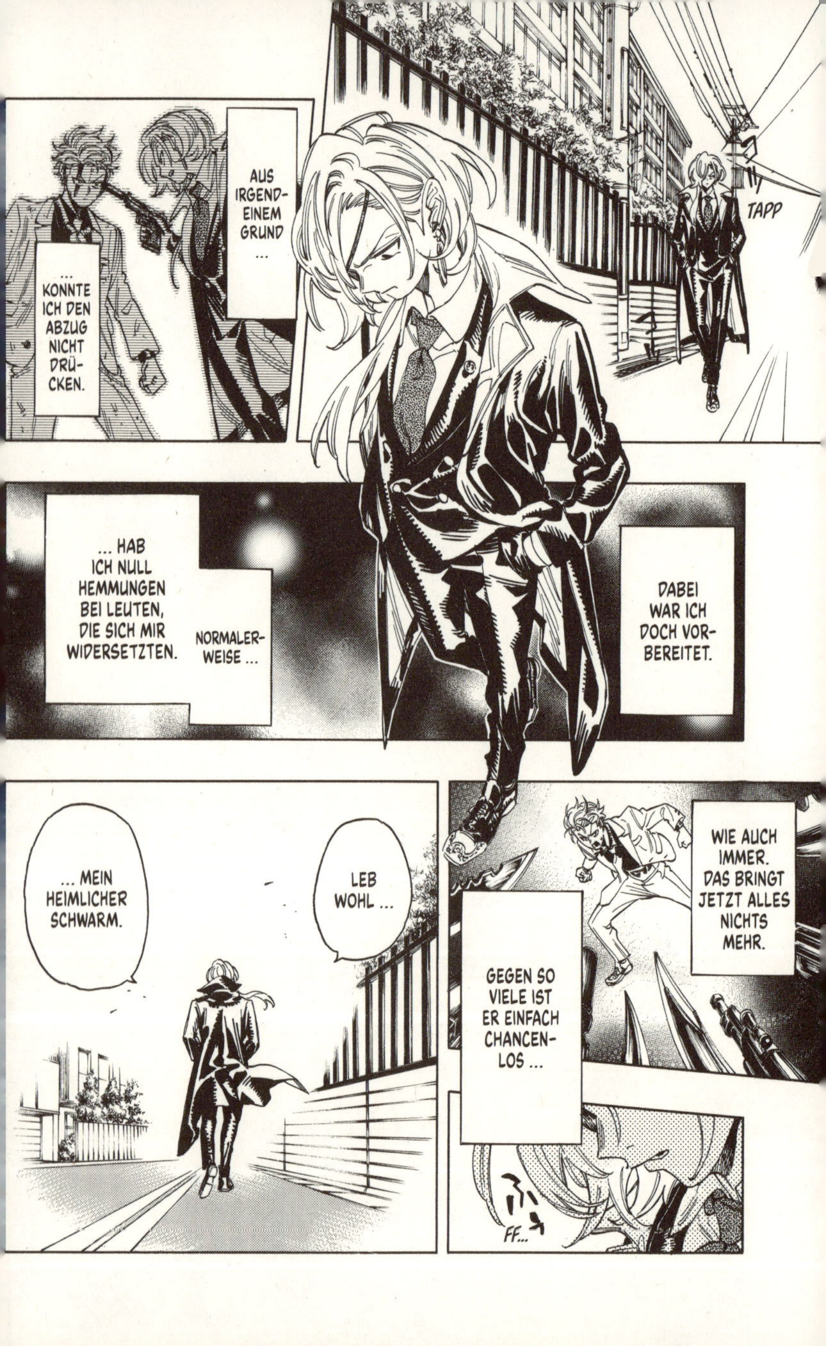
TAPP
AUS IRGEND-EINEM GRUND …
… KONNTE ICH DEN ABZUG NICHT DRÜCKEN.
DABEI WAR ICH DOCH VORBEREITET.
NORMALERWEISE …
… HAB ICH NULL HEMMUNGEN BEI LEUTEN, DIE SICH MIR WIDERSETZTEN.
WIE AUCH IMMER. DAS BRINGT JETZT ALLES NICHTS MEHR.
GEGEN SO VIELE IST ER EINFACH CHANCENLOS …
FF…
LEB WOHL …
… MEIN HEIMLICHER SCHWARM.

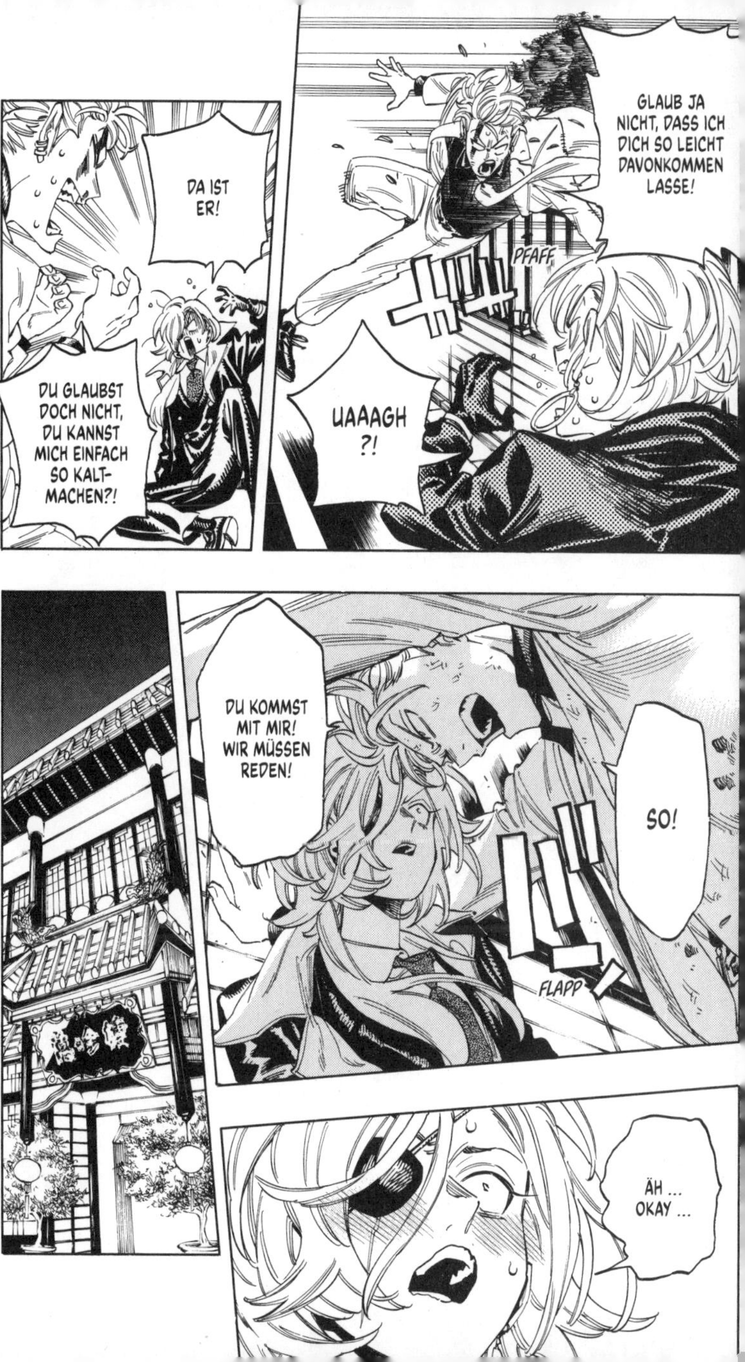

GLAUB JA NICHT, DASS ICH DICH SO LEICHT DAVONKOMMEN LASSE!

PFAFF

UAAAGH ?!

DA IST ER!

DU GLAUBST DOCH NICHT, DU KANNST MICH EINFACH SO KALT-MACHEN?!

SO!

FLAPP

DU KOMMST MIT MIR! WIR MÜSSEN REDEN!

ÄH ... OKAY ...

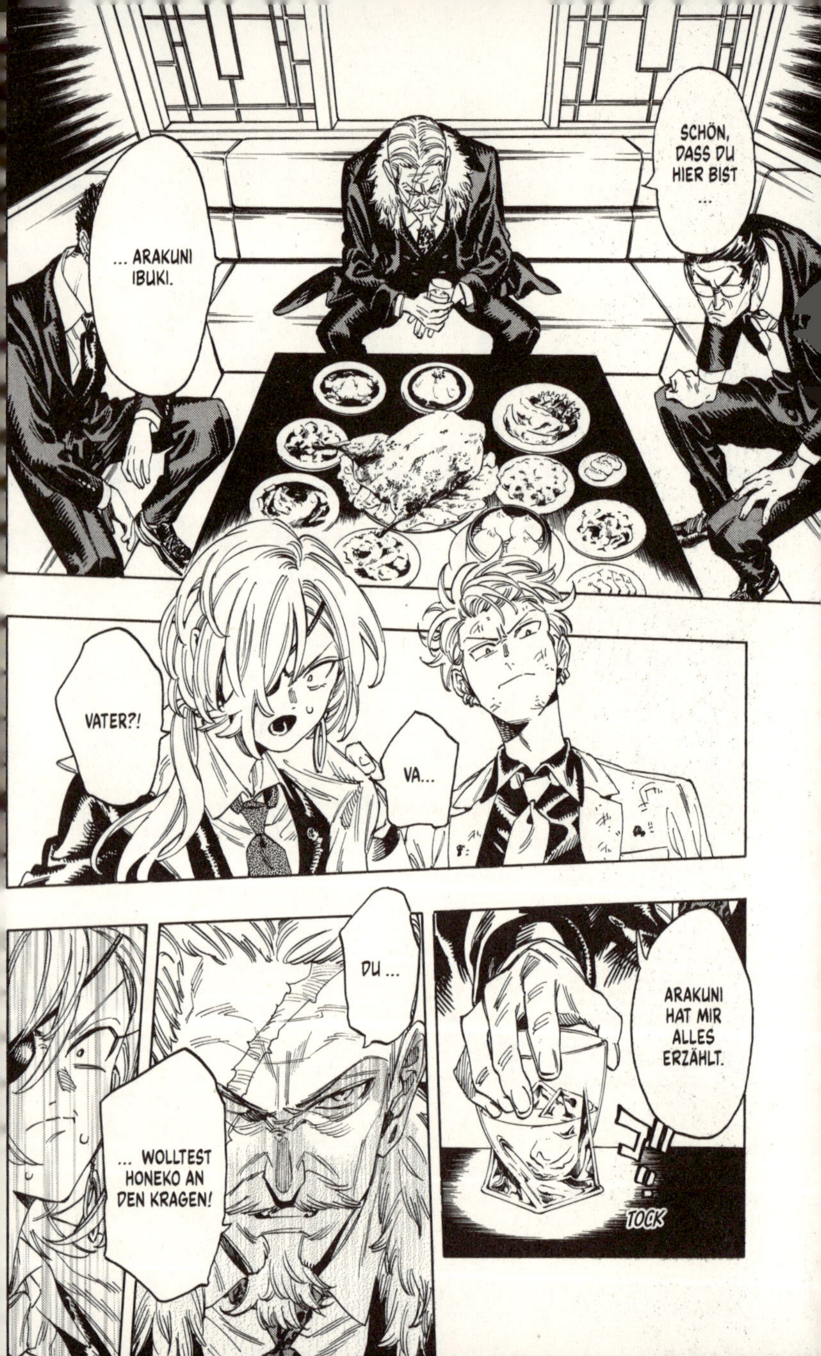
SCHÖN, DASS DU HIER BIST ...
... ARAKUNI IBUKI.
VA...
VATER?!
ARAKUNI HAT MIR ALLES ERZÄHLT.
TOCK
DU ...
... WOLLTEST HONEKO AN DEN KRAGEN!

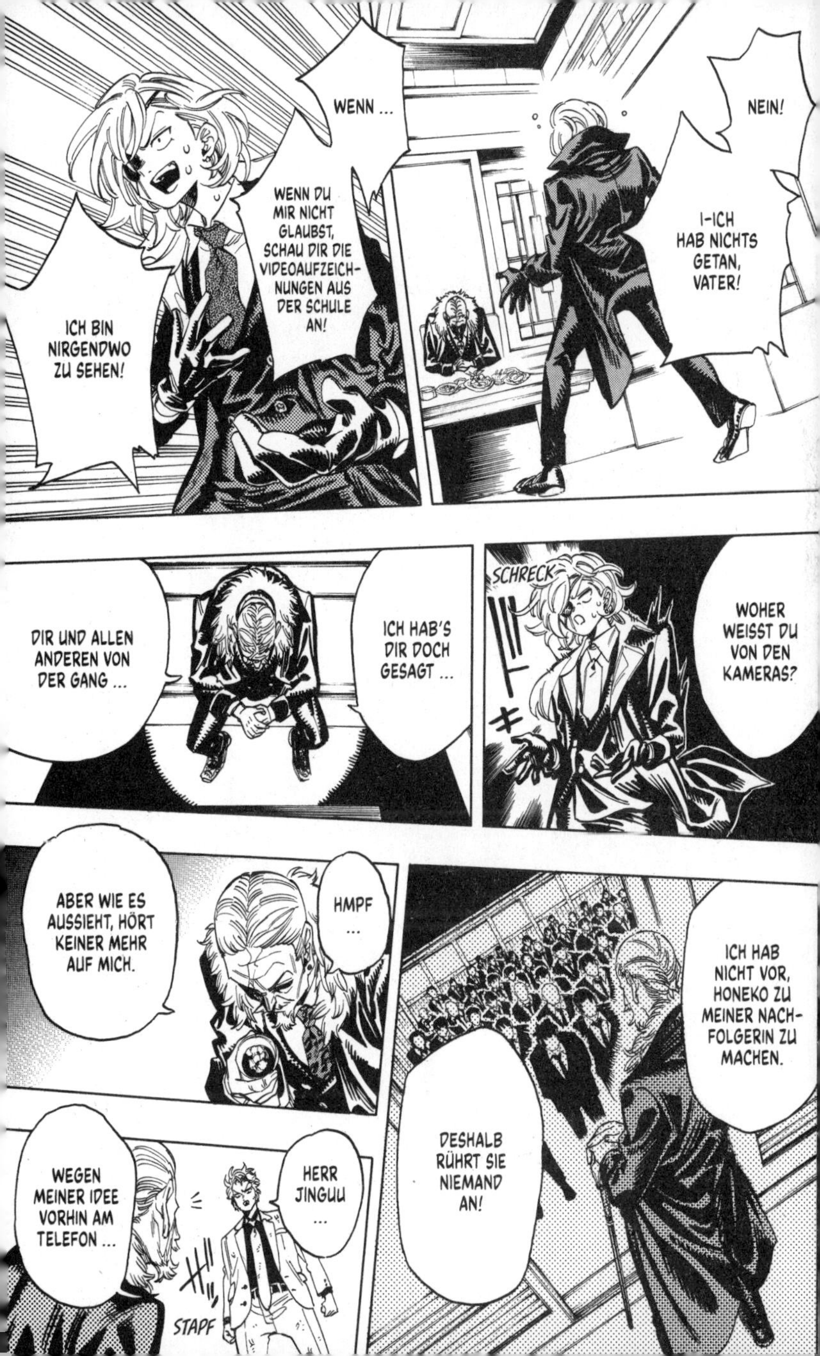

NEIN!
I-ICH HAB NICHTS GETAN, VATER!
WENN ...
WENN DU MIR NICHT GLAUBST, SCHAU DIR DIE VIDEOAUFZEICHNUNGEN AUS DER SCHULE AN!
ICH BIN NIRGENDWO ZU SEHEN!
WOHER WEISST DU VON DEN KAMERAS?
SCHRECK
ICH HAB'S DIR DOCH GESAGT ...
DIR UND ALLEN ANDEREN VON DER GANG ...
ICH HAB NICHT VOR, HONEKO ZU MEINER NACHFOLGERIN ZU MACHEN.
DESHALB RÜHRT SIE NIEMAND AN!
HMPF ...
ABER WIE ES AUSSIEHT, HÖRT KEINER MEHR AUF MICH.
HERR JINGUU ...
WEGEN MEINER IDEE VORHIN AM TELEFON ...
STAPF

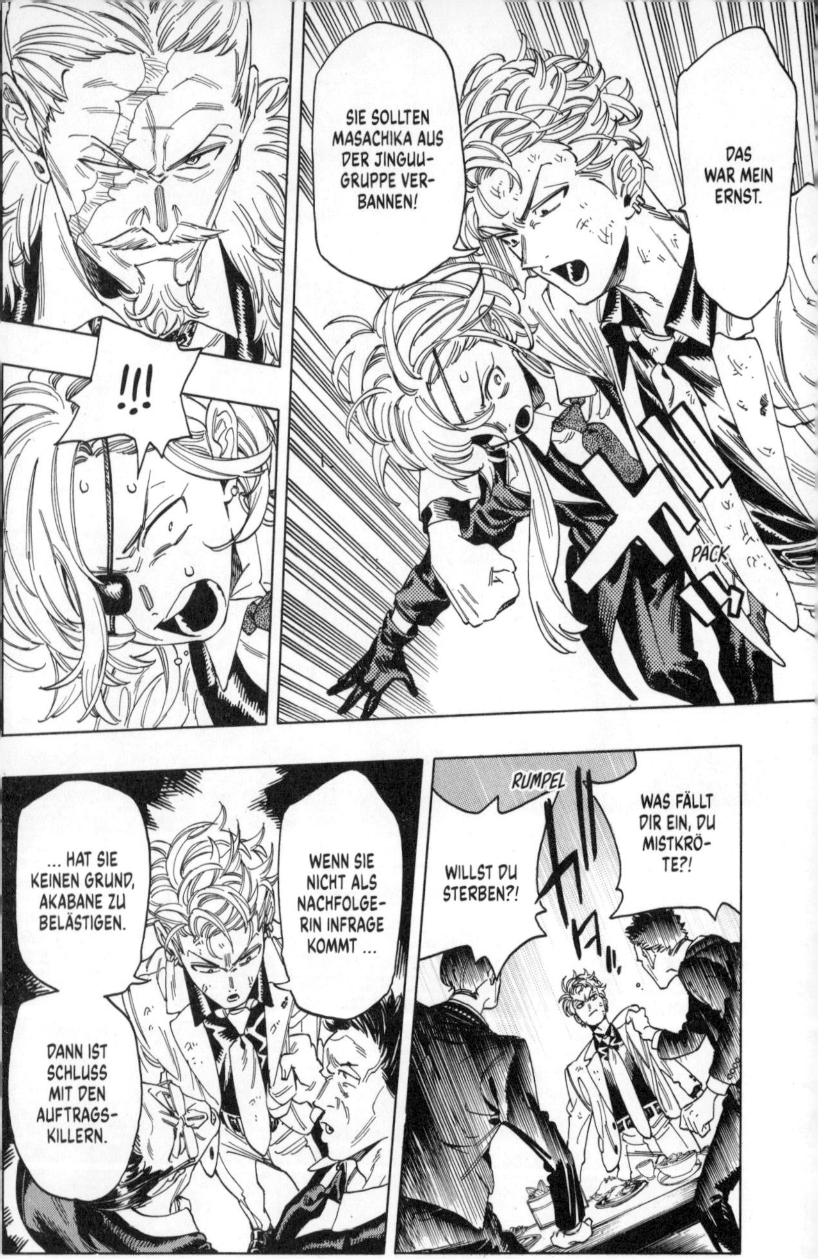

DAS WAR MEIN ERNST.

SIE SOLLTEN MASACHIKA AUS DER JINGUU-GRUPPE VERBANNEN!

PACK

!!!

WAS FÄLLT DIR EIN, DU MISTKRÖTE?!

RUMPEL

WILLST DU STERBEN?!

WENN SIE NICHT ALS NACHFOLGERIN INFRAGE KOMMT ...

... HAT SIE KEINEN GRUND, AKABANE ZU BELÄSTIGEN.

DANN IST SCHLUSS MIT DEN AUFTRAGSKILLERN.

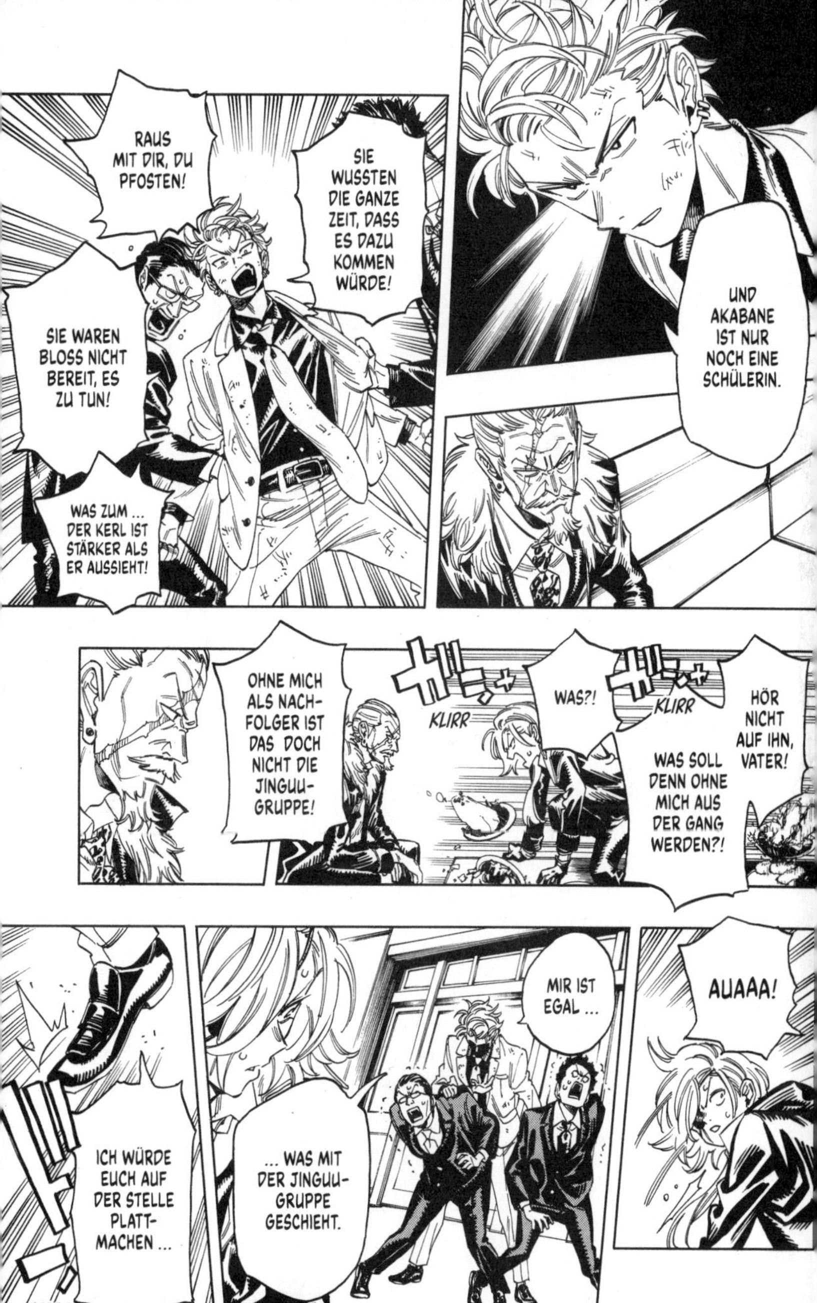

UND AKABANE IST NUR NOCH EINE SCHÜLERIN.
SIE WUSSTEN DIE GANZE ZEIT, DASS ES DAZU KOMMEN WÜRDE!
RAUS MIT DIR, DU PFOSTEN!
SIE WAREN BLOSS NICHT BEREIT, ES ZU TUN!
WAS ZUM ... DER KERL IST STÄRKER ALS ER AUSSIEHT!
HÖR NICHT AUF IHN, VATER!
WAS SOLL DENN OHNE MICH AUS DER GANG WERDEN?!
KLIRR
WAS?!
KLIRR
OHNE MICH ALS NACH-FOLGER IST DAS DOCH NICHT DIE JINGUU-GRUPPE!
AUAAA!
MIR IST EGAL ...
... WAS MIT DER JINGUU-GRUPPE GESCHIEHT.
ICH WÜRDE EUCH AUF DER STELLE PLATT-MACHEN ...
STAPF

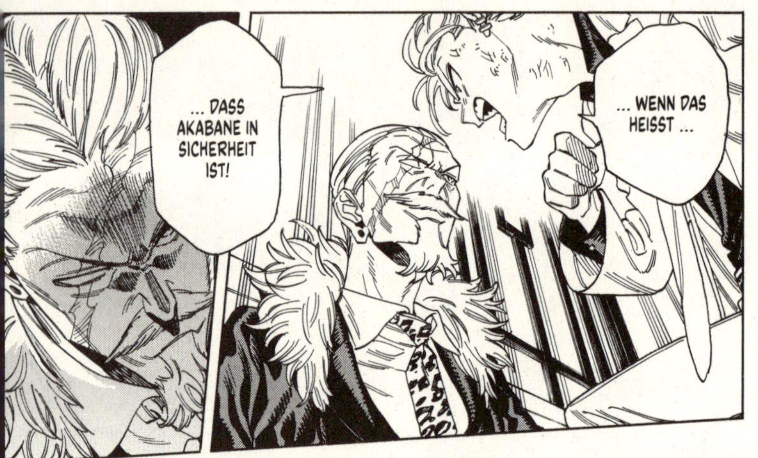
... WENN DAS HEISST ...
... DASS AKABANE IN SICHERHEIT IST!

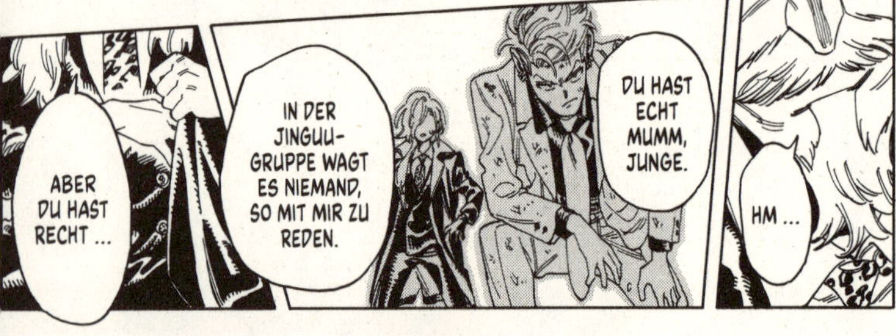
HM ...
DU HAST ECHT MUMM, JUNGE.
IN DER JINGUU-GRUPPE WAGT ES NIEMAND, SO MIT MIR ZU REDEN.
ABER DU HAST RECHT ...

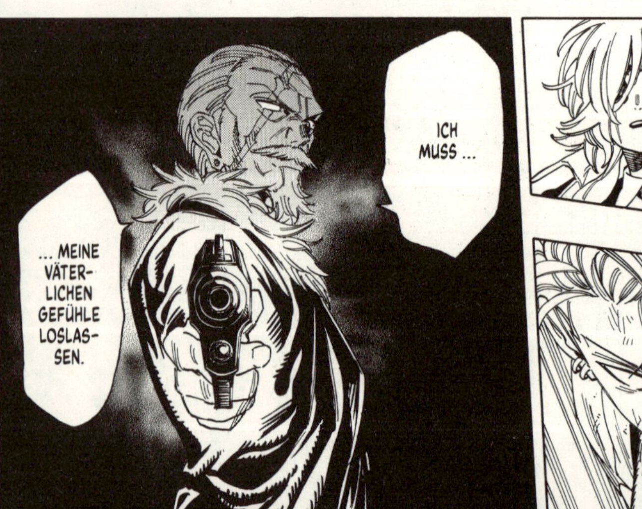
ICH MUSS ...
... MEINE VÄTER-LICHEN GEFÜHLE LOSLAS-SEN.

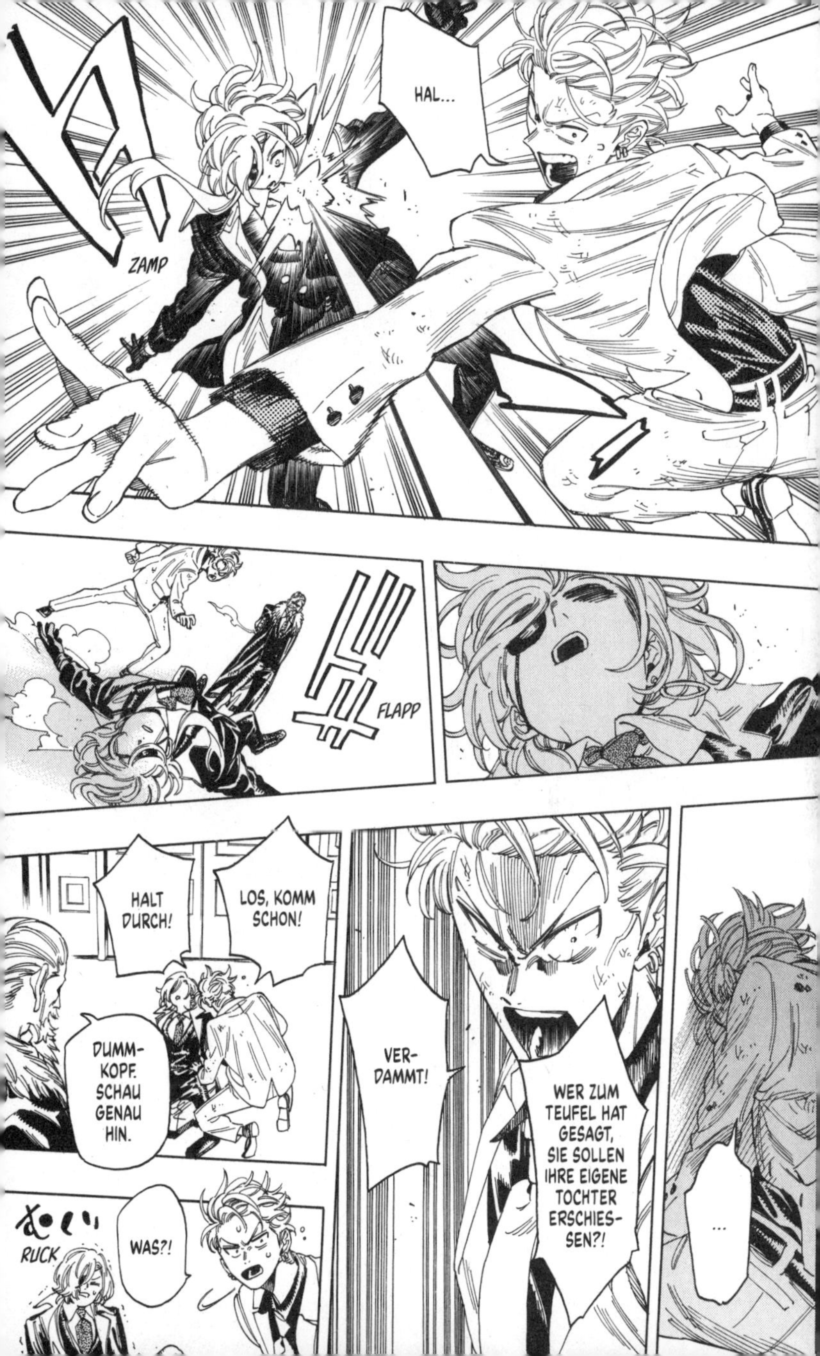
HAL...
ZAMP
FLAPP
LOS, KOMM SCHON!
HALT DURCH!
DUMM-KOPF. SCHAU GENAU HIN.
WAS?!
RUCK
...
WER ZUM TEUFEL HAT GESAGT, SIE SOLLEN IHRE EIGENE TOCHTER ERSCHIES-SEN?!
VER-DAMMT!

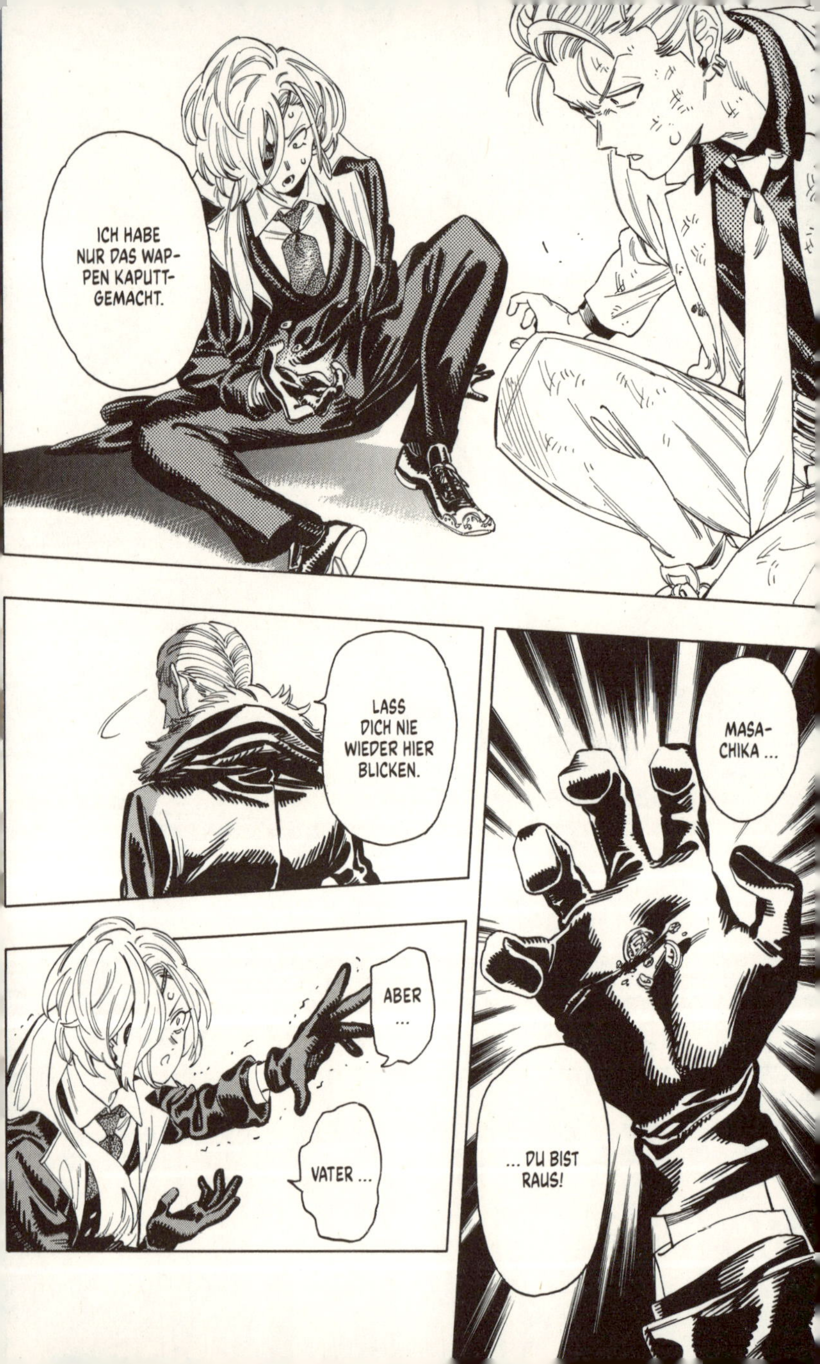

ICH HABE NUR DAS WAPPEN KAPUTTGEMACHT.

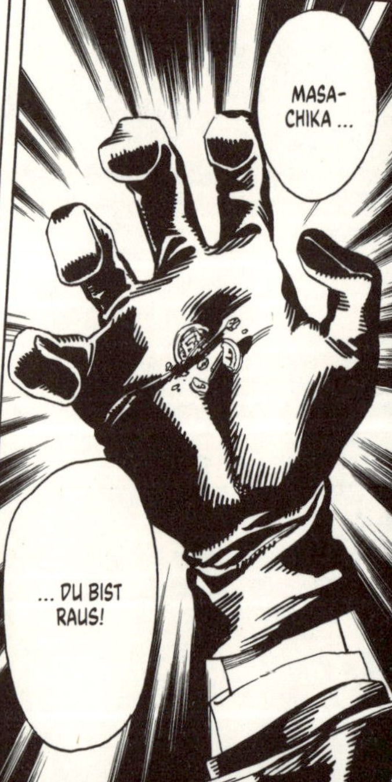

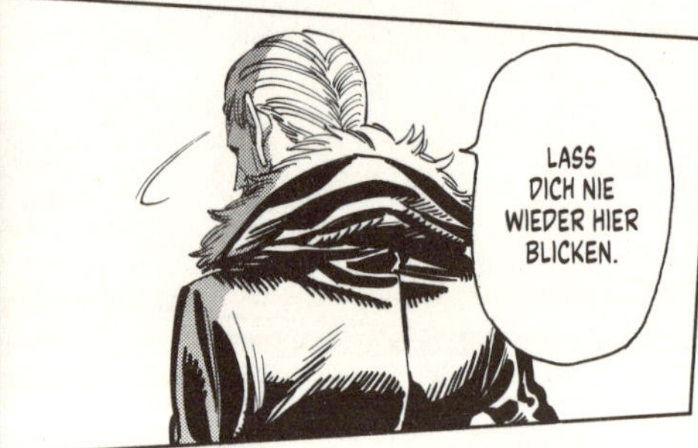

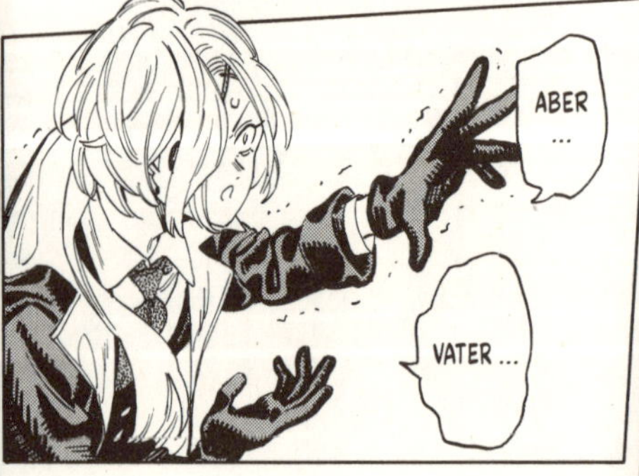

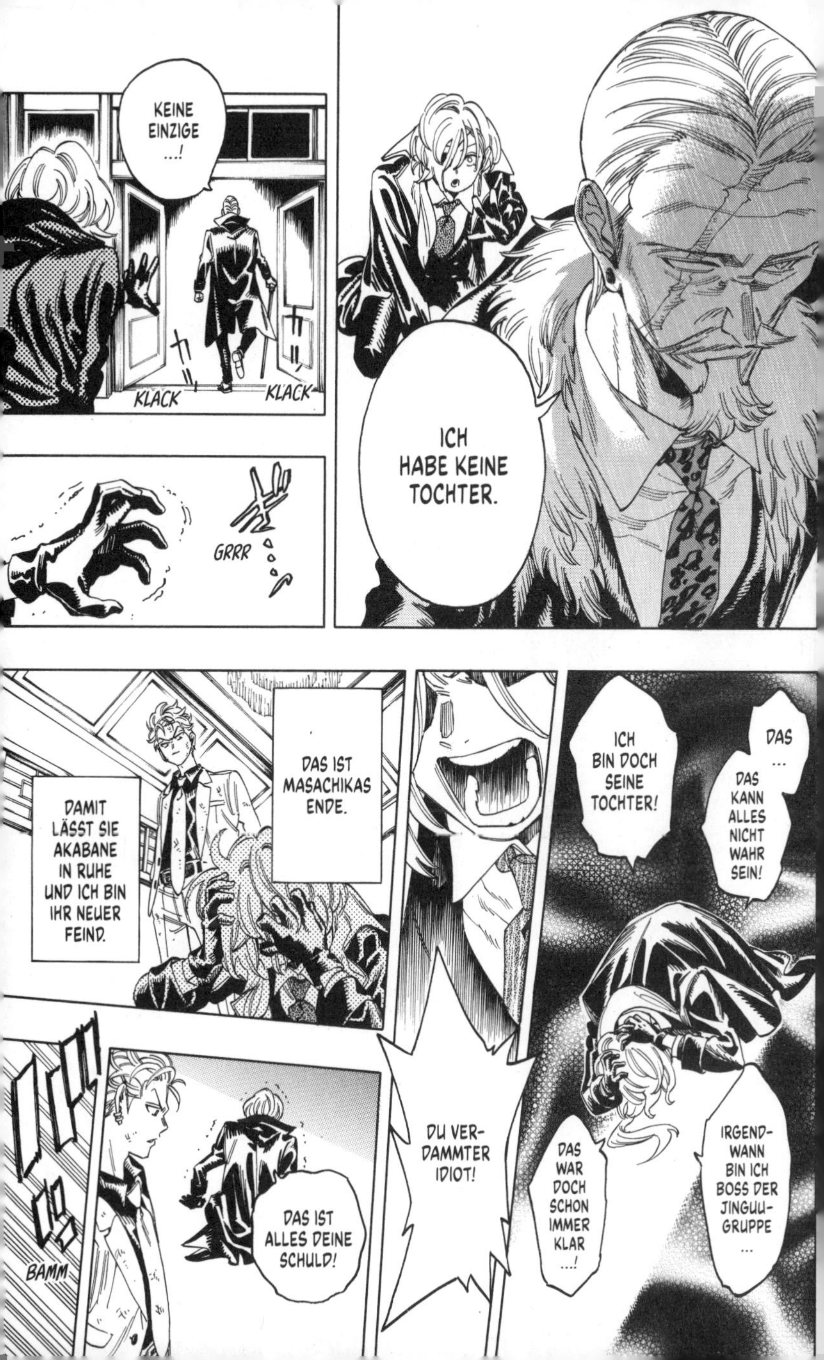

ICH HABE KEINE TOCHTER.

KEINE EINZIGE ...!

KLÄCK

KLÄCK

GRRR

DAS ...

DAS KANN ALLES NICHT WAHR SEIN!

ICH BIN DOCH SEINE TOCHTER!

IRGEND-WANN BIN ICH BOSS DER JINGUU-GRUPPE ...

DAS WAR DOCH SCHON IMMER KLAR ...!

DU VER-DAMMTER IDIOT!

DAS IST MASACHIKAS ENDE.

DAMIT LÄSST SIE AKABANE IN RUHE UND ICH BIN IHR NEUER FEIND.

DAS IST ALLES DEINE SCHULD!

BAMM

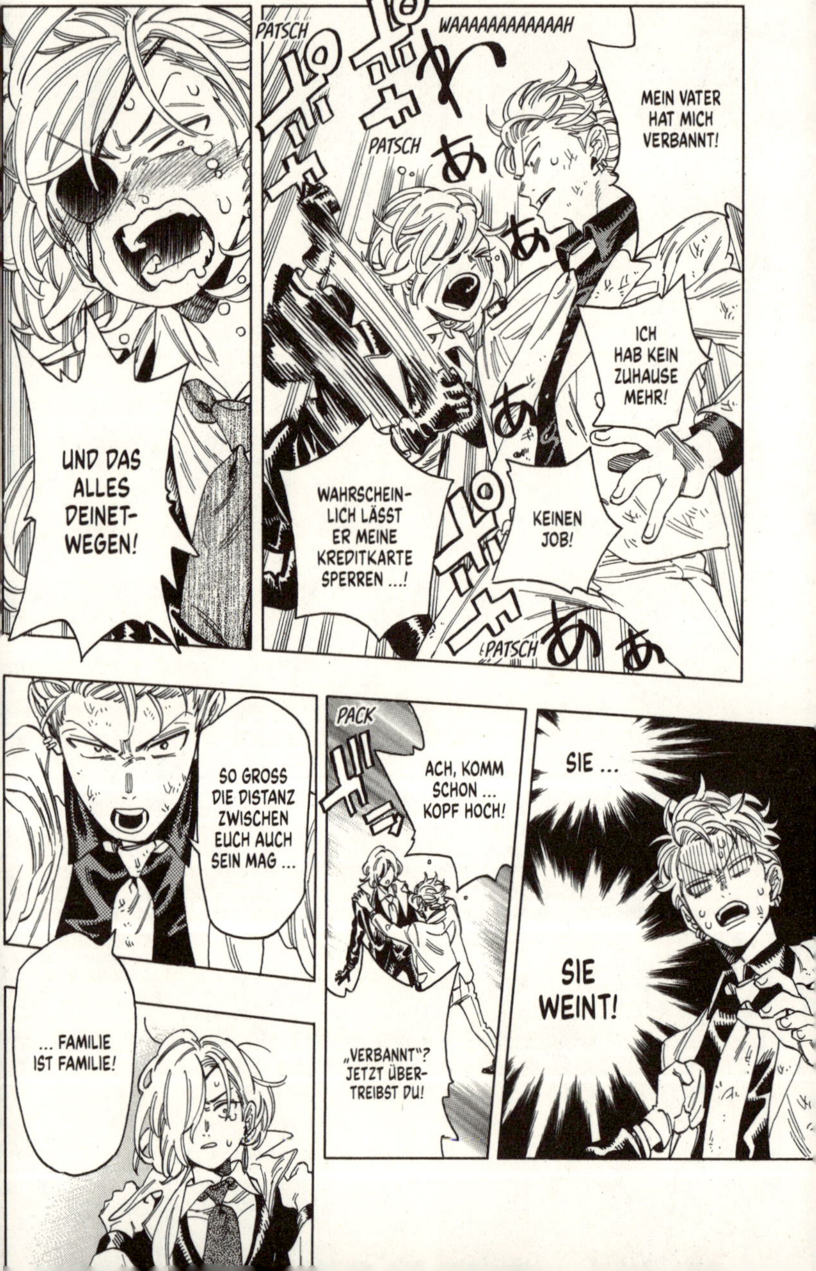

WAAAAAAAAAAAAH
MEIN VATER HAT MICH VERBANNT!
PATSCH
PATSCH
ICH HAB KEIN ZUHAUSE MEHR!
KEINEN JOB!
WAHRSCHEIN-LICH LÄSST ER MEINE KREDITKARTE SPERREN ...!
PATSCH
UND DAS ALLES DEINET-WEGEN!
SIE ...
SIE WEINT!
PACK
ACH, KOMM SCHON ... KOPF HOCH!
„VERBANNT"? JETZT ÜBER-TREIBST DU!
SO GROSS DIE DISTANZ ZWISCHEN EUCH AUCH SEIN MAG ...
... FAMILIE IST FAMILIE!

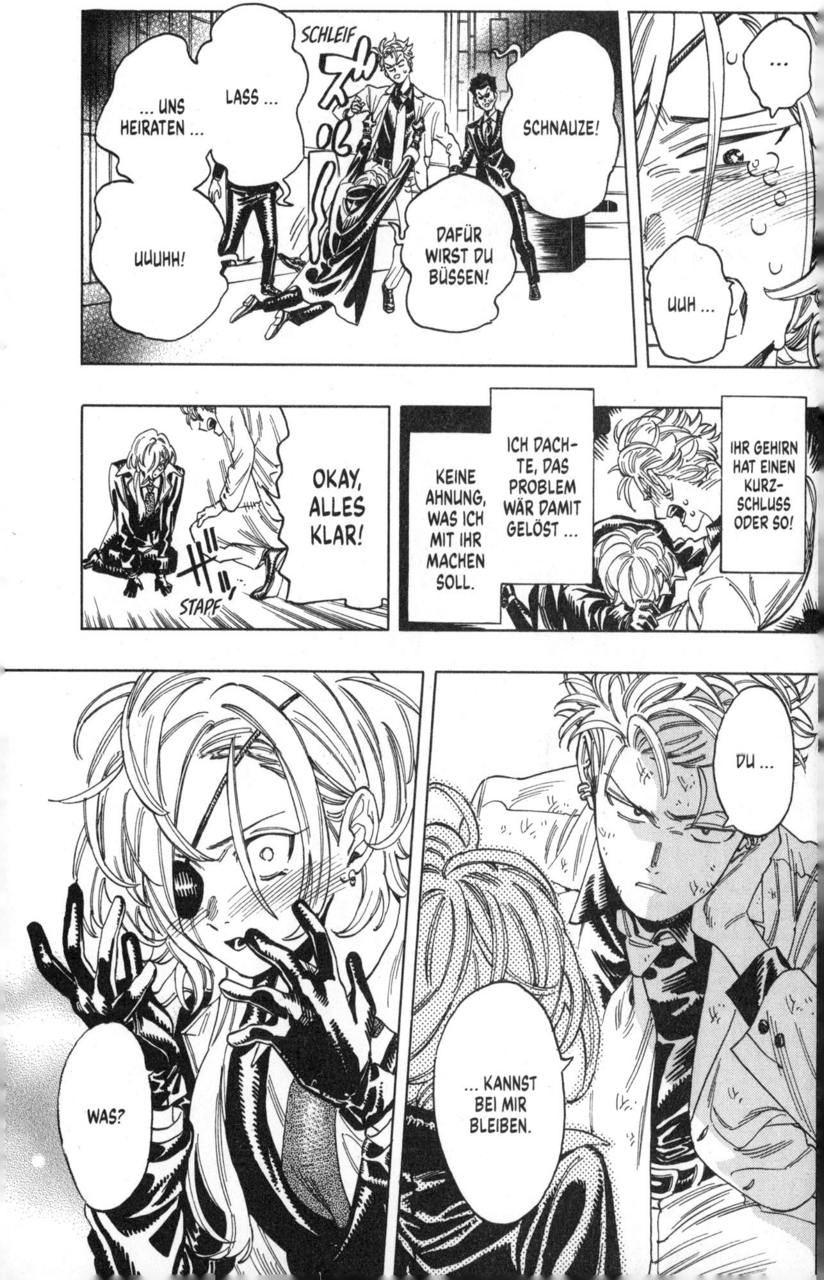

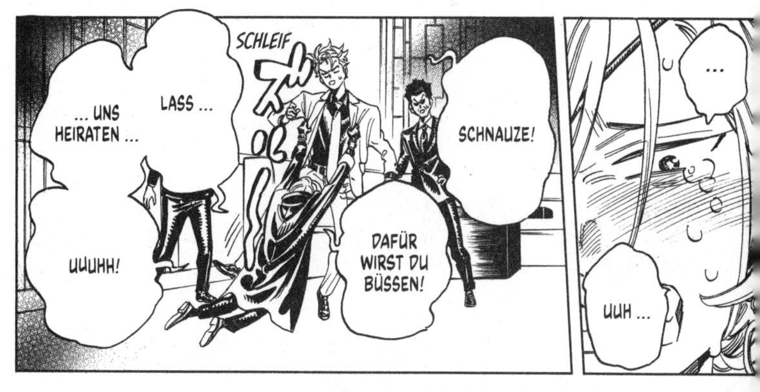
...
UUH ...
SCHNAUZE!
DAFÜR WIRST DU BÜSSEN!
SCHLEIF
LASS ...
... UNS HEIRATEN ...
UUUHH!

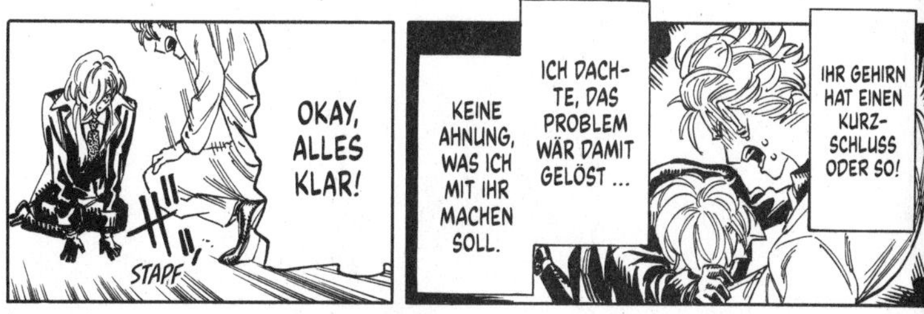
IHR GEHIRN HAT EINEN KURZ-SCHLUSS ODER SO!
ICH DACHTE, DAS PROBLEM WÄR DAMIT GELÖST ...
KEINE AHNUNG, WAS ICH MIT IHR MACHEN SOLL.
OKAY, ALLES KLAR!
STAPF

DU ...
... KANNST BEI MIR BLEIBEN.
WAS?

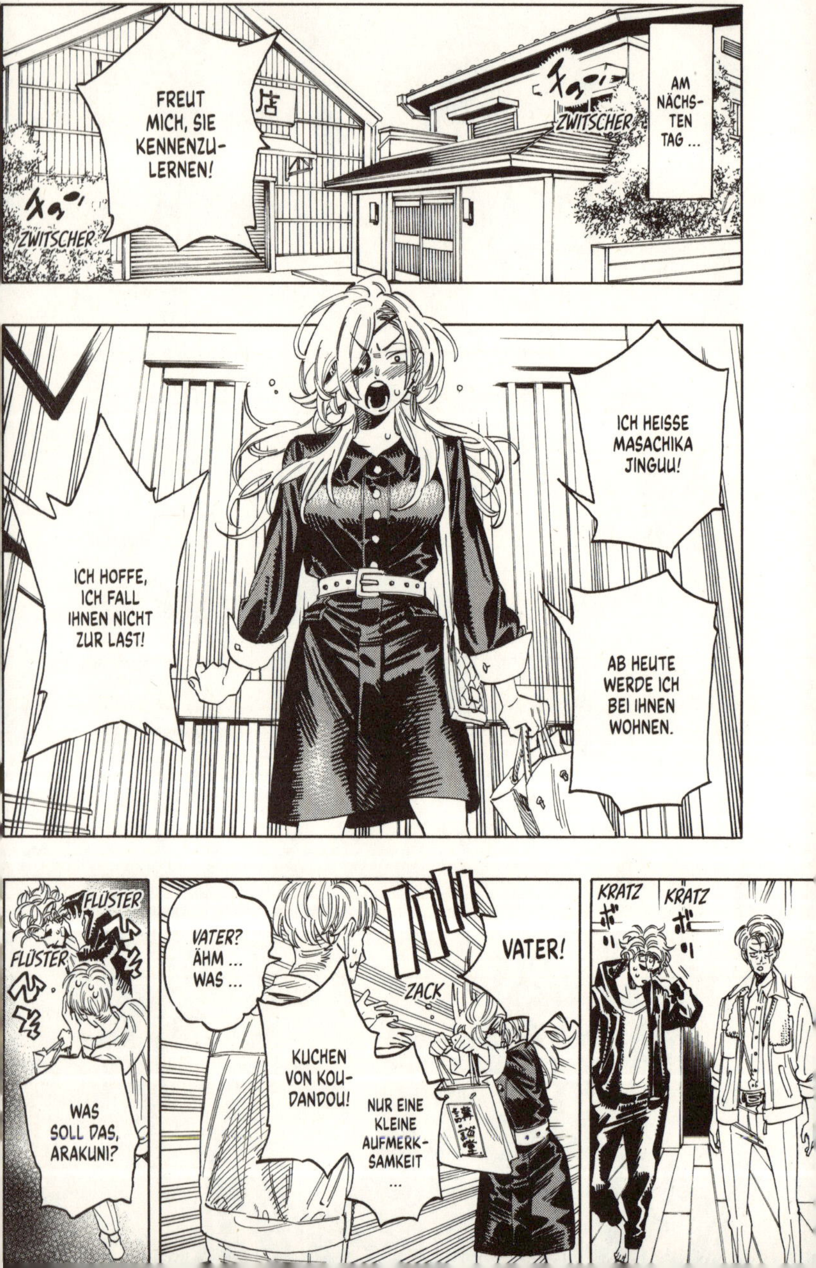

AM NÄCHSTEN TAG ...

ZWITSCHER

FREUT MICH, SIE KENNENZULERNEN!

ZWITSCHER

ICH HEISSE MASACHIKA JINGUU!

AB HEUTE WERDE ICH BEI IHNEN WOHNEN.

ICH HOFFE, ICH FALL IHNEN NICHT ZUR LAST!

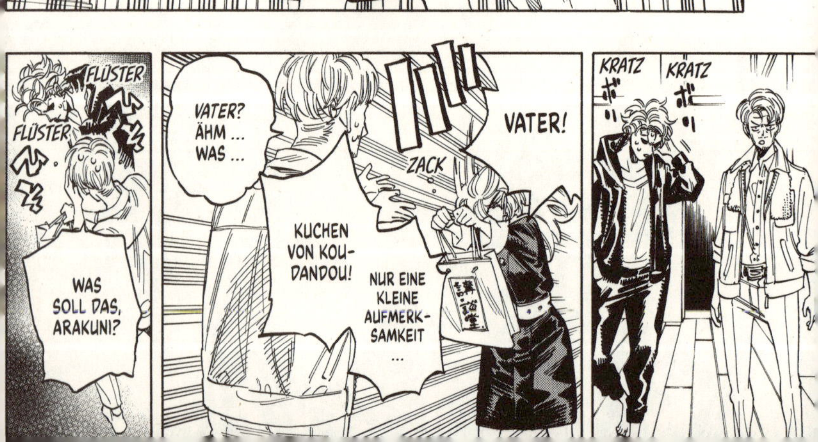

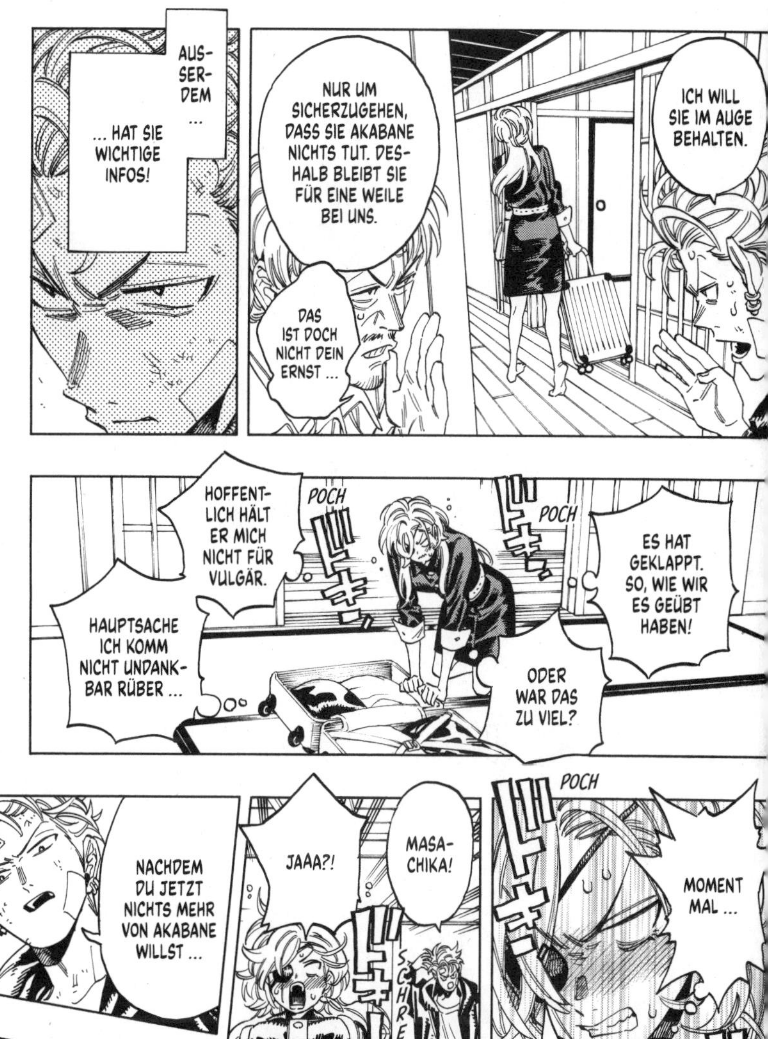
ICH WILL SIE IM AUGE BEHALTEN.
NUR UM SICHERZUGEHEN, DASS SIE AKABANE NICHTS TUT. DESHALB BLEIBT SIE FÜR EINE WEILE BEI UNS.
DAS IST DOCH NICHT DEIN ERNST ...
AUSSERDEM ...
... HAT SIE WICHTIGE INFOS!
POCH
POCH
ES HAT GEKLAPPT. SO, WIE WIR ES GEÜBT HABEN!
ODER WAR DAS ZU VIEL?
HOFFENTLICH HÄLT ER MICH NICHT FÜR VULGÄR.
HAUPTSACHE ICH KOMM NICHT UNDANKBAR RÜBER ...
POCH
MOMENT MAL ...
DAS HEISST, I-ICH WOHNE IM SELBEN HAUS WIE ARAKUNI!
POCH
MASACHIKA!
JAAA?!
SCHRECK
ER NENNT MICH BEI MEINEM VORNAMEN!
NACHDEM DU JETZT NICHTS MEHR VON AKABANE WILLST ...
... KANNST DU ES MIR DOCH SAGEN.

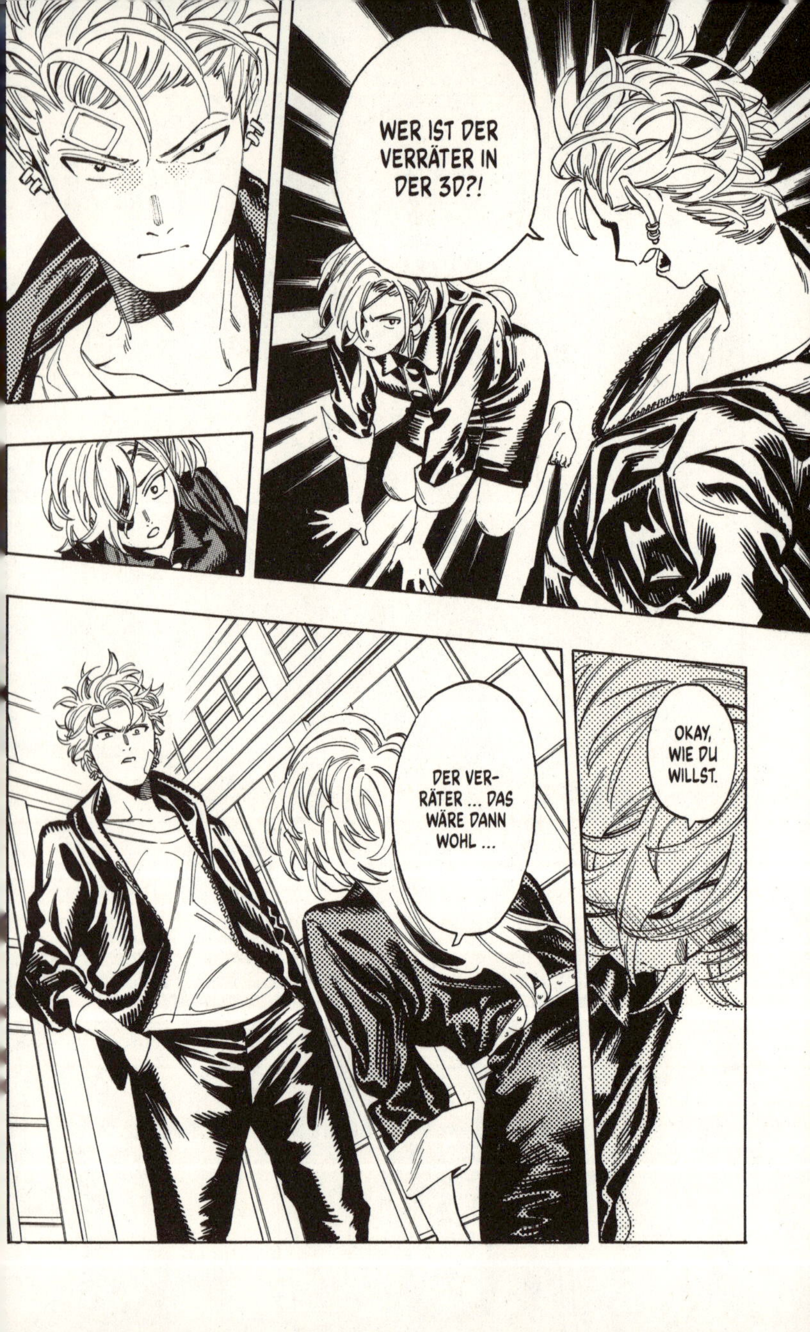
WER IST DER VERRÄTER IN DER 3D?!
OKAY, WIE DU WILLST.
DER VERRÄTER ... DAS WÄRE DANN WOHL ...

KAPITEL 7: DER VERRÄTER

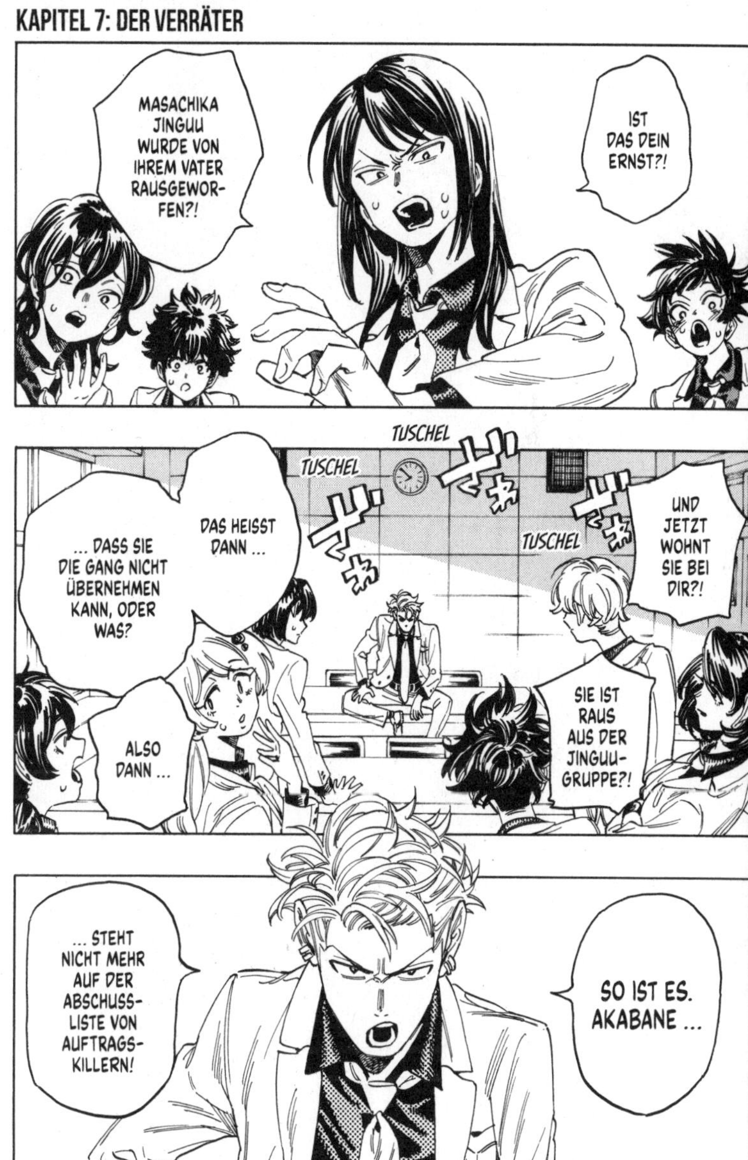

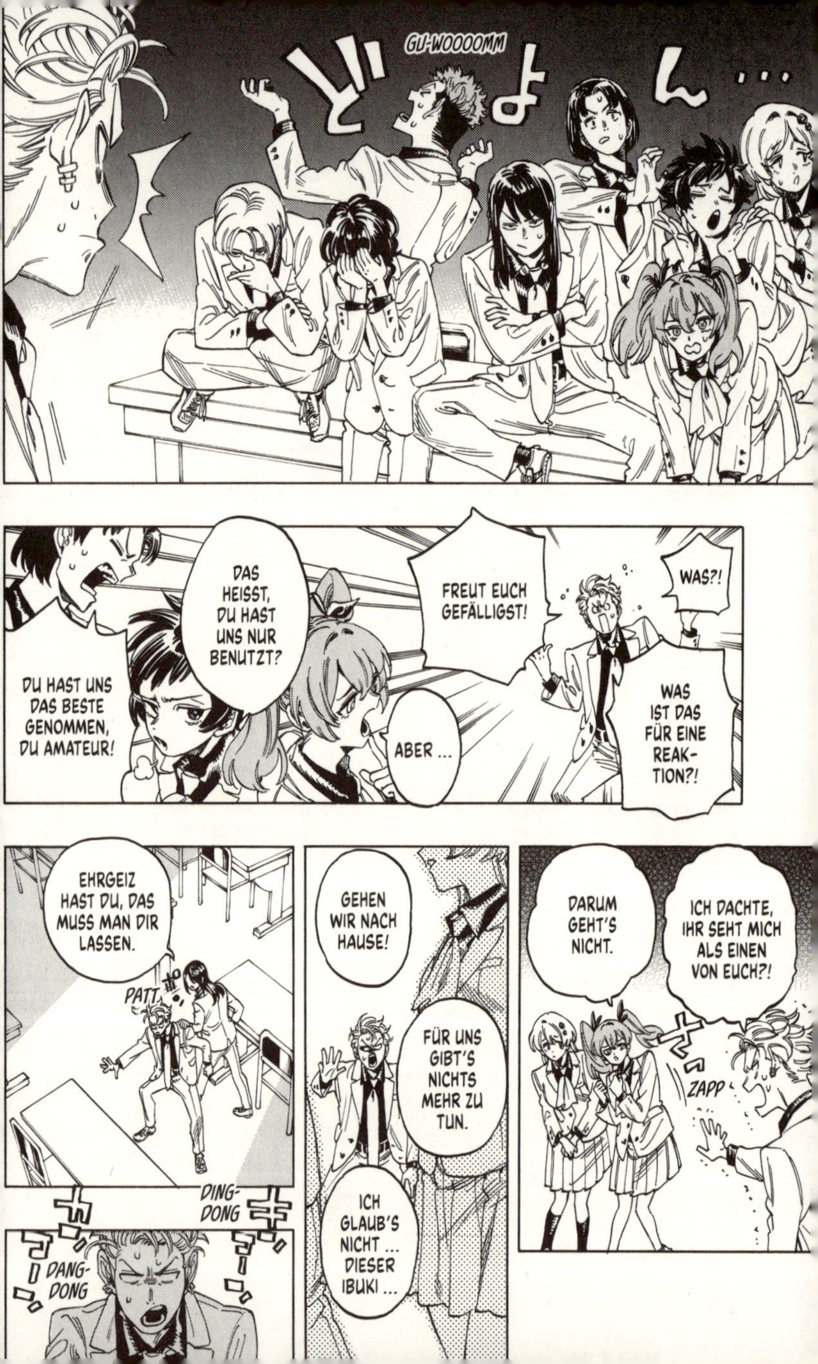

GU-WOOOOMM
どよん…

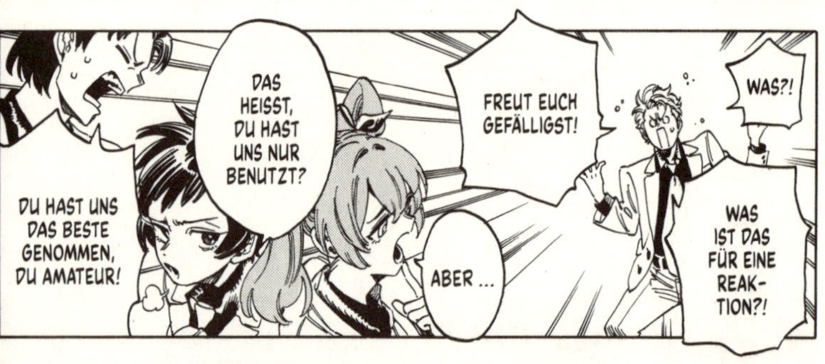

ICH DACHTE, IHR SEHT MICH ALS EINEN VON EUCH?!
ZAPP
DARUM GEHT'S NICHT.
GEHEN WIR NACH HAUSE!
FÜR UNS GIBT'S NICHTS MEHR ZU TUN.
ICH GLAUB'S NICHT ... DIESER IBUKI ...
EHRGEIZ HAST DU, DAS MUSS MAN DIR LASSEN.
PATT
DING-DONG
DANG-DONG

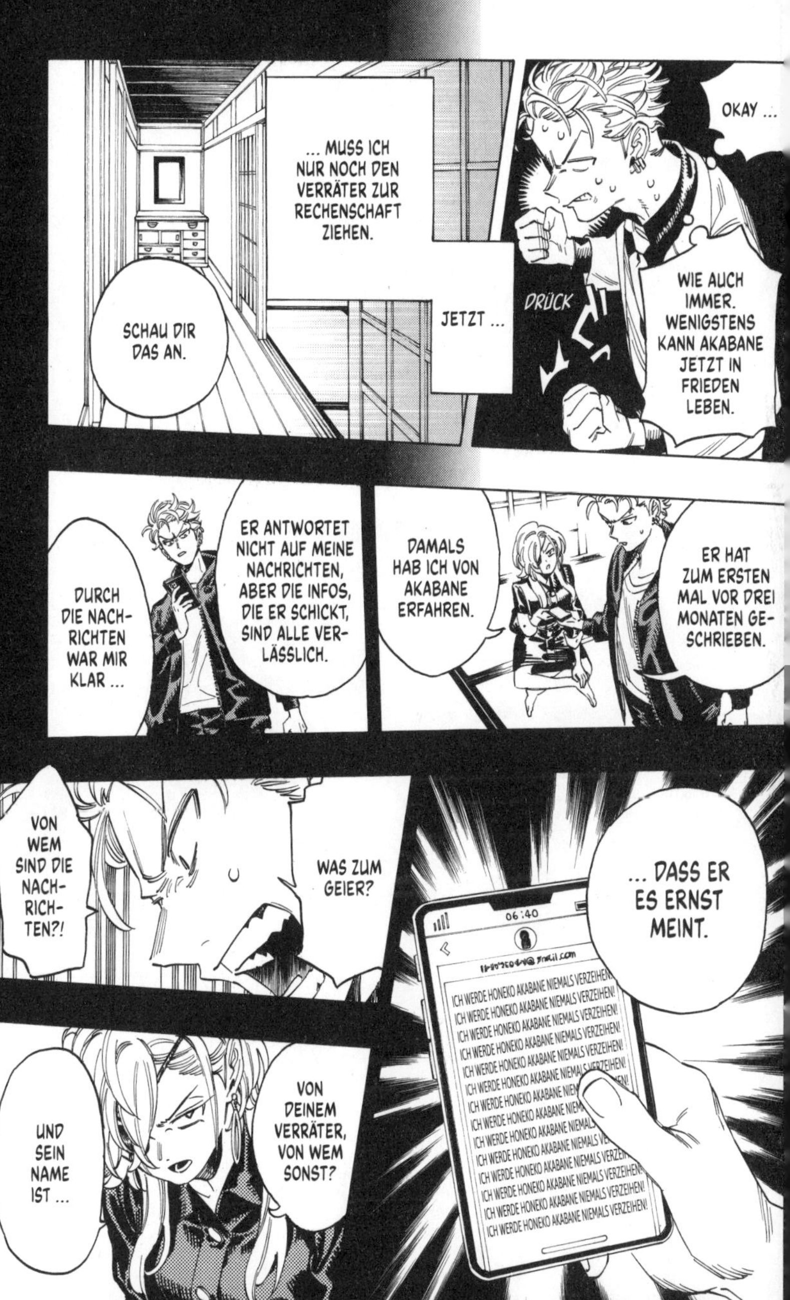
OKAY ...
WIE AUCH IMMER. WENIGSTENS KANN AKABANE JETZT IN FRIEDEN LEBEN.
DRÜCK
JETZT ...
... MUSS ICH NUR NOCH DEN VERRÄTER ZUR RECHENSCHAFT ZIEHEN.
SCHAU DIR DAS AN.
ER HAT ZUM ERSTEN MAL VOR DREI MONATEN GESCHRIEBEN.
DAMALS HAB ICH VON AKABANE ERFAHREN.
ER ANTWORTET NICHT AUF MEINE NACHRICHTEN, ABER DIE INFOS, DIE ER SCHICKT, SIND ALLE VERLÄSSLICH.
DURCH DIE NACHRICHTEN WAR MIR KLAR ...
... DASS ER ES ERNST MEINT.
06:40
ICH WERDE HONEKO AKABANE NIEMALS VERZEIHEN!
ICH WERDE HONEKO AKABANE NIEMALS VERZEIHEN!
ICH WERDE HONEKO AKABANE NIEMALS VERZEIHEN!
ICH WERDE HONEKO AKABANE NIEMALS VERZEIHEN!
ICH WERDE HONEKO AKABANE NIEMALS VERZEIHEN!
ICH WERDE HONEKO AKABANE NIEMALS VERZEIHEN!
WAS ZUM GEIER?
VON WEM SIND DIE NACHRICHTEN?!
VON DEINEM VERRÄTER, VON WEM SONST?
UND SEIN NAME IST ...

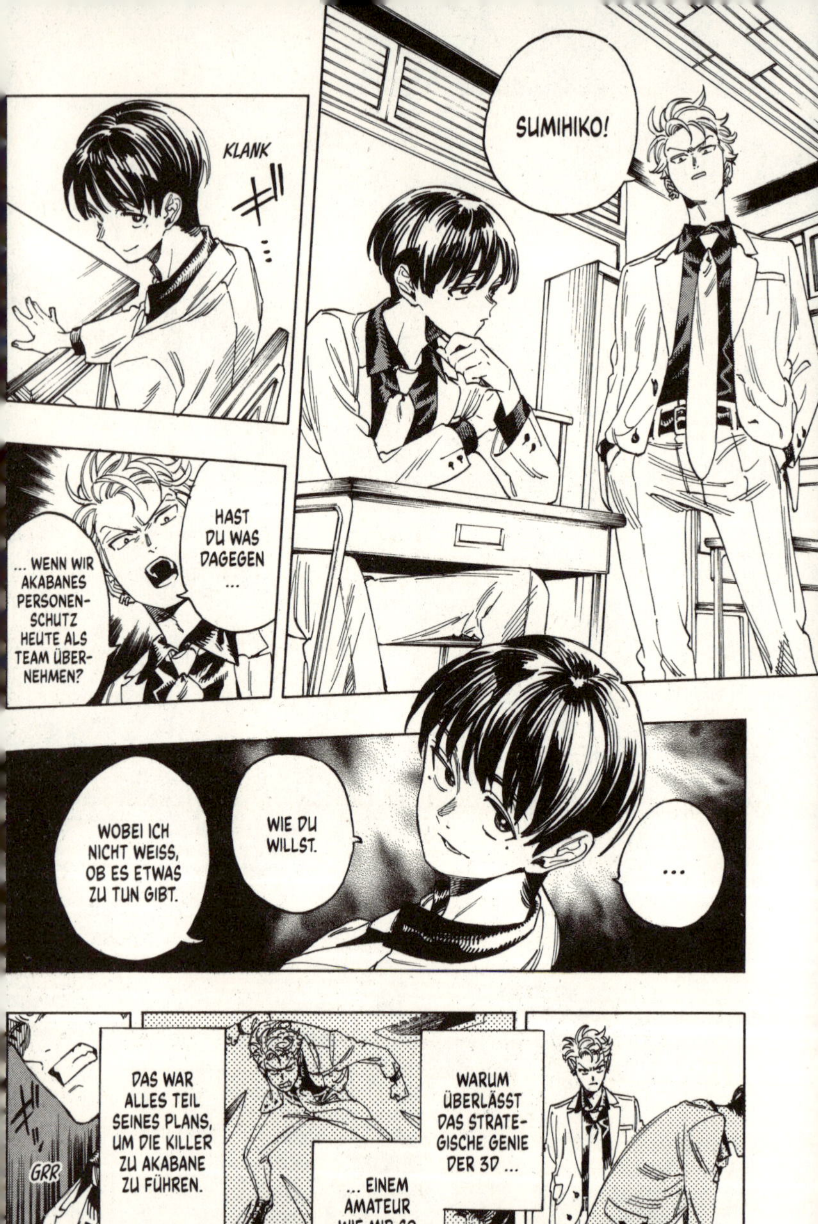
SUMIHIKO!
KLANK
HAST DU WAS DAGEGEN ...
... WENN WIR AKABANES PERSONENSCHUTZ HEUTE ALS TEAM ÜBERNEHMEN?
...
WIE DU WILLST.
WOBEI ICH NICHT WEISS, OB ES ETWAS ZU TUN GIBT.
WARUM ÜBERLÄSST DAS STRATEGISCHE GENIE DER 3D ...
... EINEM AMATEUR WIE MIR SO WICHTIGE AUFGABEN?
KLACK
DAS WAR ALLES TEIL SEINES PLANS, UM DIE KILLER ZU AKABANE ZU FÜHREN.
GRR

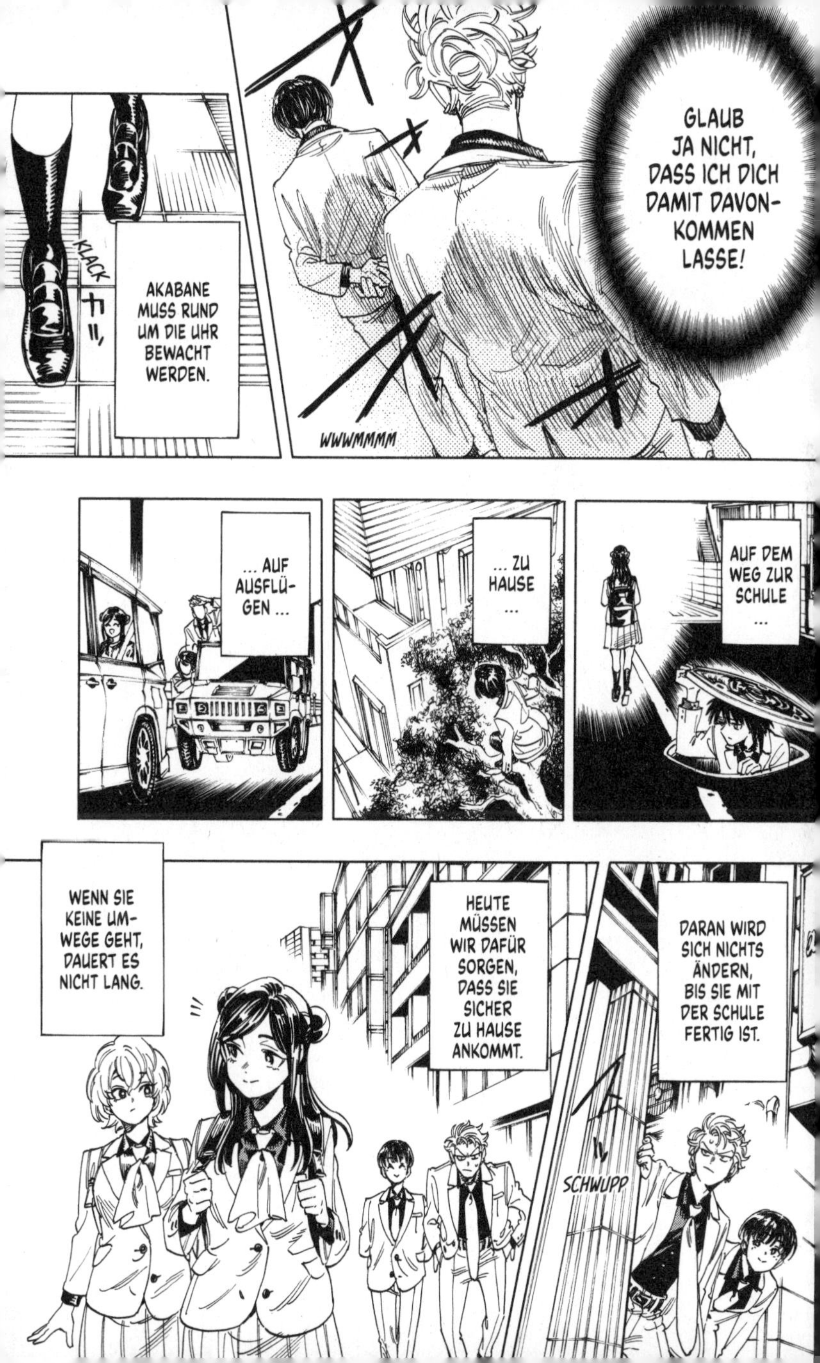

GLAUB JA NICHT, DASS ICH DICH DAMIT DAVON-KOMMEN LASSE!

WWWMMMM

KLACK

AKABANE MUSS RUND UM DIE UHR BEWACHT WERDEN.

AUF DEM WEG ZUR SCHULE ...

... ZU HAUSE ...

... AUF AUSFLÜGEN ...

DARAN WIRD SICH NICHTS ÄNDERN, BIS SIE MIT DER SCHULE FERTIG IST.

SCHWUPP

HEUTE MÜSSEN WIR DAFÜR SORGEN, DASS SIE SICHER ZU HAUSE ANKOMMT.

WENN SIE KEINE UMWEGE GEHT, DAUERT ES NICHT LANG.

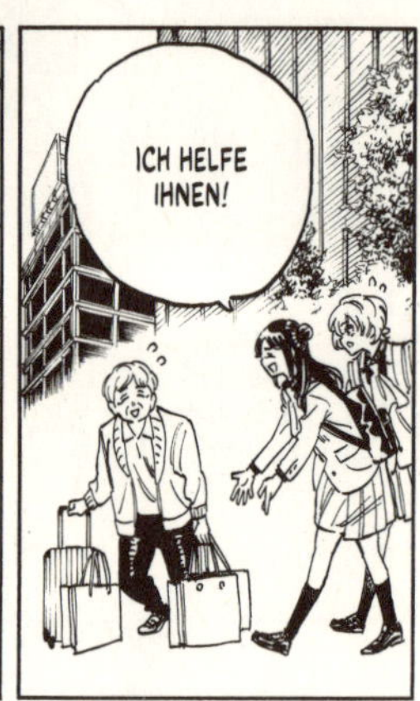
ICH HELFE IHNEN!

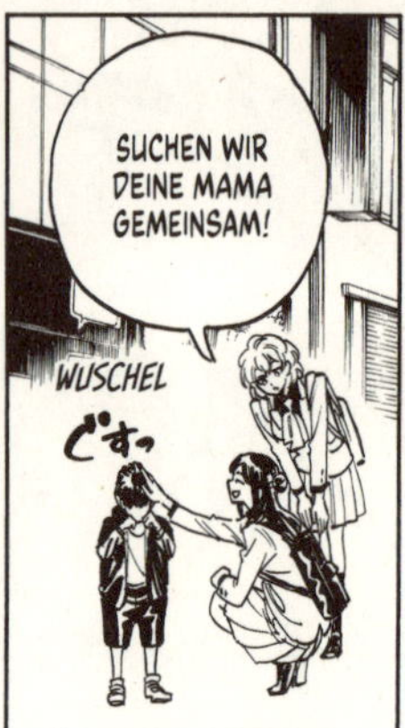
SUCHEN WIR DEINE MAMA GEMEINSAM!
WUSCHEL
ぐすっ

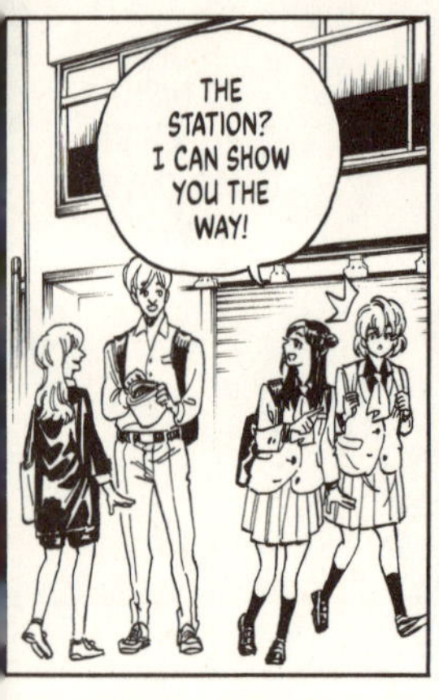
THE STATION? I CAN SHOW YOU THE WAY!

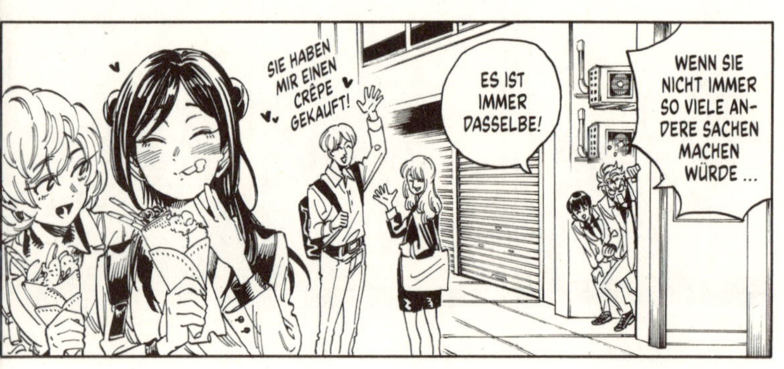
WENN SIE NICHT IMMER SO VIELE ANDERE SACHEN MACHEN WÜRDE ...
ES IST IMMER DASSELBE!
SIE HABEN MIR EINEN CRÊPE GEKAUFT!

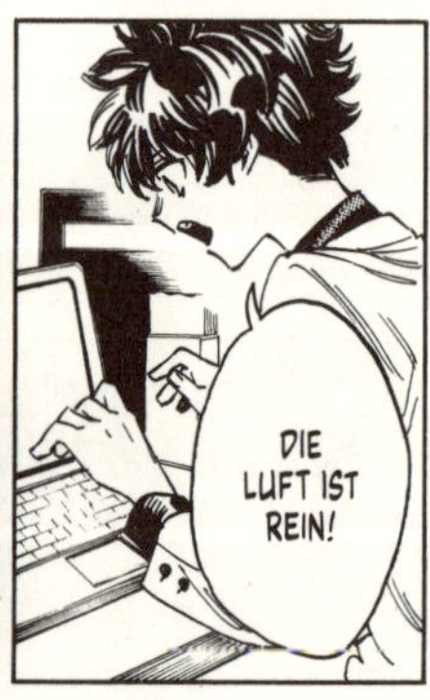
DIE LUFT IST REIN!

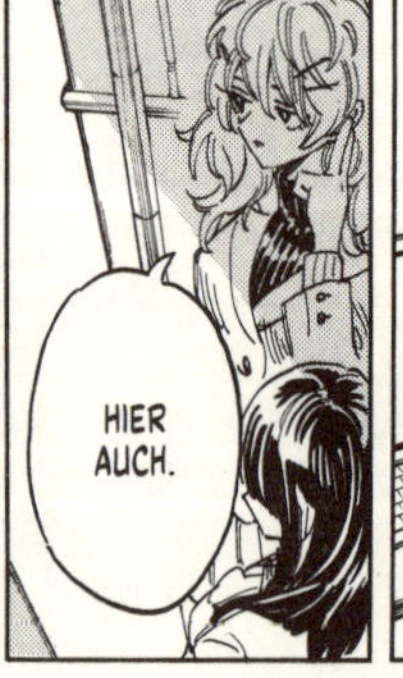
HIER AUCH.

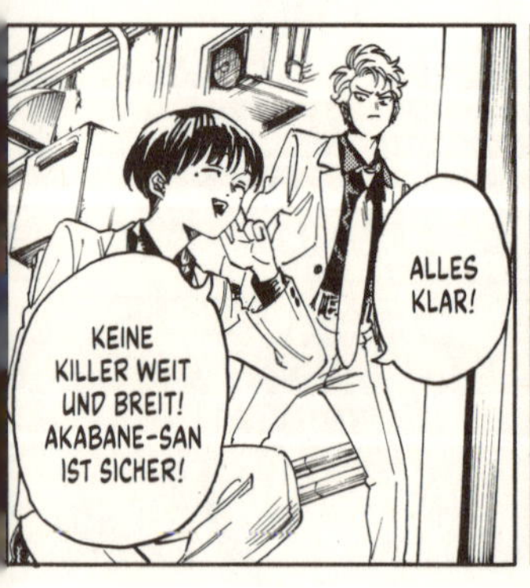
ALLES KLAR!
KEINE KILLER WEIT UND BREIT! AKABANE-SAN IST SICHER!

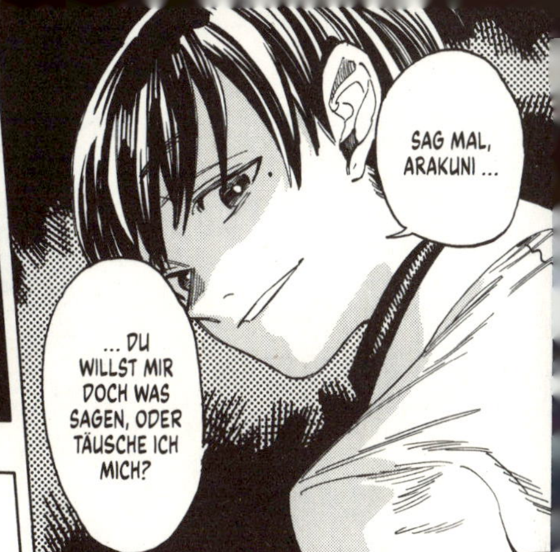
SAG MAL, ARAKUNI …
… DU WILLST MIR DOCH WAS SAGEN, ODER TÄUSCHE ICH MICH?

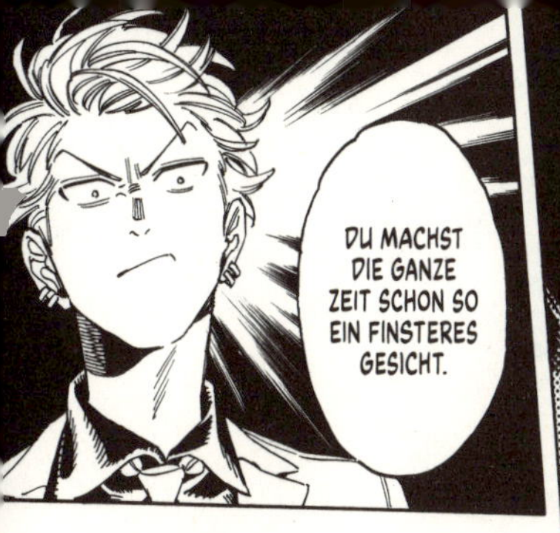
DU MACHST DIE GANZE ZEIT SCHON SO EIN FINSTERES GESICHT.

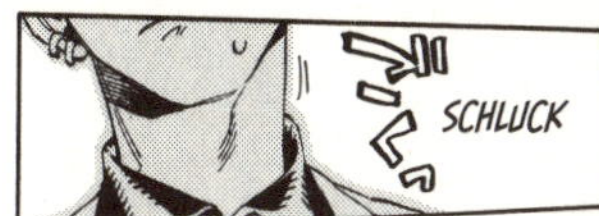
SCHLUCK

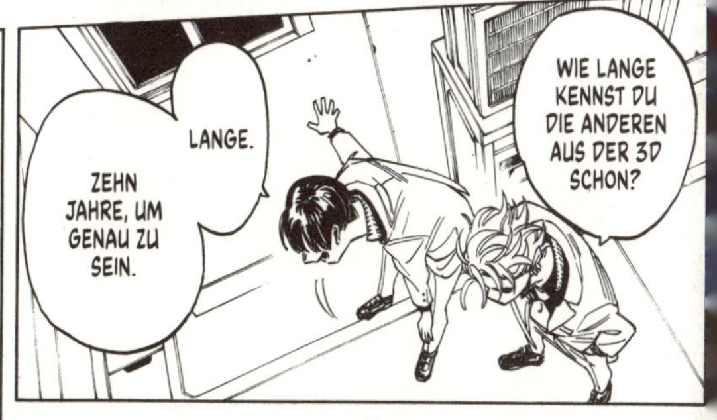
WIE LANGE KENNST DU DIE ANDEREN AUS DER 3D SCHON?
LANGE.
ZEHN JAHRE, UM GENAU ZU SEIN.

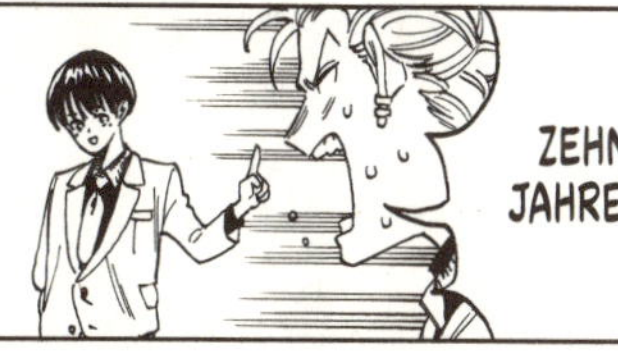
ZEHN JAHRE?!

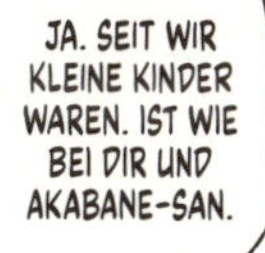
JA. SEIT WIR KLEINE KINDER WAREN. IST WIE BEI DIR UND AKABANE-SAN.

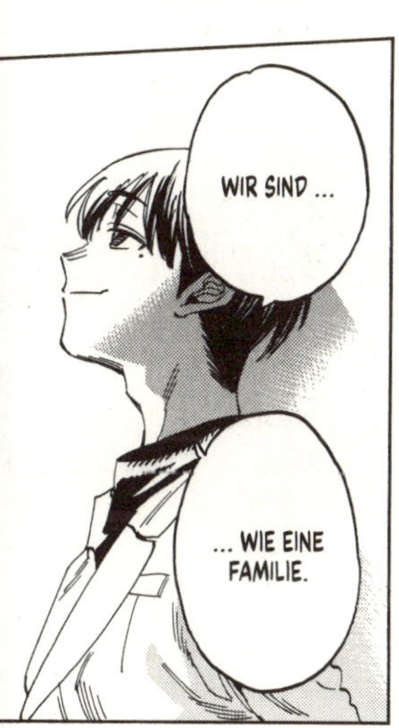
WIR SIND …
… WIE EINE FAMILIE.

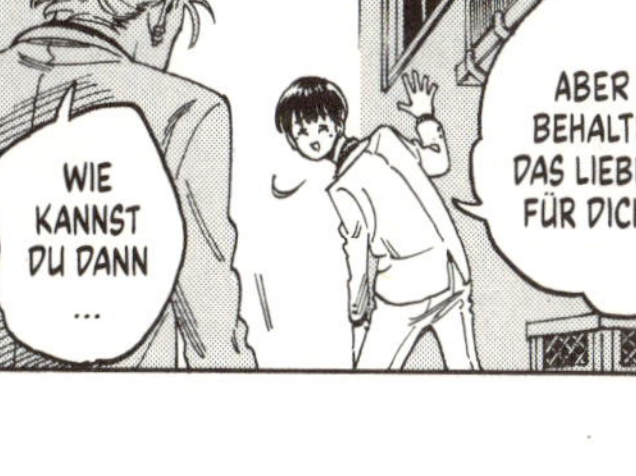
ABER BEHALTE DAS LIEBER FÜR DICH!
WIE KANNST DU DANN …

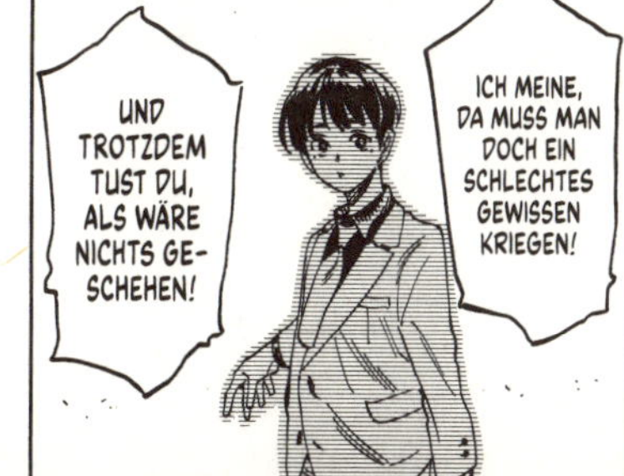
ICH MEINE, DA MUSS MAN DOCH EIN SCHLECHTES GEWISSEN KRIEGEN!
UND TROTZDEM TUST DU, ALS WÄRE NICHTS GE-SCHEHEN!

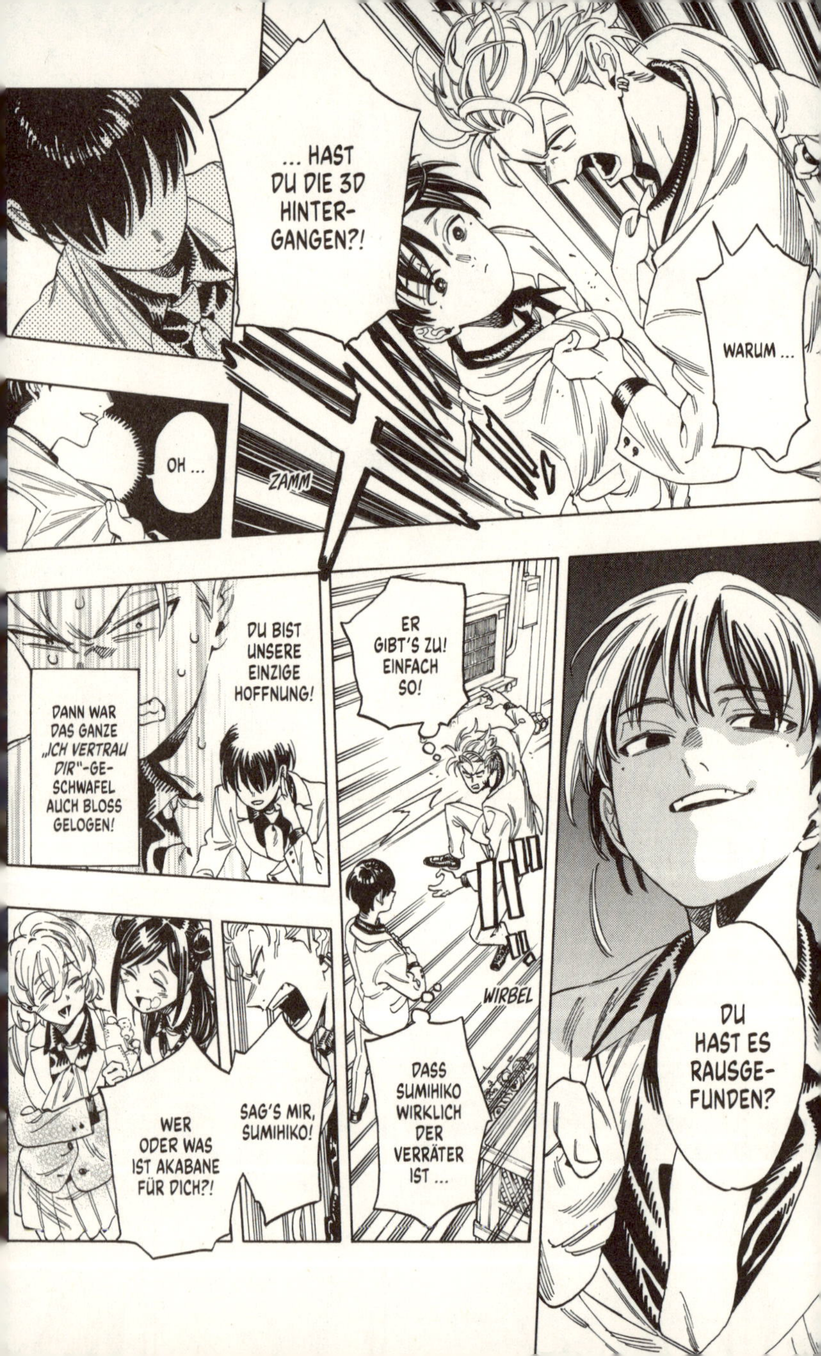
WARUM ...
... HAST DU DIE 3D HINTERGANGEN?!
ZAMM
OH ...
DU HAST ES RAUSGEFUNDEN?
ER GIBT'S ZU! EINFACH SO!
WIRBEL
DASS SUMIHIKO WIRKLICH DER VERRÄTER IST ...
DU BIST UNSERE EINZIGE HOFFNUNG!
DANN WAR DAS GANZE „ICH VERTRAU DIR"-GESCHWAFEL AUCH BLOSS GELOGEN!
SAG'S MIR, SUMIHIKO!
WER ODER WAS IST AKABANE FÜR DICH?!

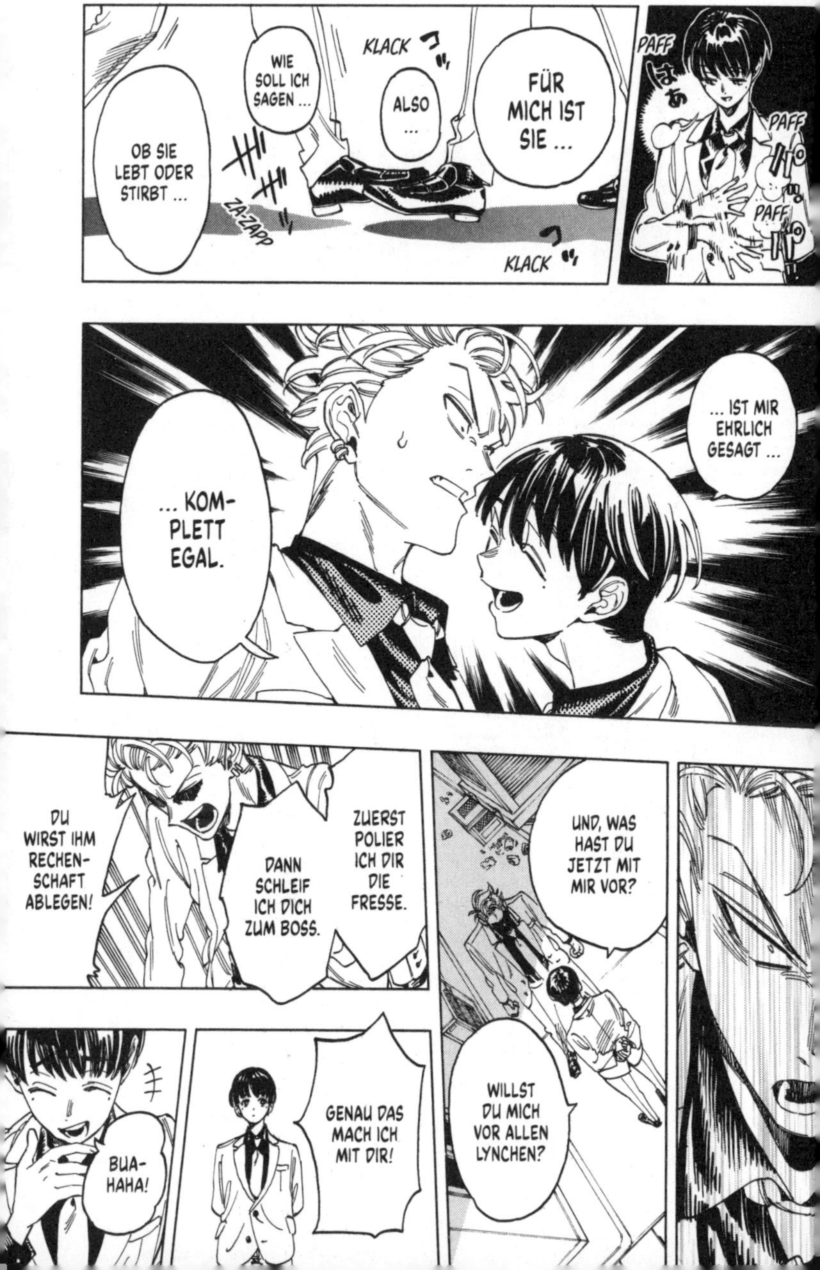

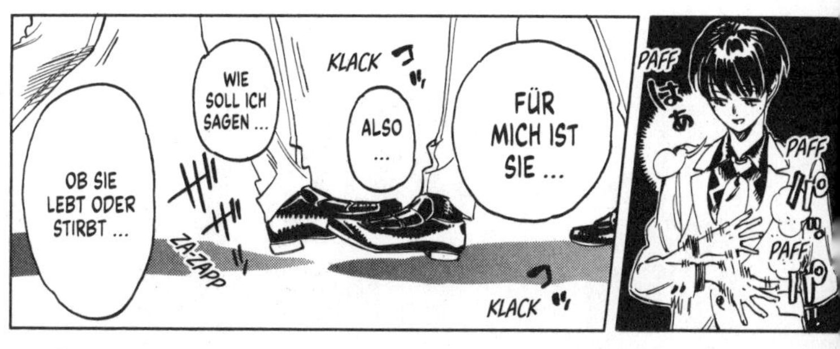

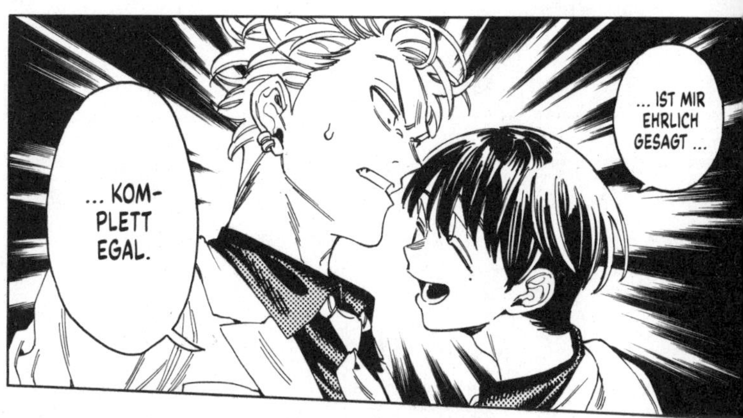

UND, WAS HAST DU JETZT MIT MIR VOR?

WILLST DU MICH VOR ALLEN LYNCHEN?

ZUERST POLIER ICH DIR DIE FRESSE.

DANN SCHLEIF ICH DICH ZUM BOSS.

DU WIRST IHM RECHEN-SCHAFT ABLEGEN!

GENAU DAS MACH ICH MIT DIR!

BUA-HAHA!

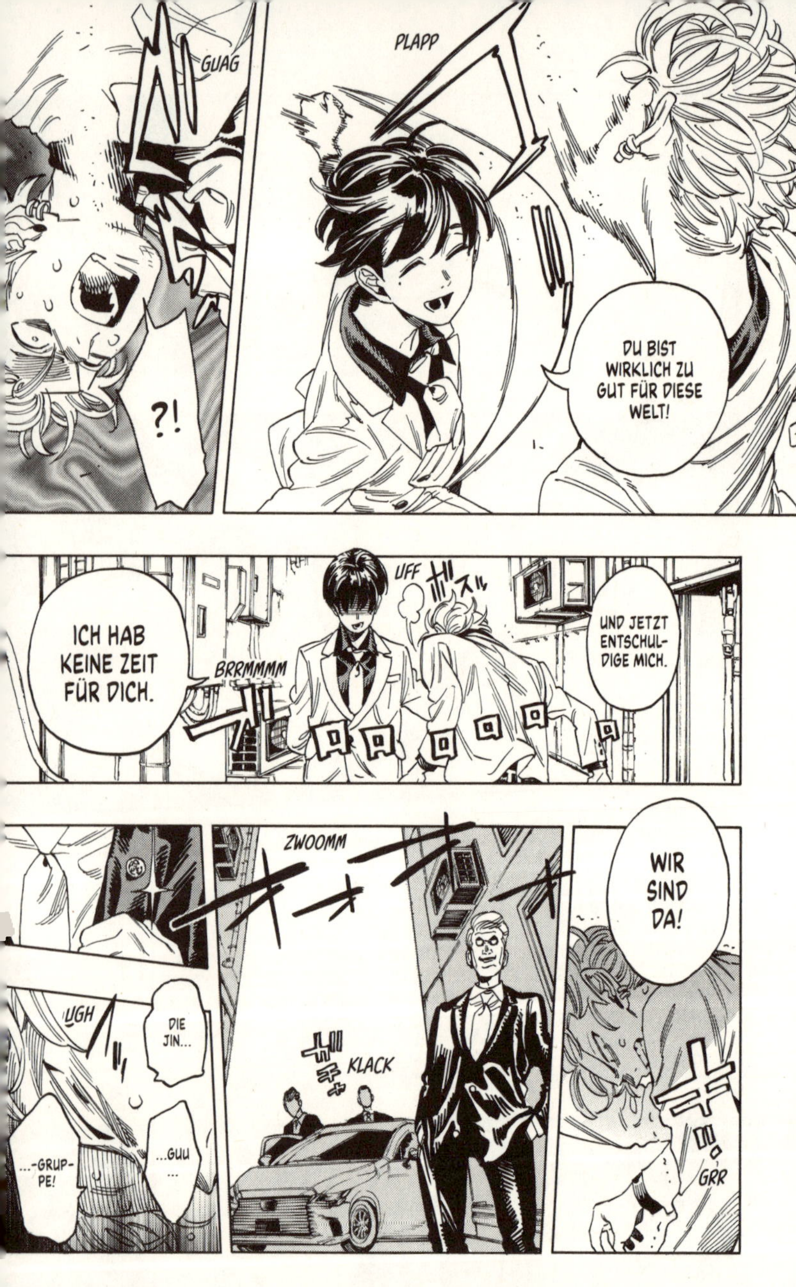
PLAPP
DU BIST WIRKLICH ZU GUT FÜR DIESE WELT!
GUAG
?!
UND JETZT ENTSCHULDIGE MICH.
UFF
BRRMMMM
ICH HAB KEINE ZEIT FÜR DICH.
WIR SIND DA!
GRR
ZWOOMM
KLACK
UGH
DIE JIN...
...GUU...
...-GRUPPE!

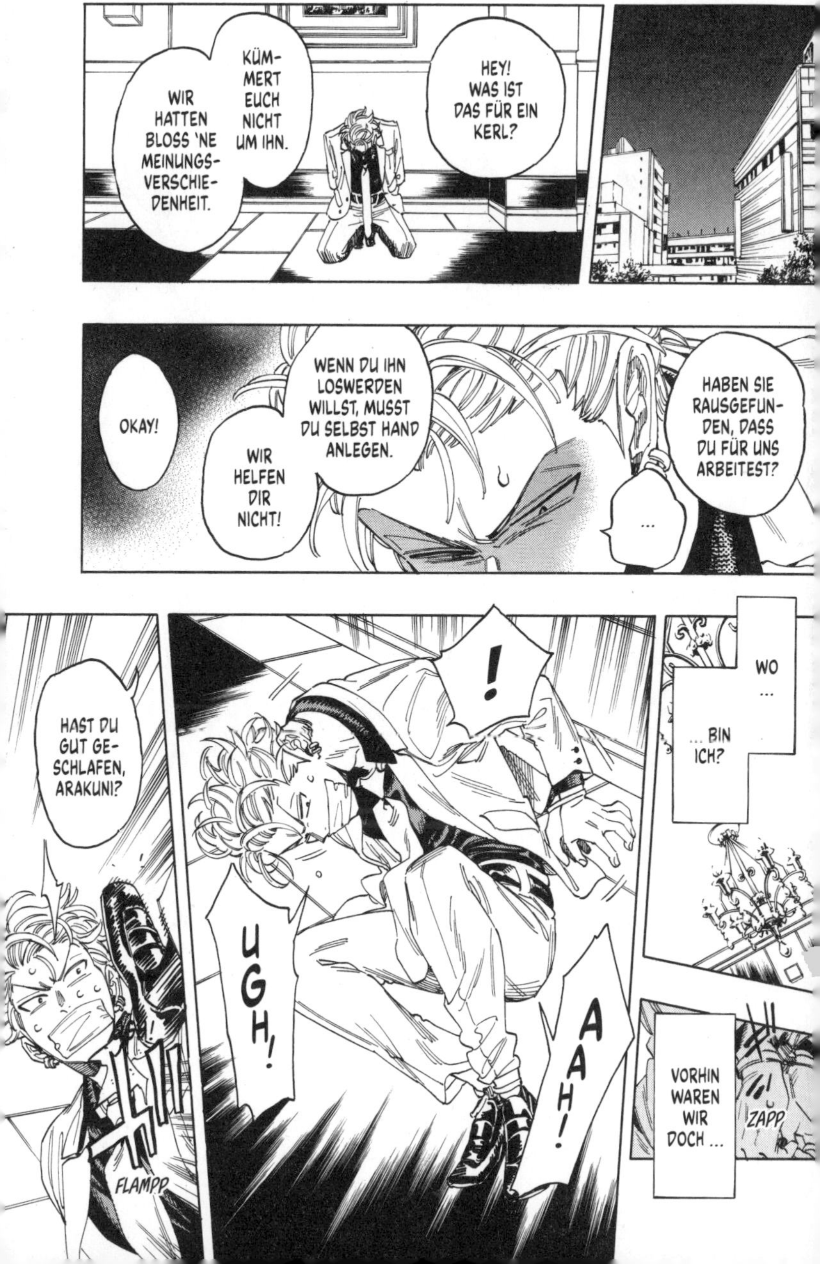

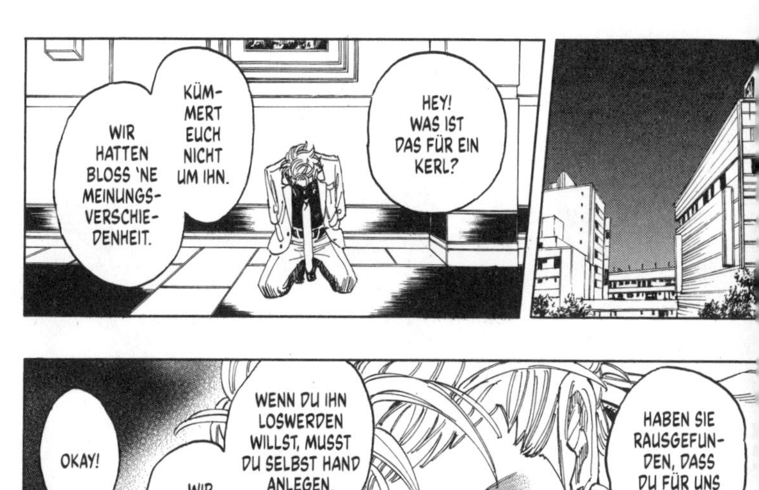

WO ...

... BIN ICH?

VORHIN WAREN WIR DOCH ...

ZAPP

!

UGH!

AAH!

HAST DU GUT GESCHLAFEN, ARAKUNI?

FLAMPP

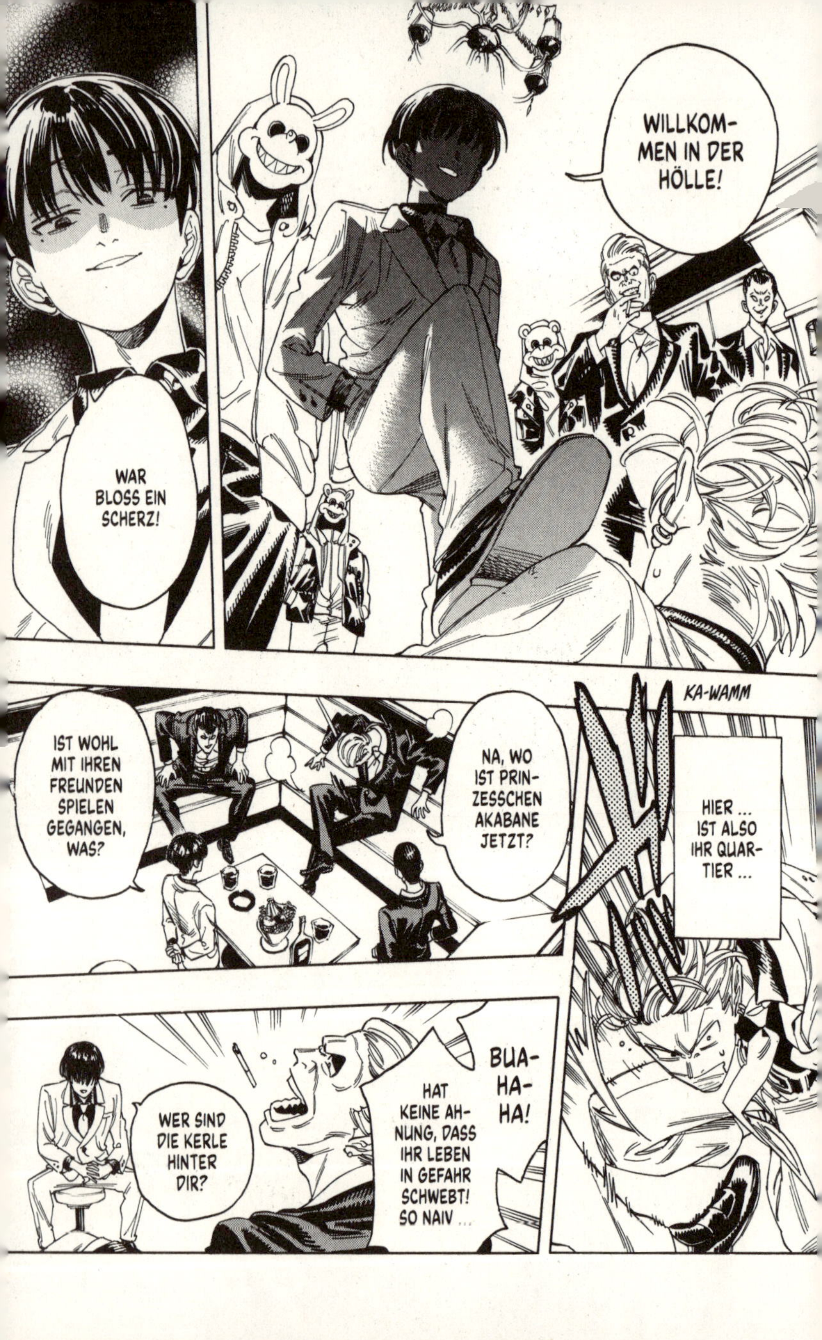
WILLKOMMEN IN DER HÖLLE!
WAR BLOSS EIN SCHERZ!
KA-WAMM
HIER ... IST ALSO IHR QUARTIER ...
NA, WO IST PRINZESSCHEN AKABANE JETZT?
IST WOHL MIT IHREN FREUNDEN SPIELEN GEGANGEN, WAS?
BUA-HA-HA!
HAT KEINE AHNUNG, DASS IHR LEBEN IN GEFAHR SCHWEBT! SO NAIV ...
WER SIND DIE KERLE HINTER DIR?

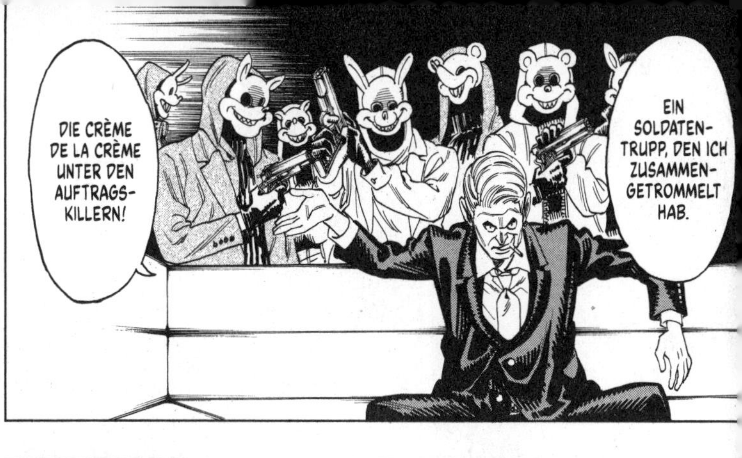

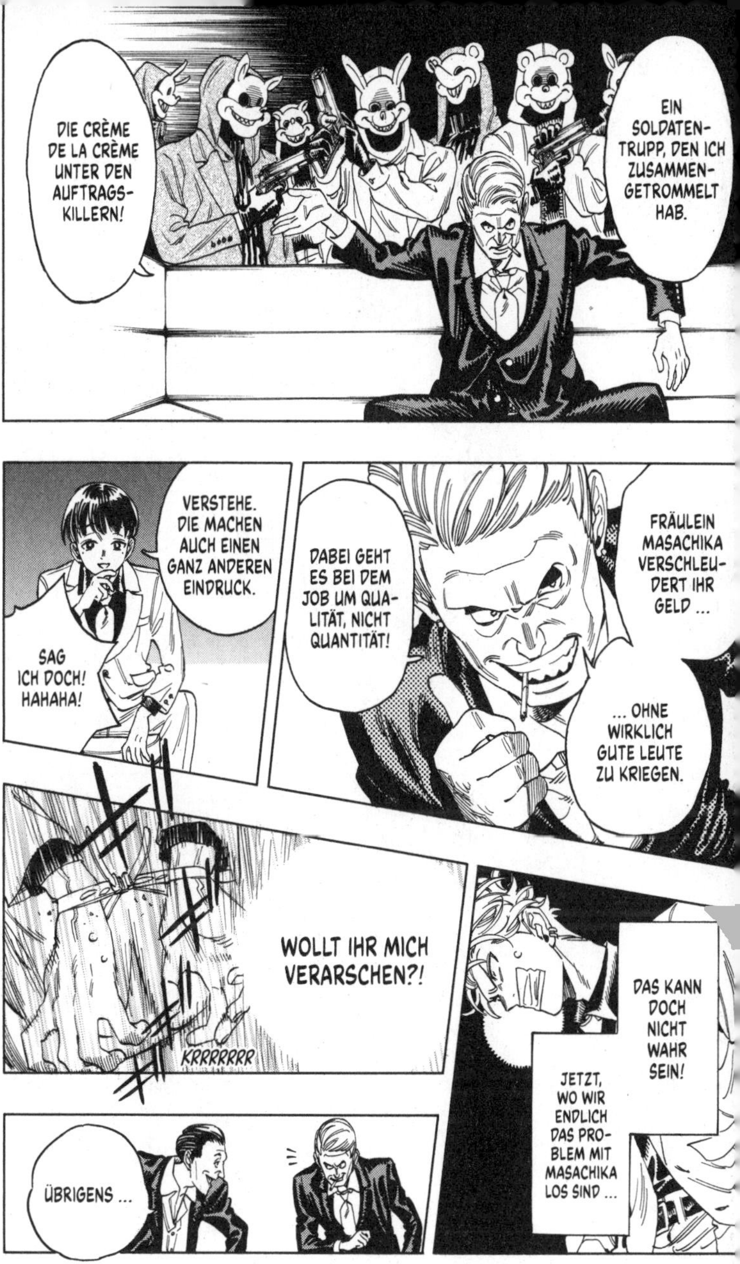

FRÄULEIN MASACHIKA VERSCHLEUDERT IHR GELD ...

... OHNE WIRKLICH GUTE LEUTE ZU KRIEGEN.

DABEI GEHT ES BEI DEM JOB UM QUALITÄT, NICHT QUANTITÄT!

VERSTEHE. DIE MACHEN AUCH EINEN GANZ ANDEREN EINDRUCK.

SAG ICH DOCH! HAHAHA!

DAS KANN DOCH NICHT WAHR SEIN!

JETZT, WO WIR ENDLICH DAS PROBLEM MIT MASACHIKA LOS SIND ...

WOLLT IHR MICH VERARSCHEN?!

KRRRRRRR

ÜBRIGENS ...

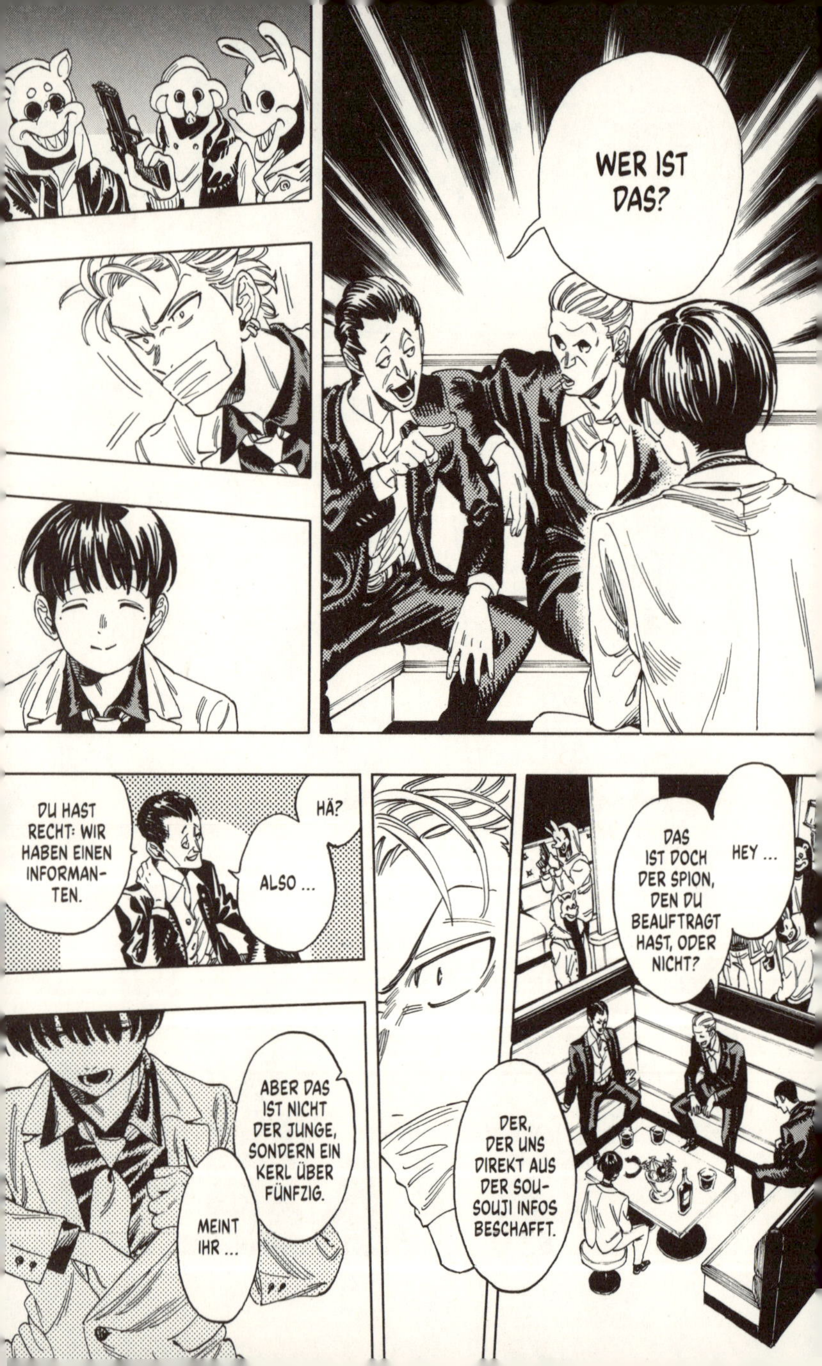

WER IST DAS?

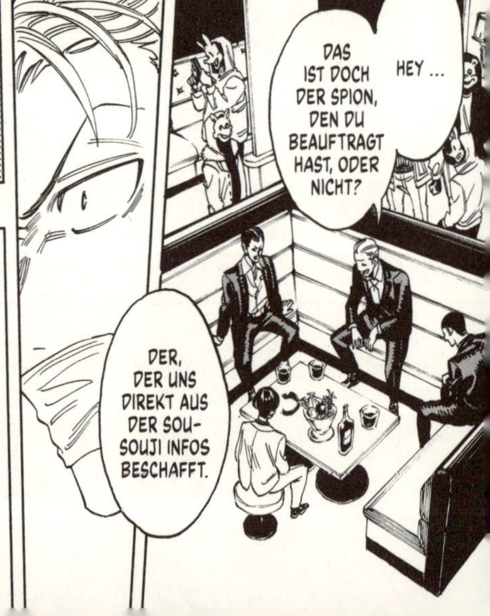
HEY ...
DAS IST DOCH DER SPION, DEN DU BEAUFTRAGT HAST, ODER NICHT?
DER, DER UNS DIREKT AUS DER SOU-SOUJI INFOS BESCHAFFT.

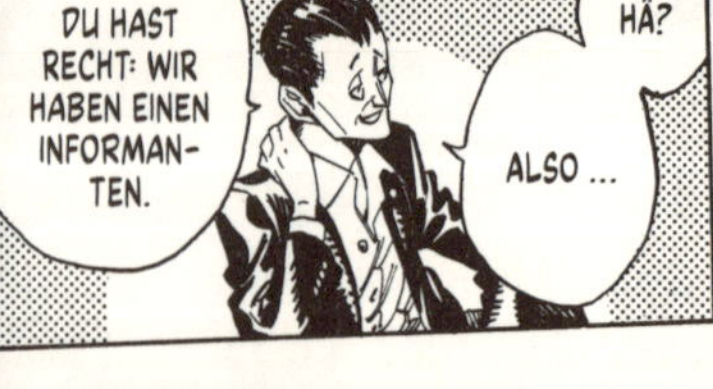
HÄ?
ALSO ...
DU HAST RECHT: WIR HABEN EINEN INFORMAN-TEN.

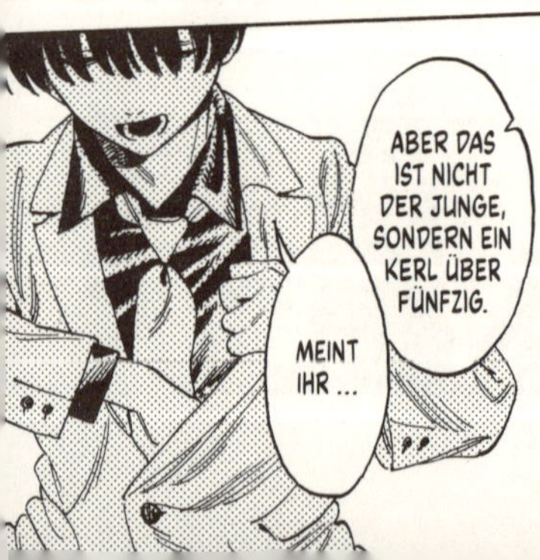
ABER DAS IST NICHT DER JUNGE, SONDERN EIN KERL ÜBER FÜNFZIG.
MEINT IHR ...

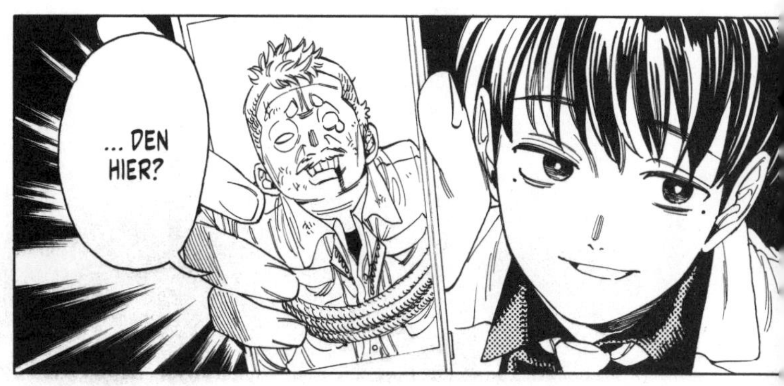

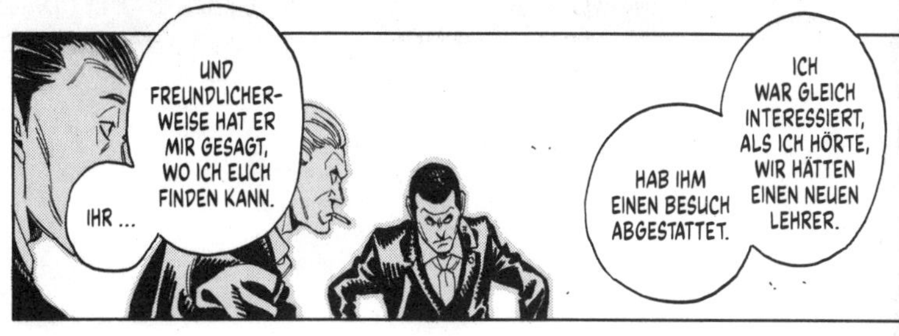

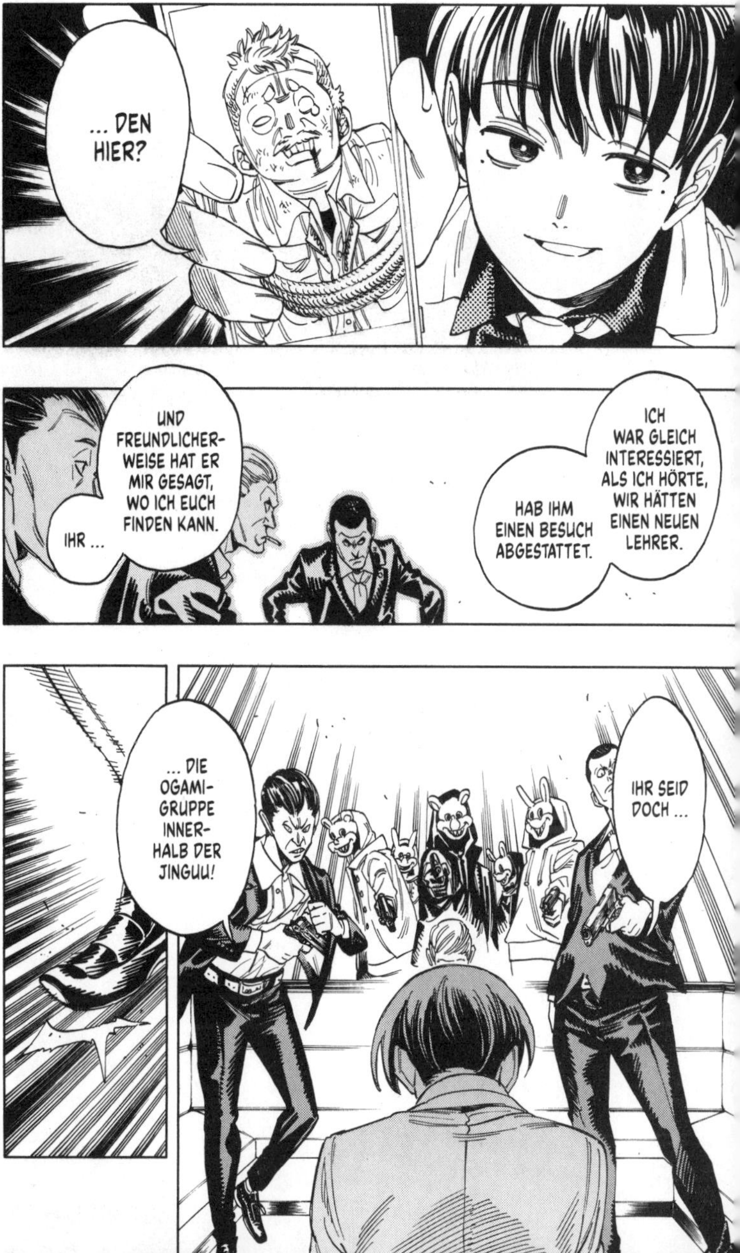

IHR SEID DOCH ...

... DIE OGAMI-GRUPPE INNERHALB DER JINGUU!

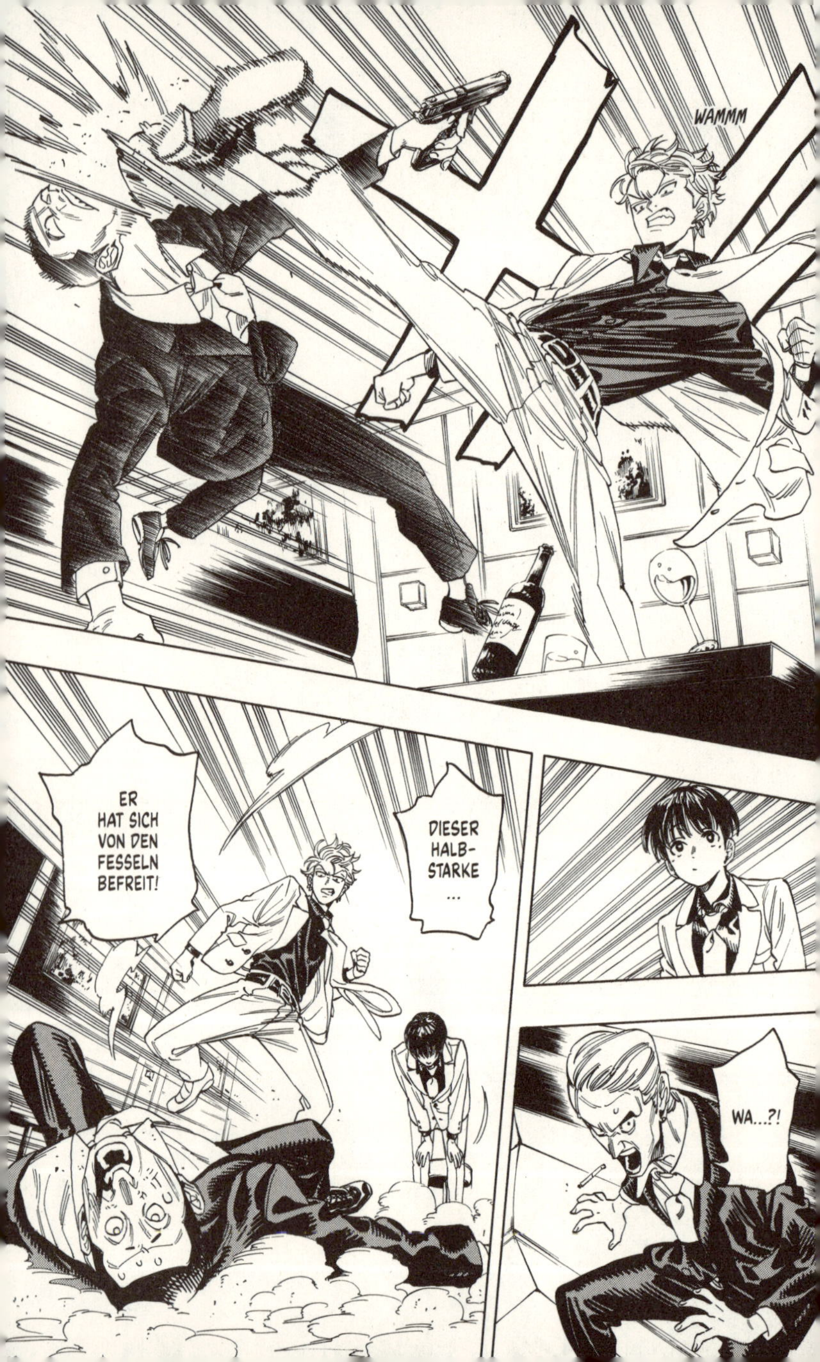
WAMMM
WA...?!
DIESER HALB-STARKE ...
ER HAT SICH VON DEN FESSELN BEFREIT!

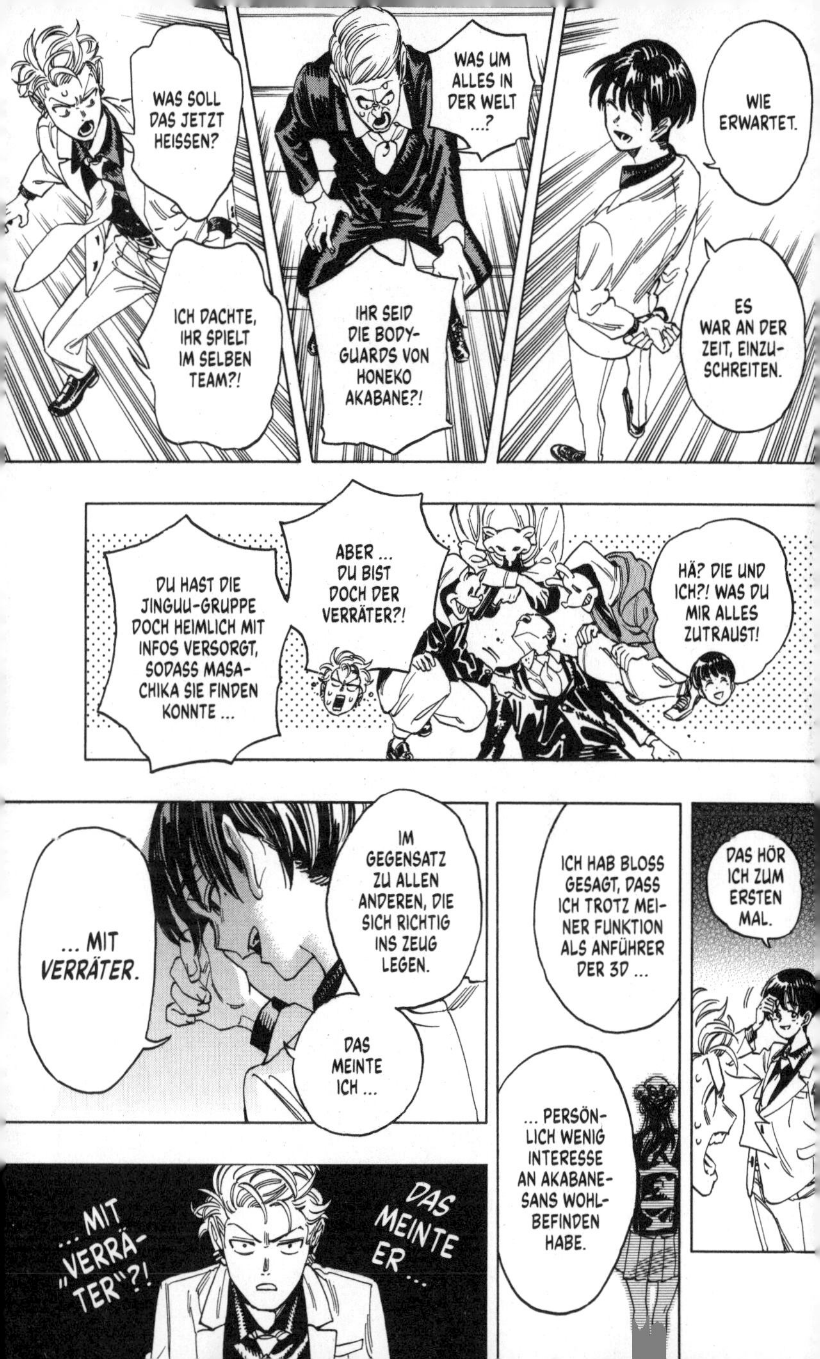
WIE ERWARTET.
ES WAR AN DER ZEIT, EINZUSCHREITEN.
WAS UM ALLES IN DER WELT ...?
IHR SEID DIE BODYGUARDS VON HONEKO AKABANE?!
WAS SOLL DAS JETZT HEISSEN?
ICH DACHTE, IHR SPIELT IM SELBEN TEAM?!
HÄ? DIE UND ICH?! WAS DU MIR ALLES ZUTRAUST!
ABER ... DU BIST DOCH DER VERRÄTER?!
DU HAST DIE JINGUU-GRUPPE DOCH HEIMLICH MIT INFOS VERSORGT, SODASS MASACHIKA SIE FINDEN KONNTE ...
DAS HÖR ICH ZUM ERSTEN MAL.
ICH HAB BLOSS GESAGT, DASS ICH TROTZ MEINER FUNKTION ALS ANFÜHRER DER 3D ...
... PERSÖNLICH WENIG INTERESSE AN AKABANE-SANS WOHLBEFINDEN HABE.
IM GEGENSATZ ZU ALLEN ANDEREN, DIE SICH RICHTIG INS ZEUG LEGEN.
DAS MEINTE ICH ...
... MIT VERRÄTER.
DAS MEINTE ER ...
... MIT „VERRÄTER"?!

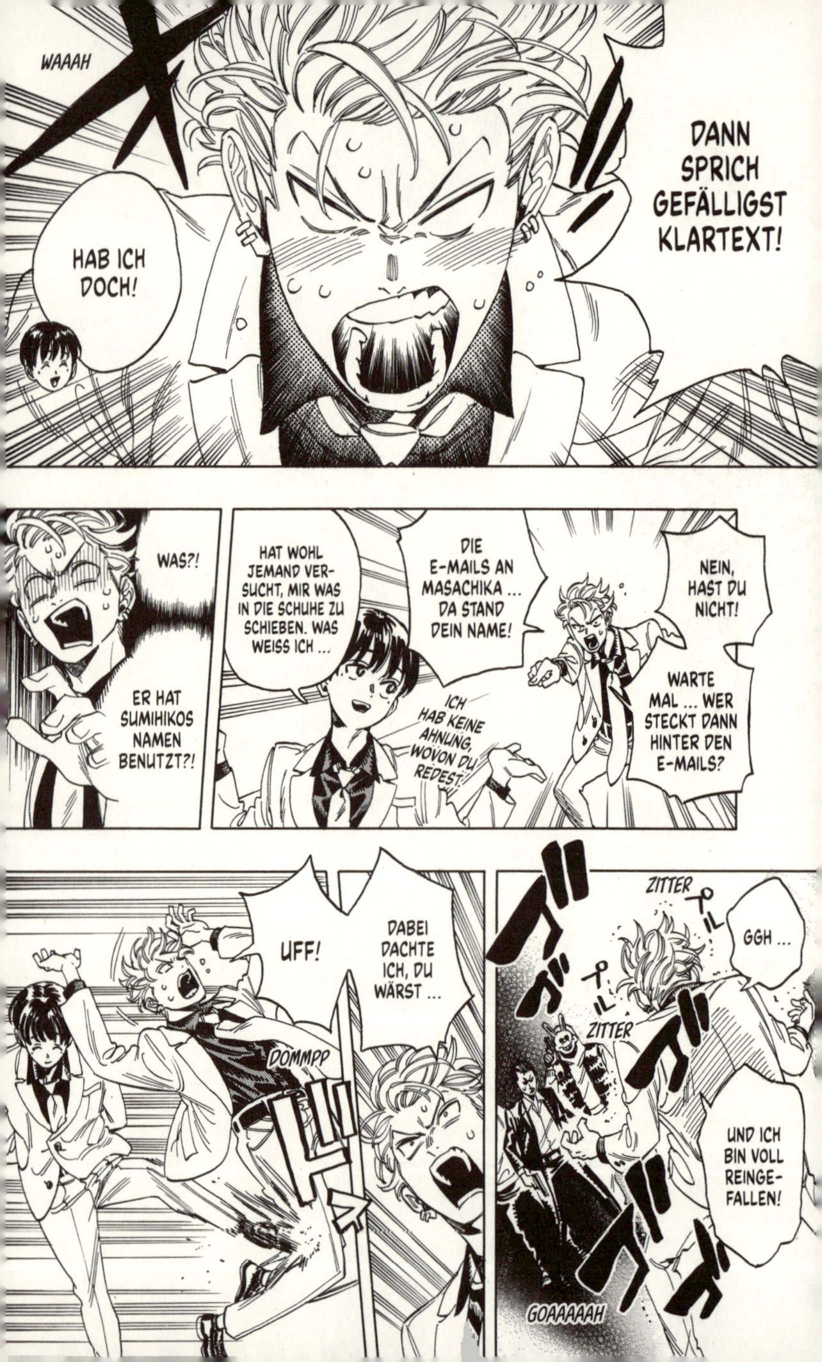

DANN SPRICH GEFÄLLIGST KLARTEXT!
WAAAH
HAB ICH DOCH!
NEIN, HAST DU NICHT!
WARTE MAL ... WER STECKT DANN HINTER DEN E-MAILS?
DIE E-MAILS AN MASACHIKA ... DA STAND DEIN NAME!
HAT WOHL JEMAND VERSUCHT, MIR WAS IN DIE SCHUHE ZU SCHIEBEN. WAS WEISS ICH ...
ICH HAB KEINE AHNUNG, WOVON DU REDEST.
WAS?!
ER HAT SUMIHIKOS NAMEN BENUTZT?!
ZITTER
GGH ...
ZITTER
UND ICH BIN VOLL REINGEFALLEN!
GOAAAAAH
DABEI DACHTE ICH, DU WÄRST ...
UFF!
DOMMPP

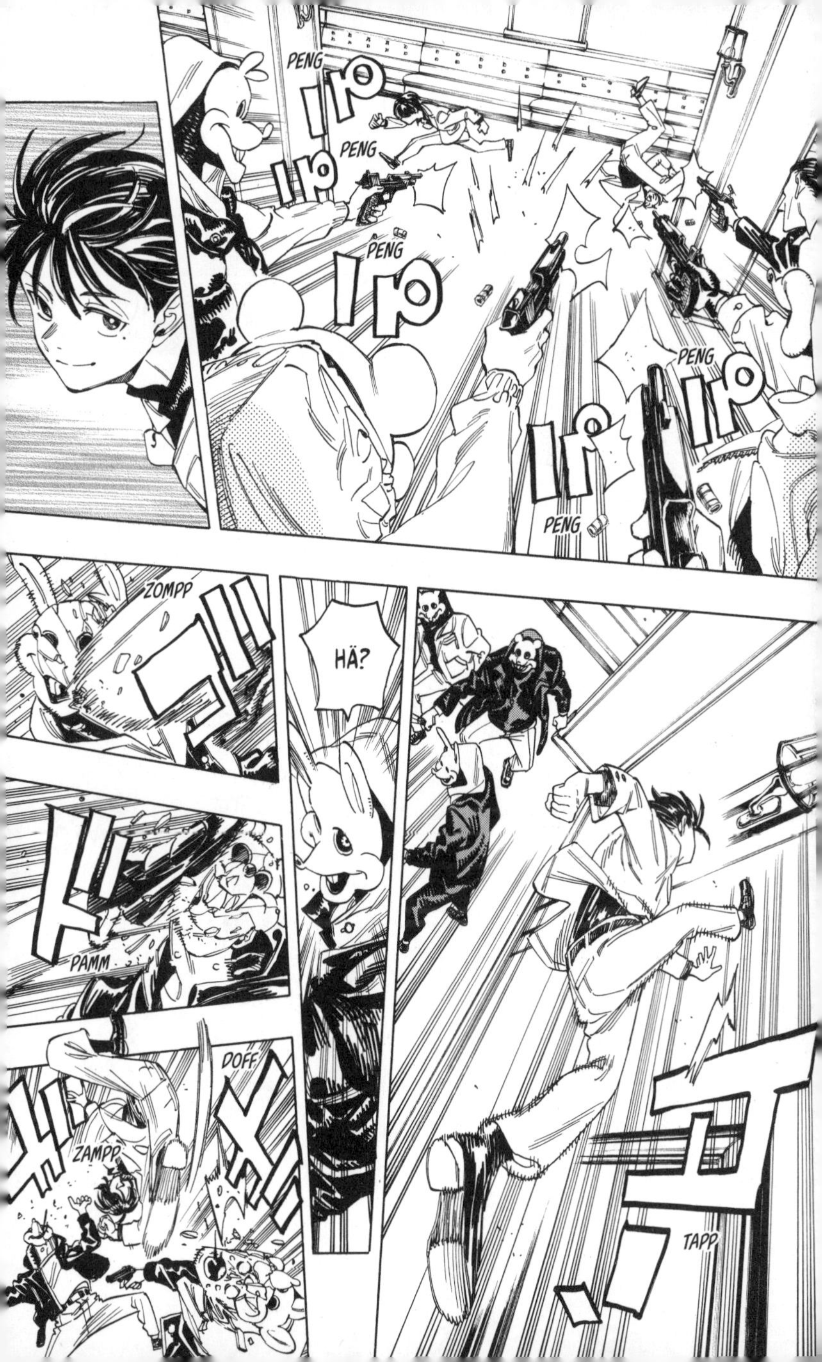

PENG
PENG
PENG
PENG
PENG
TAPP
HÄ?
ZOMPP
PAMM
DOFF
ZAMPP

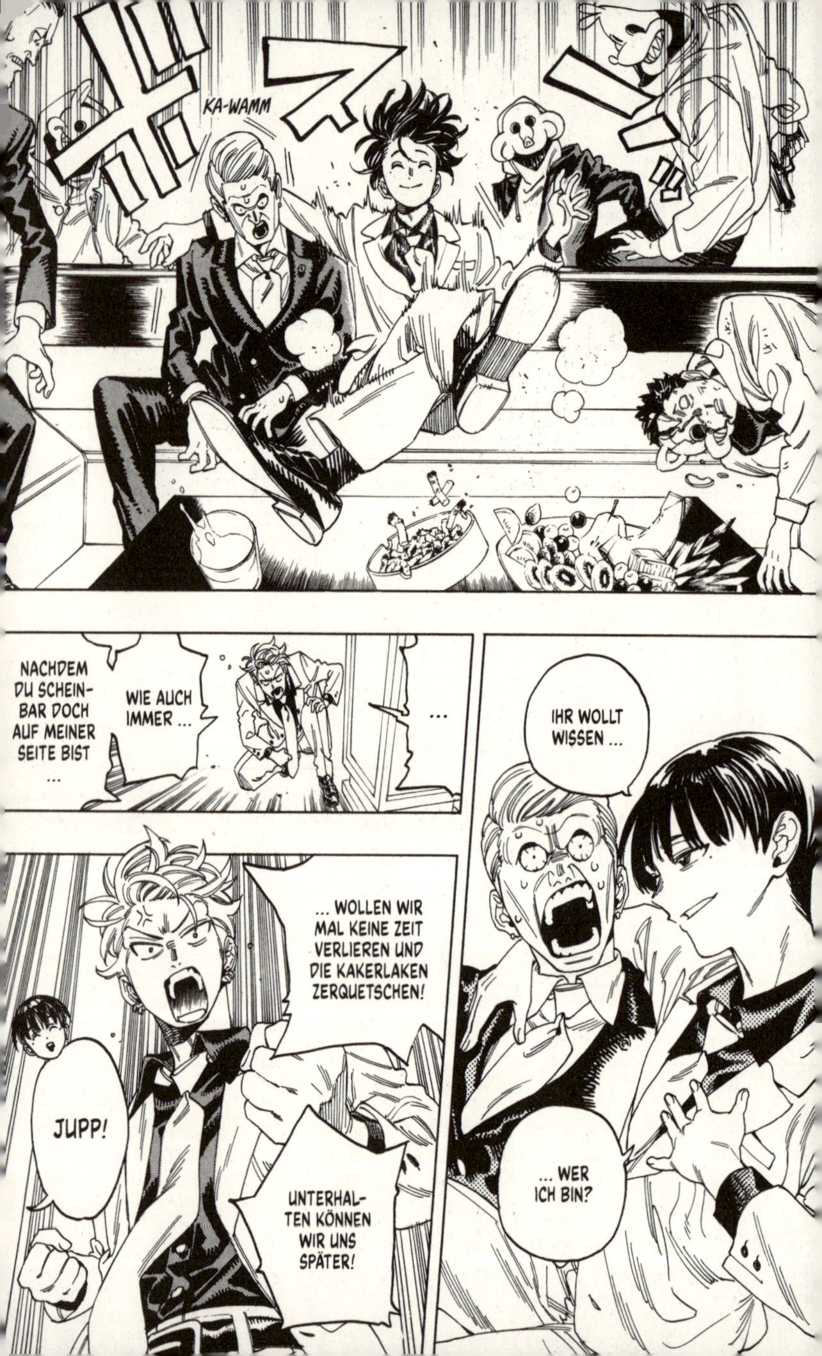
KA-WAMM
IHR WOLLT WISSEN ...
... WER ICH BIN?
...
WIE AUCH IMMER ...
NACHDEM DU SCHEINBAR DOCH AUF MEINER SEITE BIST ...
... WOLLEN WIR MAL KEINE ZEIT VERLIEREN UND DIE KAKERLAKEN ZERQUETSCHEN!
UNTERHALTEN KÖNNEN WIR UNS SPÄTER!
JUPP!

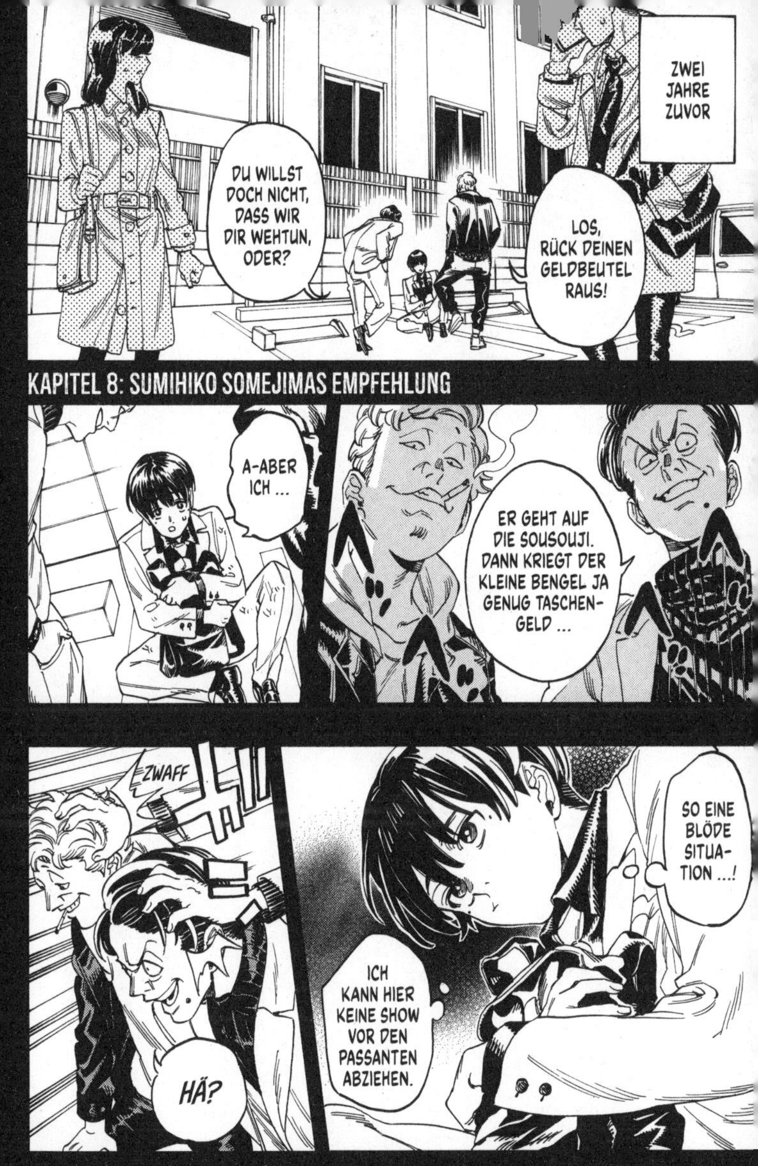
ZWEI JAHRE ZUVOR
LOS, RÜCK DEINEN GELDBEUTEL RAUS!
DU WILLST DOCH NICHT, DASS WIR DIR WEHTUN, ODER?
KAPITEL 8: SUMIHIKO SOMEJIMAS EMPFEHLUNG
ER GEHT AUF DIE SOUSOUJI. DANN KRIEGT DER KLEINE BENGEL JA GENUG TASCHEN-GELD ...
A-ABER ICH ...
SO EINE BLÖDE SITUA-TION ...!
ICH KANN HIER KEINE SHOW VOR DEN PASSANTEN ABZIEHEN.
ZWAFF
HÄ?

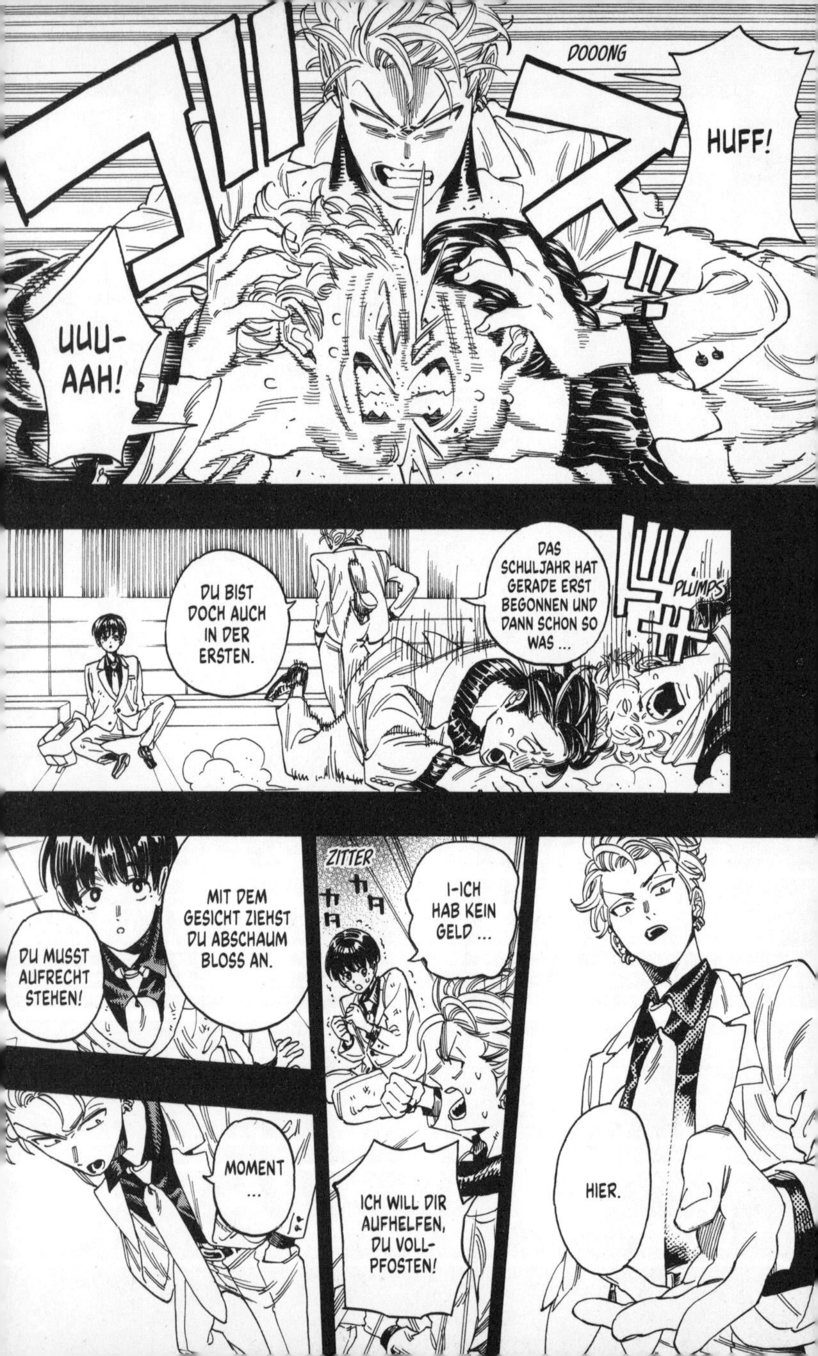
DOOONG
HUFF!
UUU-AAH!
PLUMPS
DAS SCHULJAHR HAT GERADE ERST BEGONNEN UND DANN SCHON SO WAS ...
DU BIST DOCH AUCH IN DER ERSTEN.
MIT DEM GESICHT ZIEHST DU ABSCHAUM BLOSS AN.
DU MUSST AUFRECHT STEHEN!
ZITTER
I-ICH HAB KEIN GELD ...
HIER.
ICH WILL DIR AUFHELFEN, DU VOLL-PFOSTEN!
MOMENT ...

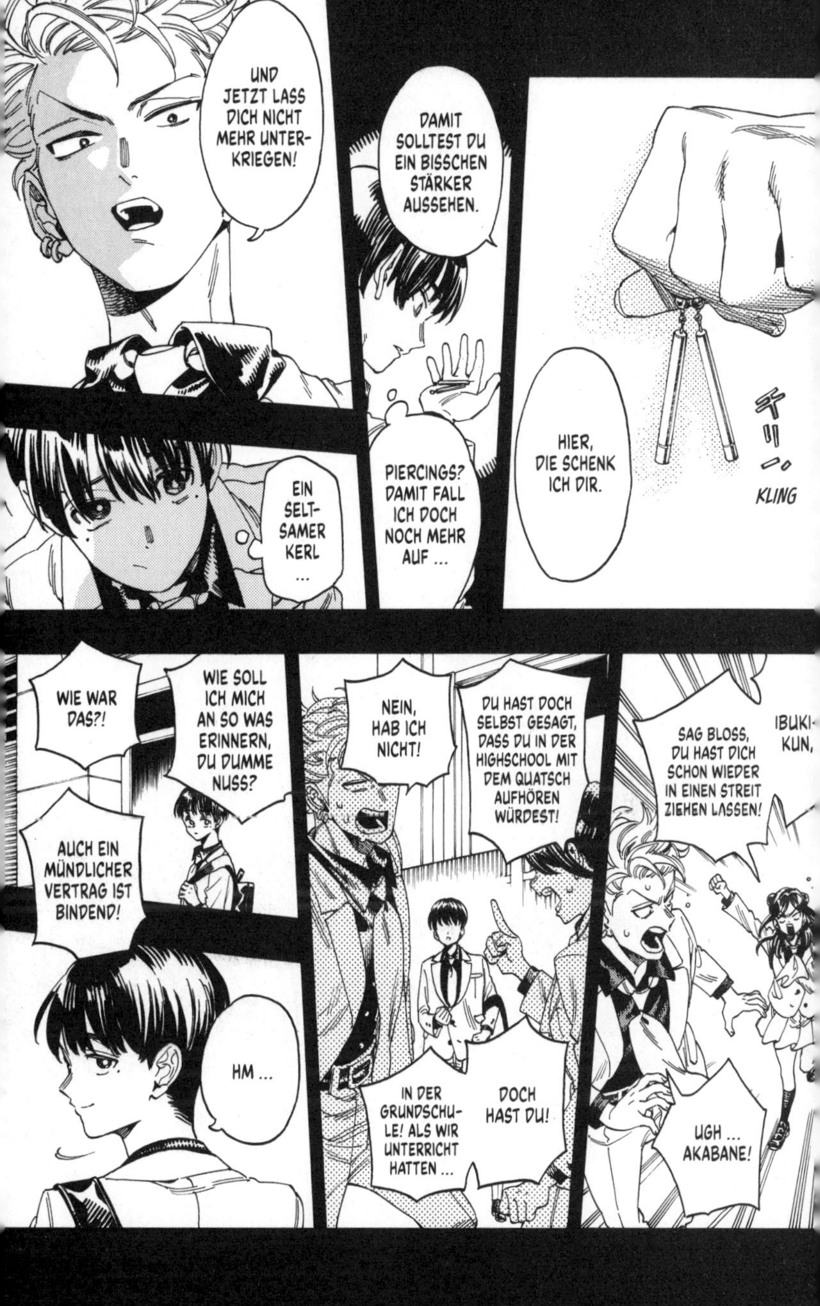
HIER, DIE SCHENK ICH DIR.
KLING
DAMIT SOLLTEST DU EIN BISSCHEN STÄRKER AUSSEHEN.
PIERCINGS? DAMIT FALL ICH DOCH NOCH MEHR AUF …
UND JETZT LASS DICH NICHT MEHR UNTER-KRIEGEN!
EIN SELT-SAMER KERL …
IBUKI-KUN,
SAG BLOSS, DU HAST DICH SCHON WIEDER IN EINEN STREIT ZIEHEN LASSEN!
UGH … AKABANE!
DU HAST DOCH SELBST GESAGT, DASS DU IN DER HIGHSCHOOL MIT DEM QUATSCH AUFHÖREN WÜRDEST!
NEIN, HAB ICH NICHT!
DOCH HAST DU!
IN DER GRUNDSCHU-LE! ALS WIR UNTERRICHT HATTEN …
WIE SOLL ICH MICH AN SO WAS ERINNERN, DU DUMME NUSS?
WIE WAR DAS?!
AUCH EIN MÜNDLICHER VERTRAG IST BINDEND!
HM …

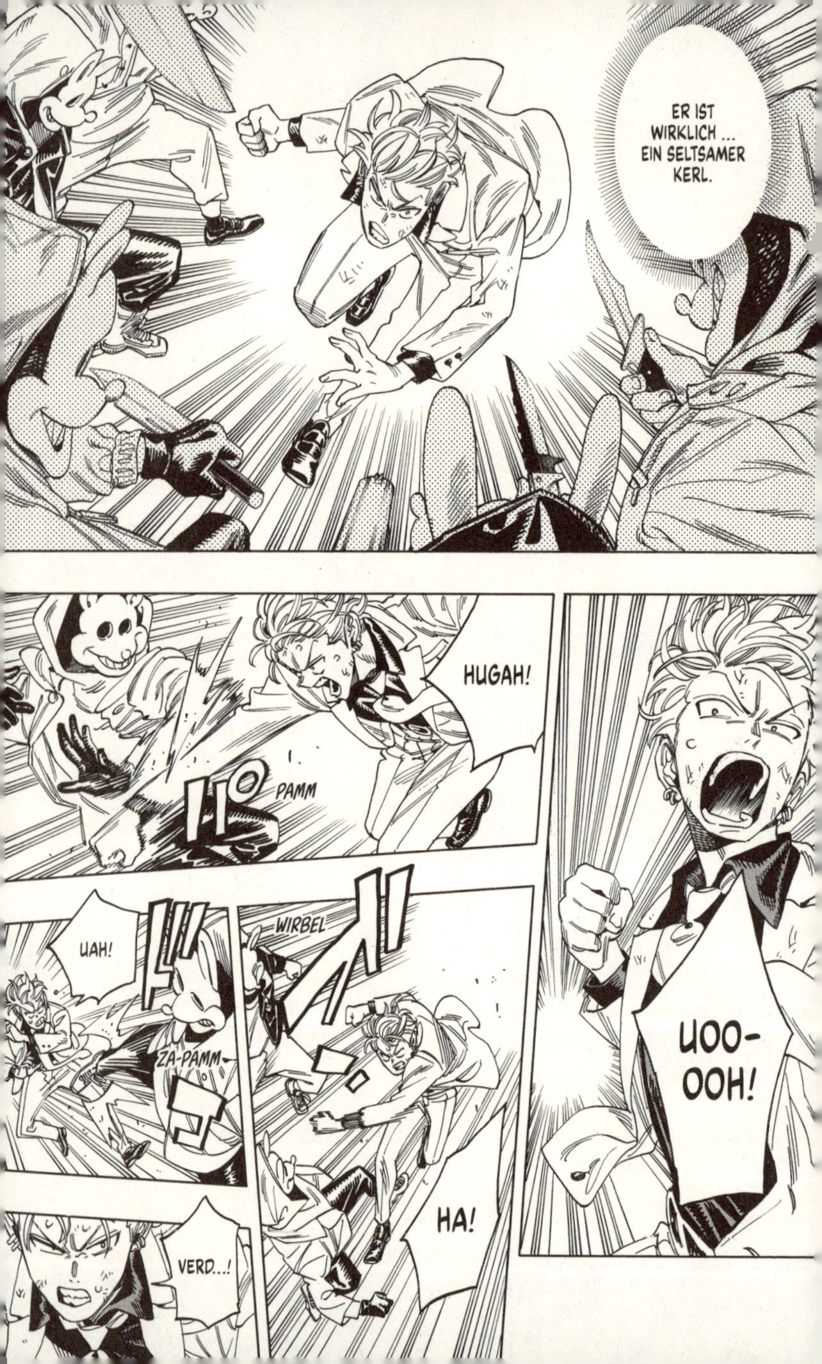

ER IST WIRKLICH ... EIN SELTSAMER KERL.

UOO-OOH!

HUGAH!

PAMM

WIRBEL

HA!

UAH!

ZA-PAMM

VERD...!

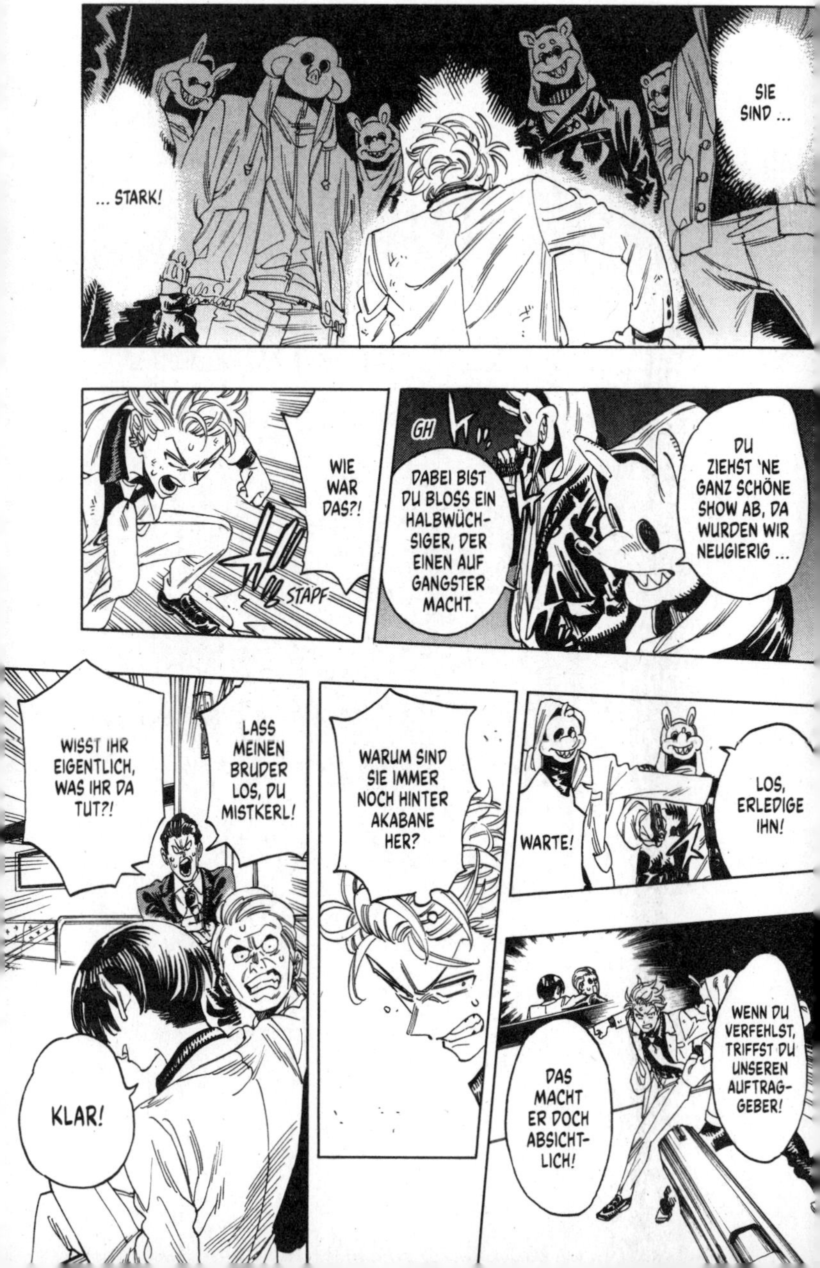

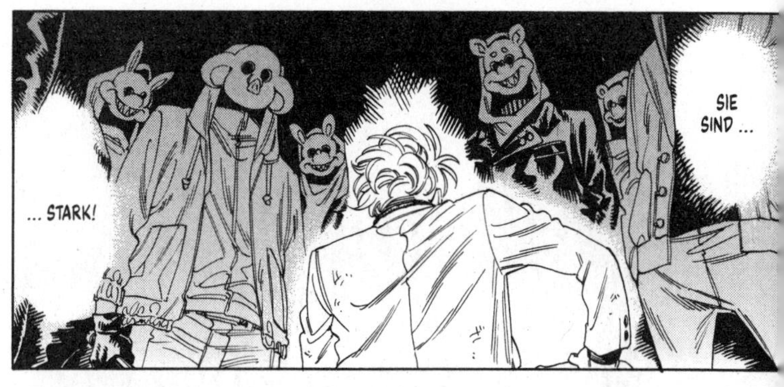

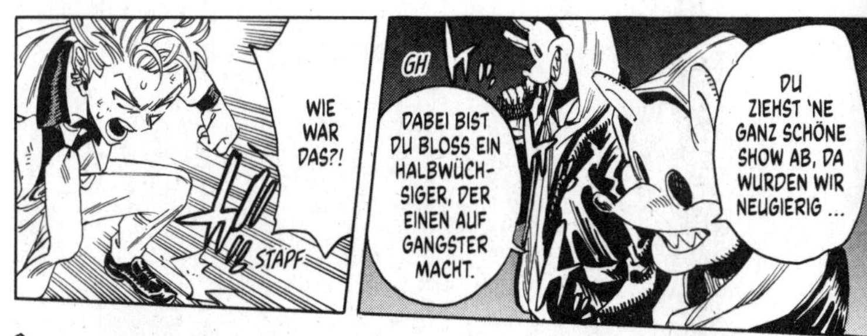

LOS, ERLEDIGE IHN!
WARTE!
WENN DU VERFEHLST, TRIFFST DU UNSEREN AUFTRAG-GEBER!
DAS MACHT ER DOCH ABSICHT-LICH!
WARUM SIND SIE IMMER NOCH HINTER AKABANE HER?
LASS MEINEN BRUDER LOS, DU MISTKERL!
WISST IHR EIGENTLICH, WAS IHR DA TUT?!
KLAR!

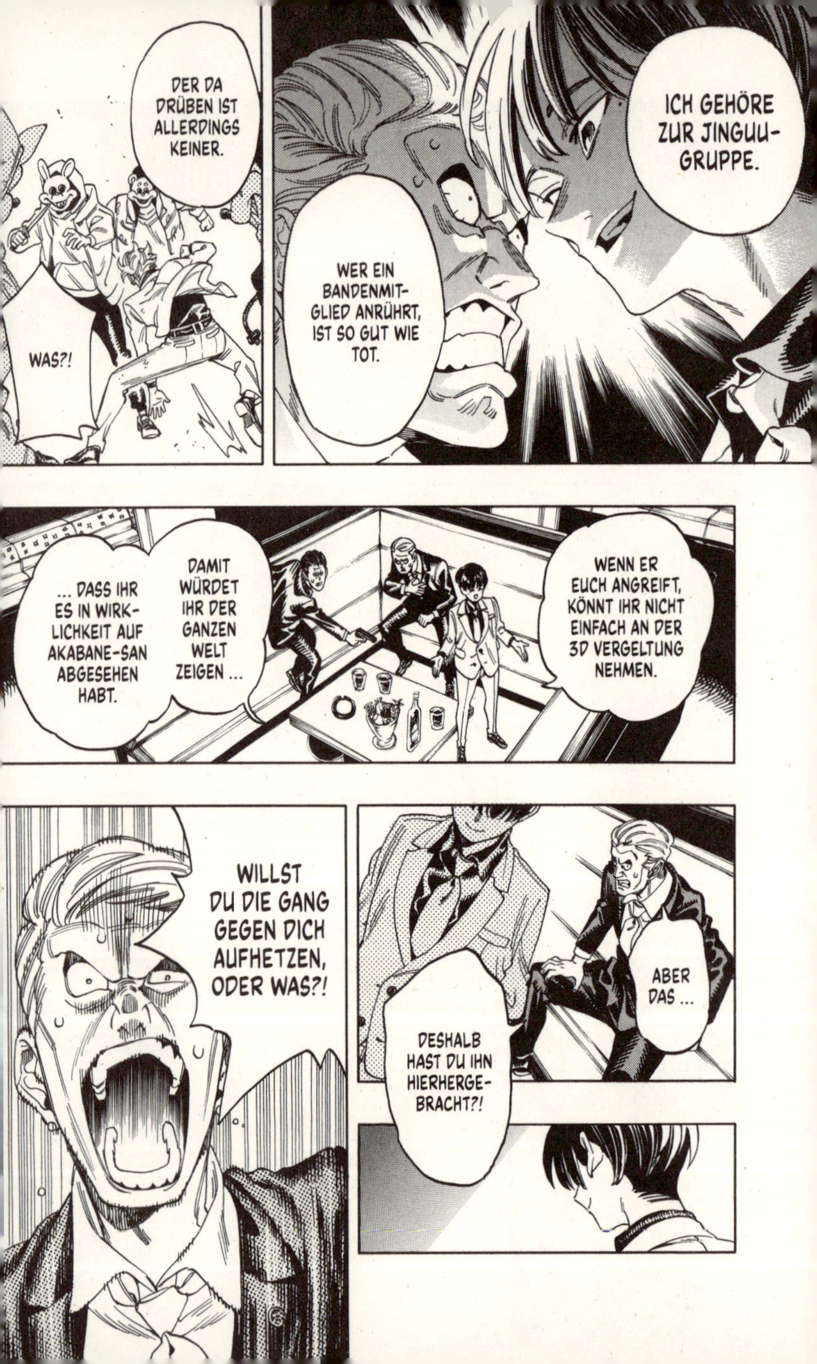

ICH GEHÖRE ZUR JINGUU-GRUPPE.
WER EIN BANDENMITGLIED ANRÜHRT, IST SO GUT WIE TOT.
DER DA DRÜBEN IST ALLERDINGS KEINER.
WAS?!

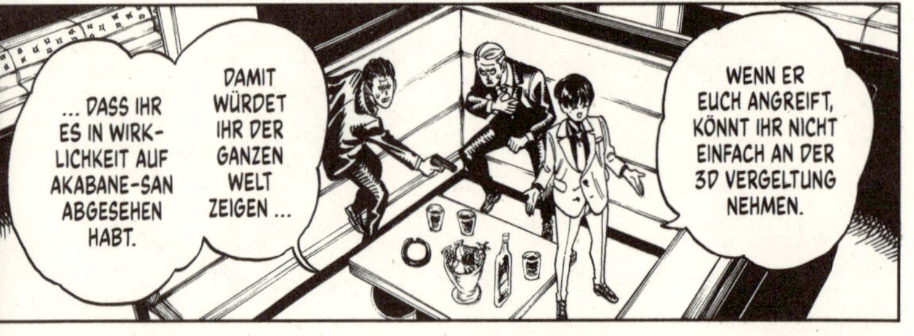
WENN ER EUCH ANGREIFT, KÖNNT IHR NICHT EINFACH AN DER 3D VERGELTUNG NEHMEN.
DAMIT WÜRDET IHR DER GANZEN WELT ZEIGEN ...
... DASS IHR ES IN WIRKLICHKEIT AUF AKABANE-SAN ABGESEHEN HABT.

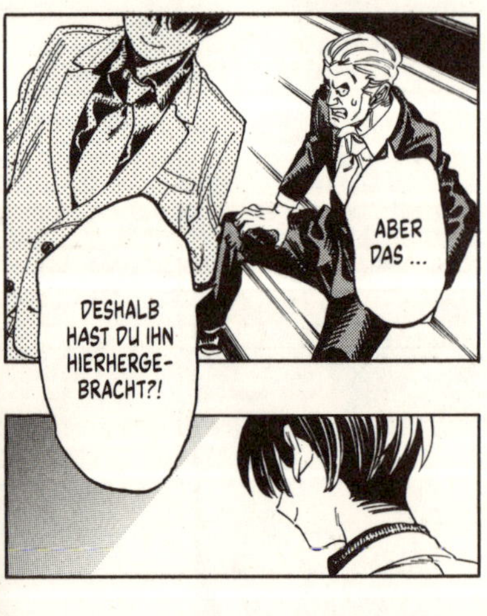
ABER DAS ...
DESHALB HAST DU IHN HIERHERGEBRACHT?!

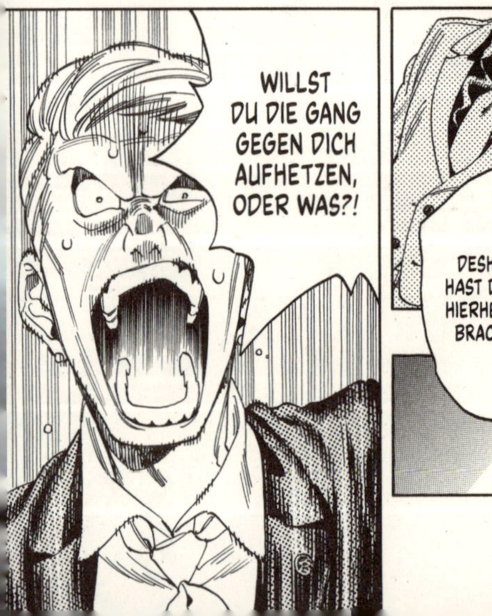
WILLST DU DIE GANG GEGEN DICH AUFHETZEN, ODER WAS?!

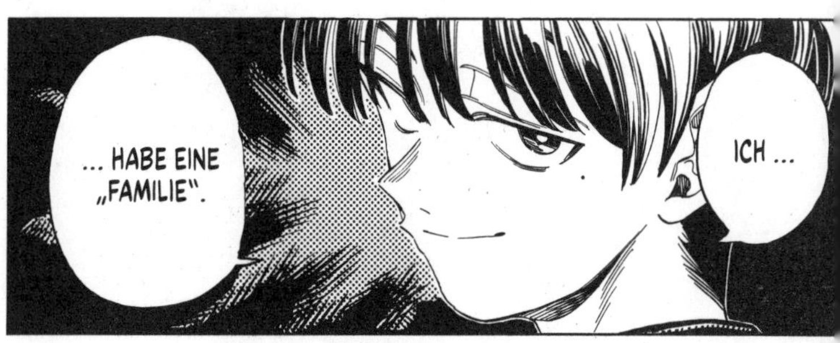
ICH ...
... HABE EINE „FAMILIE".

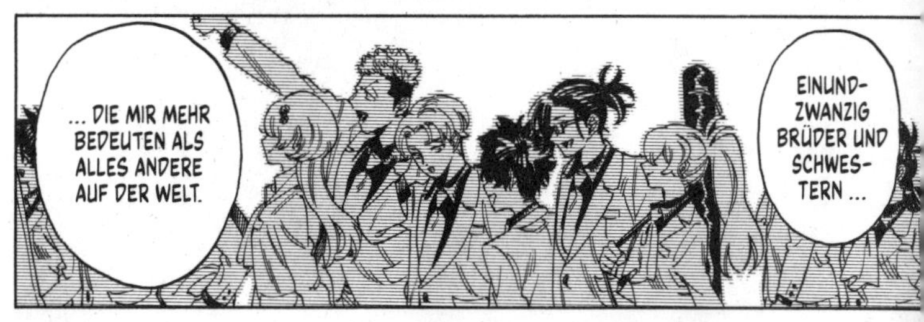
EINUND-ZWANZIG BRÜDER UND SCHWES-TERN ...
... DIE MIR MEHR BEDEUTEN ALS ALLES ANDERE AUF DER WELT.

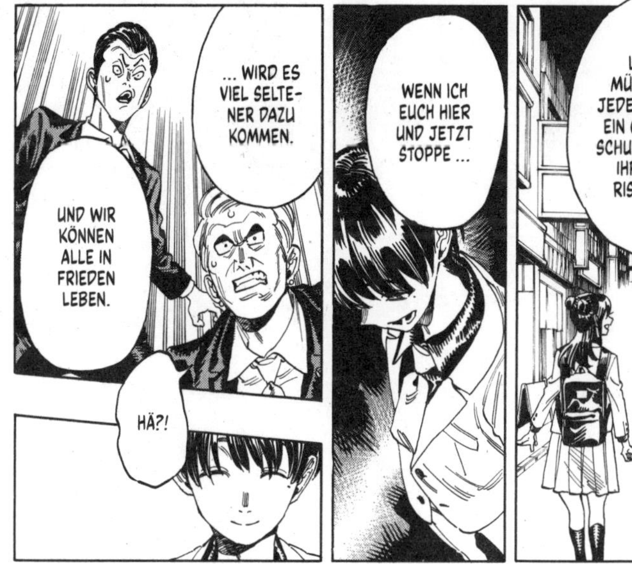
LEIDER MÜSSEN SIE JEDEN TAG FÜR EIN GEWISSES SCHULMÄDCHEN IHR LEBEN RISKIEREN.
WENN ICH EUCH HIER UND JETZT STOPPE ...
... WIRD ES VIEL SELTE-NER DAZU KOMMEN.
UND WIR KÖNNEN ALLE IN FRIEDEN LEBEN.
HÄ?!

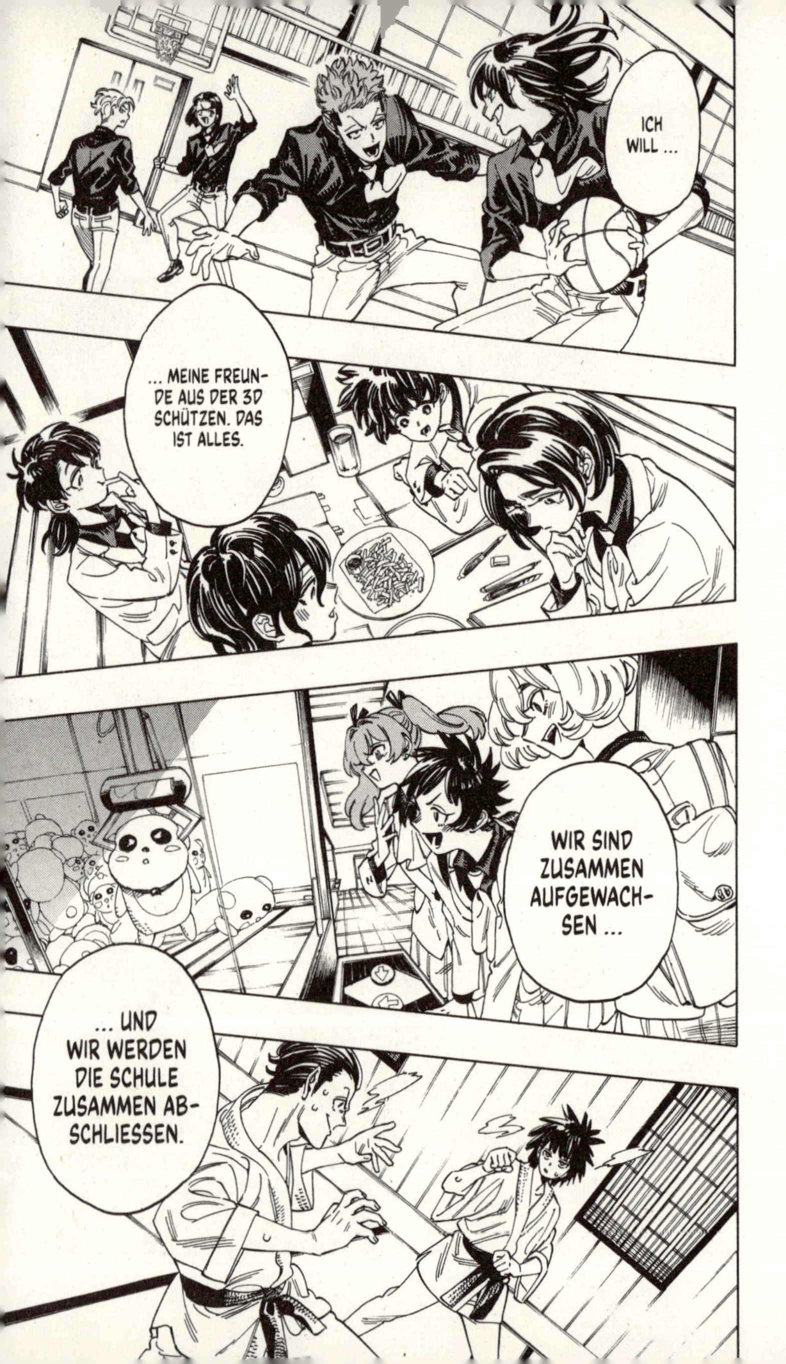
ICH WILL ...
... MEINE FREUNDE AUS DER 3D SCHÜTZEN. DAS IST ALLES.
WIR SIND ZUSAMMEN AUFGEWACHSEN ...
... UND WIR WERDEN DIE SCHULE ZUSAMMEN ABSCHLIESSEN.

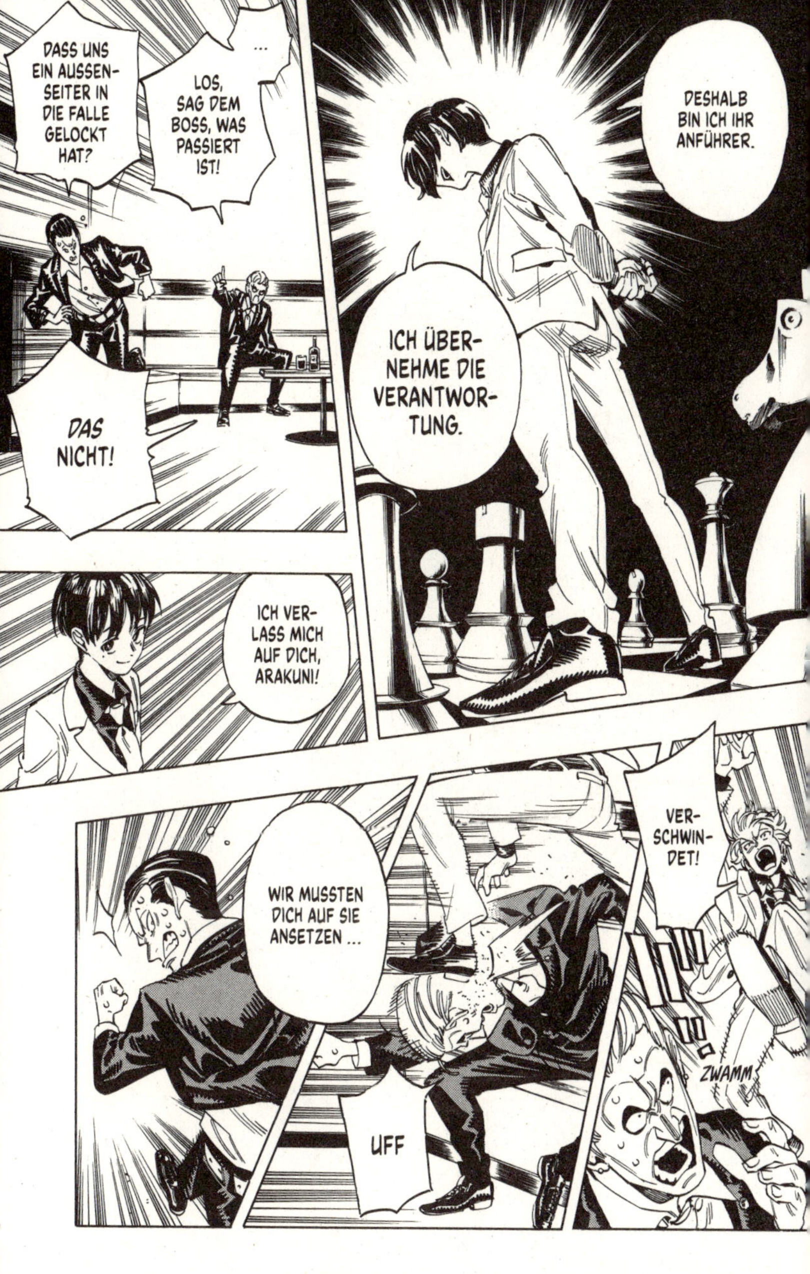
DESHALB BIN ICH IHR ANFÜHRER.
ICH ÜBERNEHME DIE VERANTWORTUNG.
...
LOS, SAG DEM BOSS, WAS PASSIERT IST!
DASS UNS EIN AUSSENSEITER IN DIE FALLE GELOCKT HAT?
DAS NICHT!
ICH VERLASS MICH AUF DICH, ARAKUNI!
VERSCHWINDET!
ZWAMM
WIR MUSSTEN DICH AUF SIE ANSETZEN ...
UFF

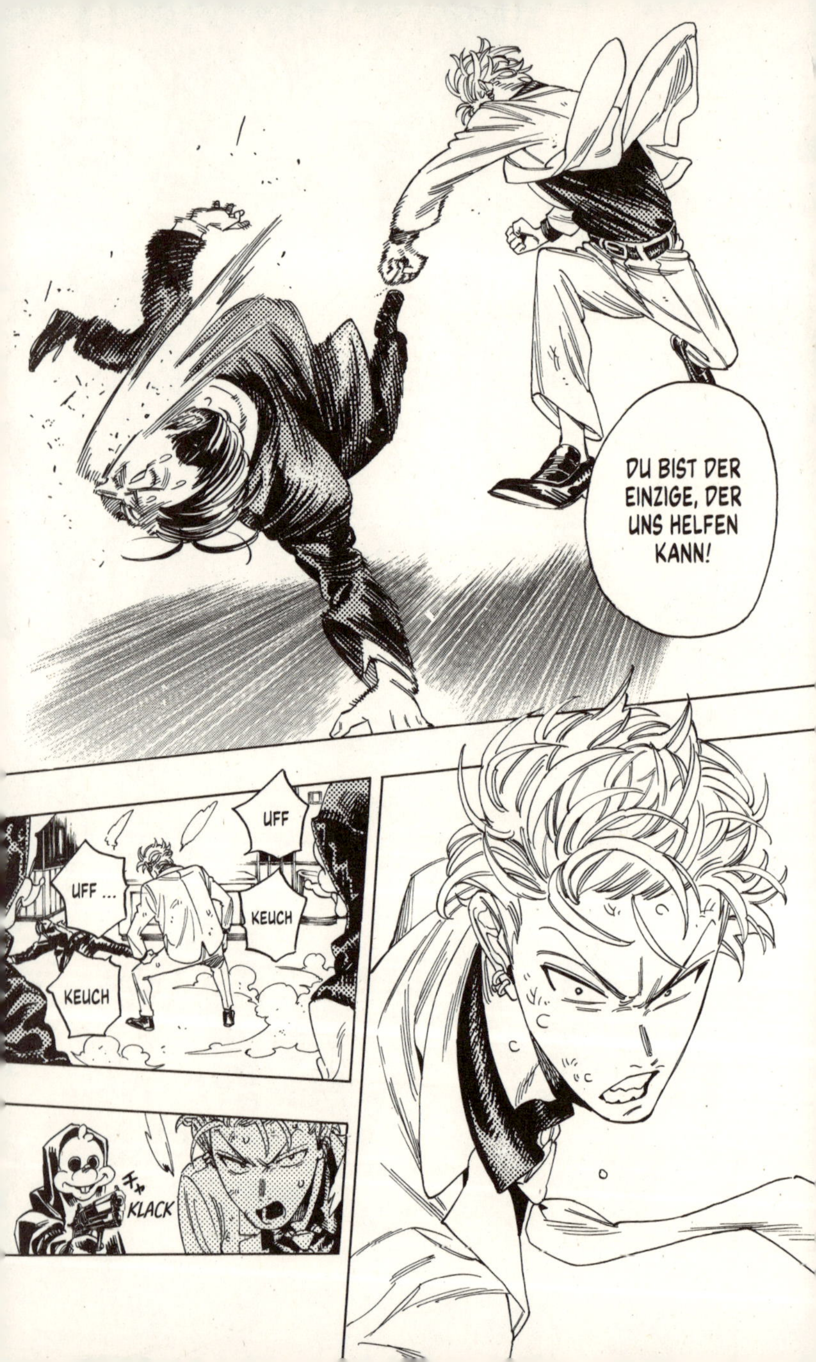
DU BIST DER EINZIGE, DER UNS HELFEN KANN!
UFF
KEUCH
UFF ...
KEUCH
チャ
KLACK

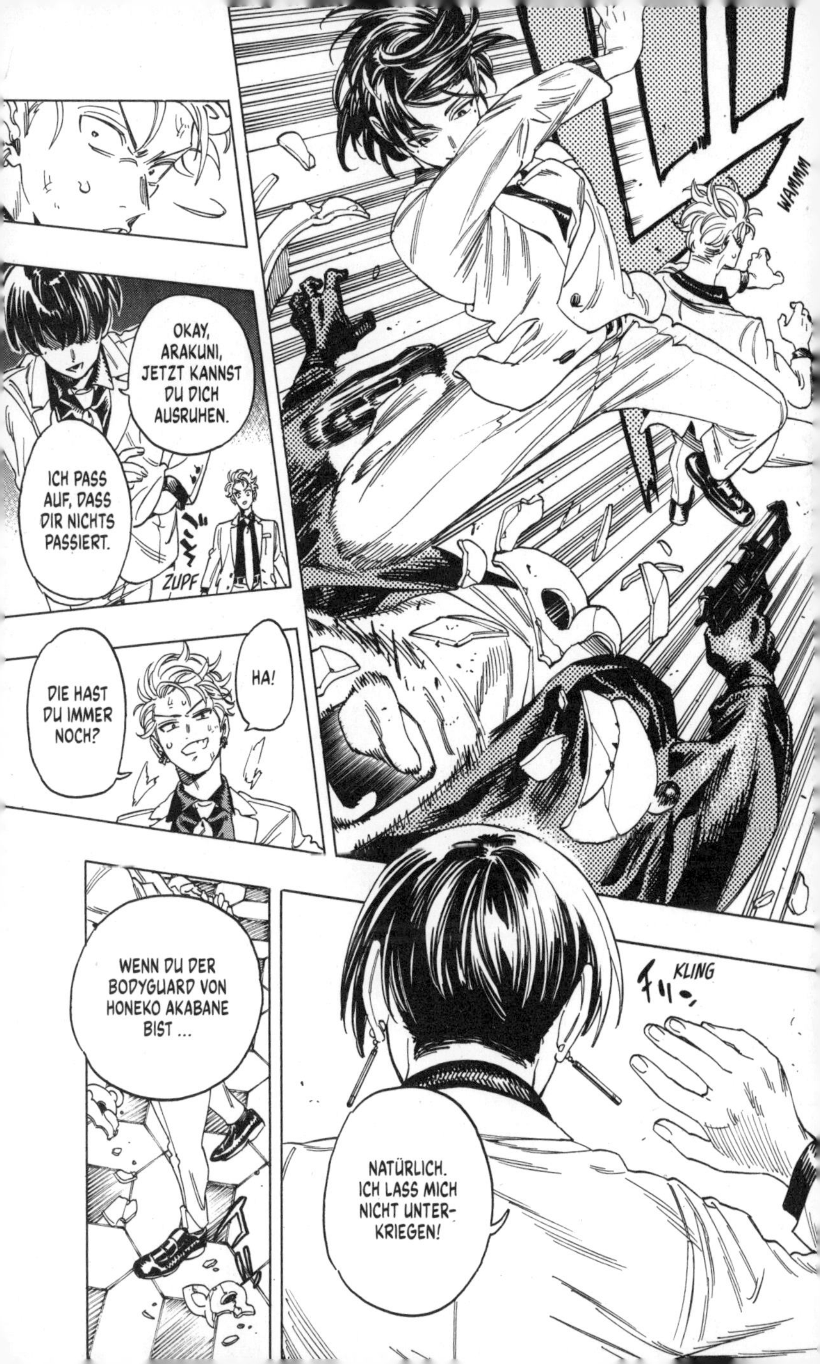
WAMMM
OKAY, ARAKUNI, JETZT KANNST DU DICH AUSRUHEN.
ICH PASS AUF, DASS DIR NICHTS PASSIERT.
ZUPF
HA!
DIE HAST DU IMMER NOCH?
KLING
WENN DU DER BODYGUARD VON HONEKO AKABANE BIST ...
NATÜRLICH. ICH LASS MICH NICHT UNTER-KRIEGEN!

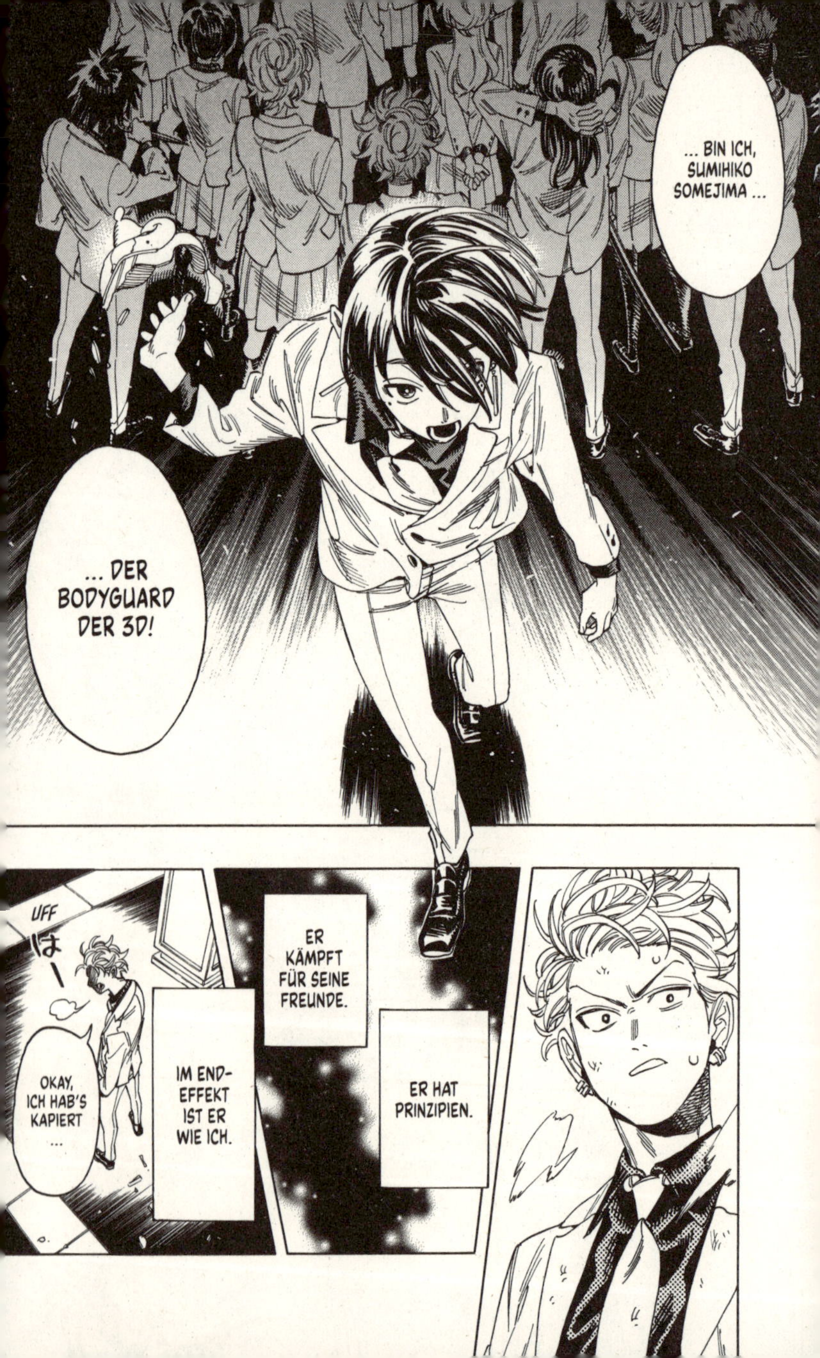
... BIN ICH, SUMIHIKO SOMEJIMA ...
... DER BODYGUARD DER 3D!
ER HAT PRINZIPIEN.
ER KÄMPFT FÜR SEINE FREUNDE.
IM END-EFFEKT IST ER WIE ICH.
UFF
は-
OKAY, ICH HAB'S KAPIERT ...

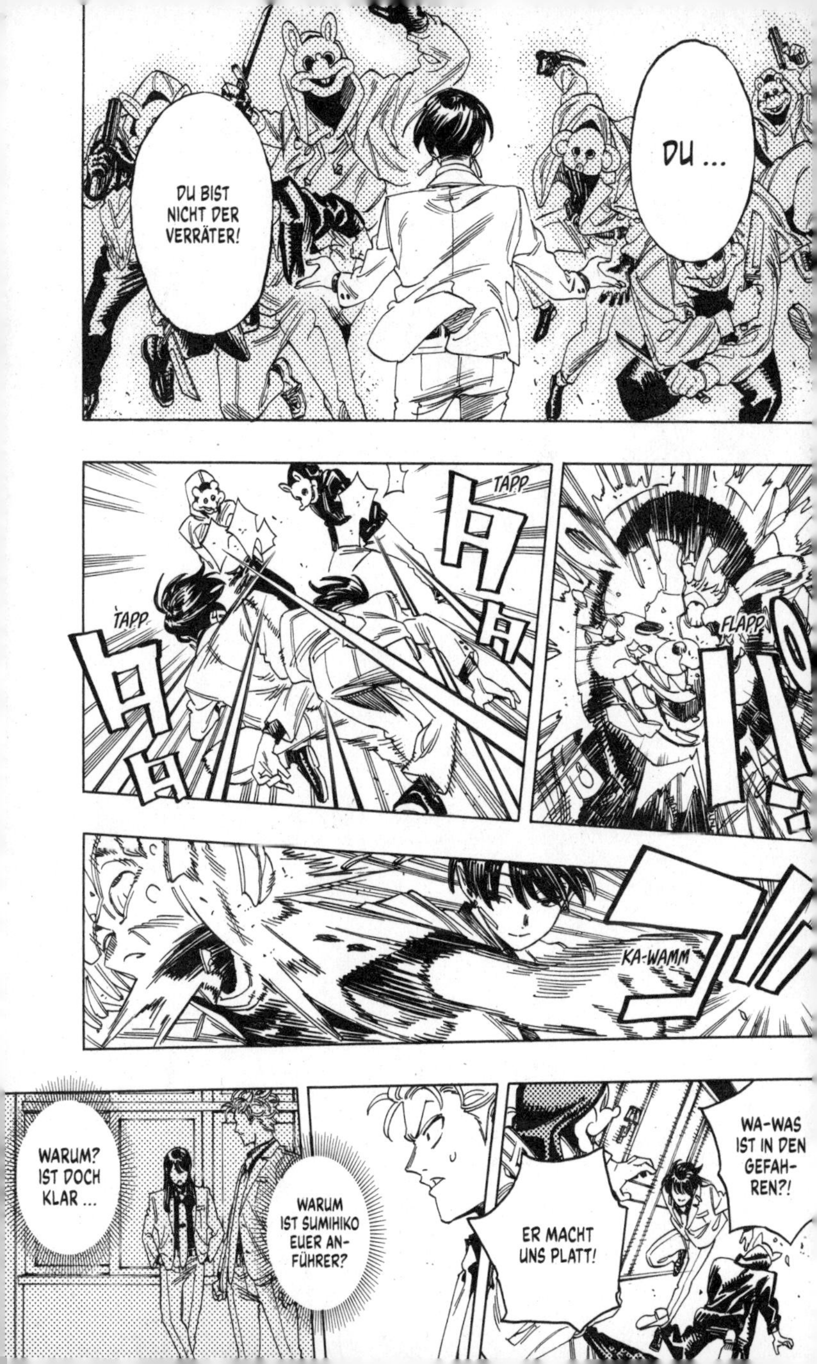

DU ...

DU BIST NICHT DER VERRÄTER!

FLAPP

TAPP

TAPP

KA-WAMM

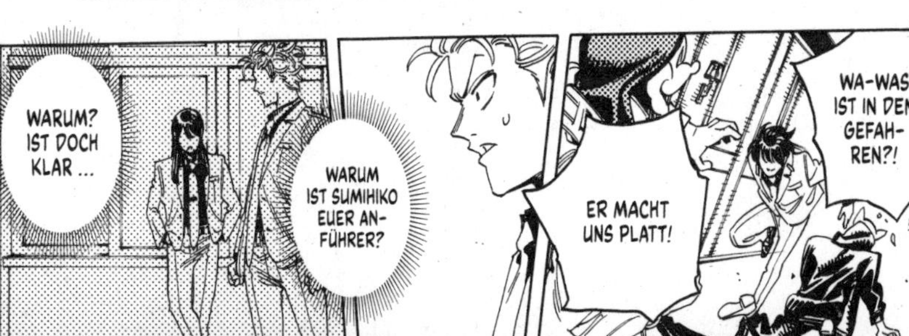

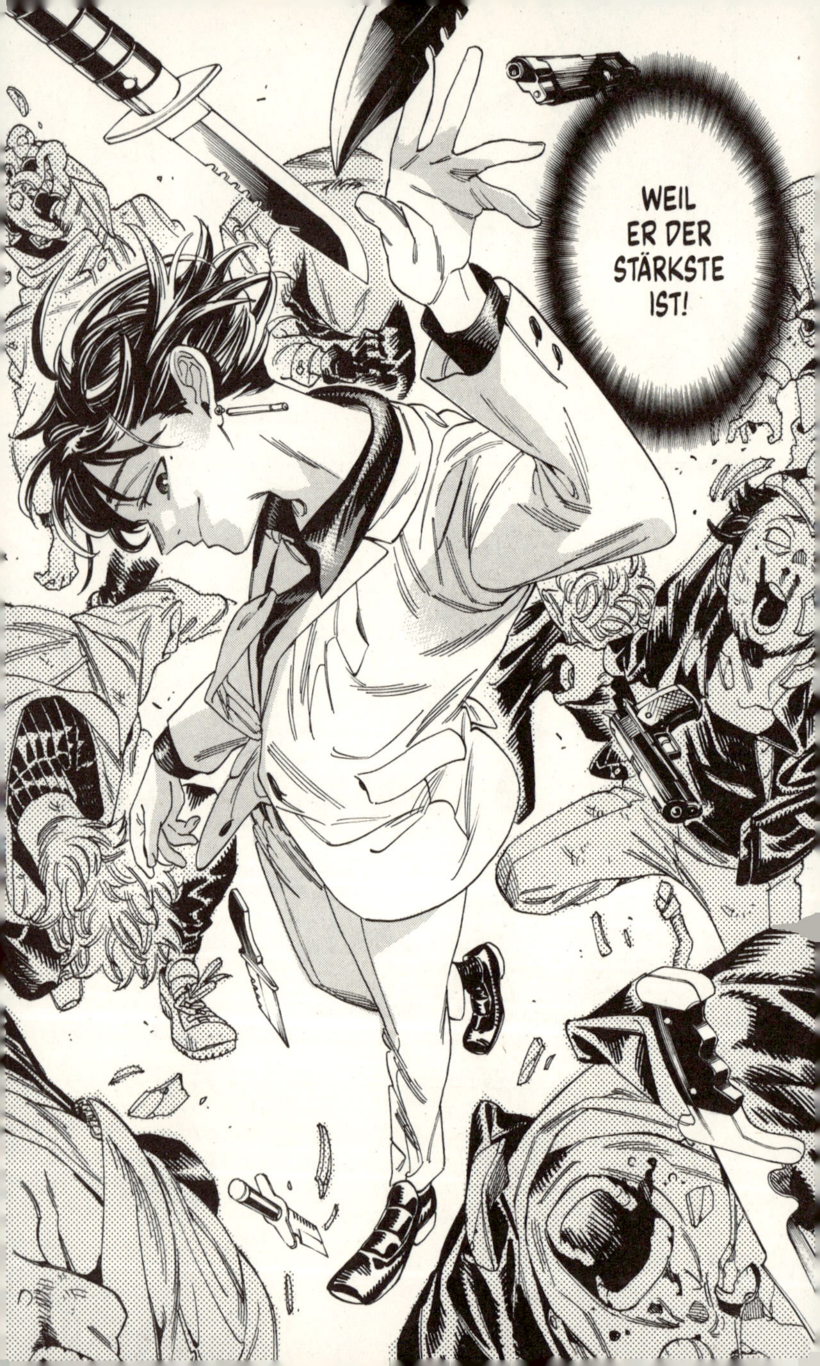
WEIL
ER DER
STÄRKSTE
IST!

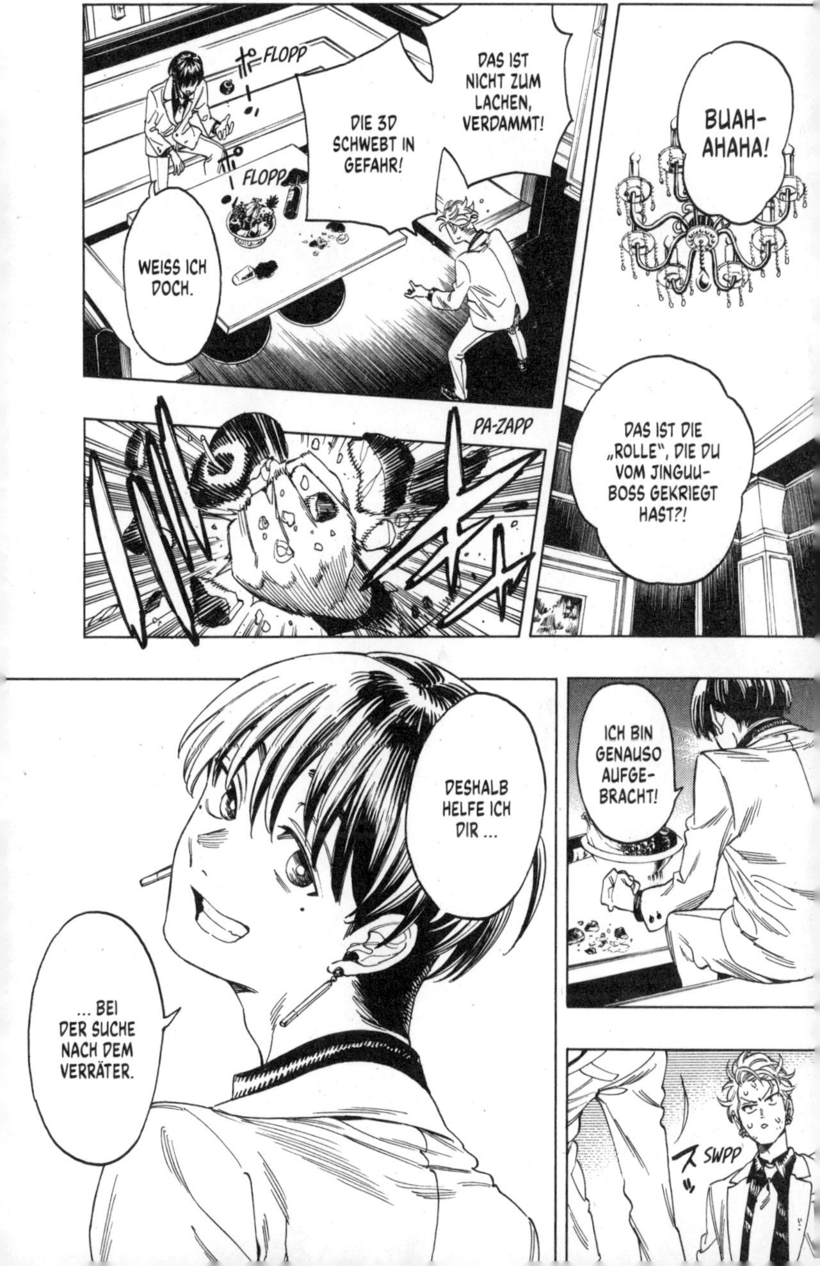

BUAH-AHAHA!
DAS IST NICHT ZUM LACHEN, VERDAMMT!
DIE 3D SCHWEBT IN GEFAHR!
FLOPP
FLOPP
WEISS ICH DOCH.
DAS IST DIE „ROLLE", DIE DU VOM JINGUU-BOSS GEKRIEGT HAST?!
PA-ZAPP
ICH BIN GENAUSO AUFGEBRACHT!
DESHALB HELFE ICH DIR ...
... BEI DER SUCHE NACH DEM VERRÄTER.
SWPP

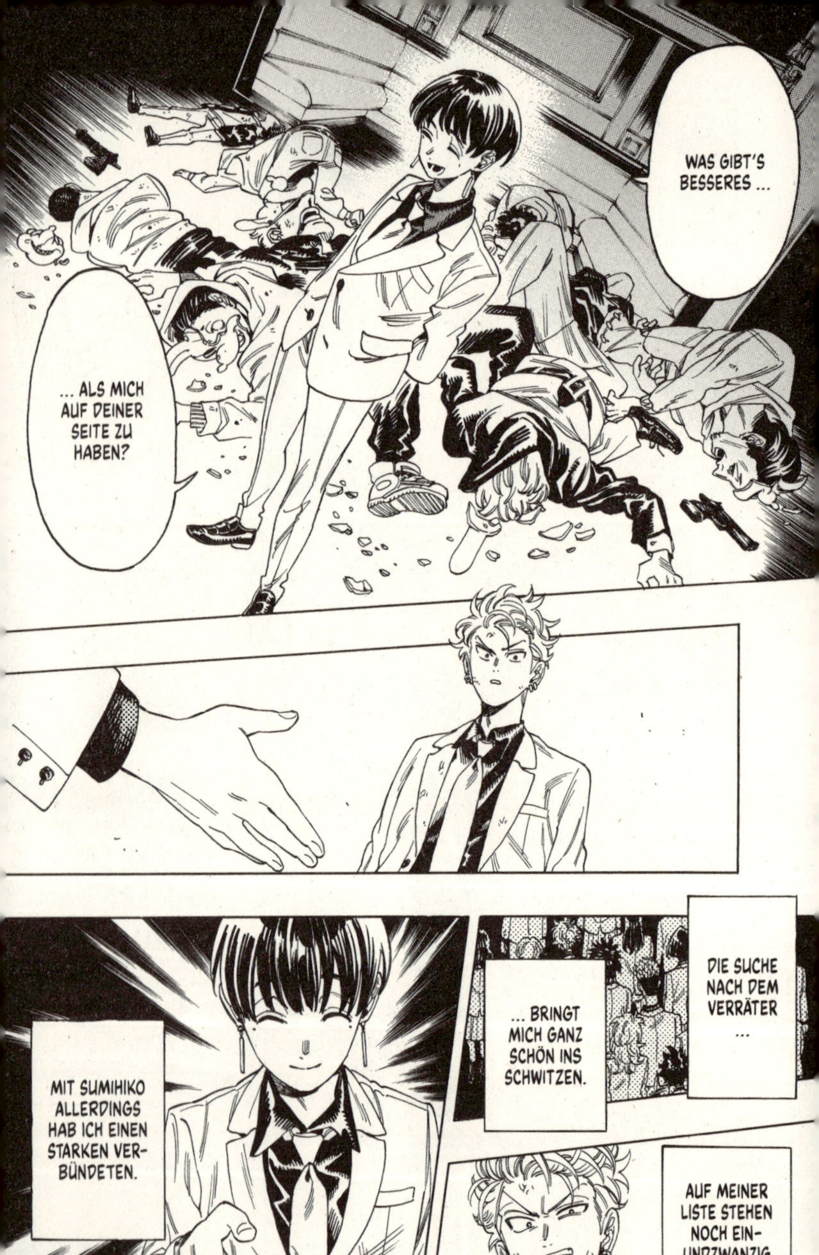
WAS GIBT'S BESSERES ...
... ALS MICH AUF DEINER SEITE ZU HABEN?
DIE SUCHE NACH DEM VERRÄTER ...
... BRINGT MICH GANZ SCHÖN INS SCHWITZEN.
MIT SUMIHIKO ALLERDINGS HAB ICH EINEN STARKEN VER-BÜNDETEN.
AUF MEINER LISTE STEHEN NOCH EIN-UNDZWANZIG NAMEN.

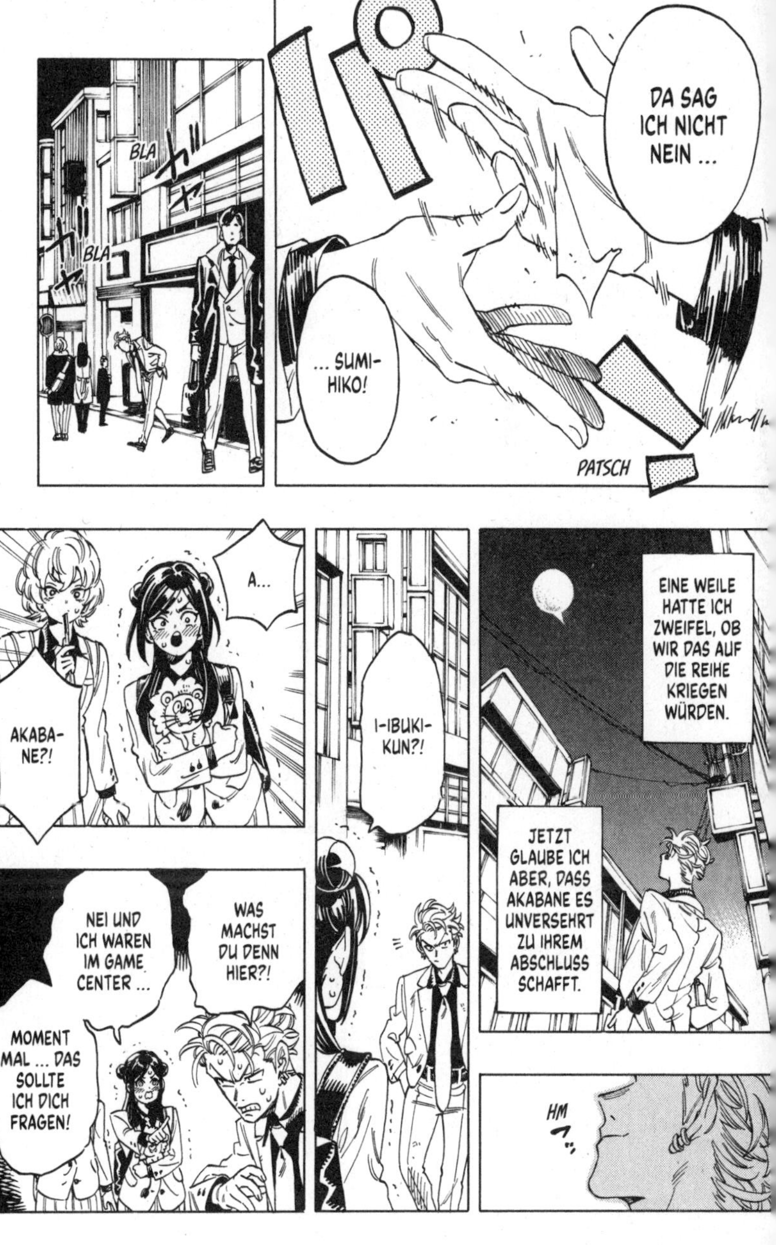
DA SAG ICH NICHT NEIN ...
... SUMI-HIKO!
PATSCH
BLA
BLA
EINE WEILE HATTE ICH ZWEIFEL, OB WIR DAS AUF DIE REIHE KRIEGEN WÜRDEN.
JETZT GLAUBE ICH ABER, DASS AKABANE ES UNVERSEHRT ZU IHREM ABSCHLUSS SCHAFFT.
HM
I-IBUKI-KUN?!
A...
AKABA-NE?!
WAS MACHST DU DENN HIER?!
NEI UND ICH WAREN IM GAME CENTER ...
MOMENT MAL ... DAS SOLLTE ICH DICH FRAGEN!

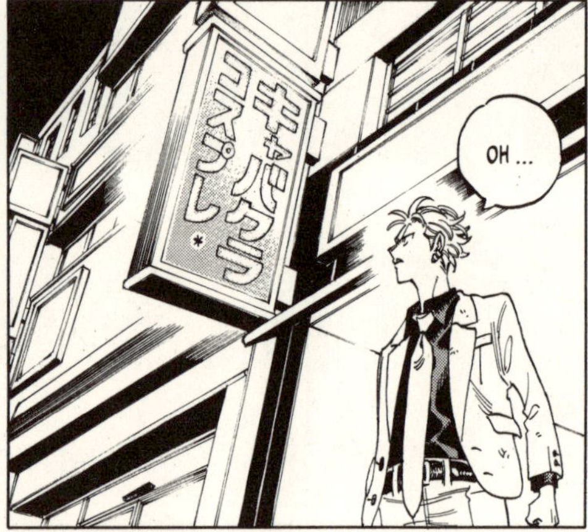

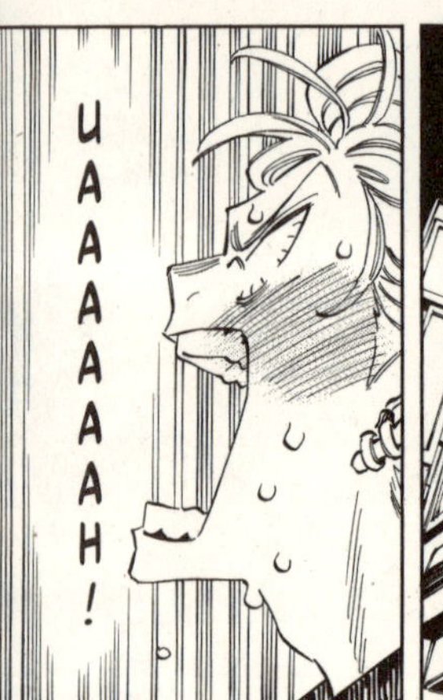

* COSPLAY HOSTESS CLUB

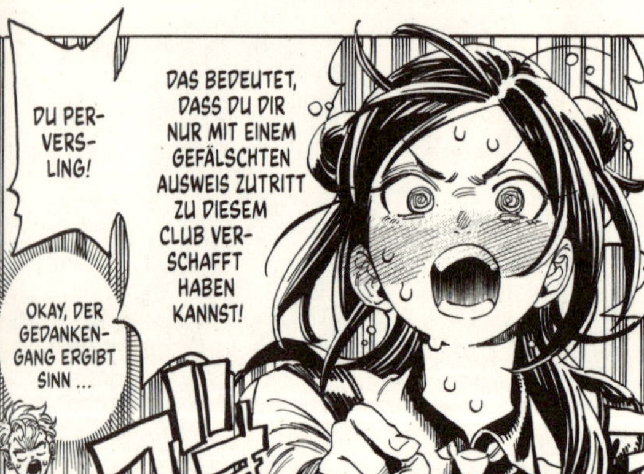

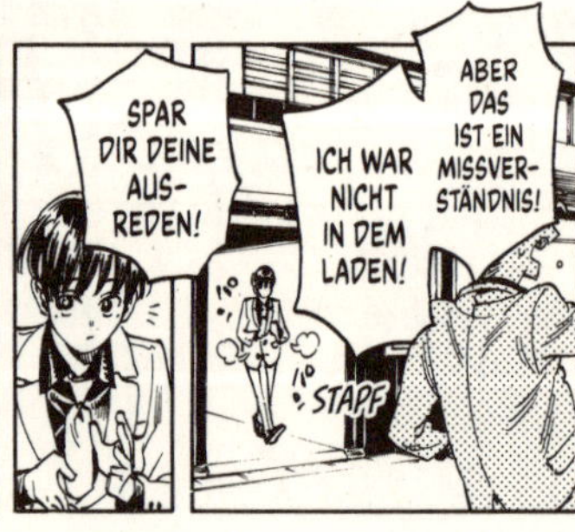

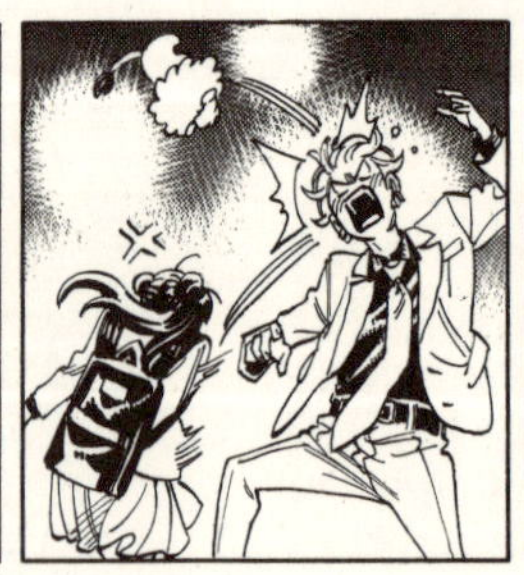

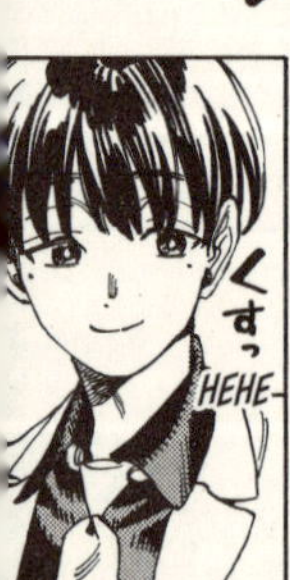

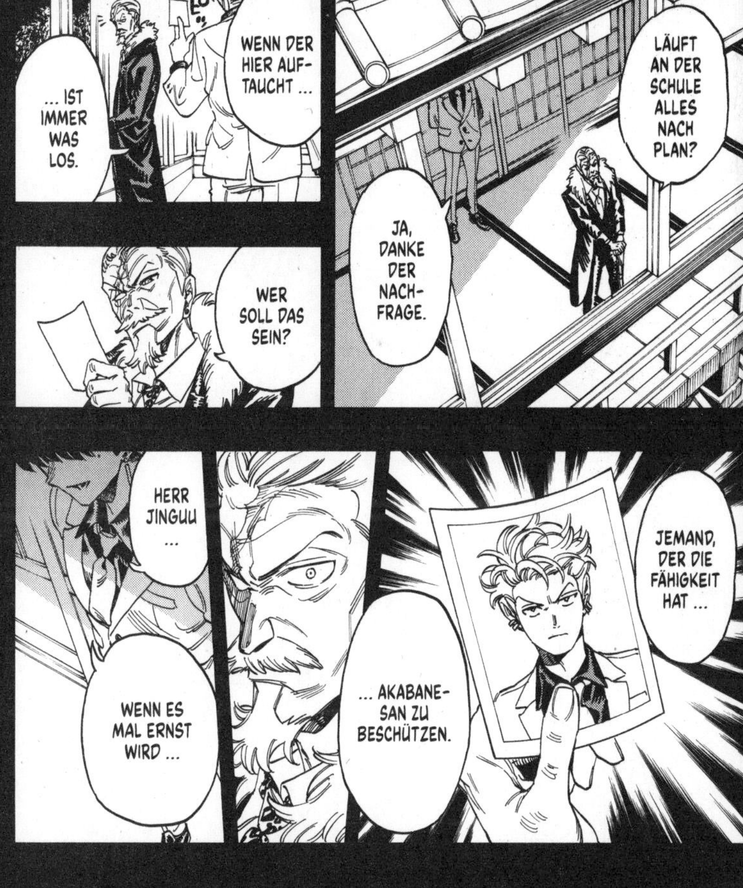
ZACK
LÄUFT AN DER SCHULE ALLES NACH PLAN?
JA, DANKE DER NACHFRAGE.
WENN DER HIER AUFTAUCHT ...
... IST IMMER WAS LOS.
WER SOLL DAS SEIN?
JEMAND, DER DIE FÄHIGKEIT HAT ...
... AKABANE-SAN ZU BESCHÜTZEN.
HERR JINGUU ...
WENN ES MAL ERNST WIRD ...

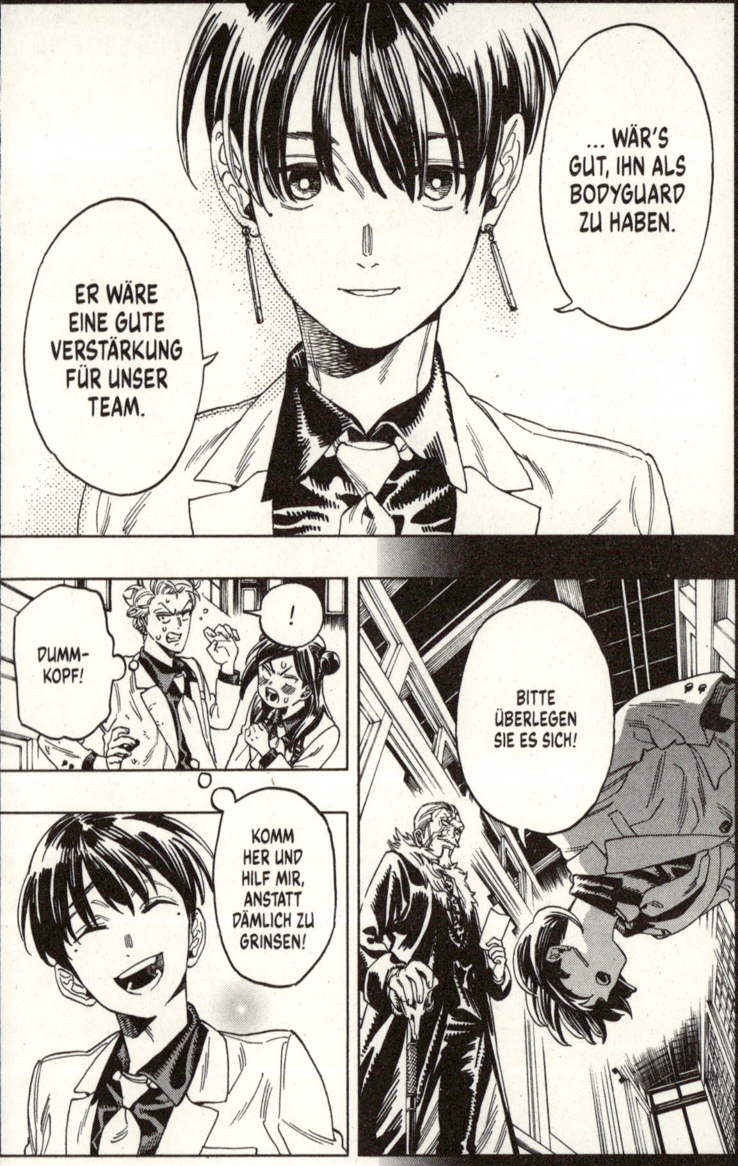

... WÄR'S GUT, IHN ALS BODYGUARD ZU HABEN.

ER WÄRE EINE GUTE VERSTÄRKUNG FÜR UNSER TEAM.

BITTE ÜBERLEGEN SIE ES SICH!

!

DUMM-KOPF!

KOMM HER UND HILF MIR, ANSTATT DÄMLICH ZU GRINSEN!

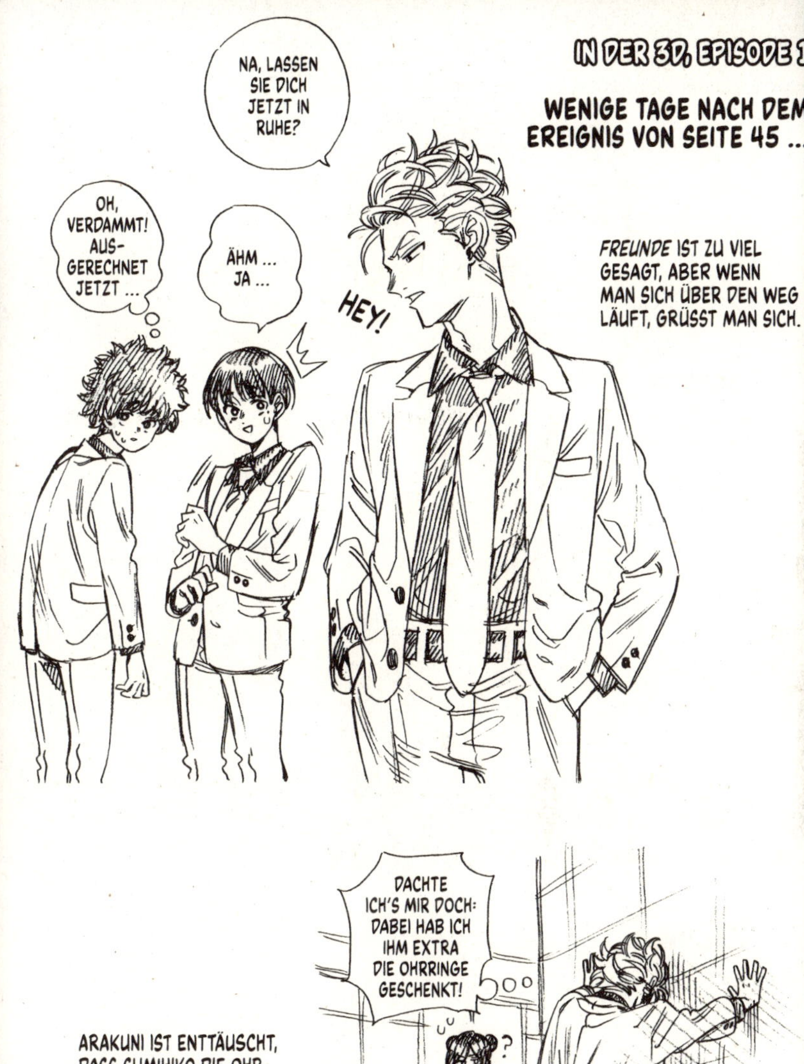

IN DER 3D, EPISODE 1
WENIGE TAGE NACH DEM EREIGNIS VON SEITE 45 ...
HEY!
FREUNDE IST ZU VIEL GESAGT, ABER WENN MAN SICH ÜBER DEN WEG LÄUFT, GRÜSST MAN SICH.
NA, LASSEN SIE DICH JETZT IN RUHE?
ÄHM ... JA ...
OH, VERDAMMT! AUS-GERECHNET JETZT ...
DACHTE ICH'S MIR DOCH: DABEI HAB ICH IHM EXTRA DIE OHRRINGE GESCHENKT!
?
ARAKUNI IST ENTTÄUSCHT, DASS SUMIHIKO DIE OHR-RINGE NICHT TRÄGT ...

KURZ DARAUF LÄSST SICH SUMIHIKO VON KAGARA OHRLÖCHER STECHEN.

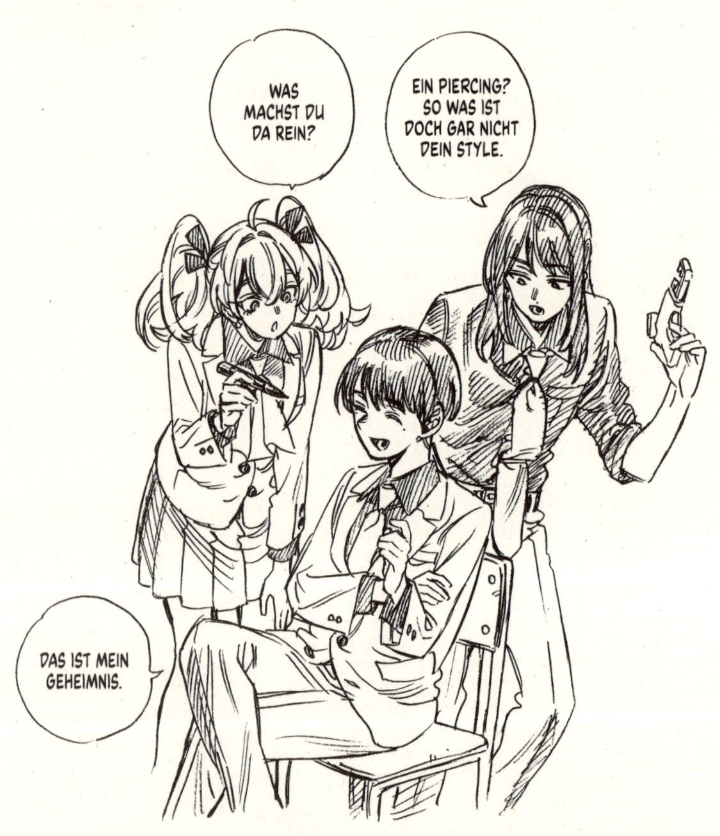

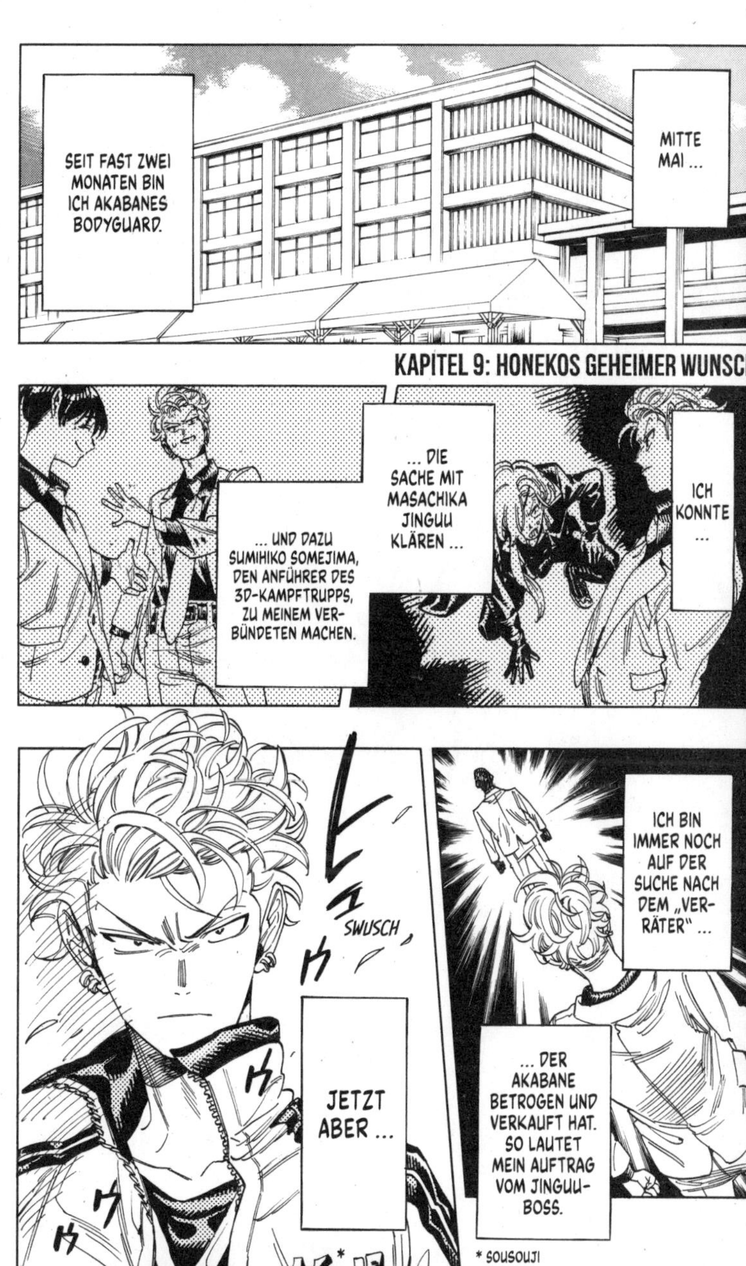
MITTE MAI ...
SEIT FAST ZWEI MONATEN BIN ICH AKABANES BODYGUARD.
KAPITEL 9: HONEKOS GEHEIMER WUNSC
ICH KONNTE ...
... DIE SACHE MIT MASACHIKA JINGUU KLÄREN ...
... UND DAZU SUMIHIKO SOMEJIMA, DEN ANFÜHRER DES 3D-KAMPFTRUPPS, ZU MEINEM VERBÜNDETEN MACHEN.
ICH BIN IMMER NOCH AUF DER SUCHE NACH DEM „VERRÄTER“ ...
... DER AKABANE BETROGEN UND VERKAUFT HAT. SO LAUTET MEIN AUFTRAG VOM JINGUU-BOSS.
SWUSCH
JETZT ABER ...
* SOUSOUJI

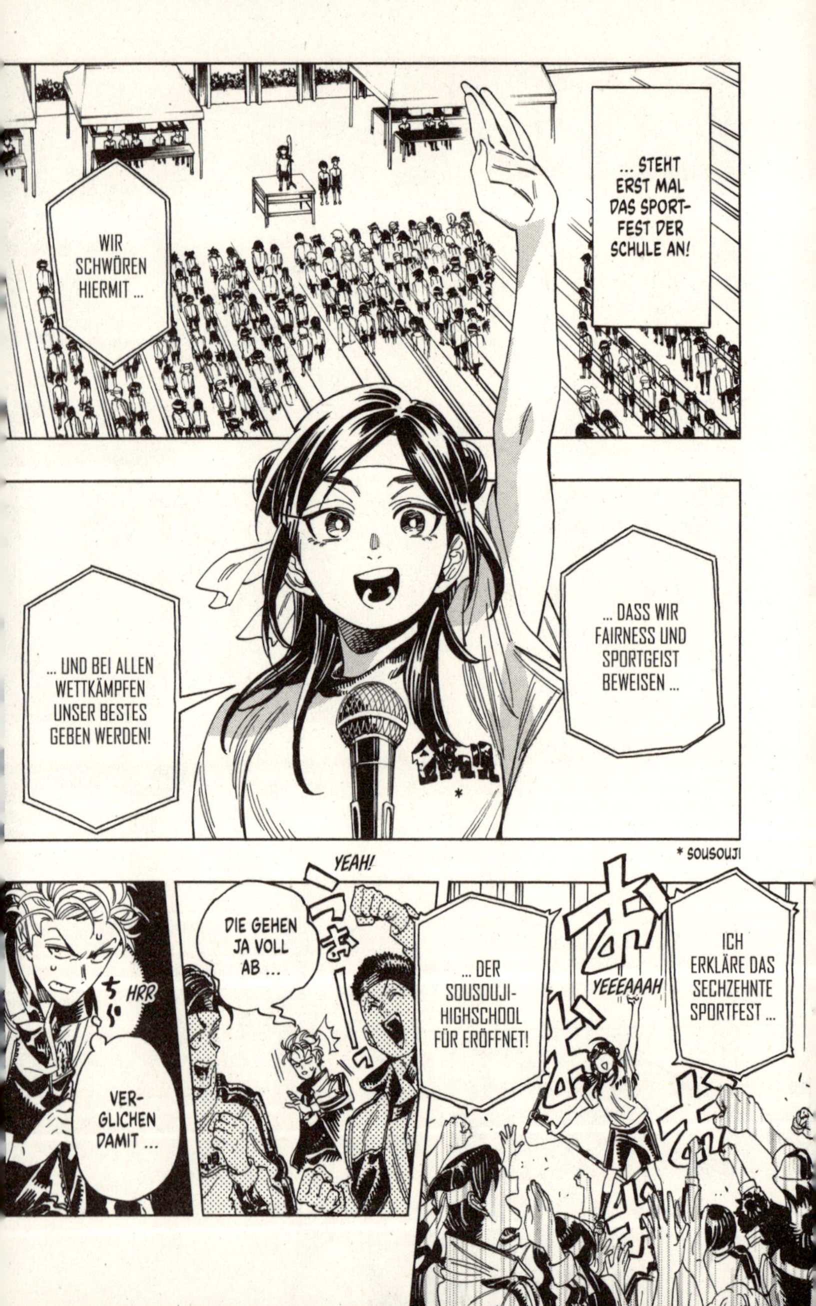
... STEHT ERST MAL DAS SPORT-FEST DER SCHULE AN!
WIR SCHWÖREN HIERMIT ...
... DASS WIR FAIRNESS UND SPORTGEIST BEWEISEN ...
... UND BEI ALLEN WETTKÄMPFEN UNSER BESTES GEBEN WERDEN!
*
* SOUSOUJI
ICH ERKLÄRE DAS SECHZEHNTE SPORTFEST ...
YEEEAAAH
... DER SOUSOUJI-HIGHSCHOOL FÜR ERÖFFNET!
YEAH!
DIE GEHEN JA VOLL AB ...
HRR
VER-GLICHEN DAMIT ...

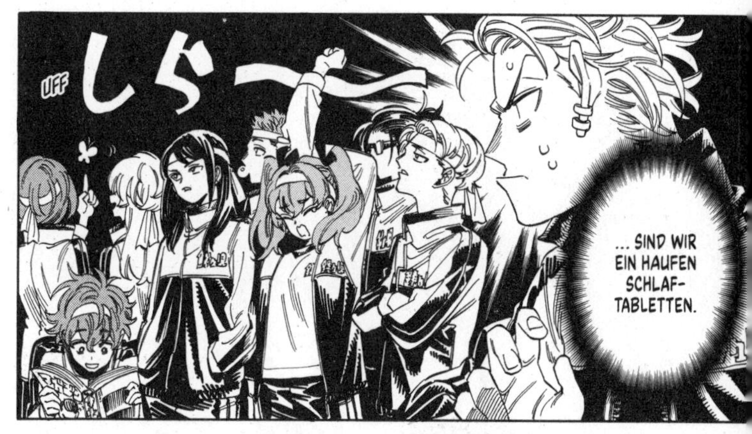
UFF
しらー
... SIND WIR EIN HAUFEN SCHLAF-TABLETTEN.

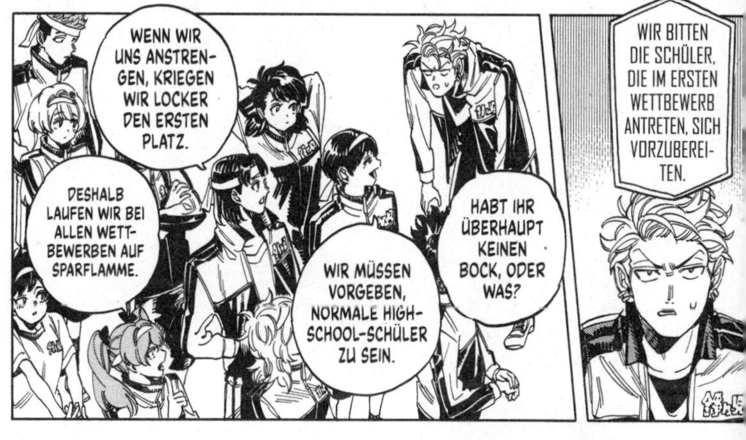
WIR BITTEN DIE SCHÜLER, DIE IM ERSTEN WETTBEWERB ANTRETEN, SICH VORZUBEREI-TEN.
HABT IHR ÜBERHAUPT KEINEN BOCK, ODER WAS?
WIR MÜSSEN VORGEBEN, NORMALE HIGH-SCHOOL-SCHÜLER ZU SEIN.
WENN WIR UNS ANSTREN-GEN, KRIEGEN WIR LOCKER DEN ERSTEN PLATZ.
DESHALB LAUFEN WIR BEI ALLEN WETT-BEWERBEN AUF SPARFLAMME.

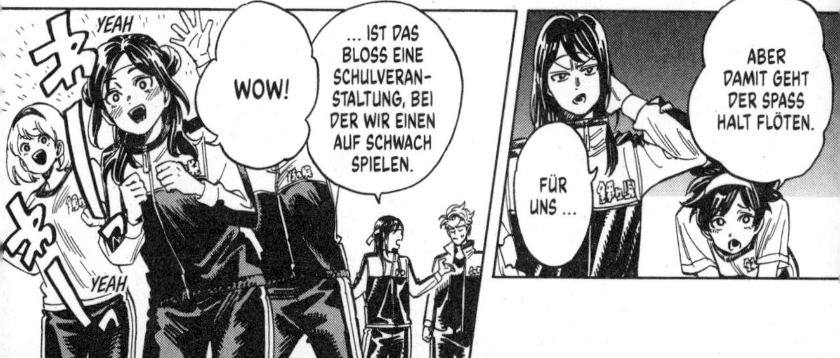
ABER DAMIT GEHT DER SPASS HALT FLÖTEN.
FÜR UNS ...
... IST DAS BLOSS EINE SCHULVERAN-STALTUNG, BEI DER WIR EINEN AUF SCHWACH SPIELEN.
WOW!
YEAH
YEAH

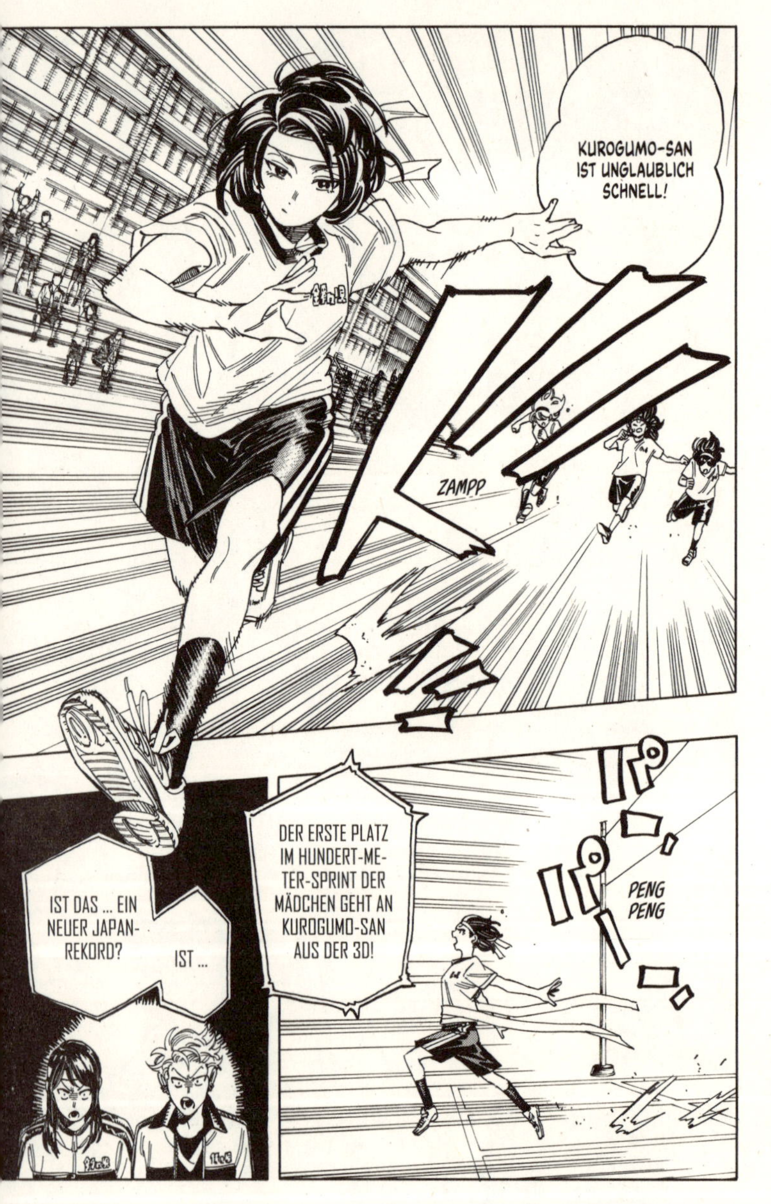
KUROGUMO-SAN IST UNGLAUBLICH SCHNELL!
ZAMPP
PENG PENG
DER ERSTE PLATZ IM HUNDERT-METER-SPRINT DER MÄDCHEN GEHT AN KUROGUMO-SAN AUS DER 3D!
IST ...
IST DAS ... EIN NEUER JAPAN-REKORD?

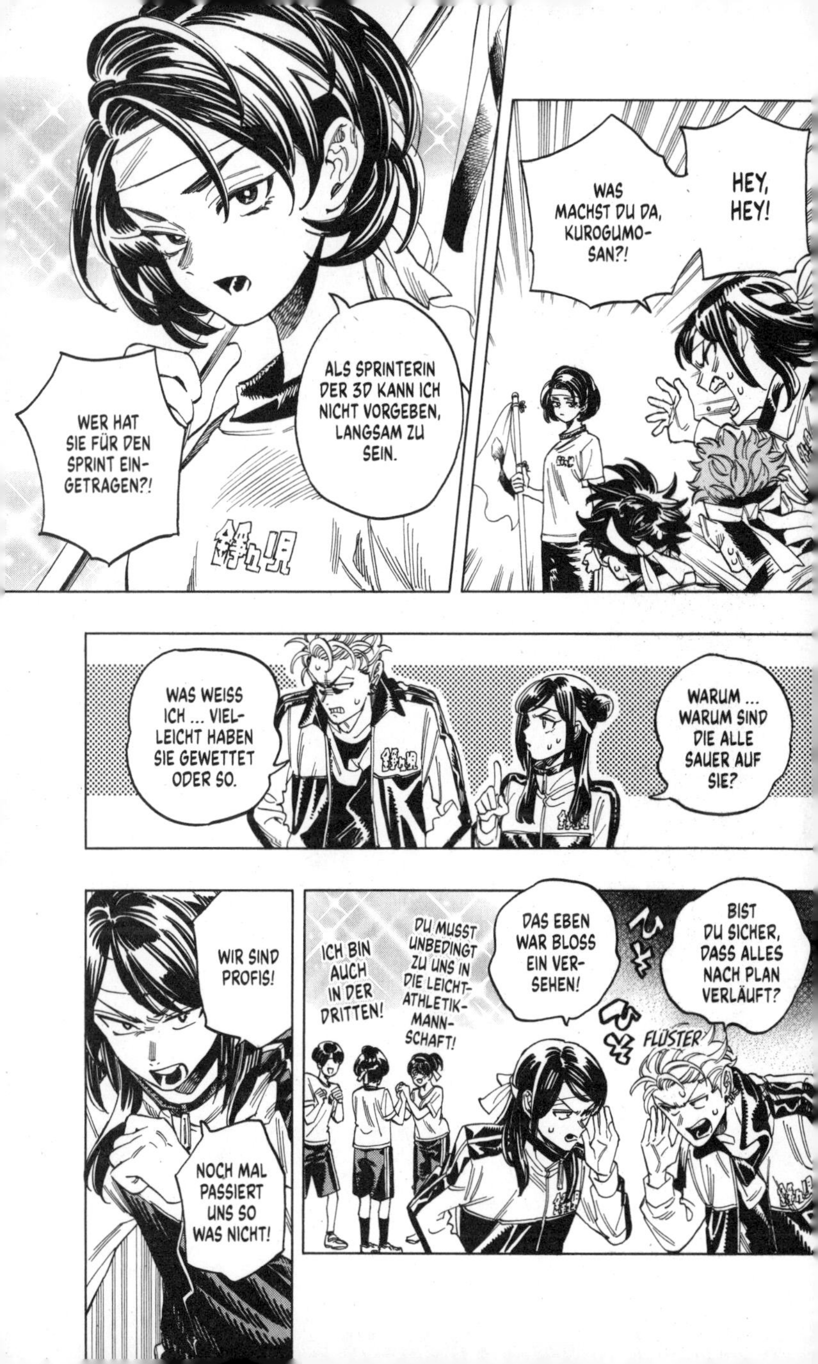

HEY, HEY!
WAS MACHST DU DA, KUROGUMO-SAN?!
ALS SPRINTERIN DER 3D KANN ICH NICHT VORGEBEN, LANGSAM ZU SEIN.
WER HAT SIE FÜR DEN SPRINT EINGETRAGEN?!

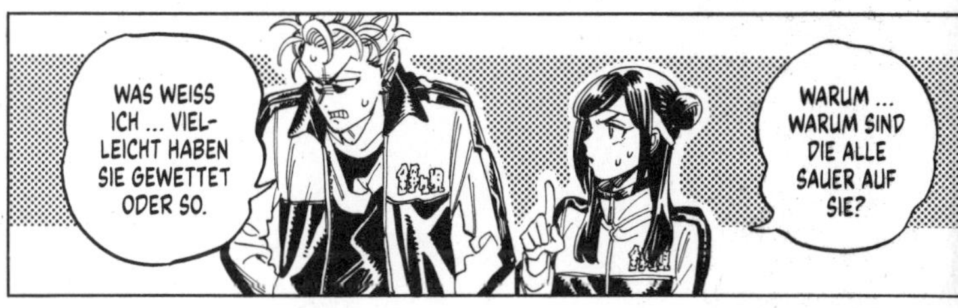

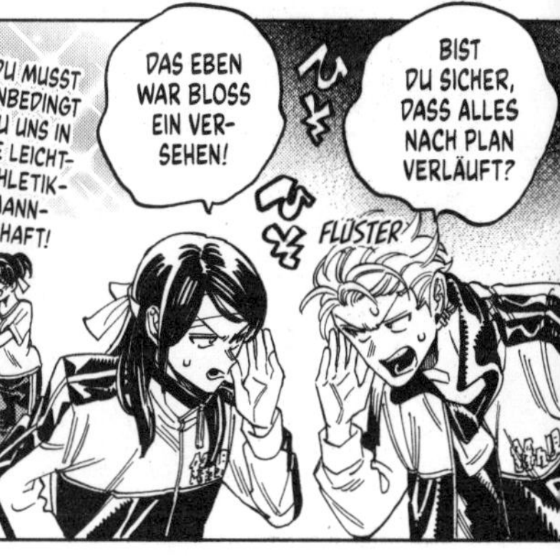

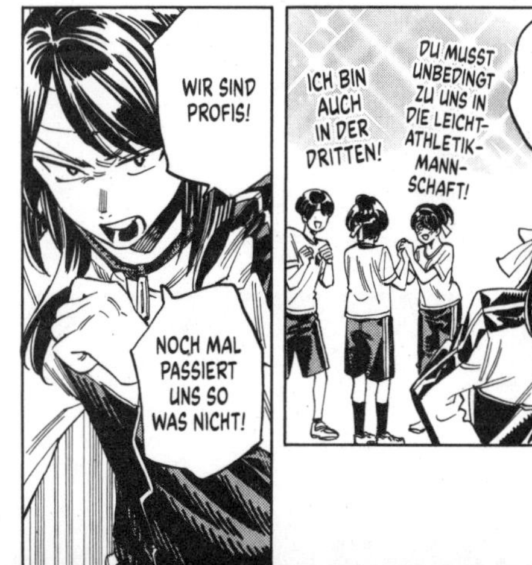

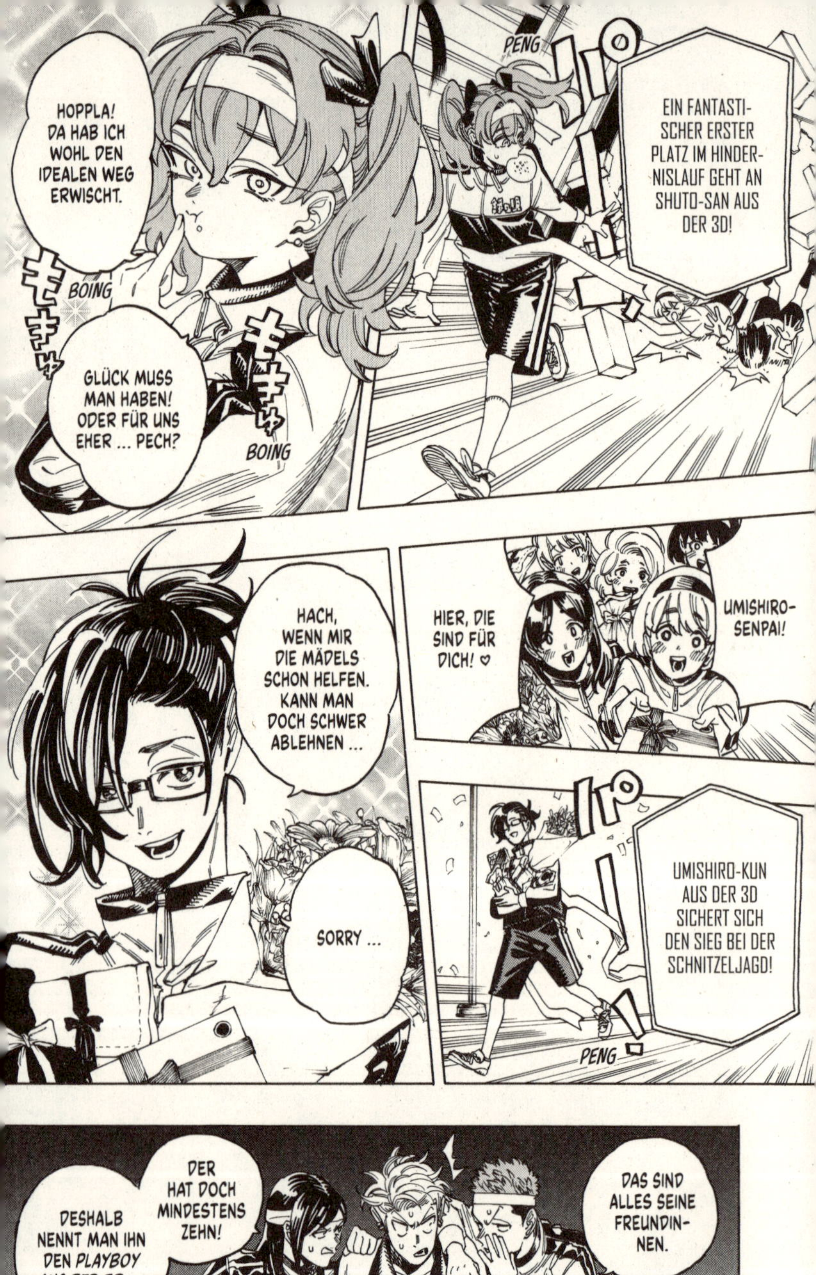
PENG
EIN FANTASTISCHER ERSTER PLATZ IM HINDERNISLAUF GEHT AN SHUTO-SAN AUS DER 3D!
HOPPLA! DA HAB ICH WOHL DEN IDEALEN WEG ERWISCHT.
BOING
GLÜCK MUSS MAN HABEN! ODER FÜR UNS EHER … PECH?
BOING
UMISHIRO-SENPAI!
HIER, DIE SIND FÜR DICH! ♡
UMISHIRO-KUN AUS DER 3D SICHERT SICH DEN SIEG BEI DER SCHNITZELJAGD!
PENG
HACH, WENN MIR DIE MÄDELS SCHON HELFEN. KANN MAN DOCH SCHWER ABLEHNEN …
SORRY …
DAS SIND ALLES SEINE FREUNDINNEN.
DER HAT DOCH MINDESTENS ZEHN!
DESHALB NENNT MAN IHN DEN *PLAYBOY* AUS DER 3D …

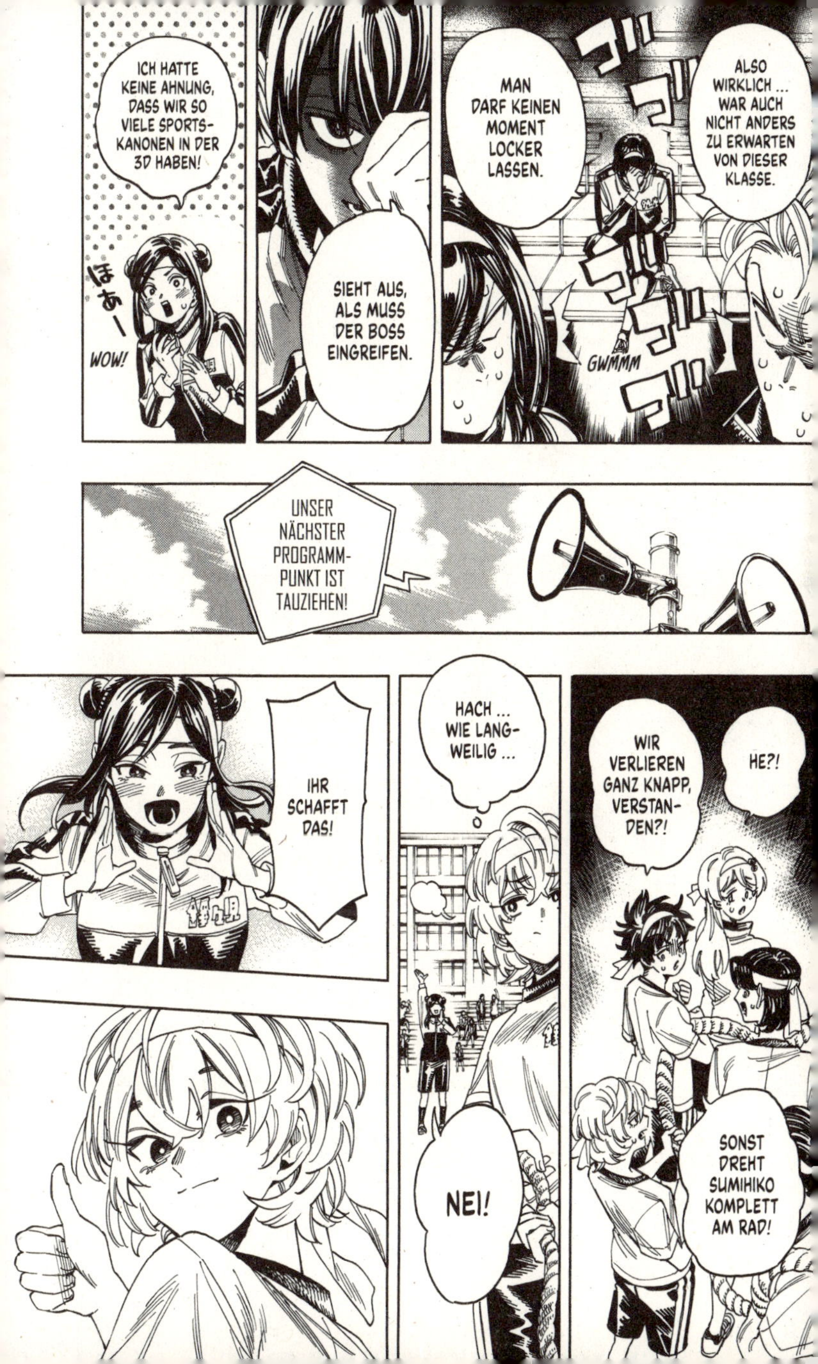

ALSO WIRKLICH ... WAR AUCH NICHT ANDERS ZU ERWARTEN VON DIESER KLASSE.

MAN DARF KEINEN MOMENT LOCKER LASSEN.

GWMMM

SIEHT AUS, ALS MUSS DER BOSS EINGREIFEN.

ICH HATTE KEINE AHNUNG, DASS WIR SO VIELE SPORTS-KANONEN IN DER 3D HABEN!

ほあー

WOW!

UNSER NÄCHSTER PROGRAMM-PUNKT IST TAUZIEHEN!

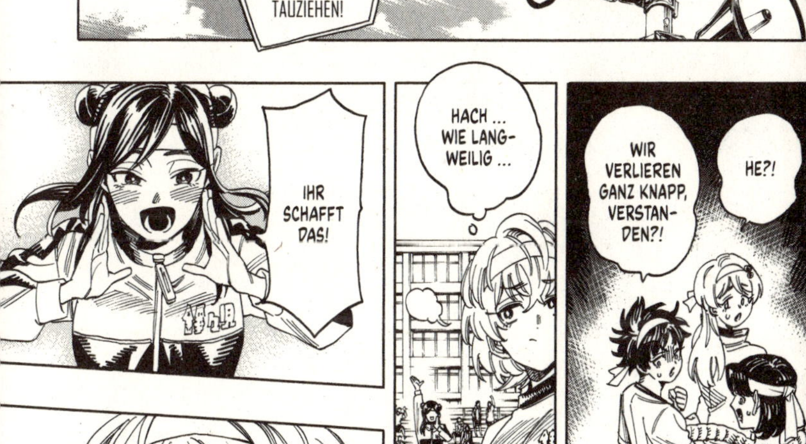

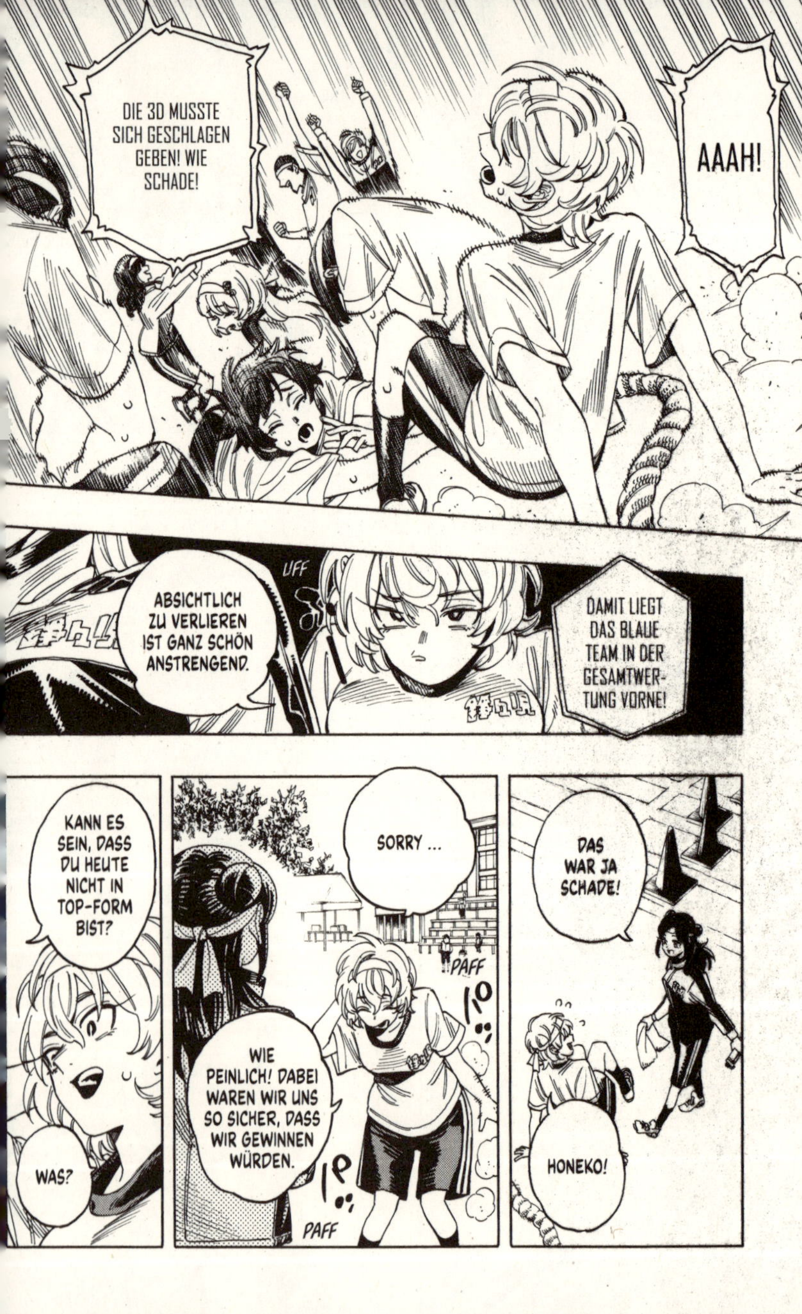
AAAH!
DIE 3D MUSSTE SICH GESCHLAGEN GEBEN! WIE SCHADE!
DAMIT LIEGT DAS BLAUE TEAM IN DER GESAMTWERTUNG VORNE!
UFF
ABSICHTLICH ZU VERLIEREN IST GANZ SCHÖN ANSTRENGEND.
DAS WAR JA SCHADE!
HONEKO!
SORRY ...
PAFF
WIE PEINLICH! DABEI WAREN WIR UNS SO SICHER, DASS WIR GEWINNEN WÜRDEN.
PAFF
KANN ES SEIN, DASS DU HEUTE NICHT IN TOP-FORM BIST?
WAS?

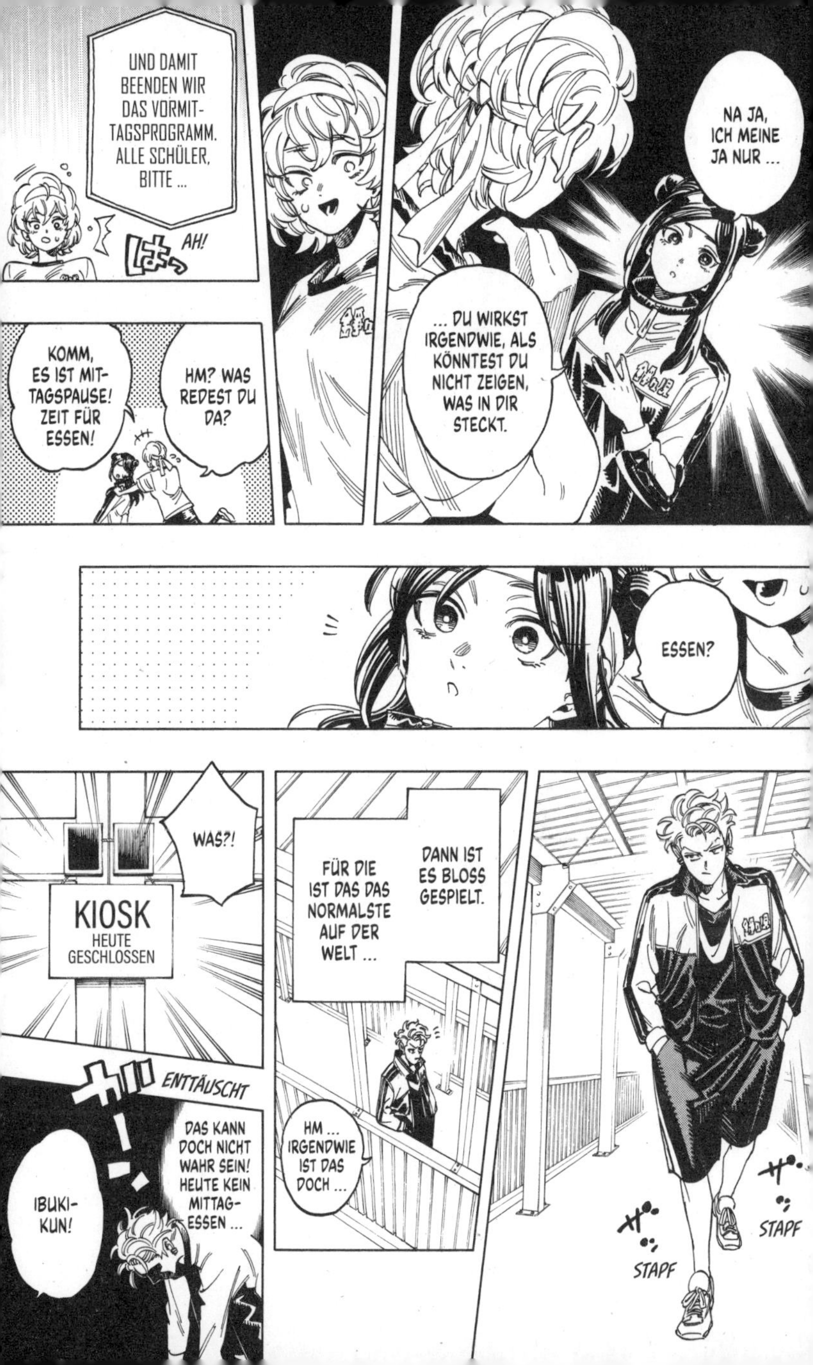

NA JA, ICH MEINE JA NUR ...

... DU WIRKST IRGENDWIE, ALS KÖNNTEST DU NICHT ZEIGEN, WAS IN DIR STECKT.

UND DAMIT BEENDEN WIR DAS VORMIT-TAGSPROGRAMM. ALLE SCHÜLER, BITTE ...

AH!

HM? WAS REDEST DU DA?

KOMM, ES IST MIT-TAGSPAUSE! ZEIT FÜR ESSEN!

ESSEN?

STAPF

STAPF

DANN IST ES BLOSS GESPIELT.

FÜR DIE IST DAS DAS NORMALSTE AUF DER WELT ...

HM ... IRGENDWIE IST DAS DOCH ...

WAS?!

KIOSK
HEUTE GESCHLOSSEN

ENTTÄUSCHT

DAS KANN DOCH NICHT WAHR SEIN! HEUTE KEIN MITTAG-ESSEN ...

IBUKI-KUN!

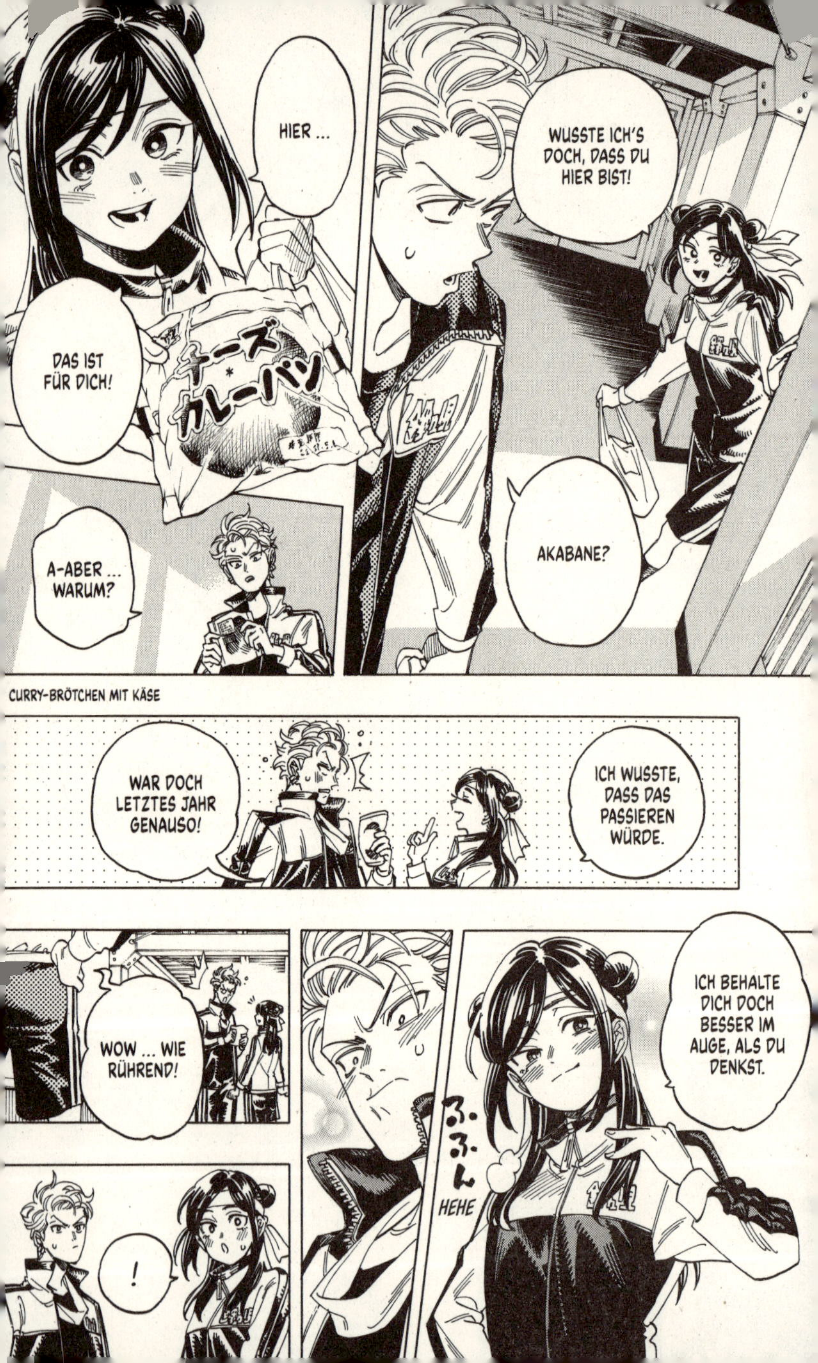

WUSSTE ICH'S DOCH, DASS DU HIER BIST!

AKABANE?

HIER ...

DAS IST FÜR DICH!

チーズ*カレーパン

A-ABER ... WARUM?

CURRY-BRÖTCHEN MIT KÄSE

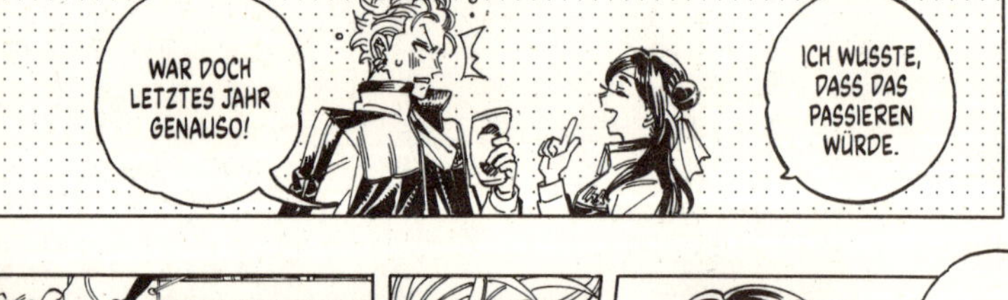

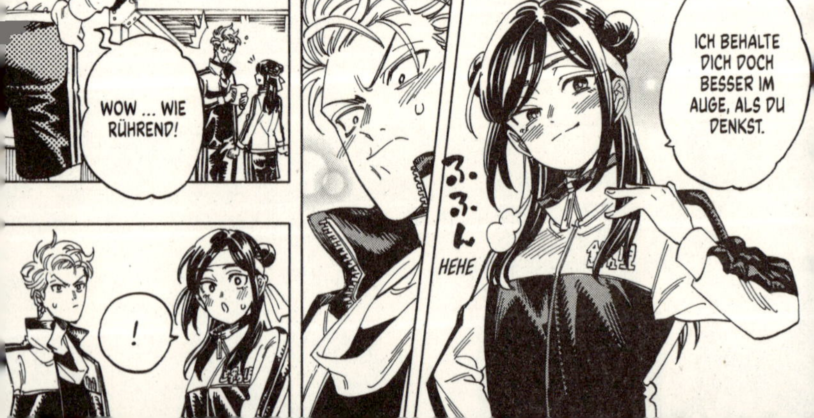

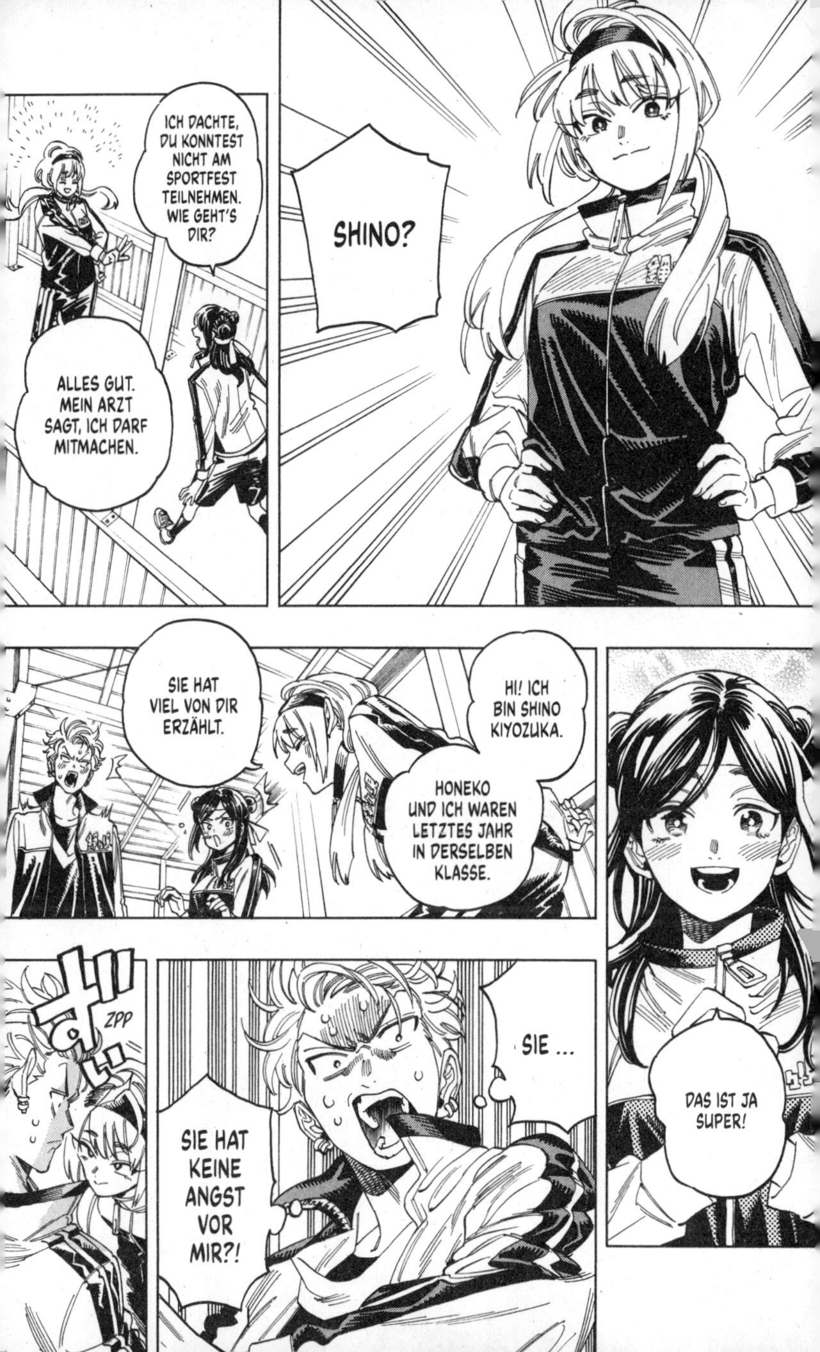
SHINO?
ICH DACHTE, DU KONNTEST NICHT AM SPORTFEST TEILNEHMEN. WIE GEHT'S DIR?
ALLES GUT. MEIN ARZT SAGT, ICH DARF MITMACHEN.
HI! ICH BIN SHINO KIYOZUKA.
HONEKO UND ICH WAREN LETZTES JAHR IN DERSELBEN KLASSE.
SIE HAT VIEL VON DIR ERZÄHLT.
DAS IST JA SUPER!
SIE ...
SIE HAT KEINE ANGST VOR MIR?!
ZPP

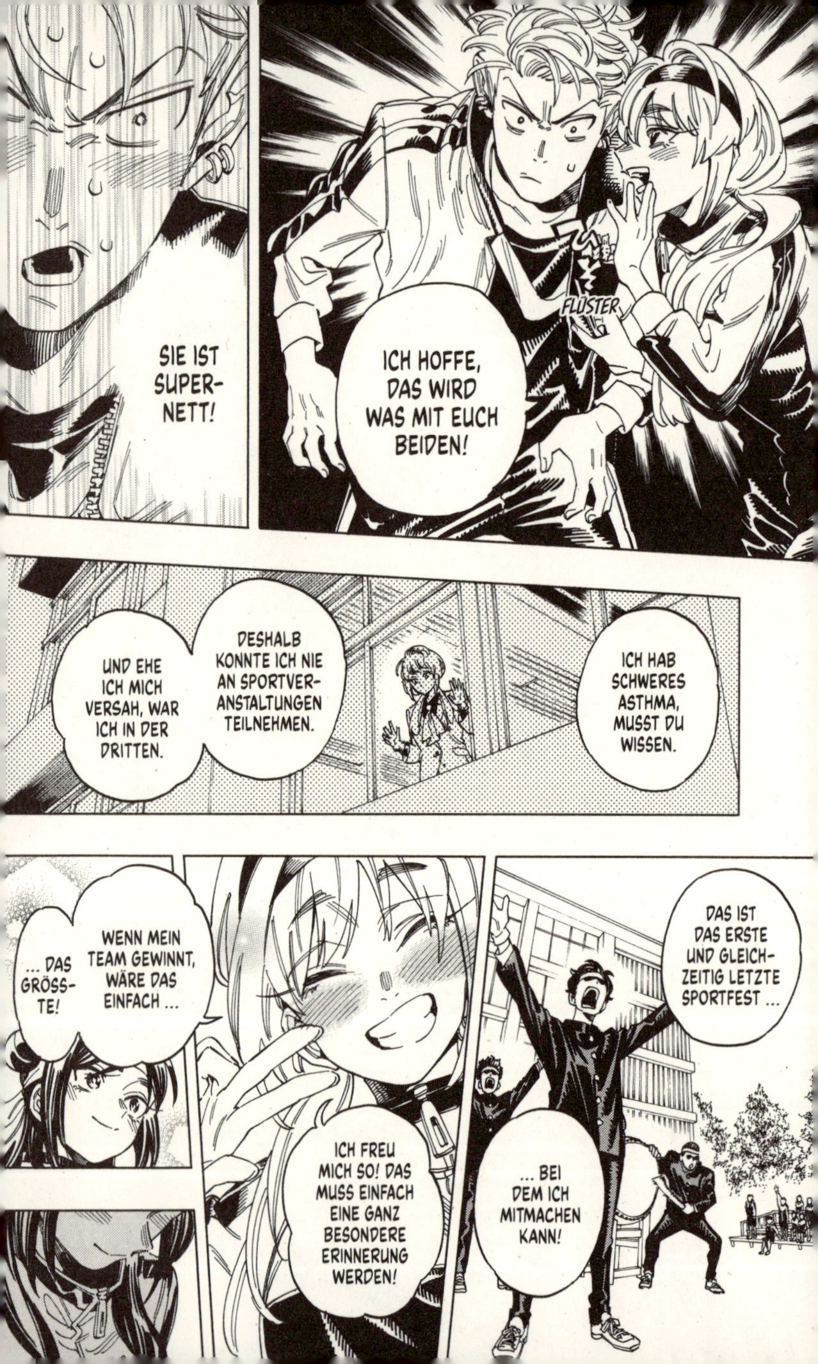

FLÜSTER
ICH HOFFE, DAS WIRD WAS MIT EUCH BEIDEN!
SIE IST SUPER-NETT!

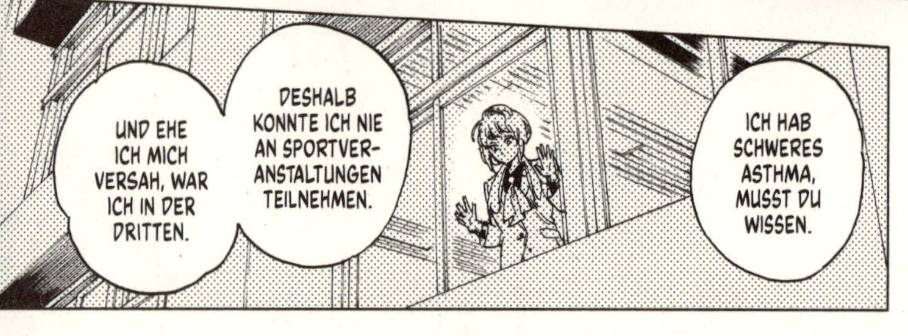

DAS IST DAS ERSTE UND GLEICH-ZEITIG LETZTE SPORTFEST ...
... BEI DEM ICH MITMACHEN KANN!
ICH FREU MICH SO! DAS MUSS EINFACH EINE GANZ BESONDERE ERINNERUNG WERDEN!
WENN MEIN TEAM GEWINNT, WÄRE DAS EINFACH ...
... DAS GRÖSS-TE!

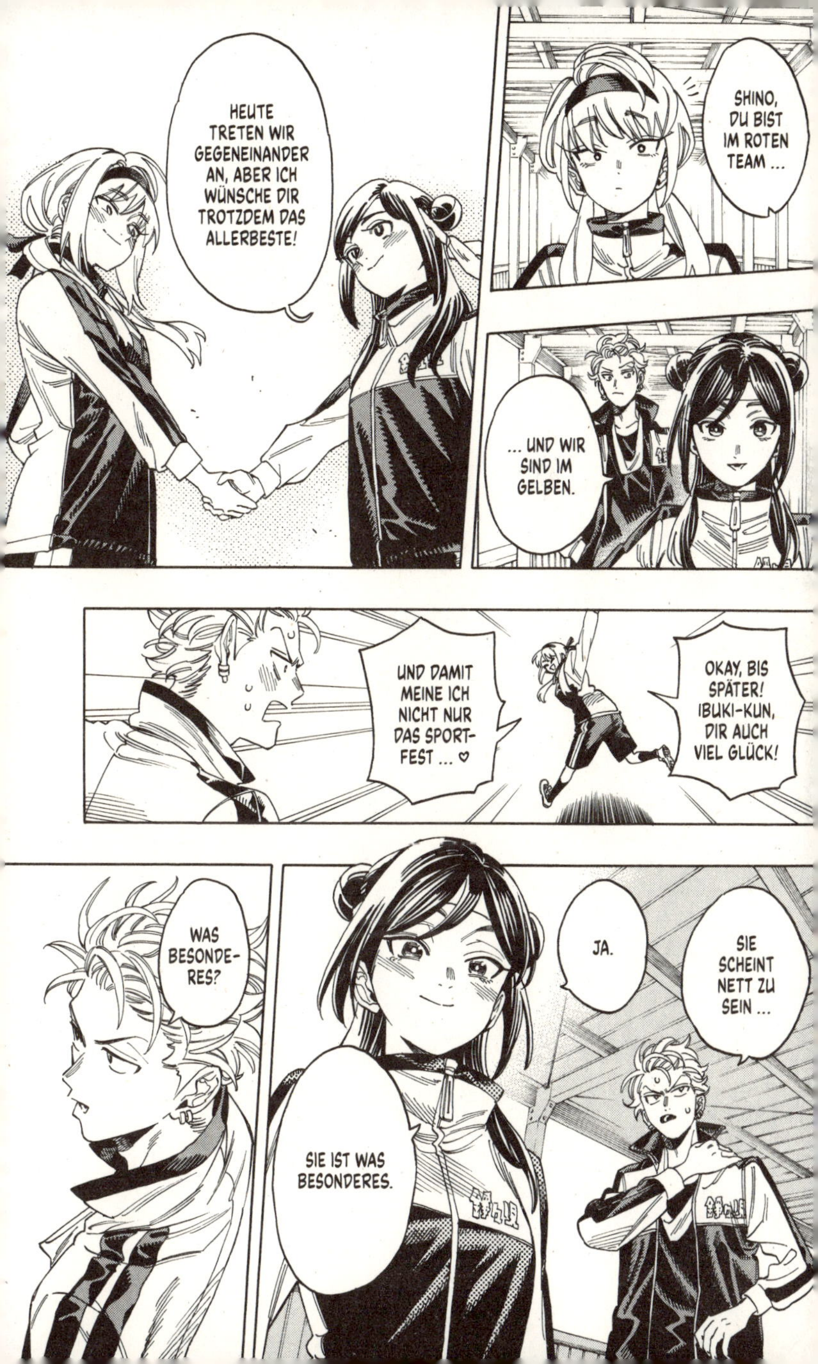

SHINO, DU BIST IM ROTEN TEAM …
… UND WIR SIND IM GELBEN.
HEUTE TRETEN WIR GEGENEINANDER AN, ABER ICH WÜNSCHE DIR TROTZDEM DAS ALLERBESTE!
OKAY, BIS SPÄTER! IBUKI-KUN, DIR AUCH VIEL GLÜCK!
UND DAMIT MEINE ICH NICHT NUR DAS SPORTFEST … ♡
SIE SCHEINT NETT ZU SEIN …
JA.
SIE IST WAS BESONDERES.
WAS BESONDERES?

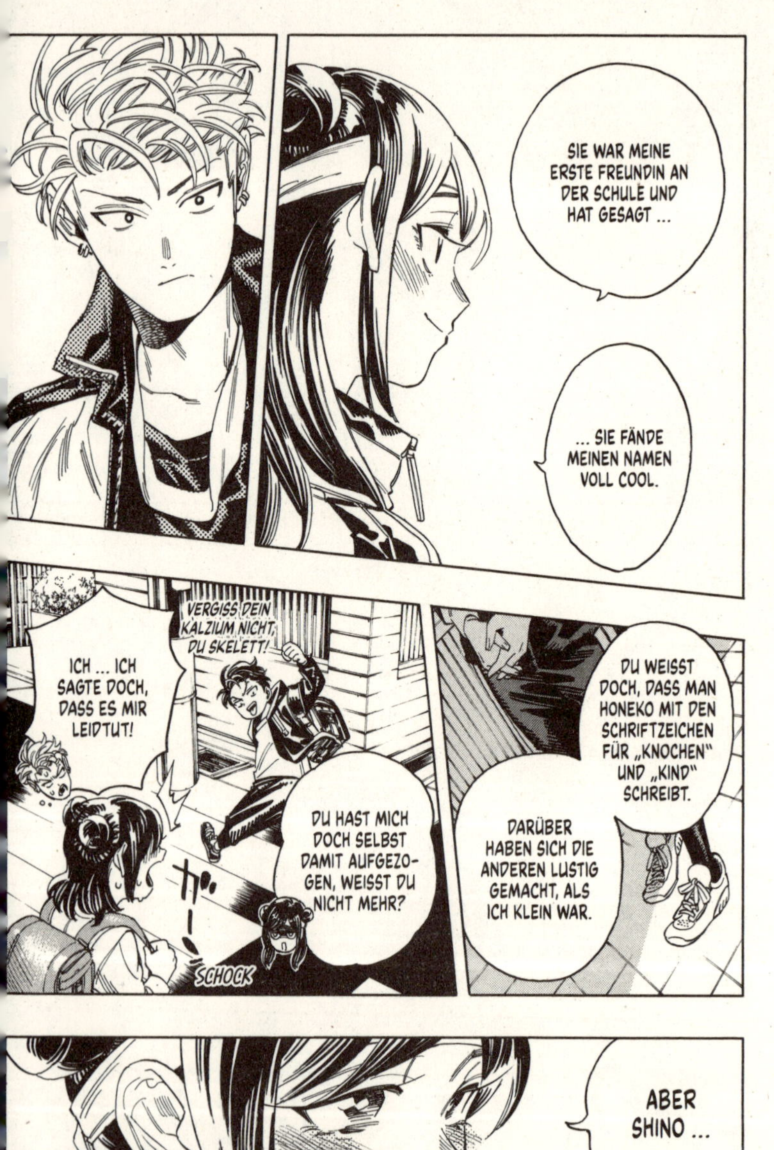
SIE WAR MEINE ERSTE FREUNDIN AN DER SCHULE UND HAT GESAGT ...
... SIE FÄNDE MEINEN NAMEN VOLL COOL.
DU WEISST DOCH, DASS MAN HONEKO MIT DEN SCHRIFTZEICHEN FÜR „KNOCHEN" UND „KIND" SCHREIBT.
DARÜBER HABEN SICH DIE ANDEREN LUSTIG GEMACHT, ALS ICH KLEIN WAR.
VERGISS DEIN KALZIUM NICHT, DU SKELETT!
ICH ... ICH SAGTE DOCH, DASS ES MIR LEIDTUT!
DU HAST MICH DOCH SELBST DAMIT AUFGEZO-GEN, WEISST DU NICHT MEHR?
SCHOCK
ABER SHINO ...

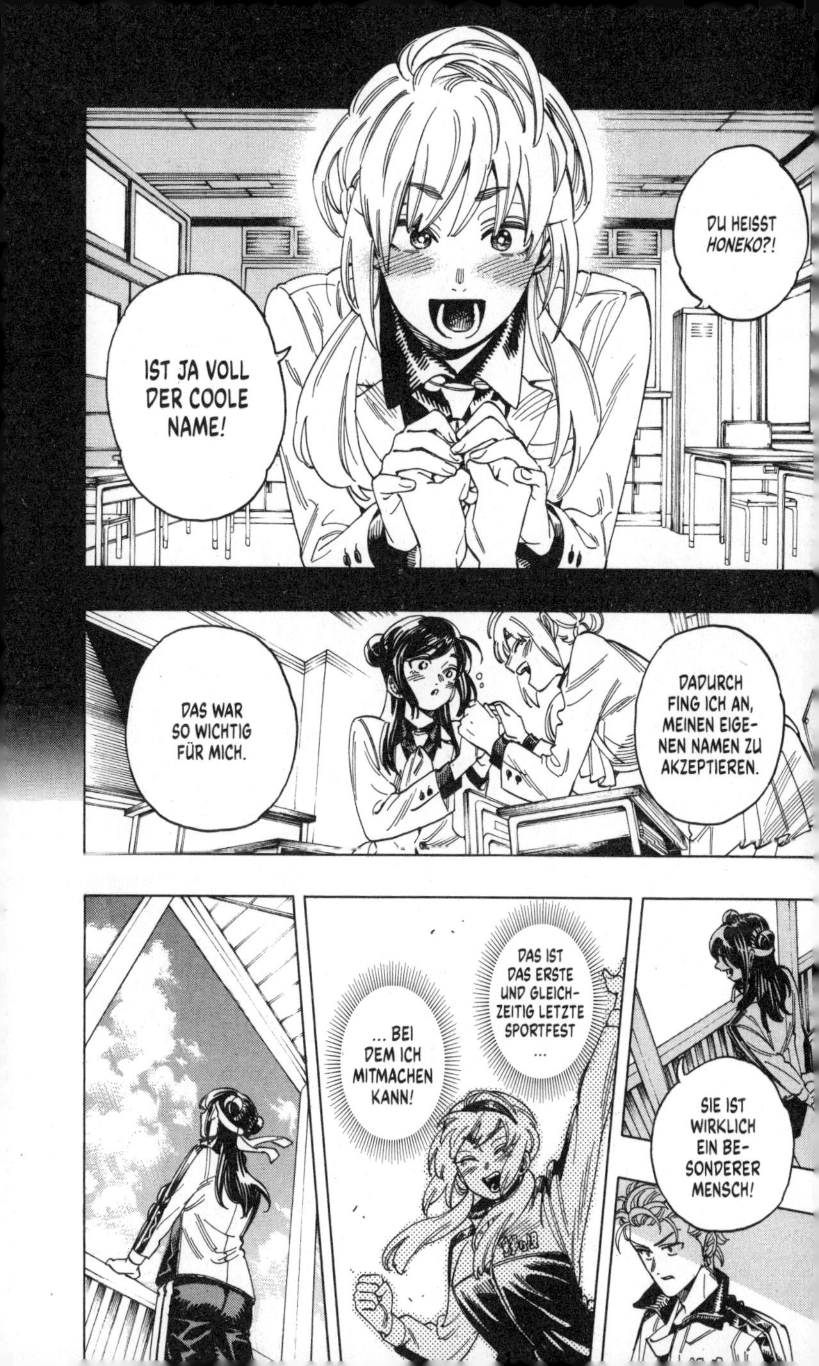

DU HEISST *HONEKO*?!

IST JA VOLL DER COOLE NAME!

DADURCH FING ICH AN, MEINEN EIGENEN NAMEN ZU AKZEPTIEREN.

DAS WAR SO WICHTIG FÜR MICH.

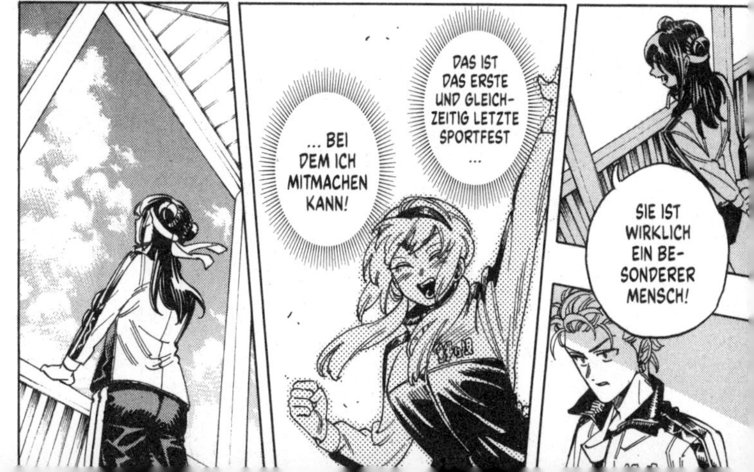

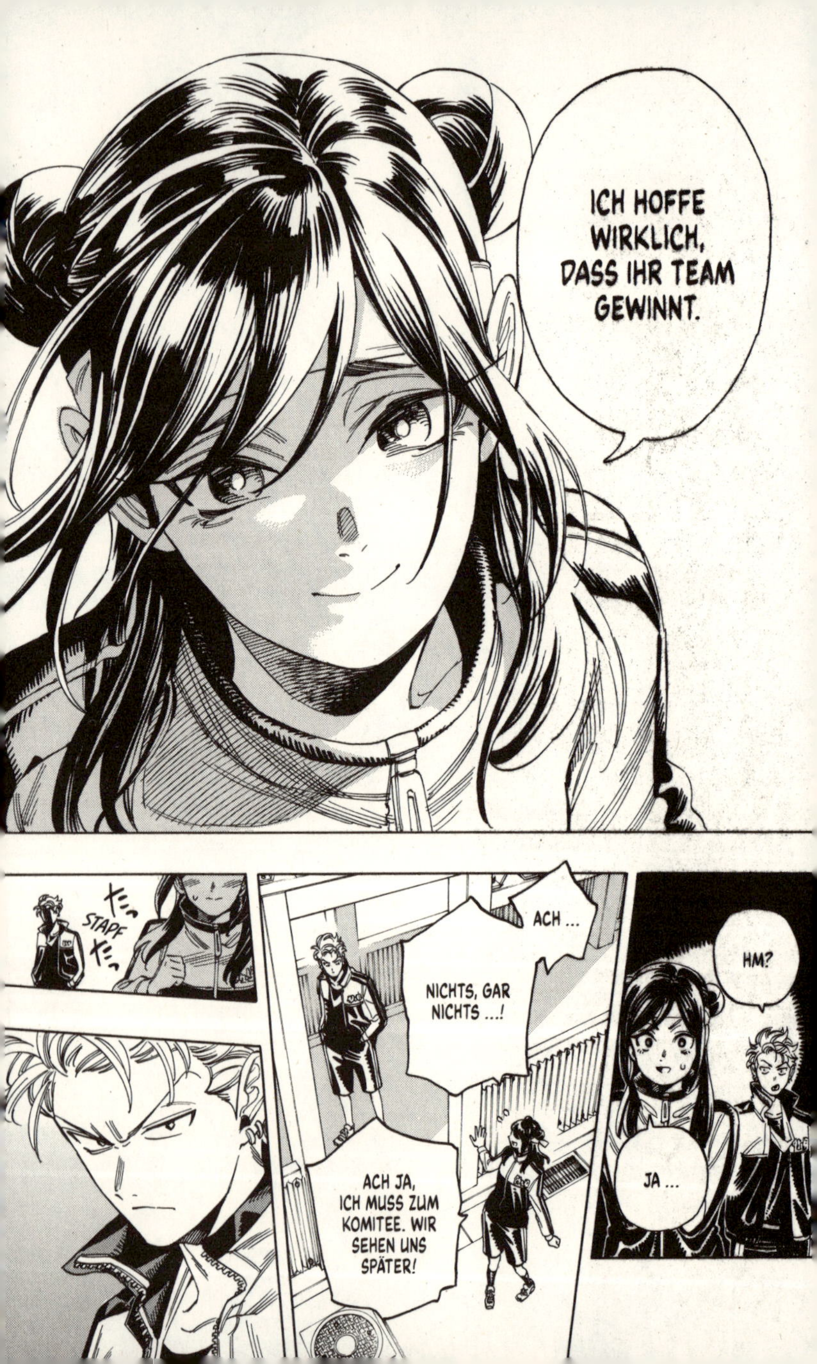

ICH HOFFE WIRKLICH, DASS IHR TEAM GEWINNT.

HM?

JA ...

ACH ...

NICHTS, GAR NICHTS ...!

ACH JA, ICH MUSS ZUM KOMITEE. WIR SEHEN UNS SPÄTER!

STAPF

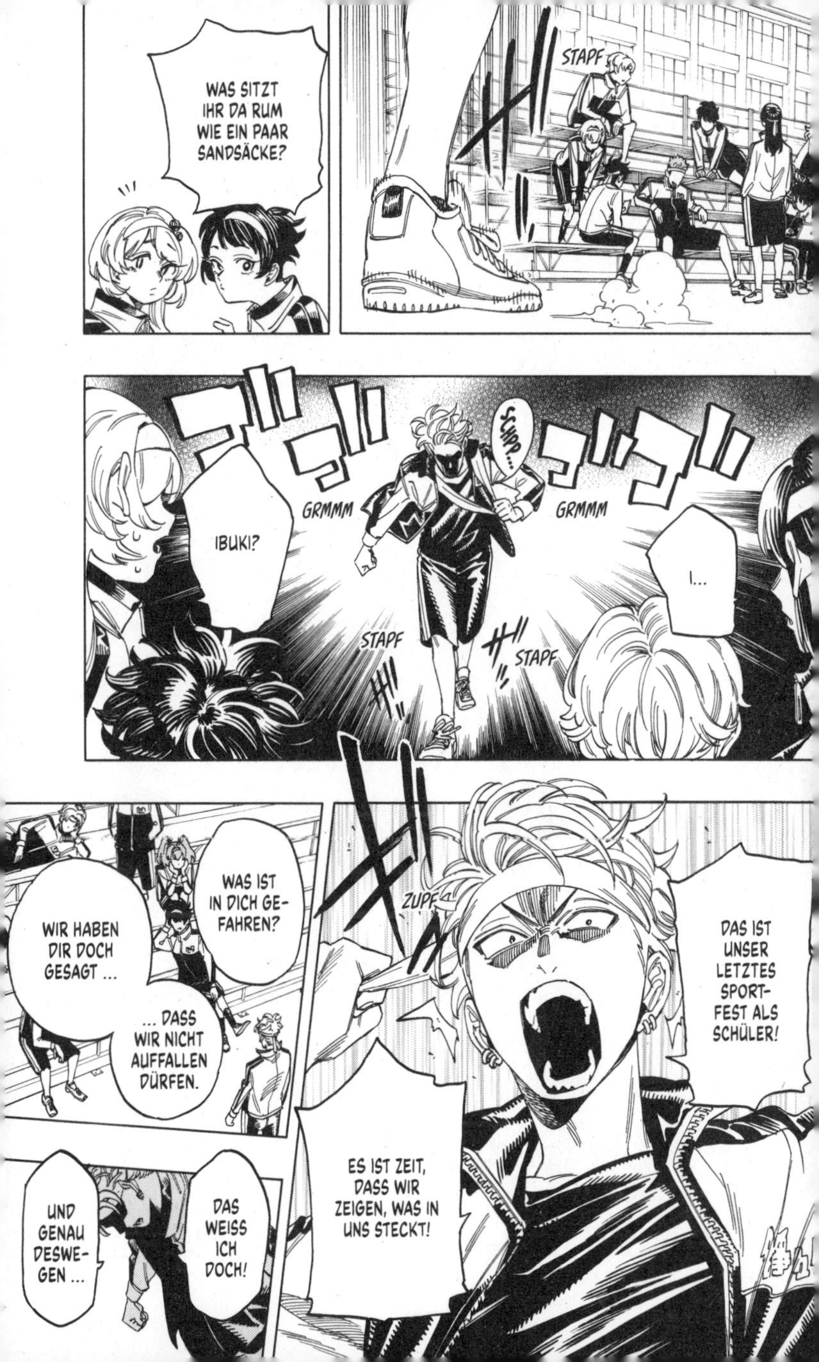

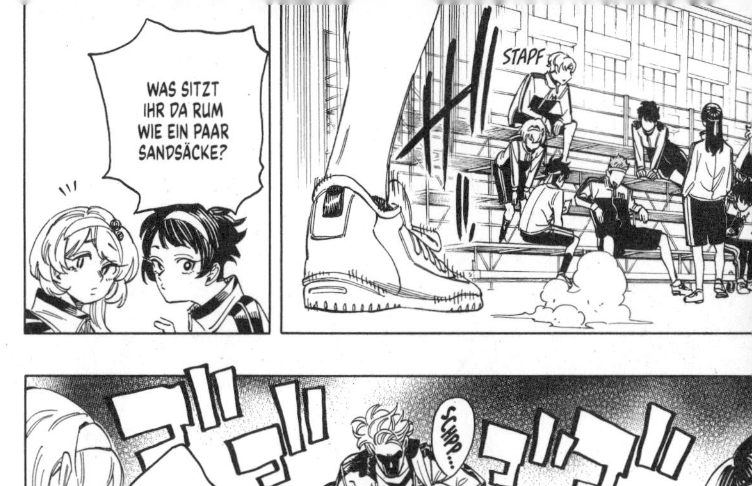

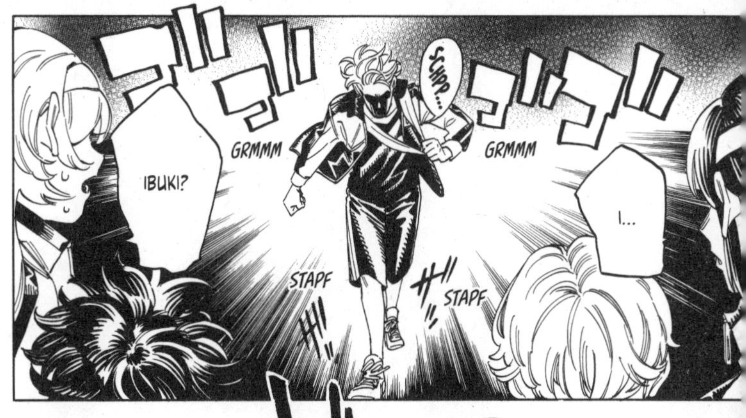

ZUPF

DAS IST UNSER LETZTES SPORT-FEST ALS SCHÜLER!

ES IST ZEIT, DASS WIR ZEIGEN, WAS IN UNS STECKT!

WAS IST IN DICH GE-FAHREN?

WIR HABEN DIR DOCH GESAGT ...

... DASS WIR NICHT AUFFALLEN DÜRFEN.

DAS WEISS ICH DOCH!

UND GENAU DESWE-GEN ...

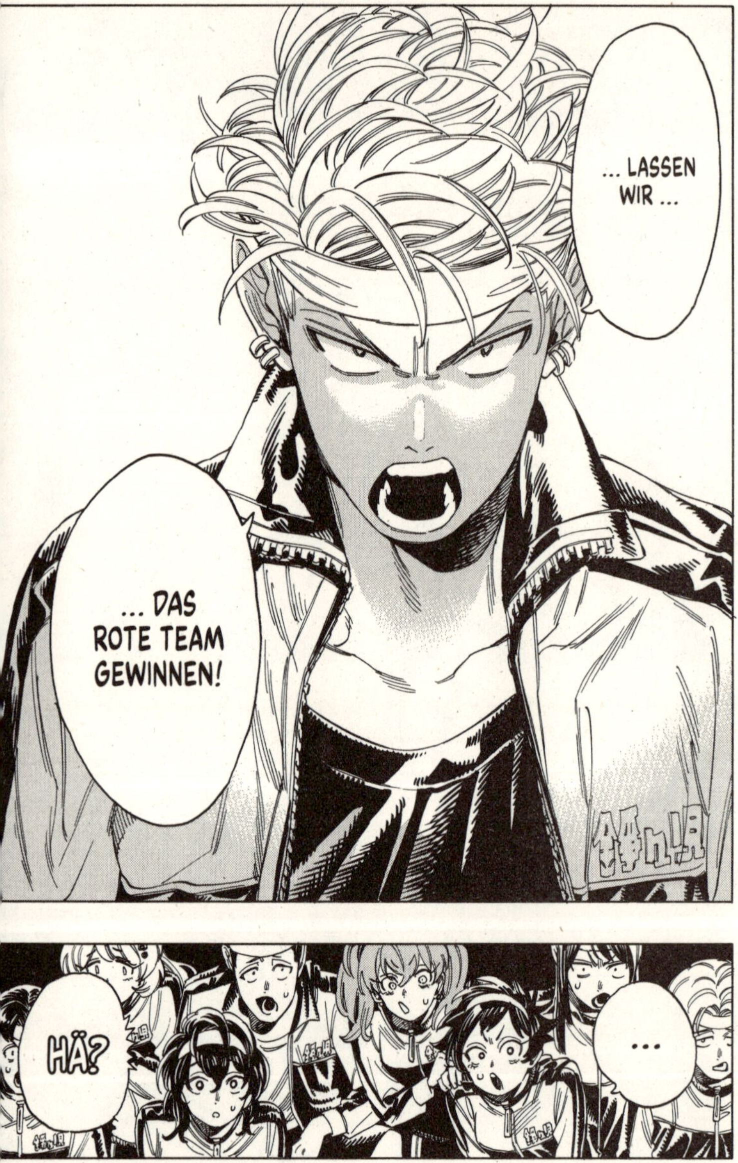

... LASSEN WIR ...

... DAS ROTE TEAM GEWINNEN!

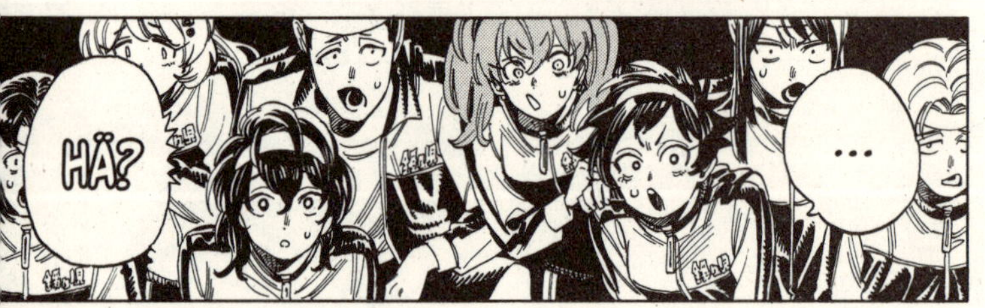

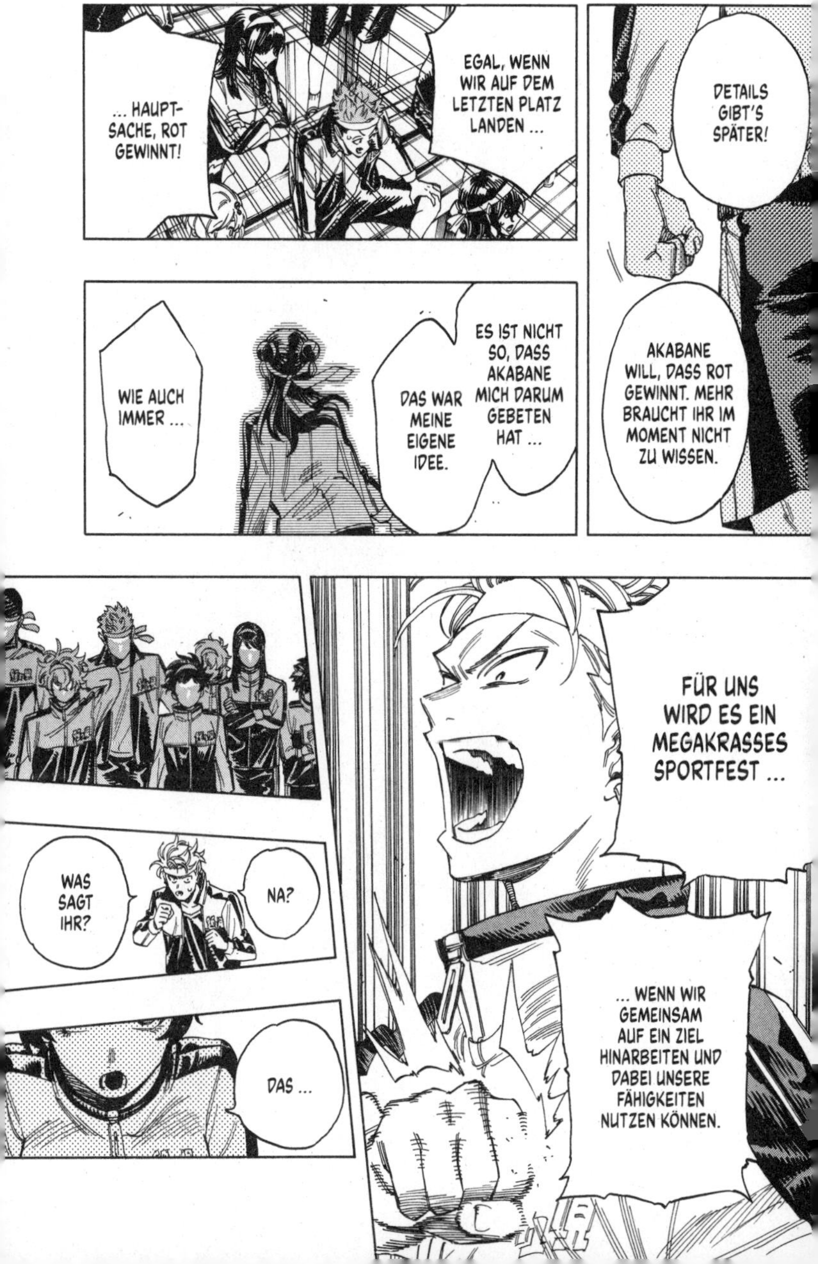

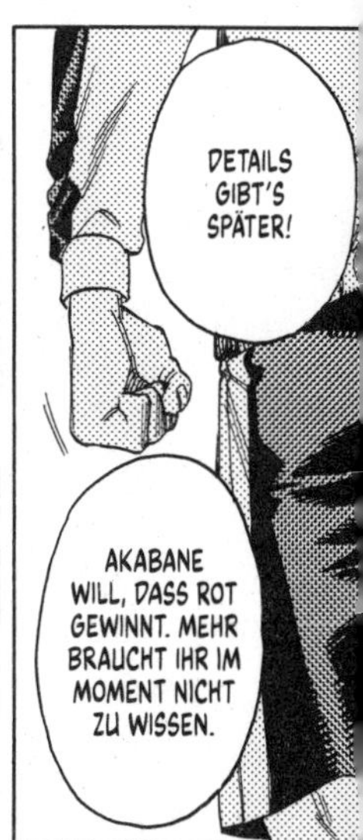

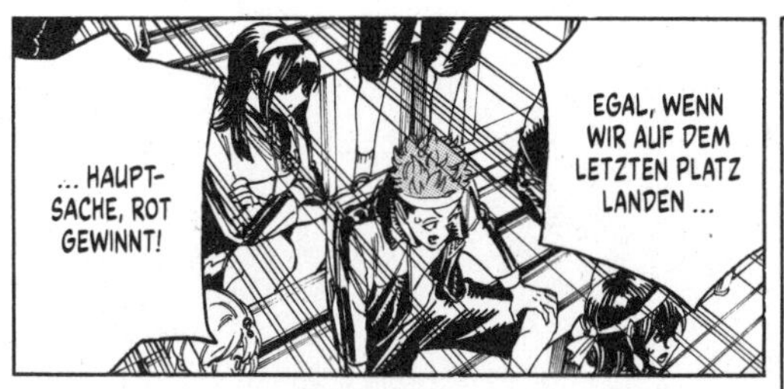

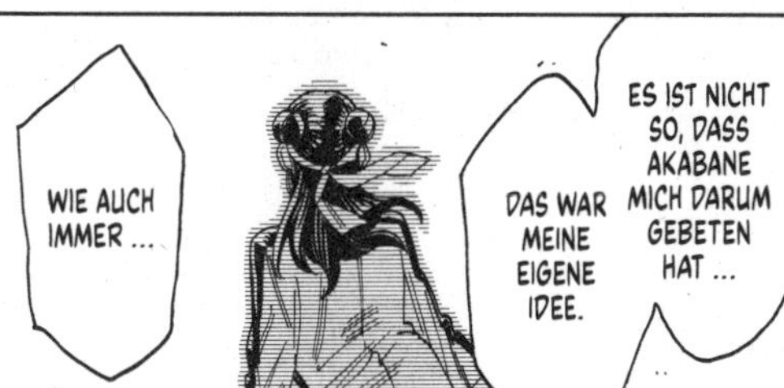

NA?

WAS SAGT IHR?

DAS ...

FÜR UNS WIRD ES EIN MEGAKRASSES SPORTFEST ...

... WENN WIR GEMEINSAM AUF EIN ZIEL HINARBEITEN UND DABEI UNSERE FÄHIGKEITEN NUTZEN KÖNNEN.

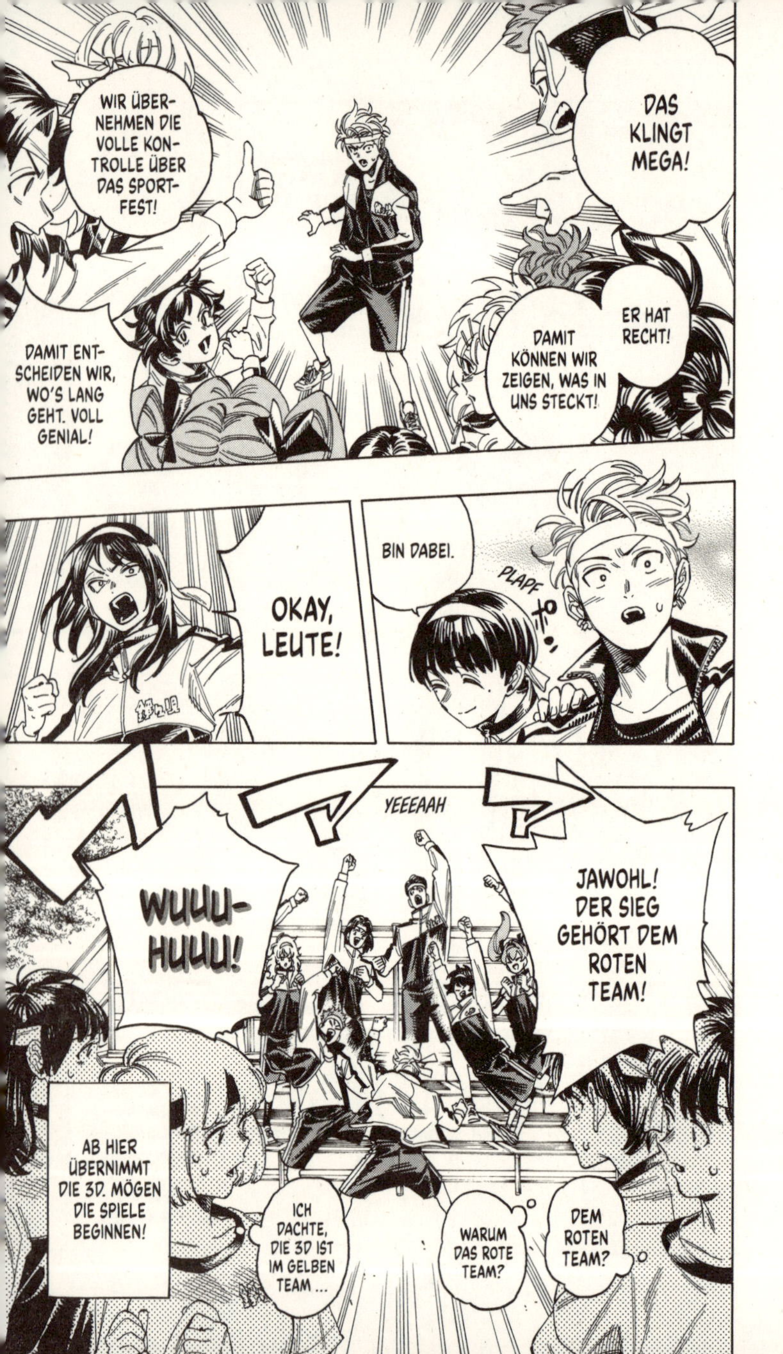
DAS KLINGT MEGA!
WIR ÜBERNEHMEN DIE VOLLE KONTROLLE ÜBER DAS SPORTFEST!
ER HAT RECHT!
DAMIT KÖNNEN WIR ZEIGEN, WAS IN UNS STECKT!
DAMIT ENTSCHEIDEN WIR, WO'S LANG GEHT. VOLL GENIAL!
BIN DABEI.
PLAPF
OKAY, LEUTE!
YEEEAAH
JAWOHL! DER SIEG GEHÖRT DEM ROTEN TEAM!
WUUU-HUUU!
DEM ROTEN TEAM?
WARUM DAS ROTE TEAM?
ICH DACHTE, DIE 3D IST IM GELBEN TEAM ...
AB HIER ÜBERNIMMT DIE 3D. MÖGEN DIE SPIELE BEGINNEN!

KAPITEL 10: ORPHEUS AUS DER HÖLL

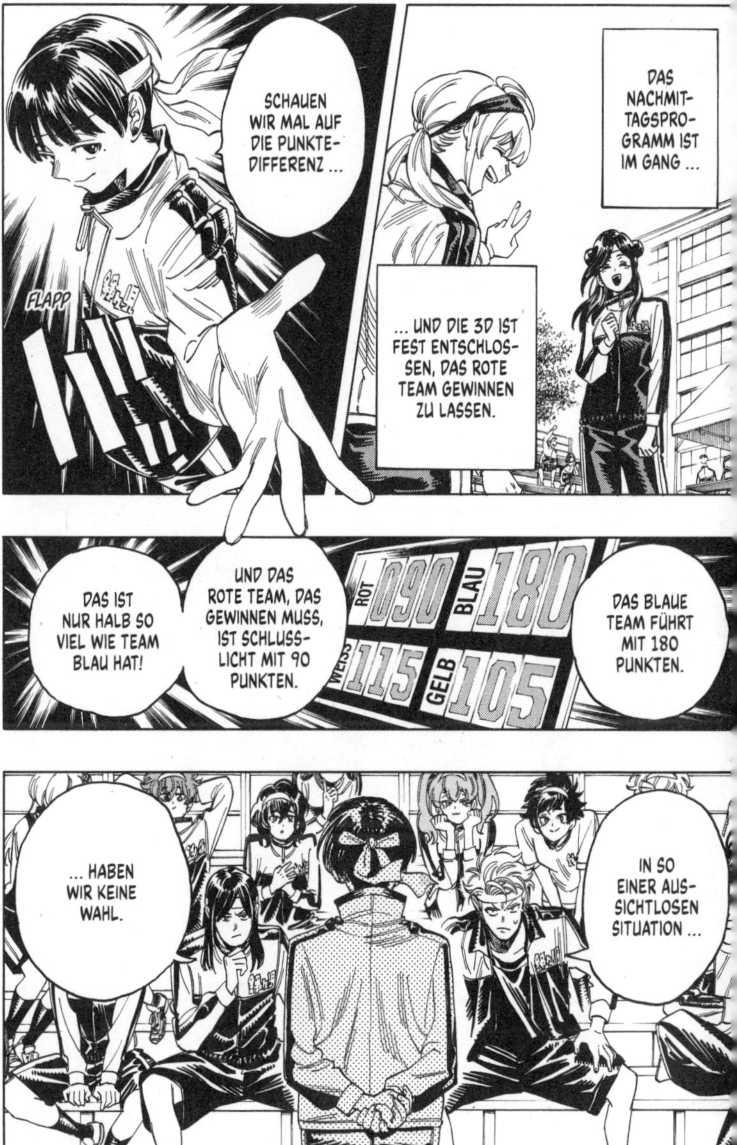

DAS NACHMITTAGSPROGRAMM IST IM GANG ...

... UND DIE 3D IST FEST ENTSCHLOSSEN, DAS ROTE TEAM GEWINNEN ZU LASSEN.

SCHAUEN WIR MAL AUF DIE PUNKTEDIFFERENZ ...

FLAPP

DAS BLAUE TEAM FÜHRT MIT 180 PUNKTEN.

ROT 090 BLAU 180
WEISS 115 GELB 105

UND DAS ROTE TEAM, DAS GEWINNEN MUSS, IST SCHLUSSLICHT MIT 90 PUNKTEN.

DAS IST NUR HALB SO VIEL WIE TEAM BLAU HAT!

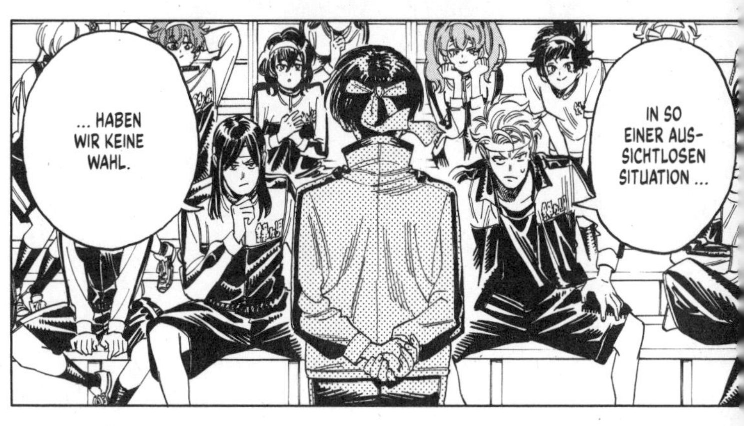

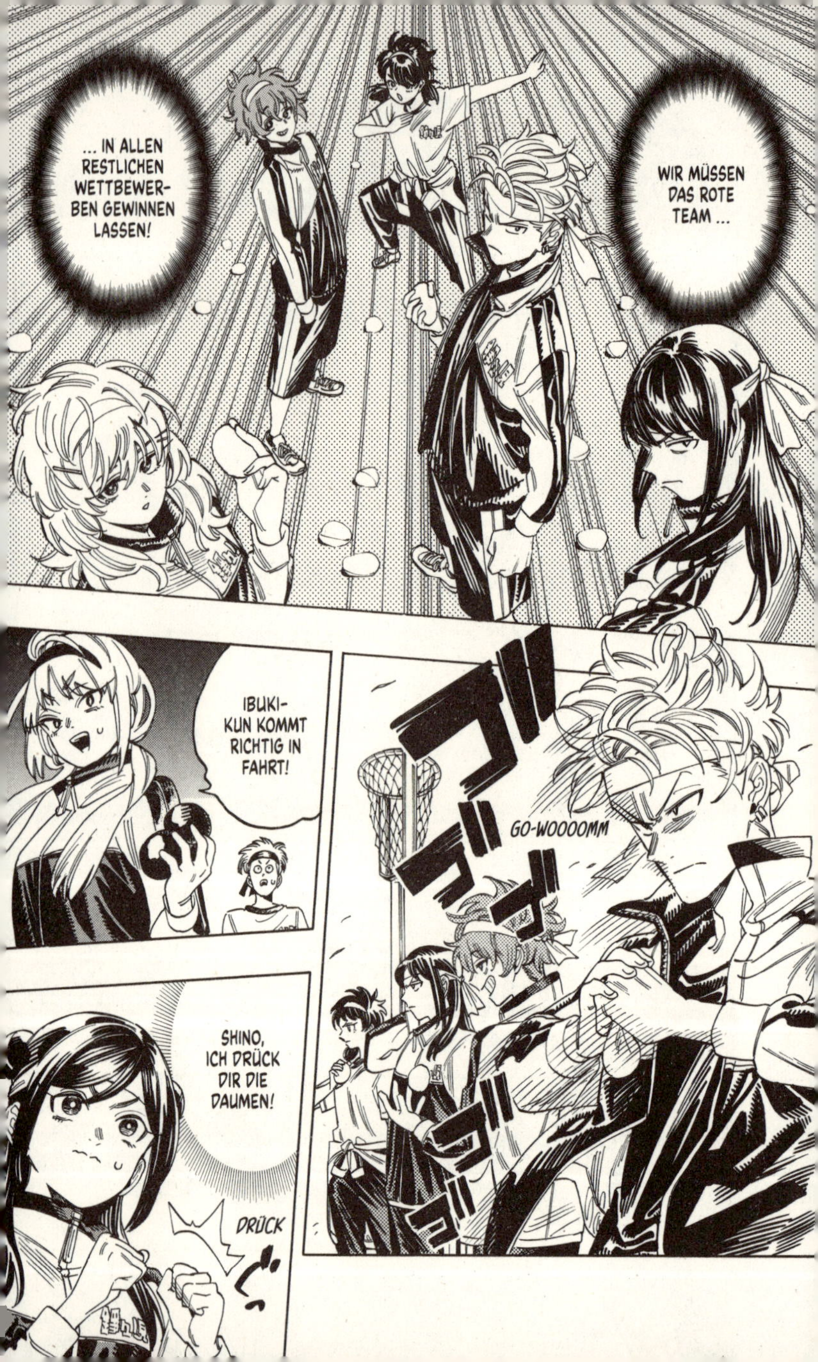
WIR MÜSSEN DAS ROTE TEAM ...
... IN ALLEN RESTLICHEN WETTBEWERBEN GEWINNEN LASSEN!
GO-WOOOOMM
IBUKI-KUN KOMMT RICHTIG IN FAHRT!
SHINO, ICH DRÜCK DIR DIE DAUMEN!
DRÜCK

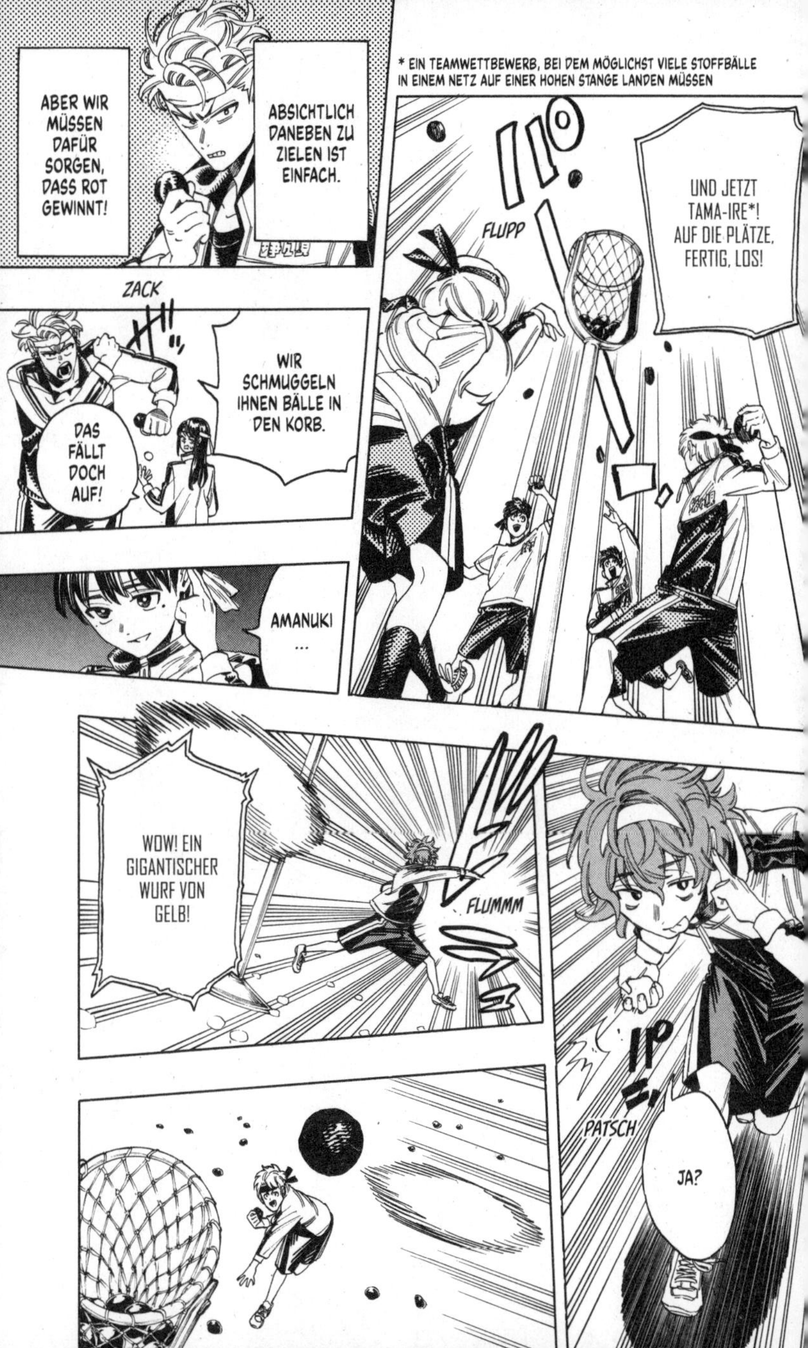
* EIN TEAMWETTBEWERB, BEI DEM MÖGLICHST VIELE STOFFBÄLLE IN EINEM NETZ AUF EINER HOHEN STANGE LANDEN MÜSSEN
ABSICHTLICH DANEBEN ZU ZIELEN IST EINFACH.
ABER WIR MÜSSEN DAFÜR SORGEN, DASS ROT GEWINNT!
ZACK
WIR SCHMUGGELN IHNEN BÄLLE IN DEN KORB.
DAS FÄLLT DOCH AUF!
AMANUKI ...
UND JETZT TAMA-IRE*! AUF DIE PLÄTZE, FERTIG, LOS!
FLUPP
WOW! EIN GIGANTISCHER WURF VON GELB!
FLUMMM
PATSCH
JA?

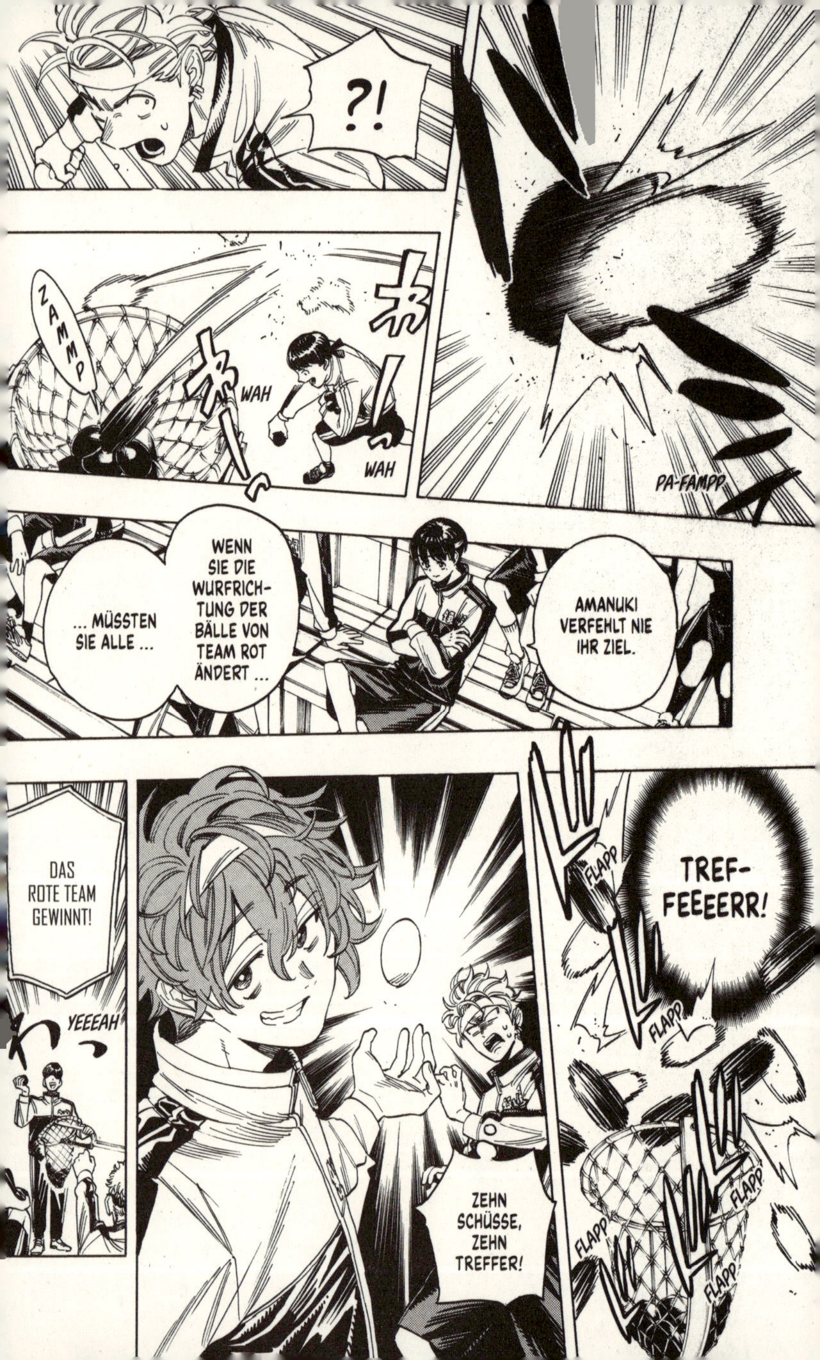
PA-FAMPP
?!
ZAMMP
WAH
WAH
AMANUKI VERFEHLT NIE IHR ZIEL.
WENN SIE DIE WURFRICH-TUNG DER BÄLLE VON TEAM ROT ÄNDERT ...
... MÜSSTEN SIE ALLE ...
TREF-FEEEERR!
FLAPP
FLAPP
FLAPP
FLAPP
FLAPP
ZEHN SCHÜSSE, ZEHN TREFFER!
DAS ROTE TEAM GEWINNT!
YEEEAH

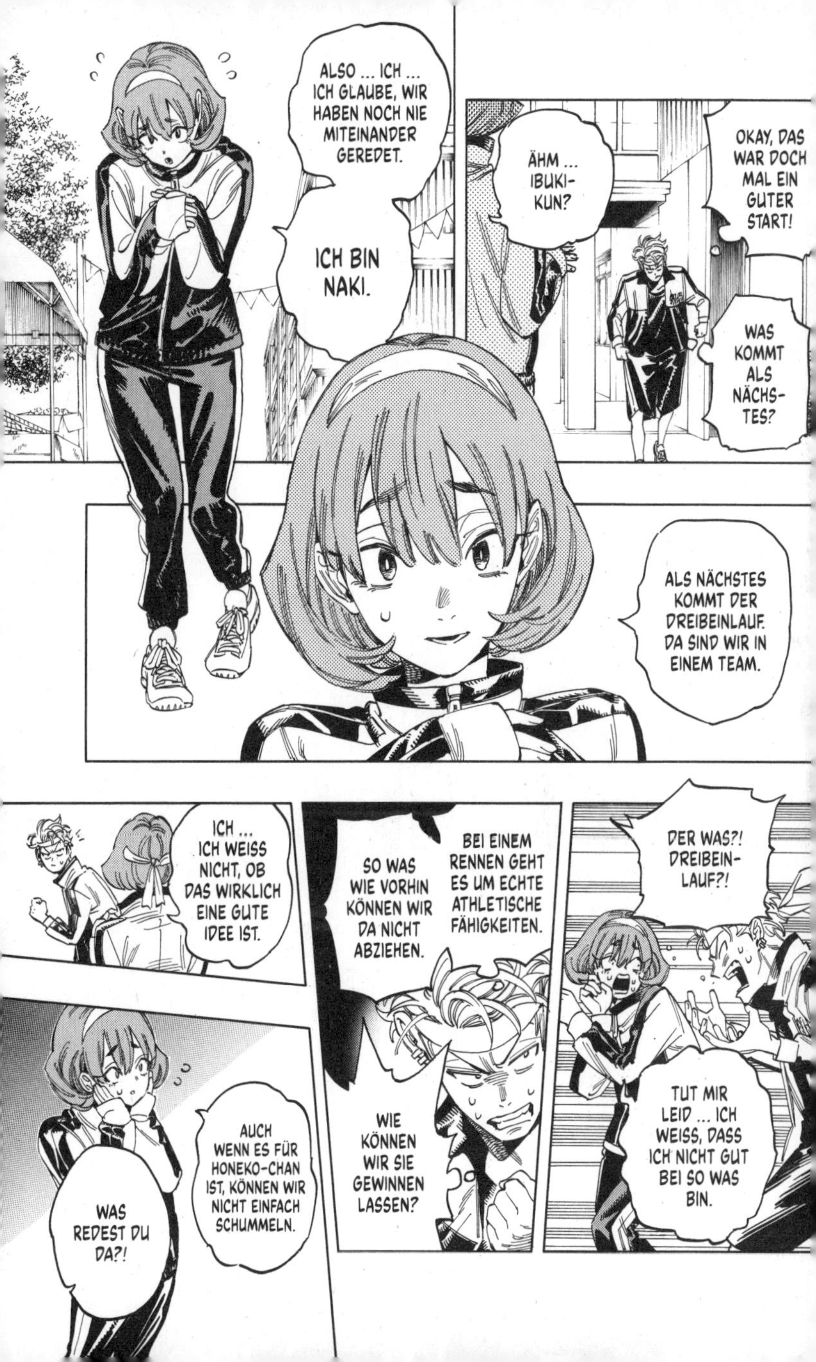

OKAY, DAS WAR DOCH MAL EIN GUTER START!
WAS KOMMT ALS NÄCHSTES?
ÄHM ... IBUKI-KUN?
ALSO ... ICH ... ICH GLAUBE, WIR HABEN NOCH NIE MITEINANDER GEREDET.
ICH BIN NAKI.
ALS NÄCHSTES KOMMT DER DREIBEINLAUF. DA SIND WIR IN EINEM TEAM.
DER WAS?! DREIBEINLAUF?!
TUT MIR LEID ... ICH WEISS, DASS ICH NICHT GUT BEI SO WAS BIN.
BEI EINEM RENNEN GEHT ES UM ECHTE ATHLETISCHE FÄHIGKEITEN.
SO WAS WIE VORHIN KÖNNEN WIR DA NICHT ABZIEHEN.
WIE KÖNNEN WIR SIE GEWINNEN LASSEN?
ICH ... ICH WEISS NICHT, OB DAS WIRKLICH EINE GUTE IDEE IST.
AUCH WENN ES FÜR HONEKO-CHAN IST, KÖNNEN WIR NICHT EINFACH SCHUMMELN.
WAS REDEST DU DA?!

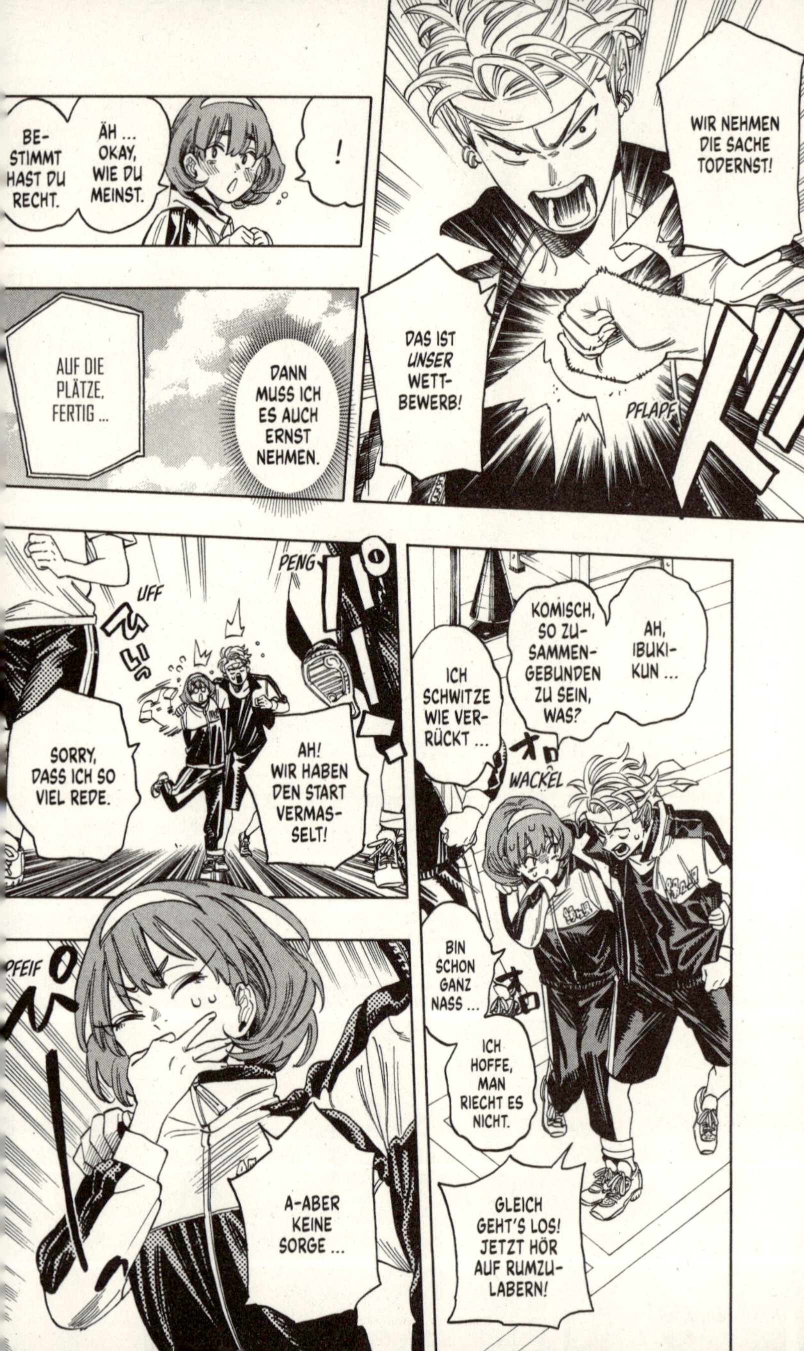
WIR NEHMEN DIE SACHE TODERNST!
PFLAPF
DAS IST UNSER WETT-BEWERB!
!
ÄH … OKAY, WIE DU MEINST.
BE-STIMMT HAST DU RECHT.
DANN MUSS ICH ES AUCH ERNST NEHMEN.
AUF DIE PLÄTZE, FERTIG …
AH, IBUKI-KUN …
KOMISCH, SO ZU-SAMMEN-GEBUNDEN ZU SEIN, WAS?
ICH SCHWITZE WIE VER-RÜCKT …
WACKEL
PENG
AH! WIR HABEN DEN START VERMAS-SELT!
UFF
SORRY, DASS ICH SO VIEL REDE.
BIN SCHON GANZ NASS …
ICH HOFFE, MAN RIECHT ES NICHT.
GLEICH GEHT'S LOS! JETZT HÖR AUF RUMZU-LABERN!
A-ABER KEINE SORGE …
PFEIF

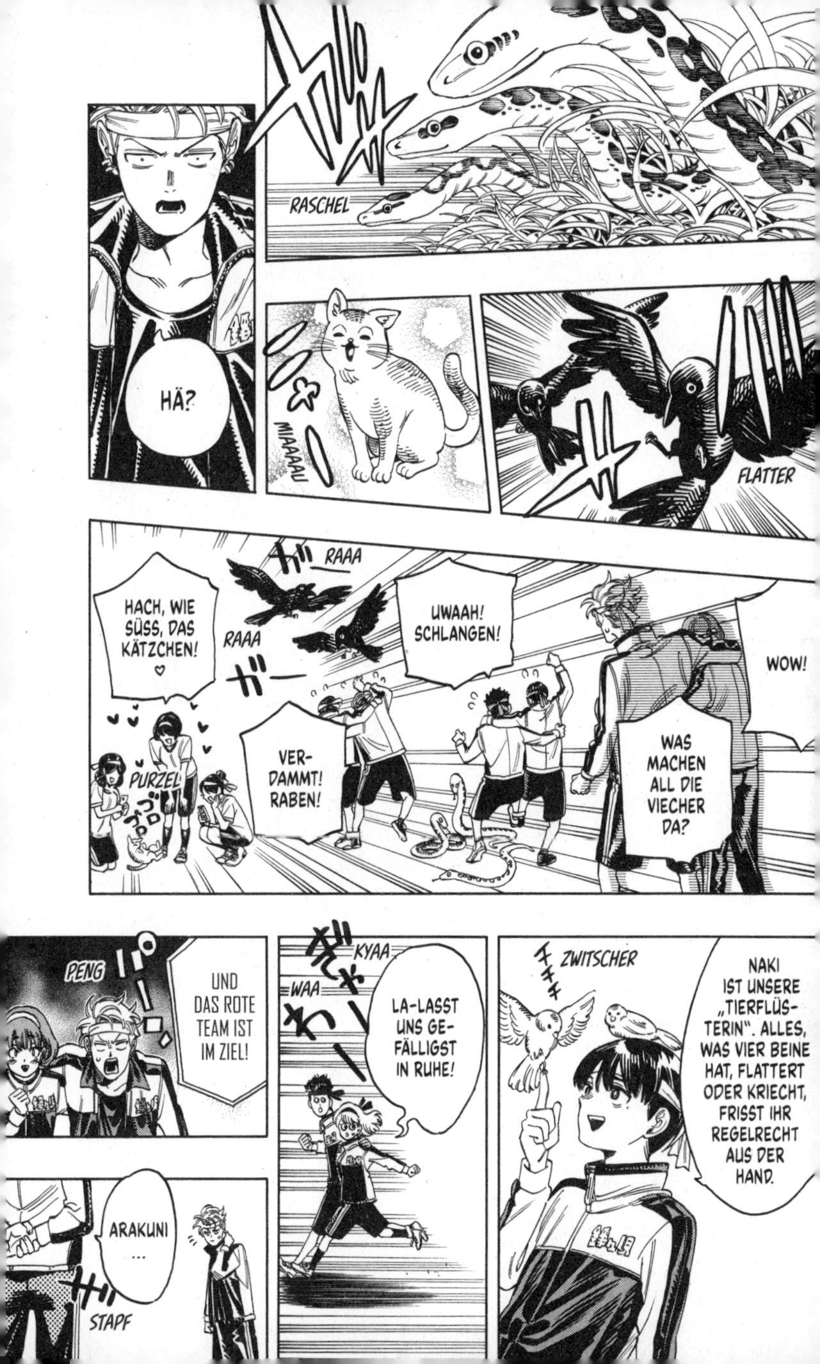

RASCHEL
FLATTER
MIAAAAU
HÄ?
WOW!
WAS MACHEN ALL DIE VIECHER DA?
UWAAH! SCHLANGEN!
RAAA
VER-DAMMT! RABEN!
RAAA
HACH, WIE SÜSS, DAS KÄTZCHEN! ♡
PURZEL

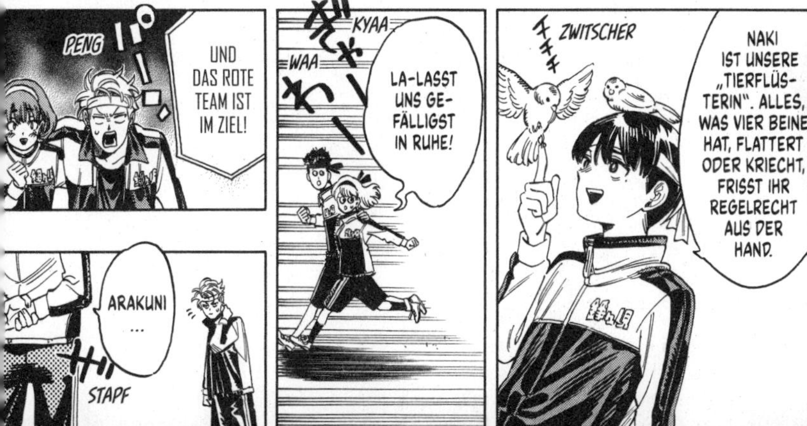

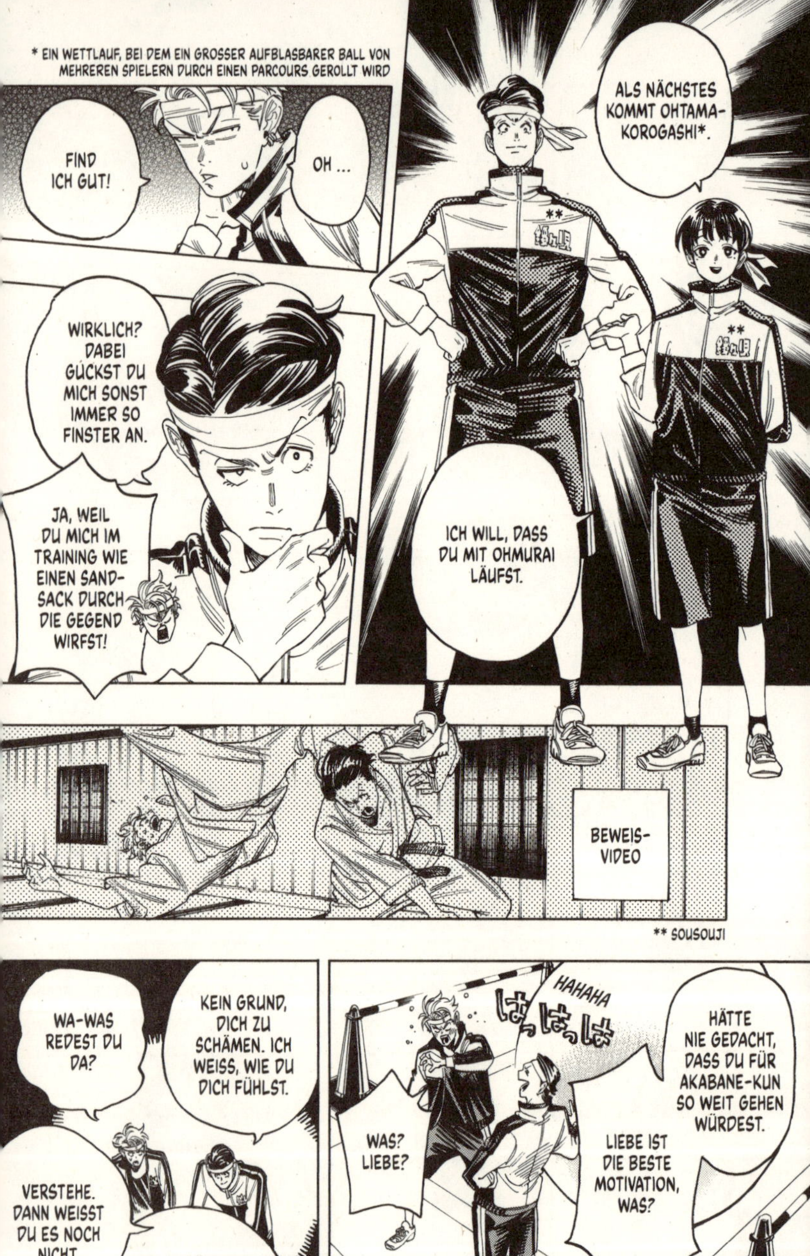
* EIN WETTLAUF, BEI DEM EIN GROSSER AUFBLASBARER BALL VON MEHREREN SPIELERN DURCH EINEN PARCOURS GEROLLT WIRD
ALS NÄCHSTES KOMMT OHTAMA-KOROGASHI*.
OH ...
FIND ICH GUT!
ICH WILL, DASS DU MIT OHMURAI LÄUFST.
WIRKLICH? DABEI GUCKST DU MICH SONST IMMER SO FINSTER AN.
JA, WEIL DU MICH IM TRAINING WIE EINEN SAND-SACK DURCH DIE GEGEND WIRFST!
BEWEIS-VIDEO
** SOUSOUJI
HAHAHA
HÄTTE NIE GEDACHT, DASS DU FÜR AKABANE-KUN SO WEIT GEHEN WÜRDEST.
LIEBE IST DIE BESTE MOTIVATION, WAS?
WAS? LIEBE?
KEIN GRUND, DICH ZU SCHÄMEN. ICH WEISS, WIE DU DICH FÜHLST.
WA-WAS REDEST DU DA?
VERSTEHE. DANN WEISST DU ES NOCH NICHT.

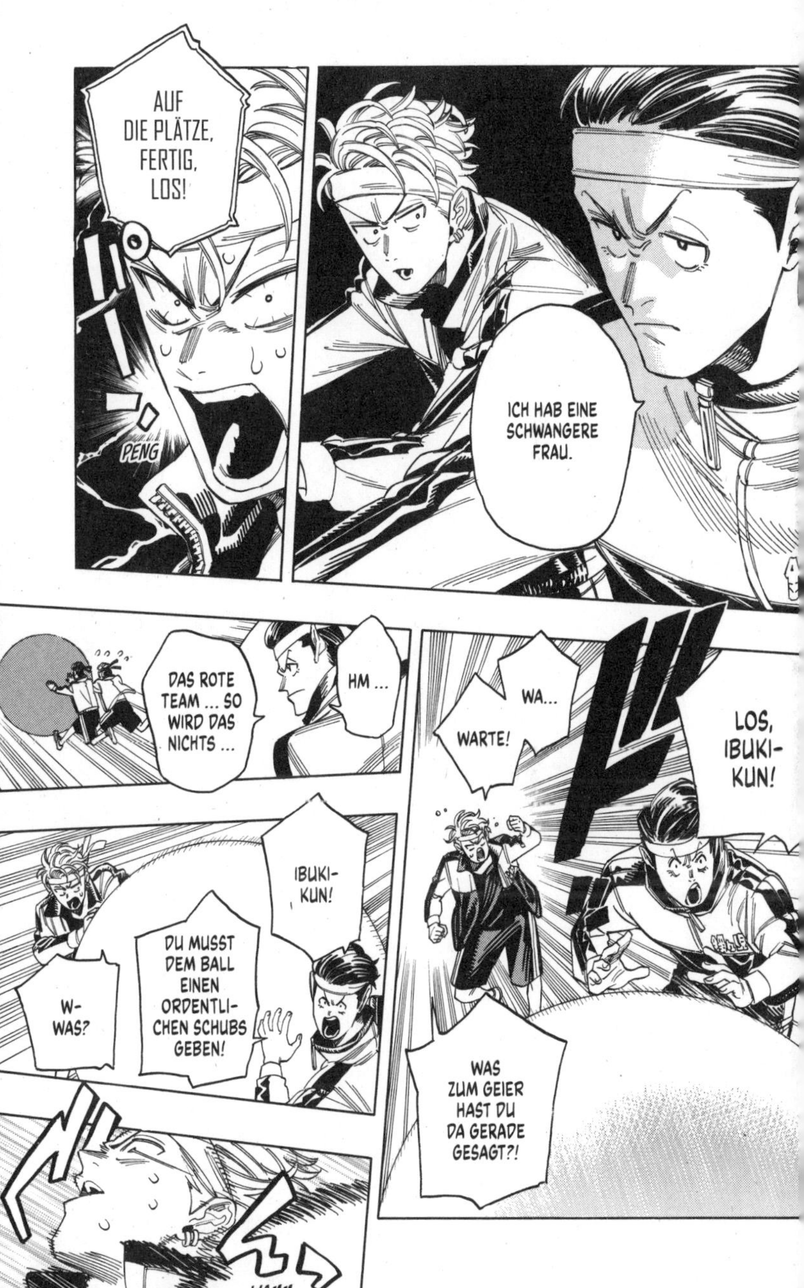
ICH HAB EINE SCHWANGERE FRAU.
AUF DIE PLÄTZE, FERTIG, LOS!
PENG
LOS, IBUKI-KUN!
WA...
WARTE!
HM ...
DAS ROTE TEAM ... SO WIRD DAS NICHTS ...
IBUKI-KUN!
DU MUSST DEM BALL EINEN ORDENTLICHEN SCHUBS GEBEN!
W-WAS?
WAS ZUM GEIER HAST DU DA GERADE GESAGT?!
WAMM

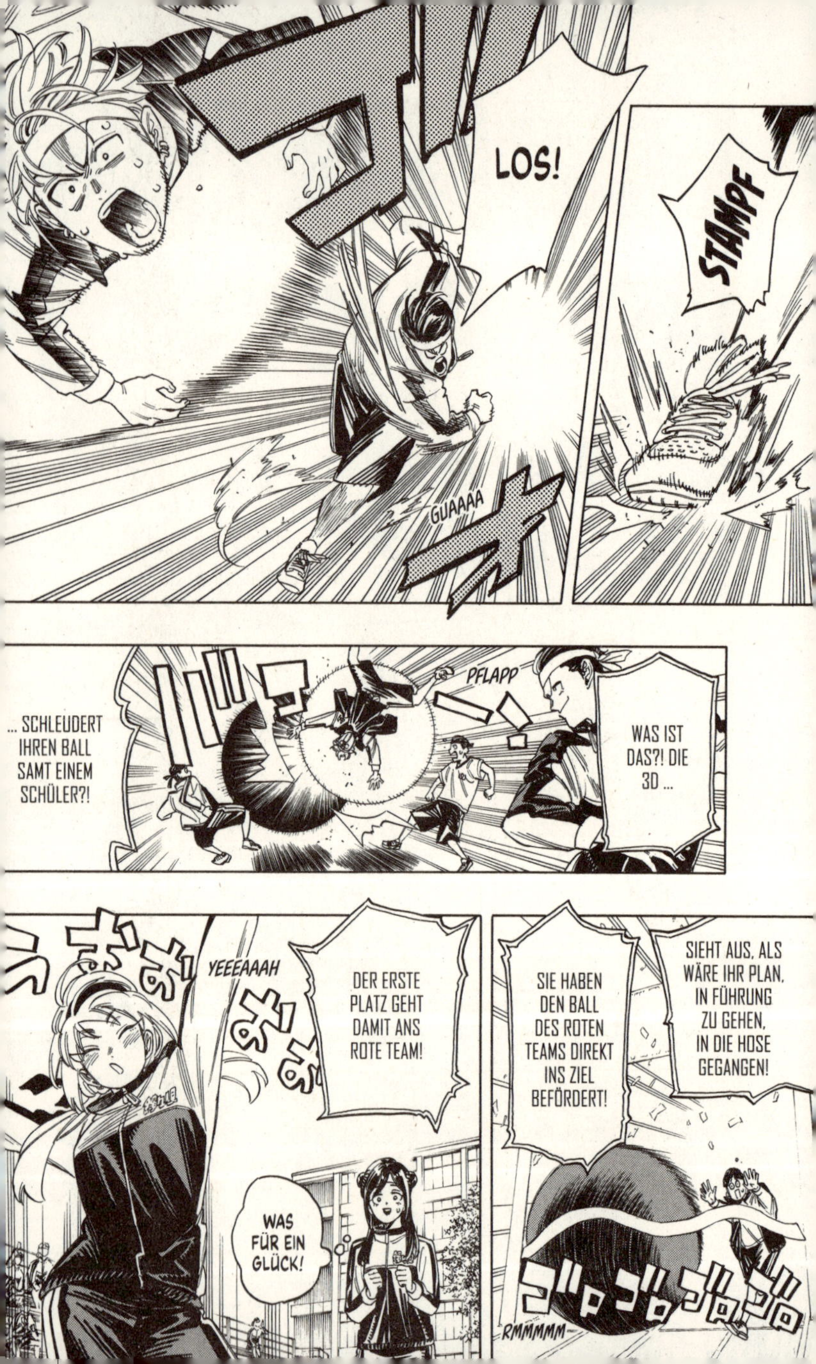
STAMPF
LOS!
GUAAAA
WAS IST DAS?! DIE 3D ...
PFLAPP
... SCHLEUDERT IHREN BALL SAMT EINEM SCHÜLER?!
SIEHT AUS, ALS WÄRE IHR PLAN, IN FÜHRUNG ZU GEHEN, IN DIE HOSE GEGANGEN!
SIE HABEN DEN BALL DES ROTEN TEAMS DIREKT INS ZIEL BEFÖRDERT!
RMMMMM
DER ERSTE PLATZ GEHT DAMIT ANS ROTE TEAM!
YEEEAAAH
WAS FÜR EIN GLÜCK!

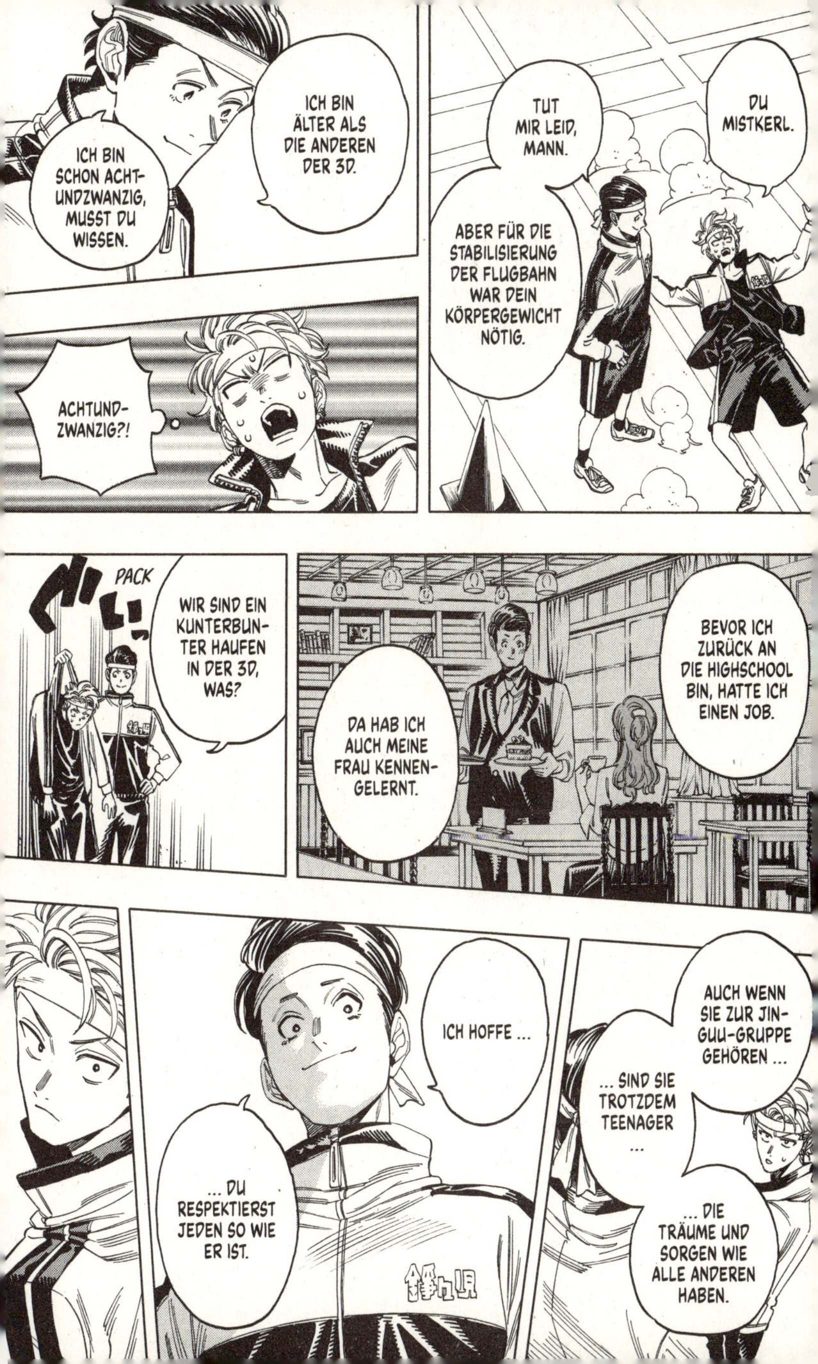

DU MISTKERL.

TUT MIR LEID, MANN.

ABER FÜR DIE STABILISIERUNG DER FLUGBAHN WAR DEIN KÖRPERGEWICHT NÖTIG.

ICH BIN ÄLTER ALS DIE ANDEREN DER 3D.

ICH BIN SCHON ACHTUNDZWANZIG, MUSST DU WISSEN.

ACHTUNDZWANZIG?!

BEVOR ICH ZURÜCK AN DIE HIGHSCHOOL BIN, HATTE ICH EINEN JOB.

DA HAB ICH AUCH MEINE FRAU KENNENGELERNT.

PACK

WIR SIND EIN KUNTERBUNTER HAUFEN IN DER 3D, WAS?

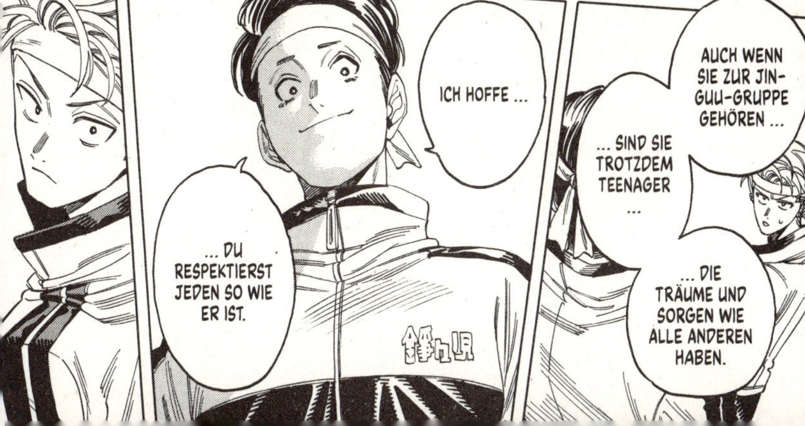

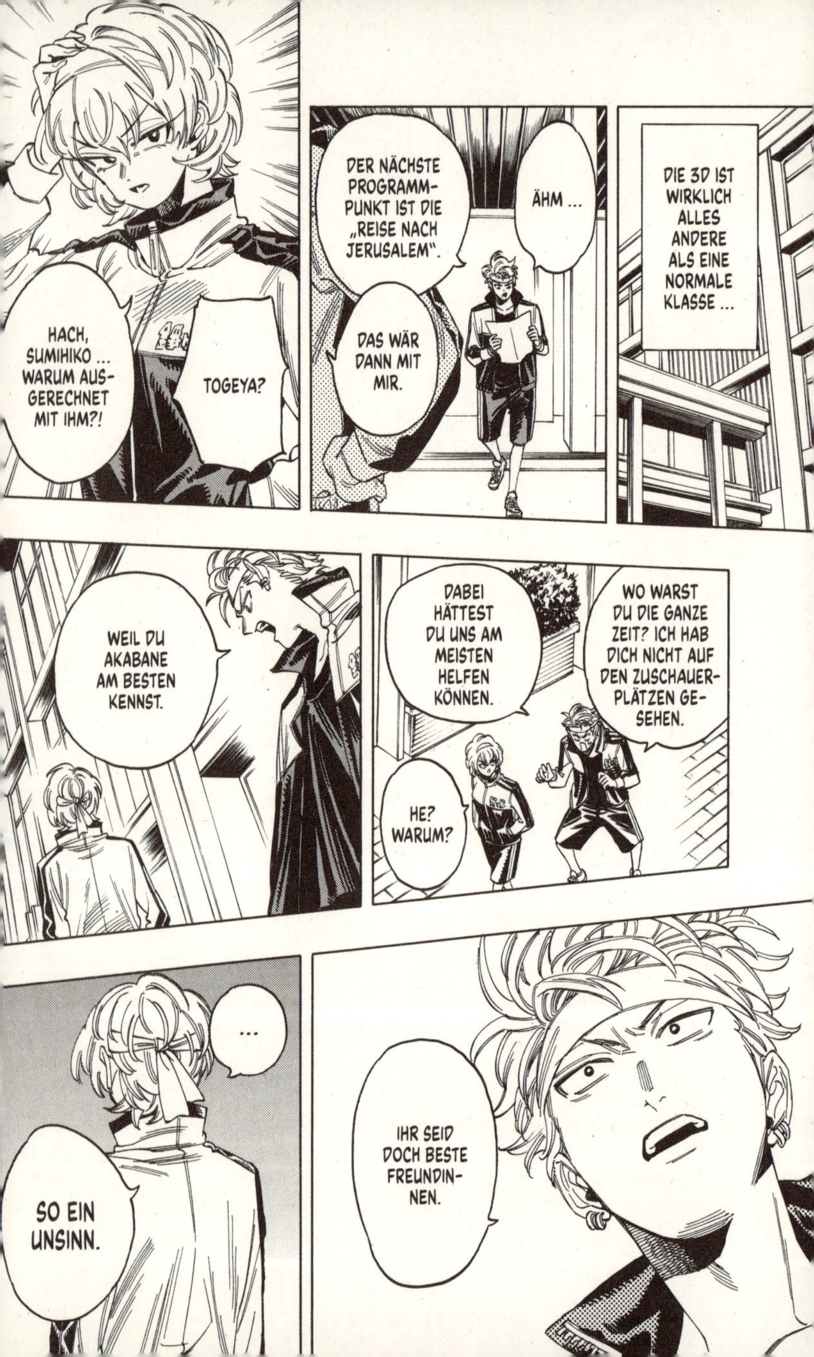

DIE 3D IST WIRKLICH ALLES ANDERE ALS EINE NORMALE KLASSE ...
ÄHM ...
DER NÄCHSTE PROGRAMMPUNKT IST DIE „REISE NACH JERUSALEM“.
DAS WÄR DANN MIT MIR.
TOGEYA?
HACH, SUMIHIKO ... WARUM AUSGERECHNET MIT IHM?!

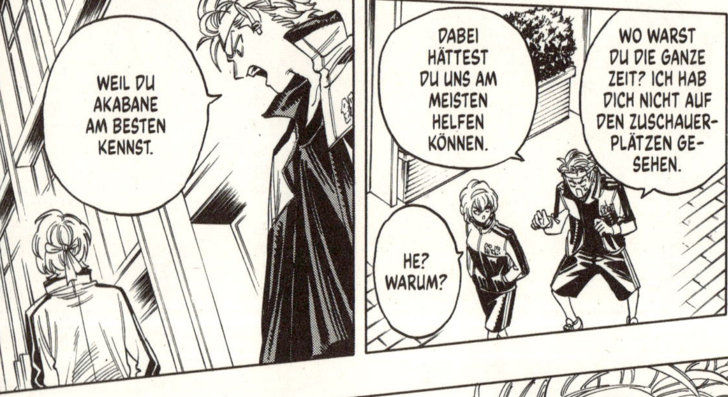

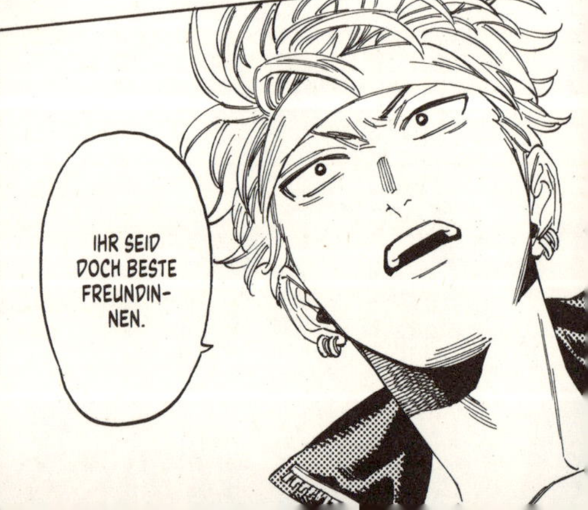

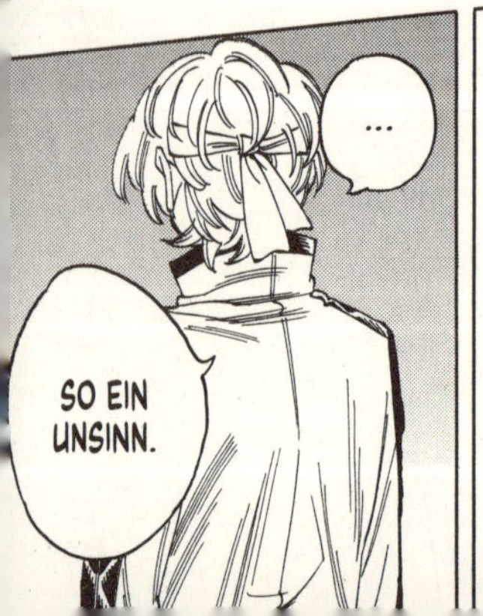

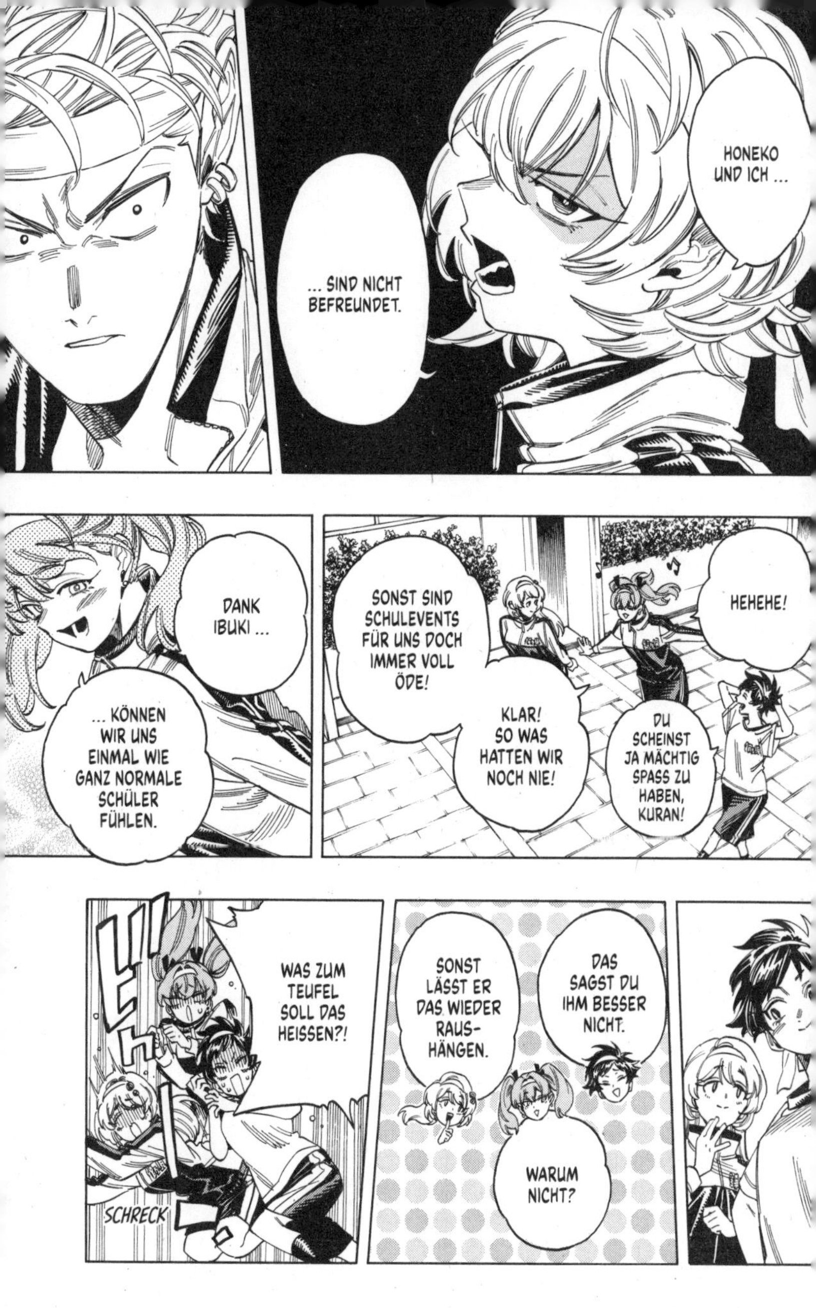

HONEKO UND ICH ...
... SIND NICHT BEFREUNDET.

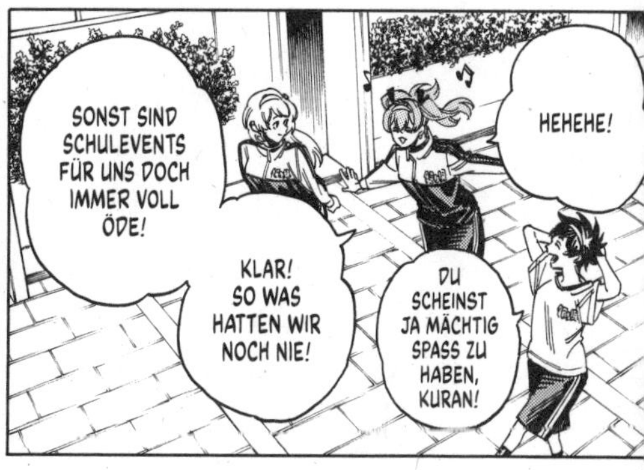

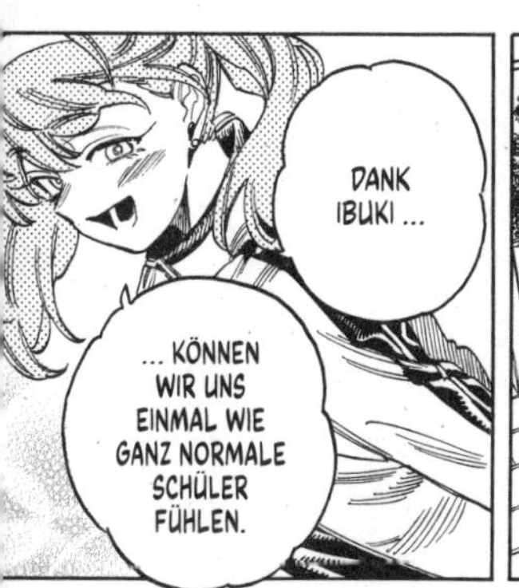

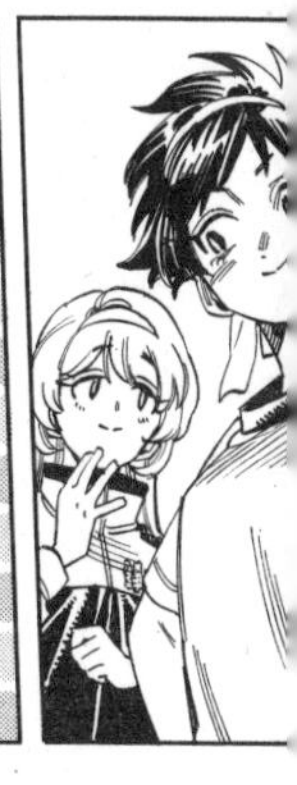

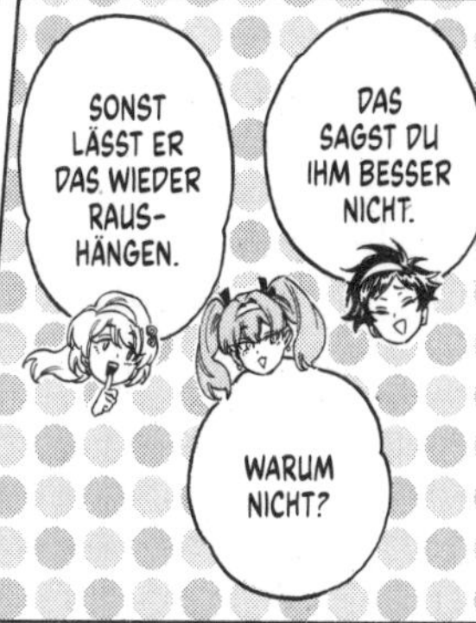

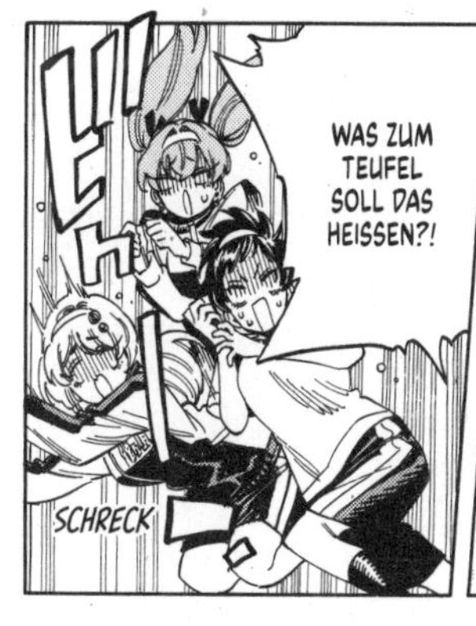

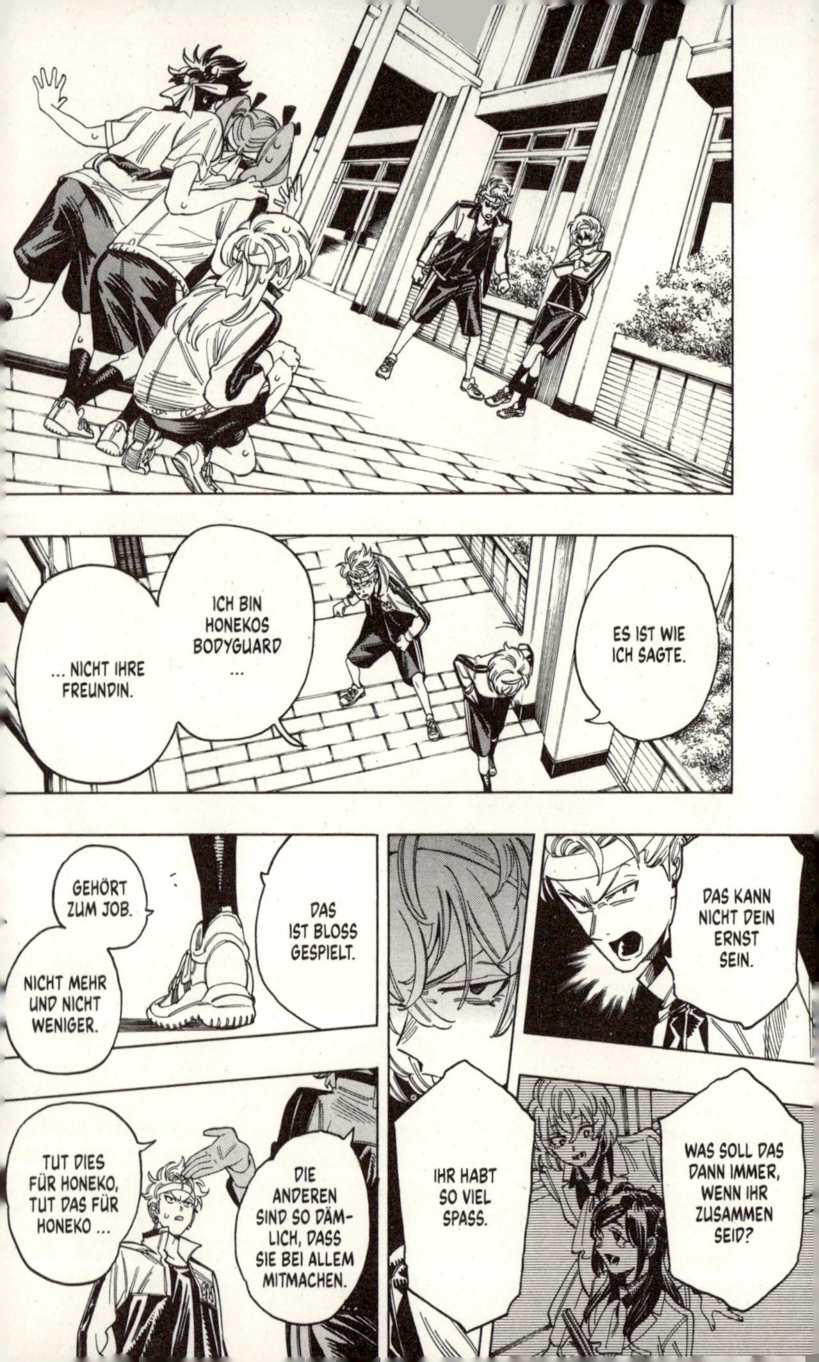

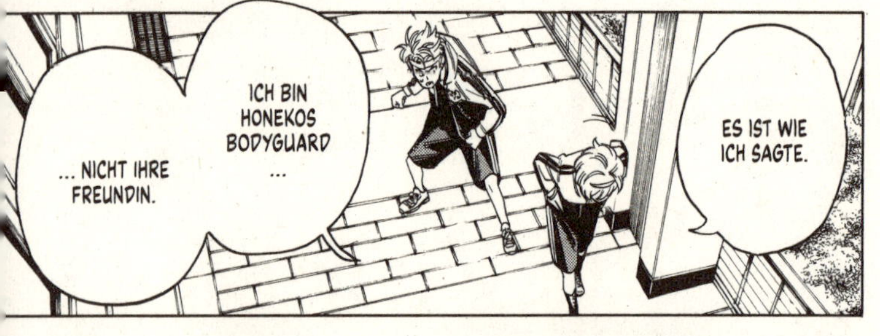

DAS KANN NICHT DEIN ERNST SEIN.

DAS IST BLOSS GESPIELT.

GEHÖRT ZUM JOB.

NICHT MEHR UND NICHT WENIGER.

WAS SOLL DAS DANN IMMER, WENN IHR ZUSAMMEN SEID?

IHR HABT SO VIEL SPASS.

DIE ANDEREN SIND SO DÄMLICH, DASS SIE BEI ALLEM MITMACHEN.

TUT DIES FÜR HONEKO, TUT DAS FÜR HONEKO ...

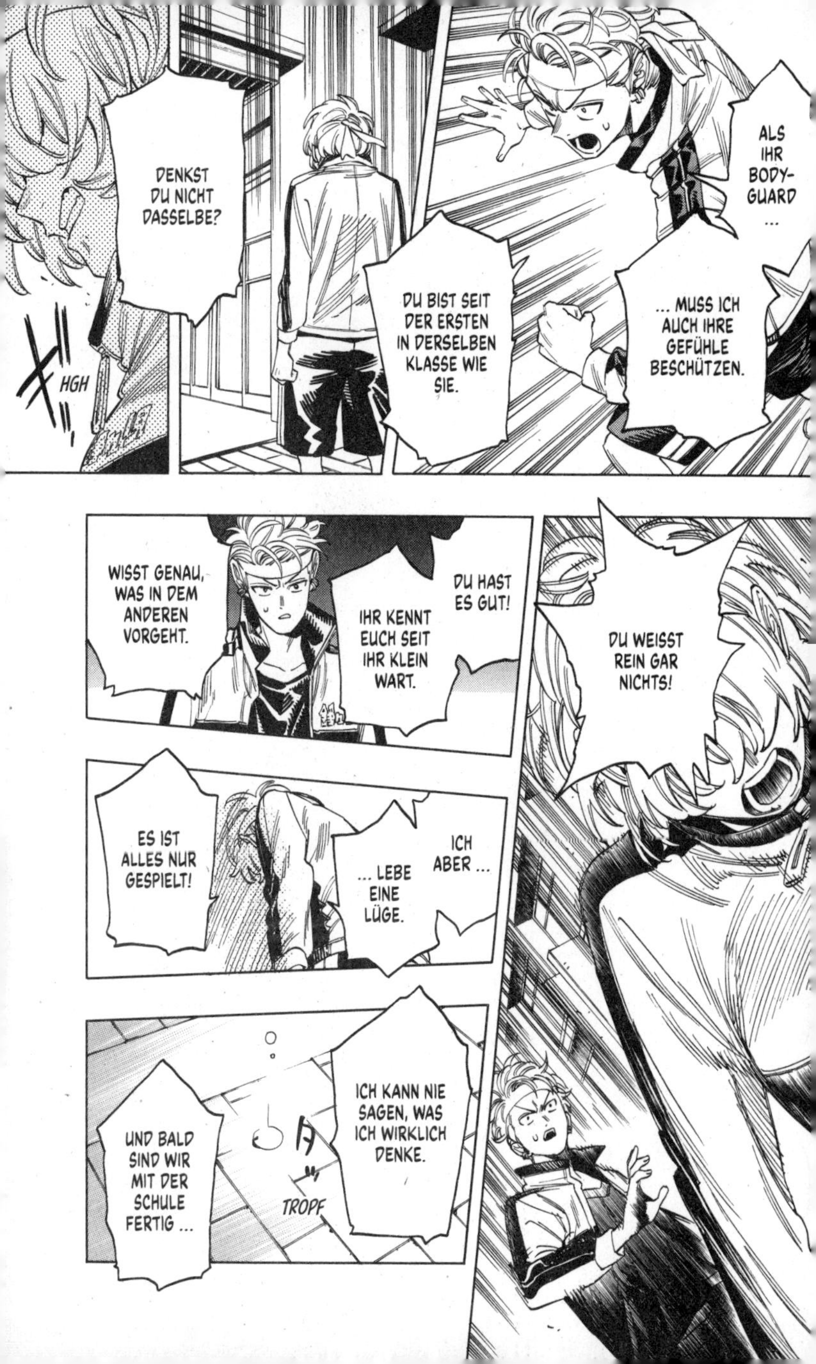

ALS IHR BODYGUARD ...
... MUSS ICH AUCH IHRE GEFÜHLE BESCHÜTZEN.
DU BIST SEIT DER ERSTEN IN DERSELBEN KLASSE WIE SIE.
DENKST DU NICHT DASSELBE?
HGH
DU WEISST REIN GAR NICHTS!
DU HAST ES GUT!
IHR KENNT EUCH SEIT IHR KLEIN WART.
WISST GENAU, WAS IN DEM ANDEREN VORGEHT.
ICH ABER ...
... LEBE EINE LÜGE.
ES IST ALLES NUR GESPIELT!
ICH KANN NIE SAGEN, WAS ICH WIRKLICH DENKE.
TROPF
UND BALD SIND WIR MIT DER SCHULE FERTIG ...

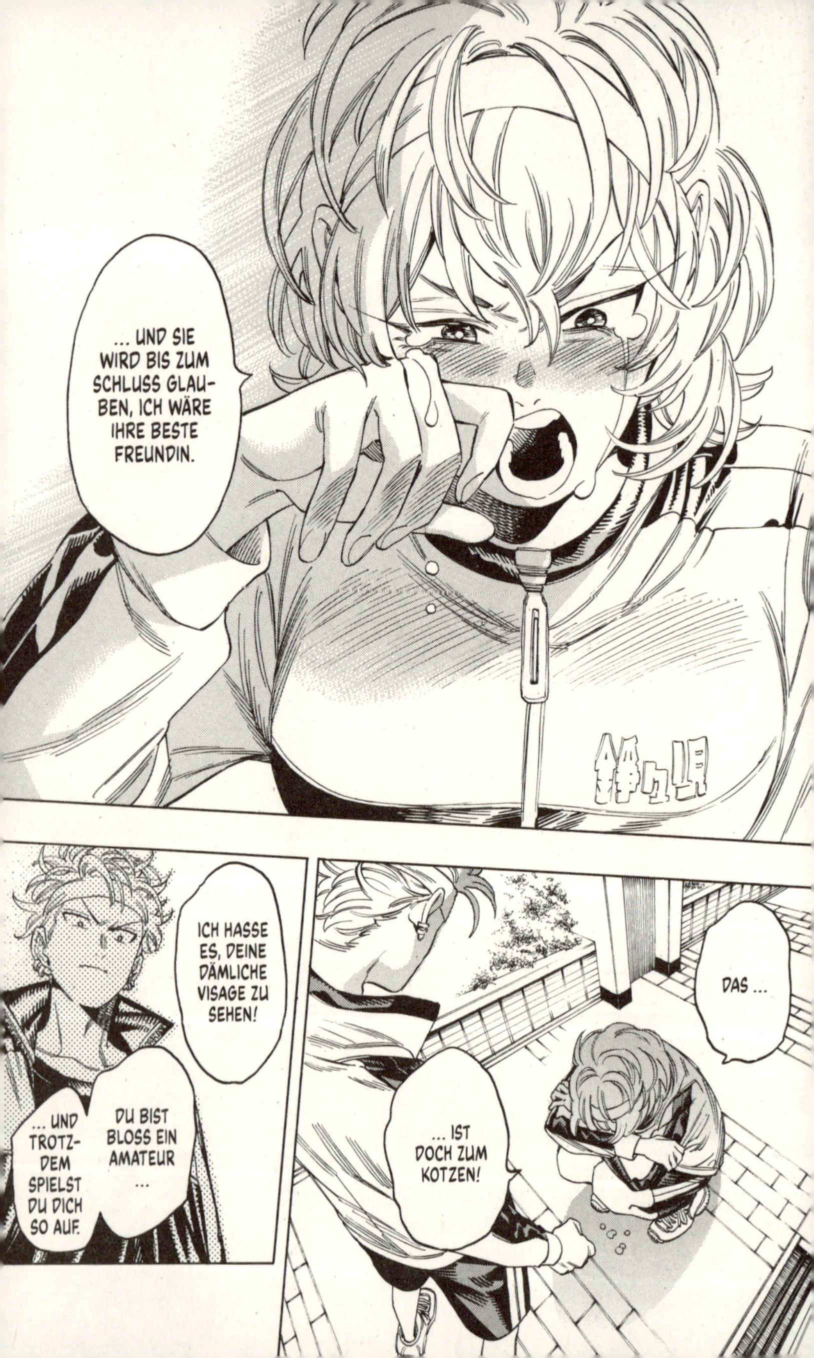
... UND SIE WIRD BIS ZUM SCHLUSS GLAUBEN, ICH WÄRE IHRE BESTE FREUNDIN.
DAS ...
... IST DOCH ZUM KOTZEN!
ICH HASSE ES, DEINE DÄMLICHE VISAGE ZU SEHEN!
DU BIST BLOSS EIN AMATEUR ...
... UND TROTZDEM SPIELST DU DICH SO AUF.

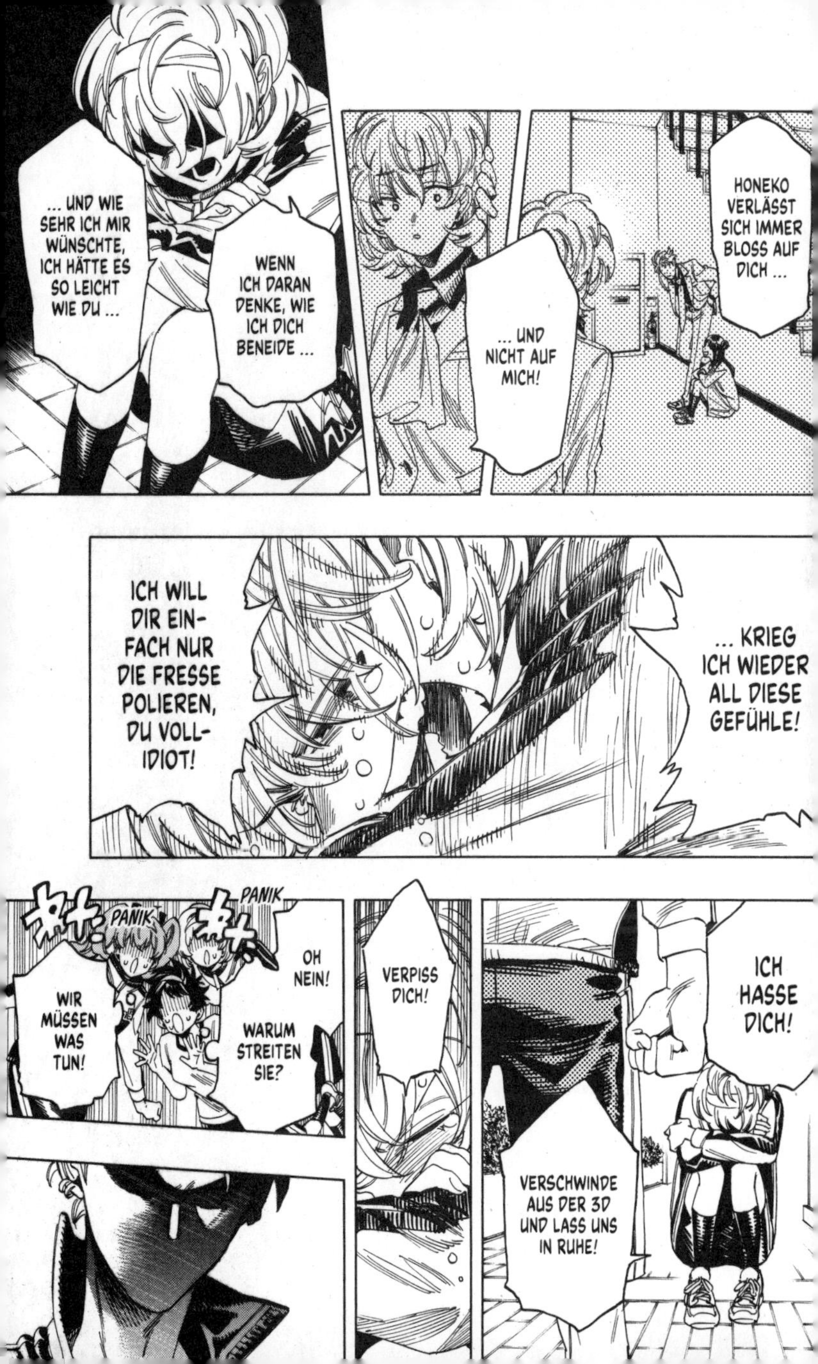

HONEKO VERLÄSST SICH IMMER BLOSS AUF DICH ...
... UND NICHT AUF MICH!
WENN ICH DARAN DENKE, WIE ICH DICH BENEIDE ...
... UND WIE SEHR ICH MIR WÜNSCHTE, ICH HÄTTE ES SO LEICHT WIE DU ...

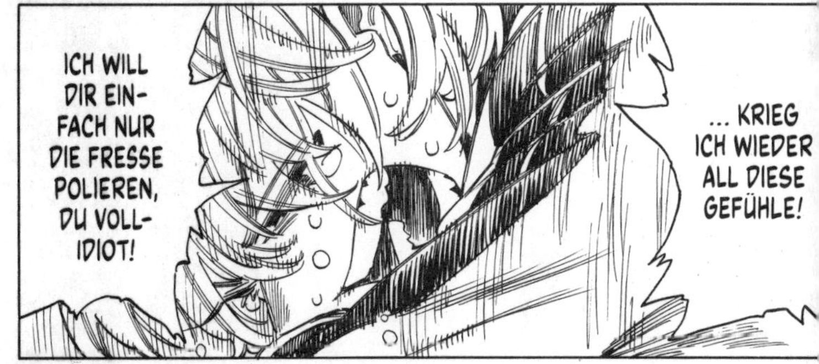

ICH HASSE DICH!
VERSCHWINDE AUS DER 3D UND LASS UNS IN RUHE!
VERPISS DICH!
PANIK
OH NEIN!
WARUM STREITEN SIE?
PANIK
WIR MÜSSEN WAS TUN!

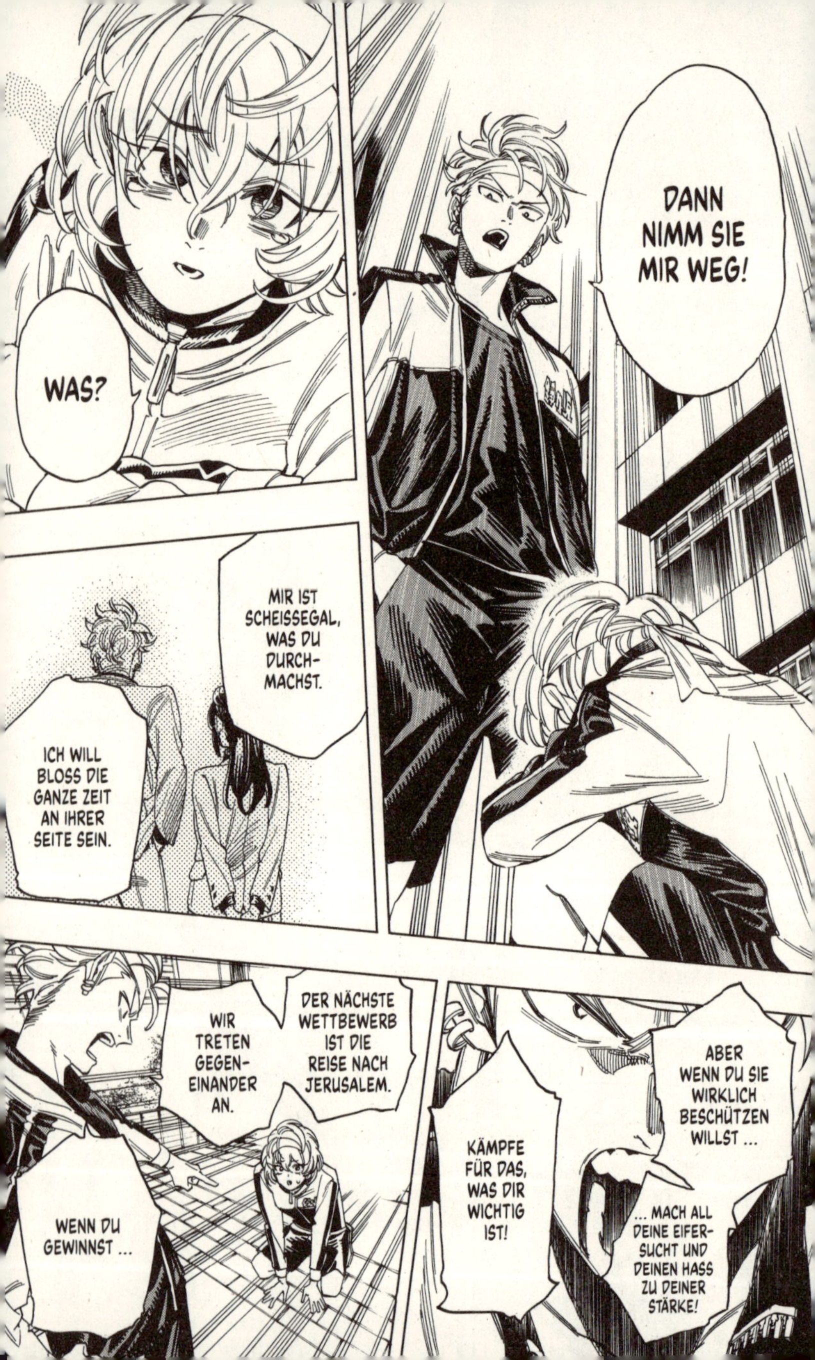
DANN NIMM SIE MIR WEG!
WAS?
MIR IST SCHEISSEGAL, WAS DU DURCH-MACHST.
ICH WILL BLOSS DIE GANZE ZEIT AN IHRER SEITE SEIN.
ABER WENN DU SIE WIRKLICH BESCHÜTZEN WILLST …
… MACH ALL DEINE EIFER-SUCHT UND DEINEN HASS ZU DEINER STÄRKE!
KÄMPFE FÜR DAS, WAS DIR WICHTIG IST!
DER NÄCHSTE WETTBEWERB IST DIE REISE NACH JERUSALEM.
WIR TRETEN GEGEN-EINANDER AN.
WENN DU GEWINNST …

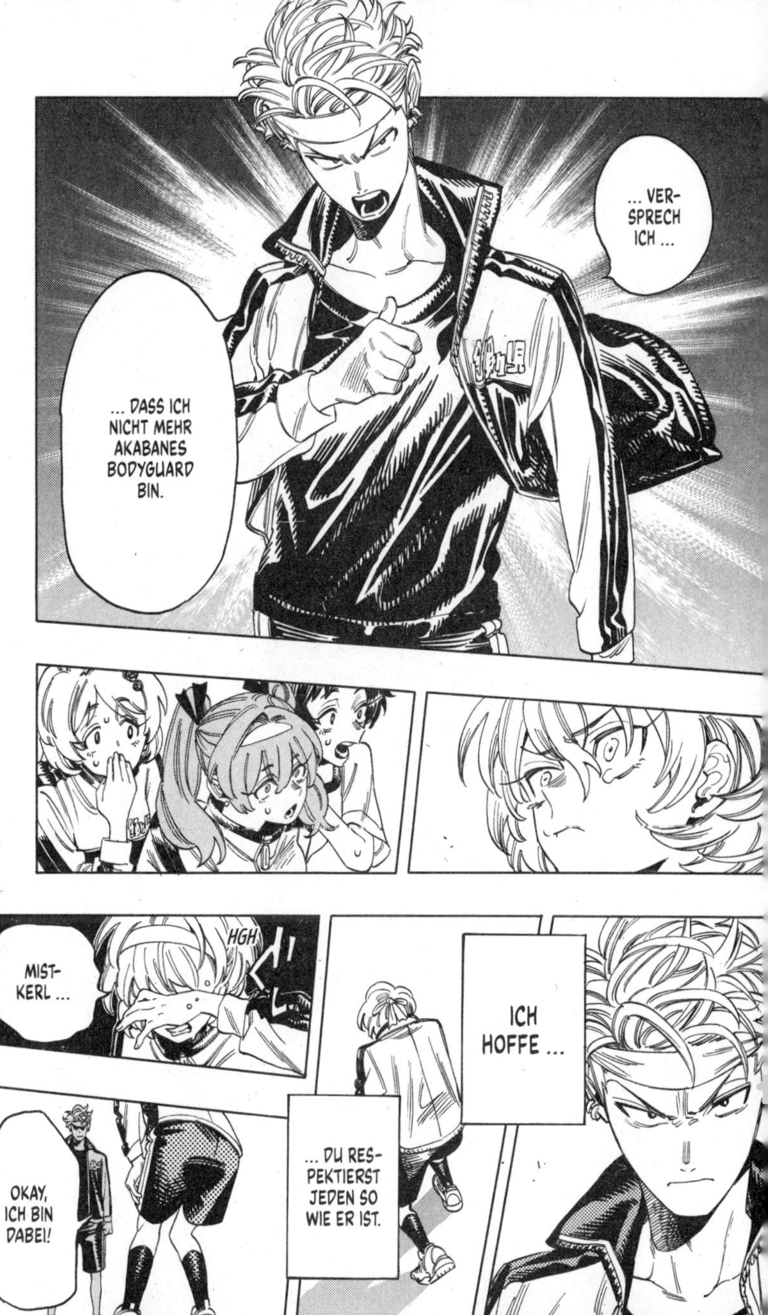
... VER-
SPRECH
ICH ...
... DASS ICH
NICHT MEHR
AKABANES
BODYGUARD
BIN.
ICH
HOFFE ...
... DU RES-
PEKTIERST
JEDEN SO
WIE ER IST.
HGH
MIST-
KERL ...
OKAY,
ICH BIN
DABEI!

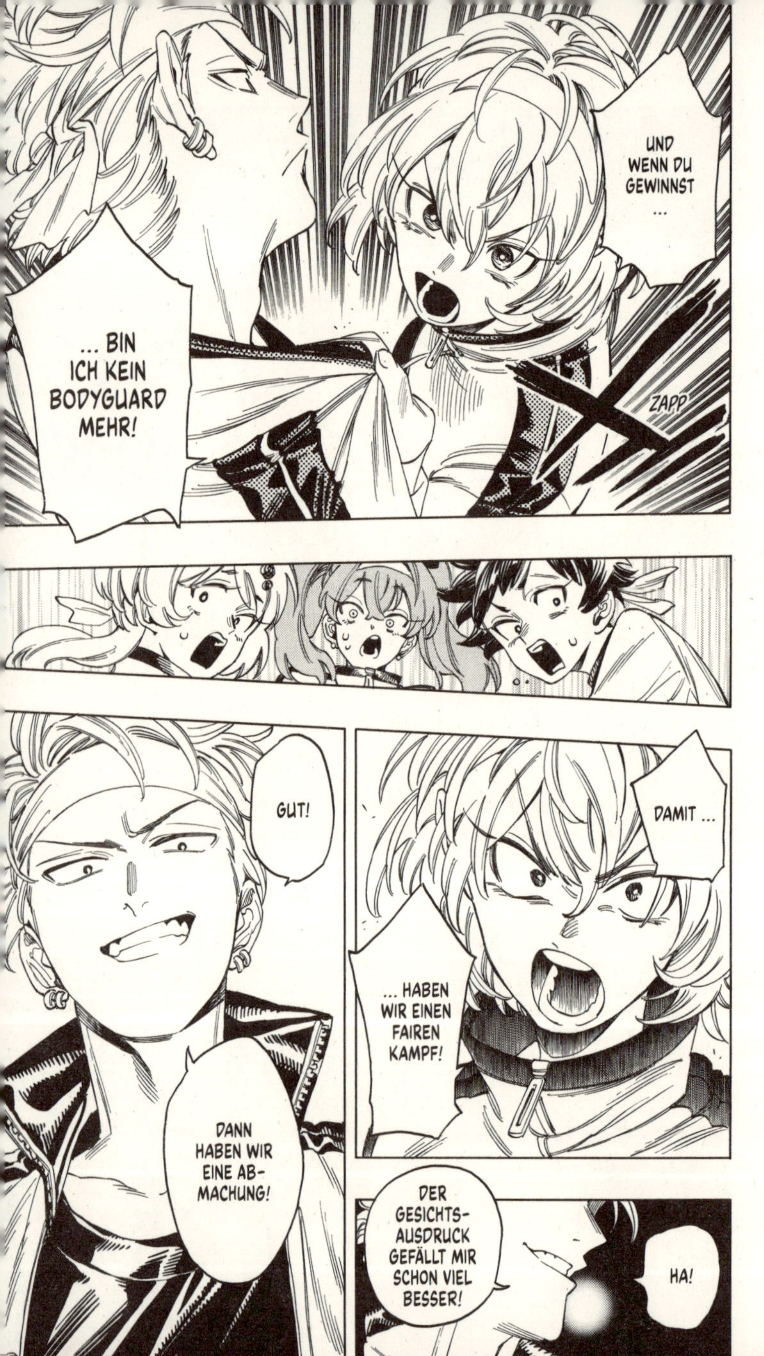
UND WENN DU GEWINNST ...
... BIN ICH KEIN BODYGUARD MEHR!
ZAPP
DAMIT ...
... HABEN WIR EINEN FAIREN KAMPF!
GUT!
DANN HABEN WIR EINE ABMACHUNG!
HA!
DER GESICHTSAUSDRUCK GEFÄLLT MIR SCHON VIEL BESSER!

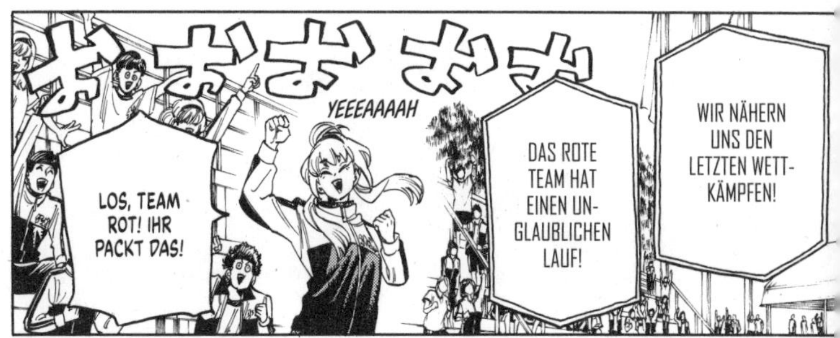

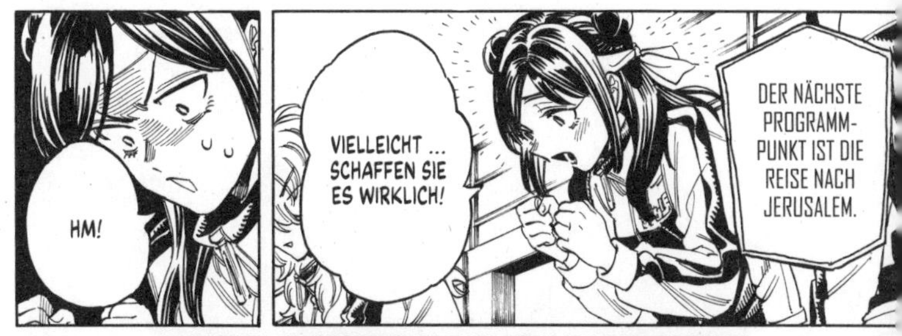

KAPITEL 11: SHOWDOWN ZWISCHEN NEI UND ARAKUNI

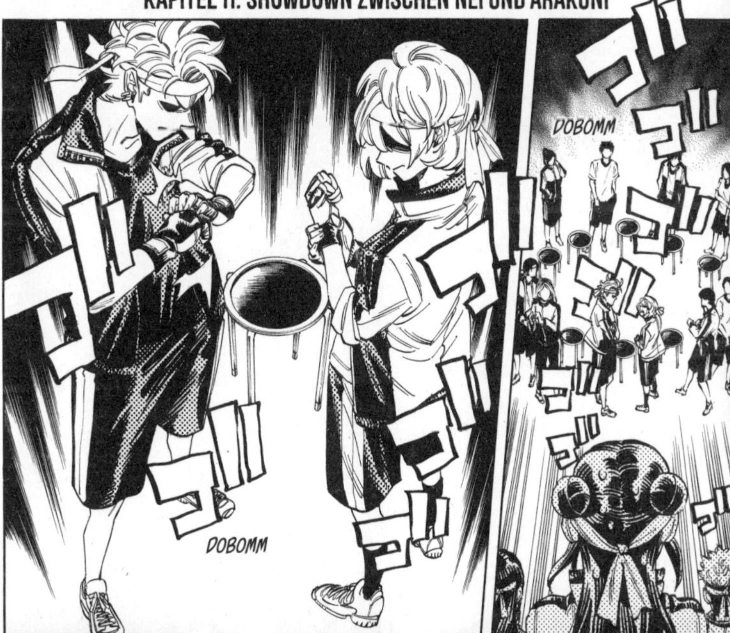

DOBOMM

DOBOMM

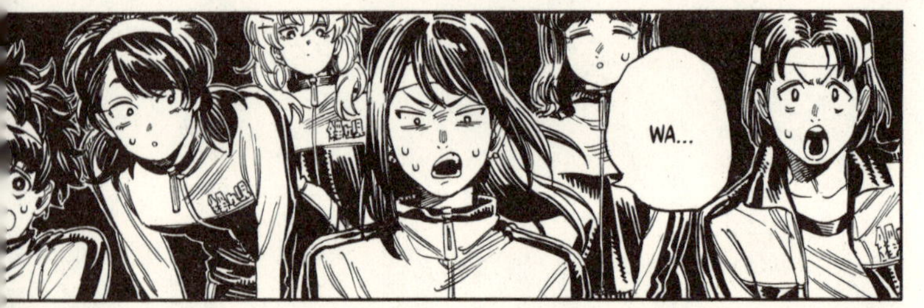

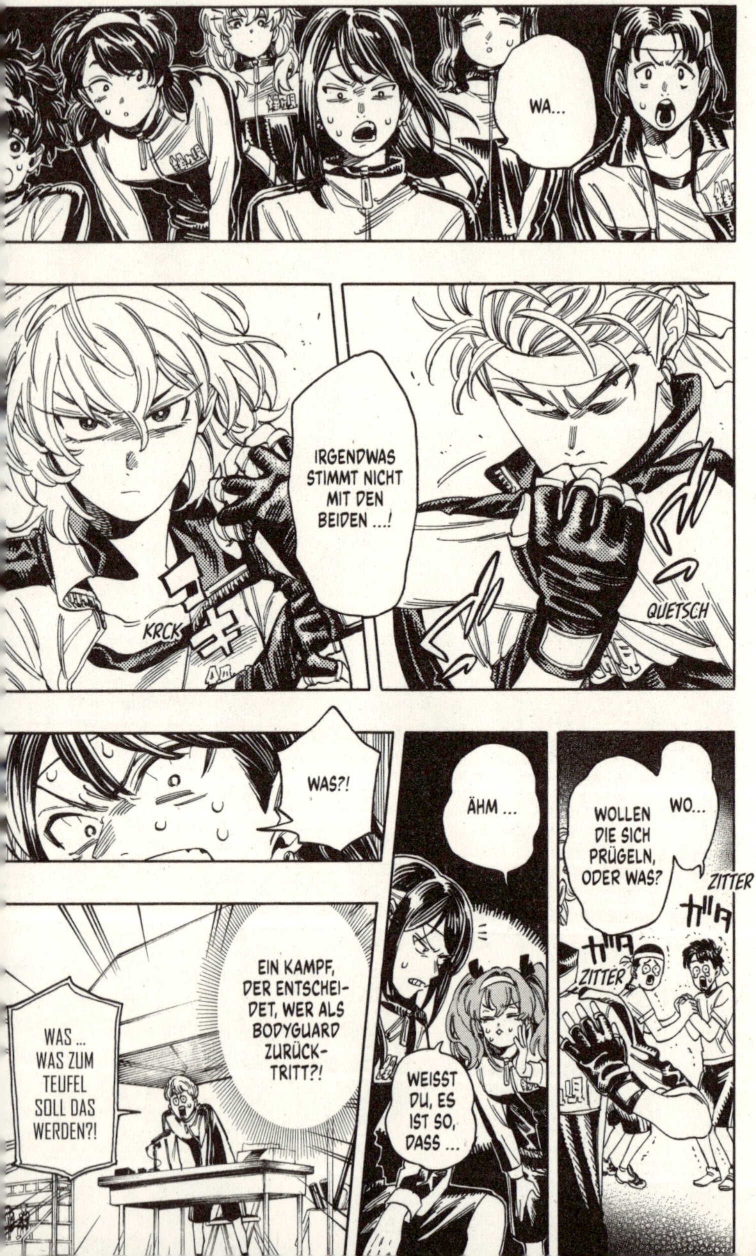

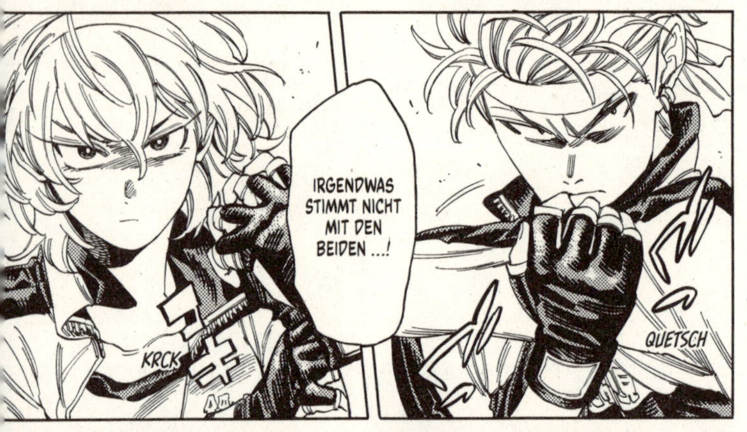

WO...
WOLLEN DIE SICH PRÜGELN, ODER WAS?
ZITTER
ZITTER
ÄHM ...
WEISST DU, ES IST SO, DASS ...
WAS?!
EIN KAMPF, DER ENTSCHEIDET, WER ALS BODYGUARD ZURÜCKTRITT?!
WAS ... WAS ZUM TEUFEL SOLL DAS WERDEN?!

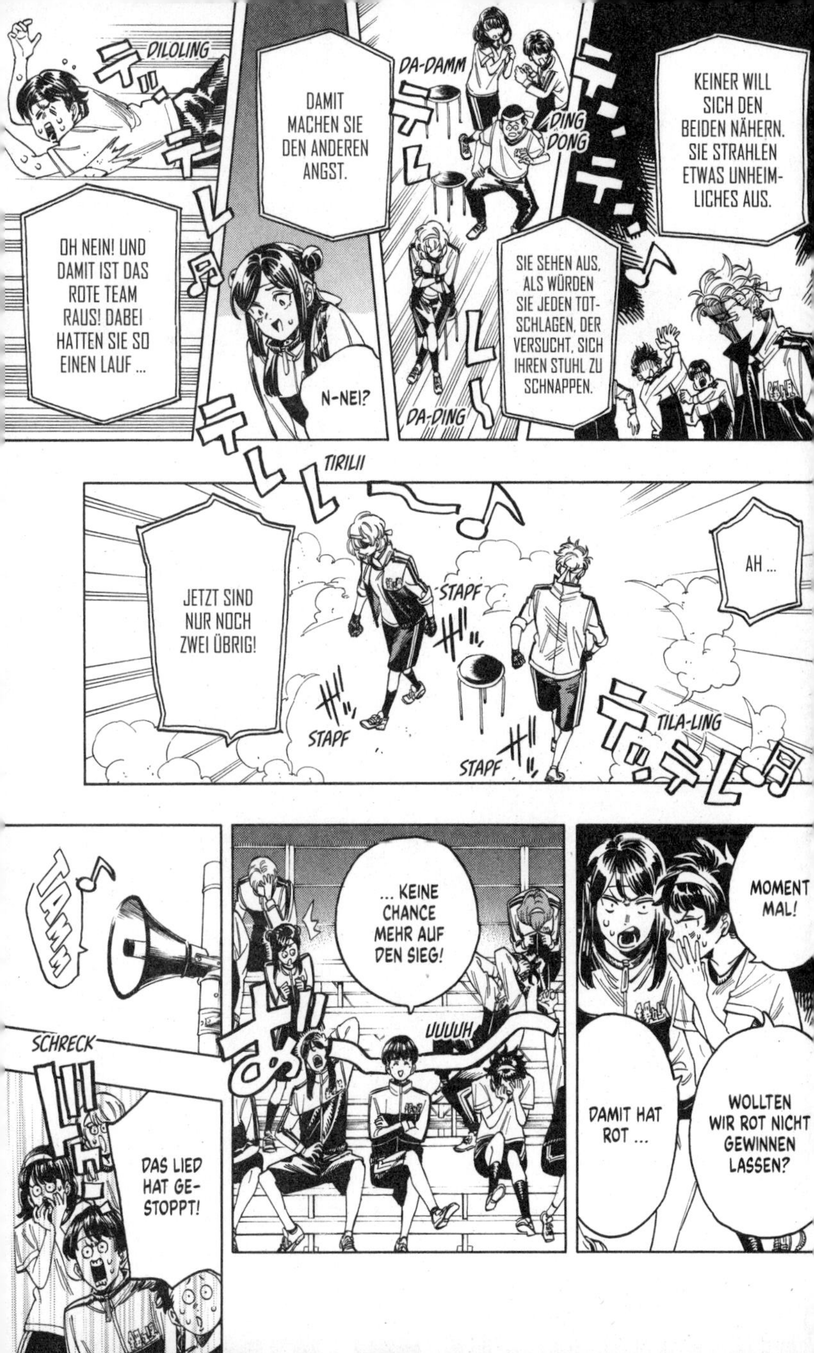
DILOLING
OH NEIN! UND DAMIT IST DAS ROTE TEAM RAUS! DABEI HATTEN SIE SO EINEN LAUF ...
DAMIT MACHEN SIE DEN ANDEREN ANGST.
N-NEI?
DA-DAMM
DING DONG
KEINER WILL SICH DEN BEIDEN NÄHERN. SIE STRAHLEN ETWAS UNHEIM-LICHES AUS.
SIE SEHEN AUS, ALS WÜRDEN SIE JEDEN TOT-SCHLAGEN, DER VERSUCHT, SICH IHREN STUHL ZU SCHNAPPEN.
DA-DING
TIRILII
JETZT SIND NUR NOCH ZWEI ÜBRIG!
STAPF
STAPF
STAPF
AH ...
TILA-LING
MOMENT MAL!
WOLLTEN WIR ROT NICHT GEWINNEN LASSEN?
DAMIT HAT ROT ...
... KEINE CHANCE MEHR AUF DEN SIEG!
UUUUH
TAMM
SCHRECK
DAS LIED HAT GE-STOPPT!

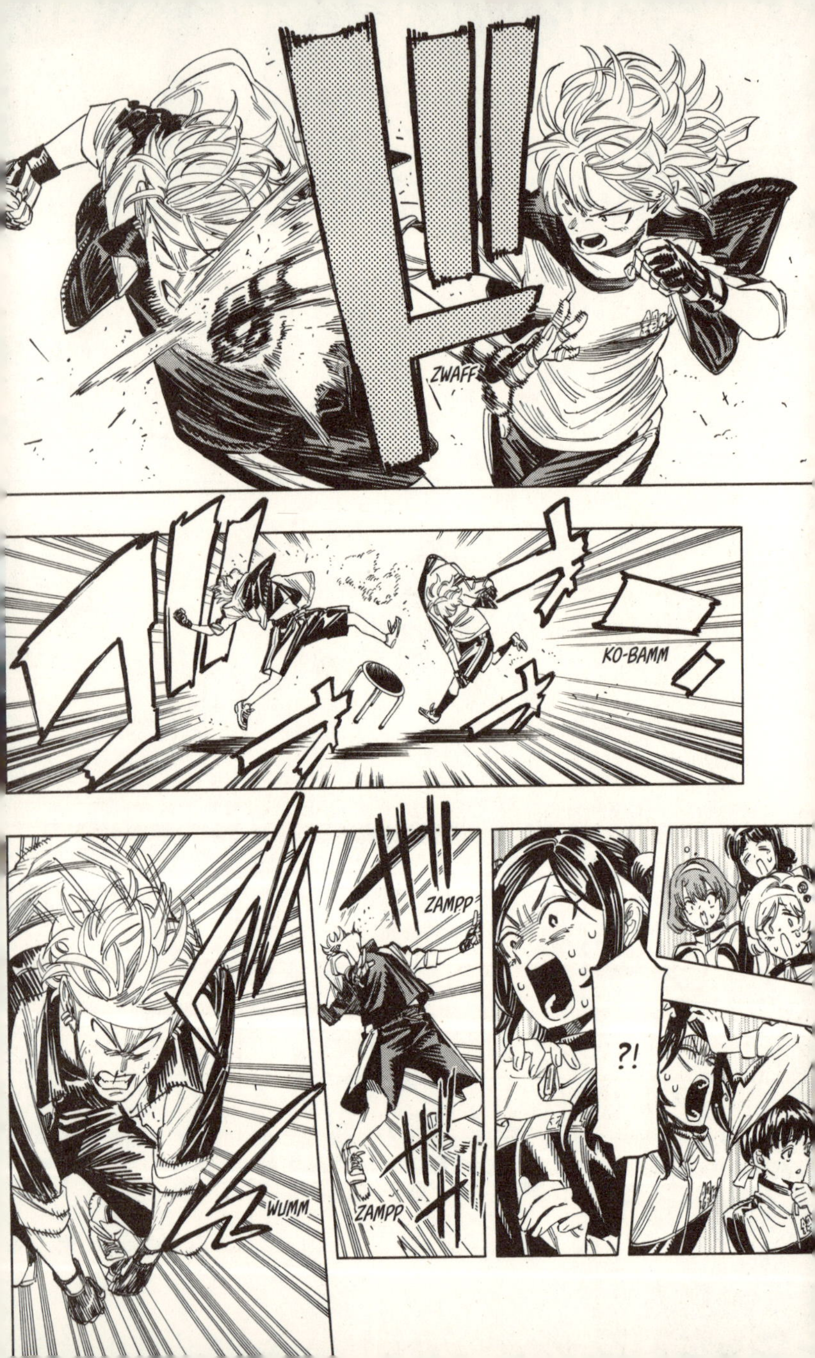
ZWAFF
KO-BAMM
ZAMPP
ZAMPP
WUMM
?!

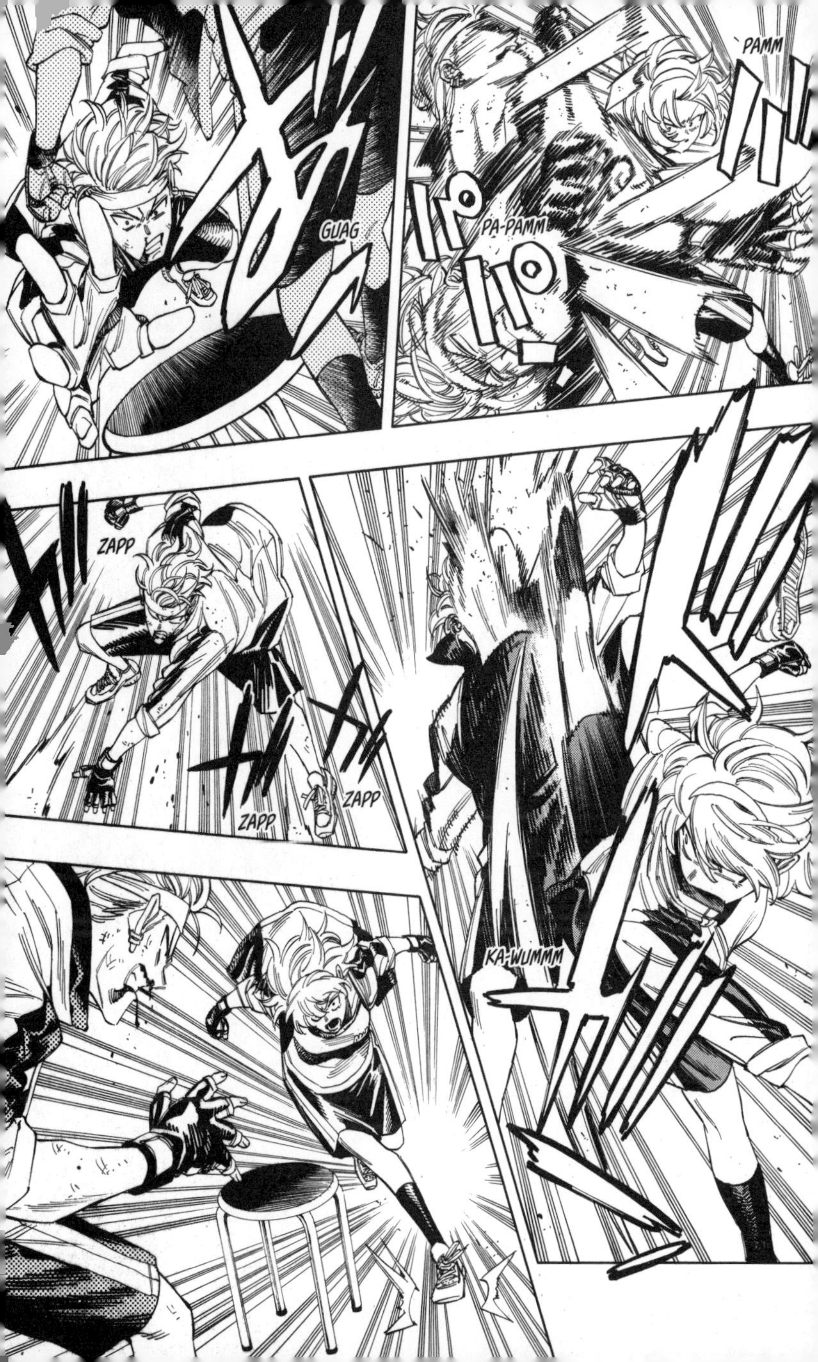
PAMM
PA-PAMM
GUAG
KA-WUMMM
ZAPP
ZAPP
ZAPP

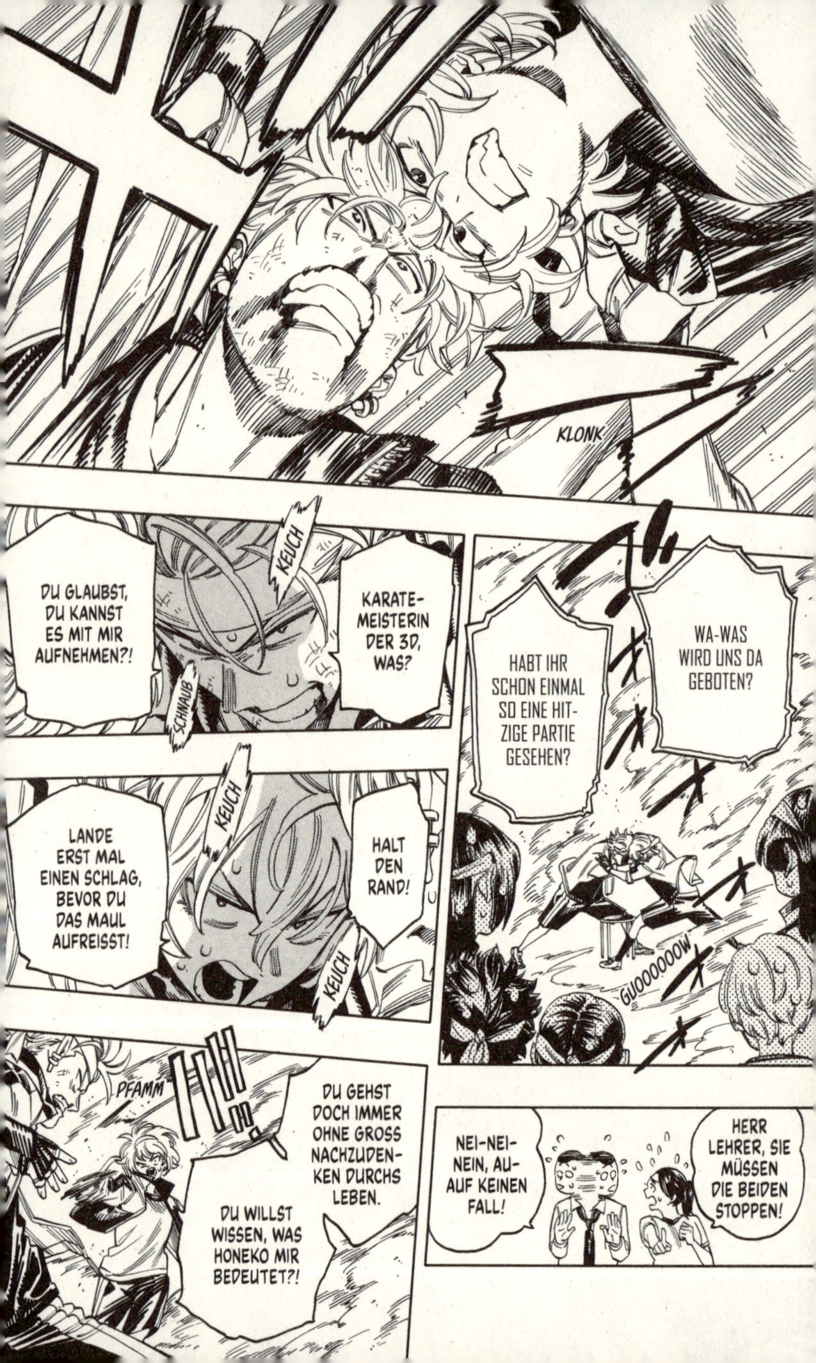
KLONK
WA-WAS WIRD UNS DA GEBOTEN?
HABT IHR SCHON EINMAL SO EINE HITZIGE PARTIE GESEHEN?
GUOOOOOOW
KEUCH
KARATE-MEISTERIN DER 3D, WAS?
DU GLAUBST, DU KANNST ES MIT MIR AUFNEHMEN?!
SCHNAUB
KEUCH
HALT DEN RAND!
LANDE ERST MAL EINEN SCHLAG, BEVOR DU DAS MAUL AUFREISST!
KEUCH
HERR LEHRER, SIE MÜSSEN DIE BEIDEN STOPPEN!
NEI-NEI-NEIN, AU-AUF KEINEN FALL!
DU GEHST DOCH IMMER OHNE GROSS NACHZUDENKEN DURCHS LEBEN.
DU WILLST WISSEN, WAS HONEKO MIR BEDEUTET?!
PFAMM

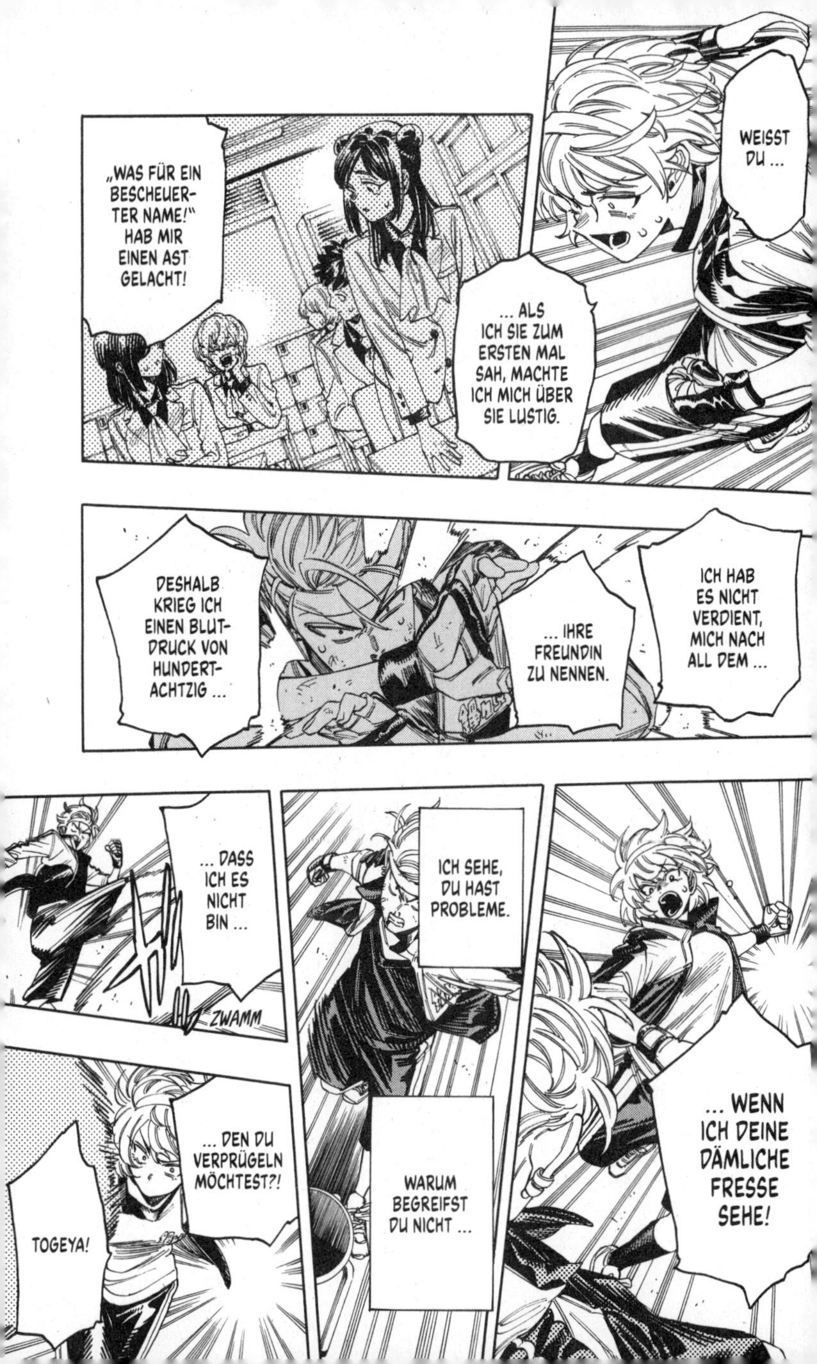

WEISST DU ...
... ALS ICH SIE ZUM ERSTEN MAL SAH, MACHTE ICH MICH ÜBER SIE LUSTIG.
„WAS FÜR EIN BESCHEUERTER NAME!" HAB MIR EINEN AST GELACHT!
ICH HAB ES NICHT VERDIENT, MICH NACH ALL DEM ...
... IHRE FREUNDIN ZU NENNEN.
DESHALB KRIEG ICH EINEN BLUTDRUCK VON HUNDERTACHTZIG ...
... WENN ICH DEINE DÄMLICHE FRESSE SEHE!
ICH SEHE, DU HAST PROBLEME.
WARUM BEGREIFST DU NICHT ...
... DASS ICH ES NICHT BIN ...
ZWAMM
... DEN DU VERPRÜGELN MÖCHTEST?!
TOGEYA!

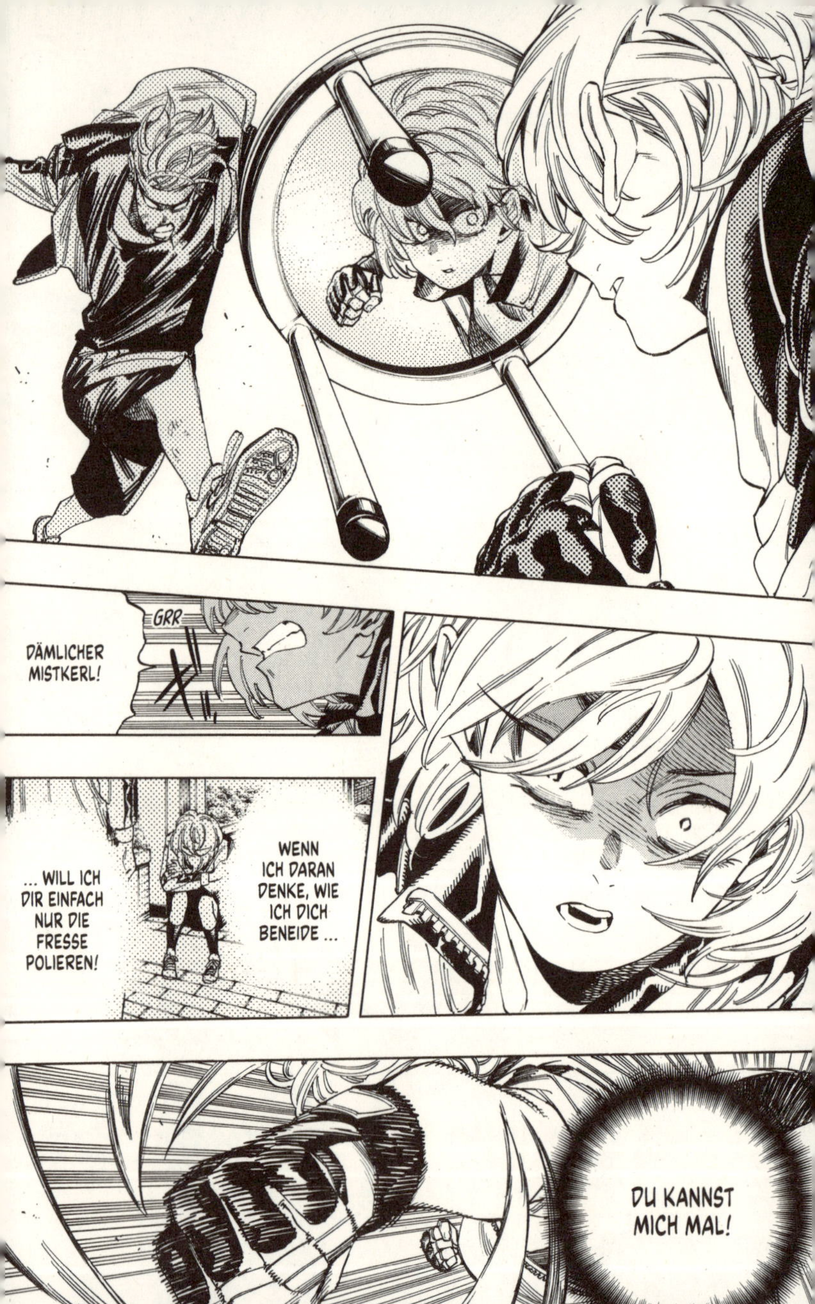
GRR
DÄMLICHER MISTKERL!
WENN ICH DARAN DENKE, WIE ICH DICH BENEIDE ...
... WILL ICH DIR EINFACH NUR DIE FRESSE POLIEREN!
DU KANNST MICH MAL!

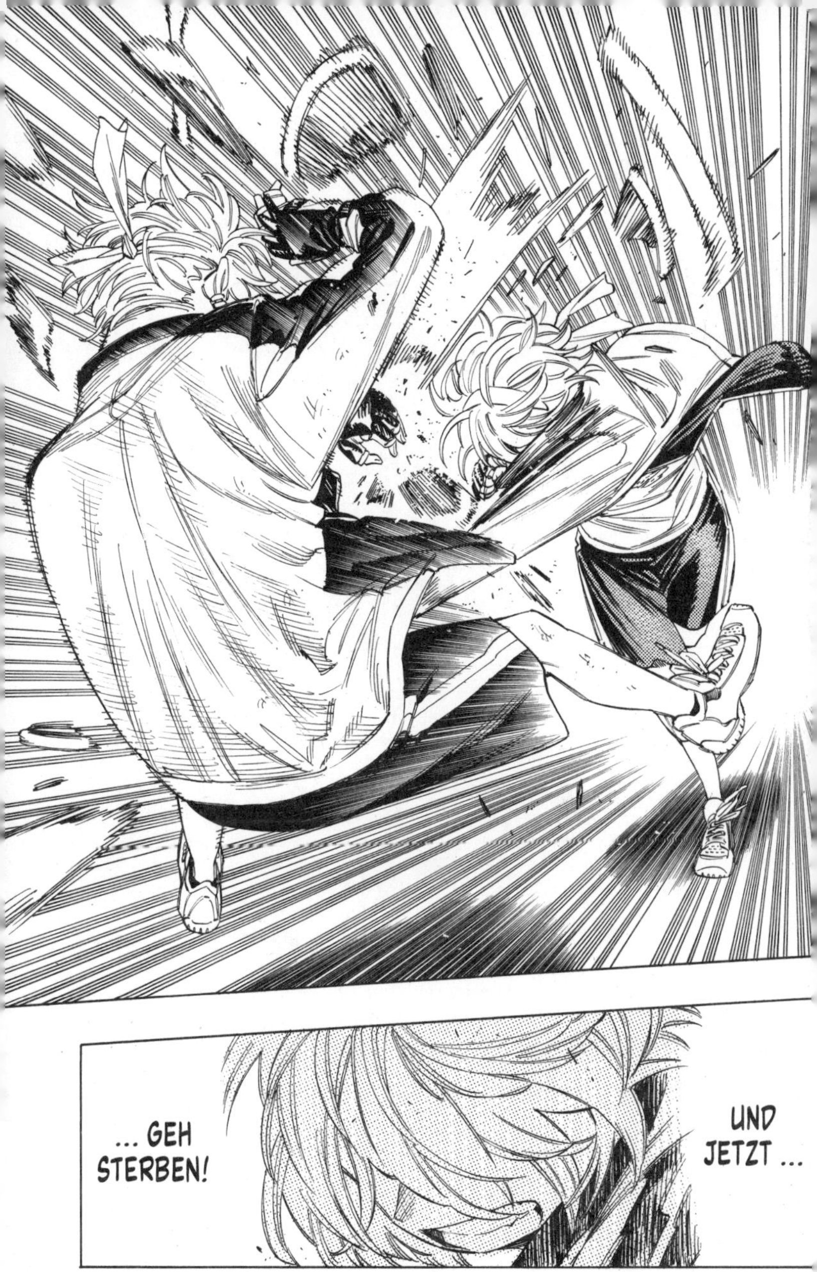

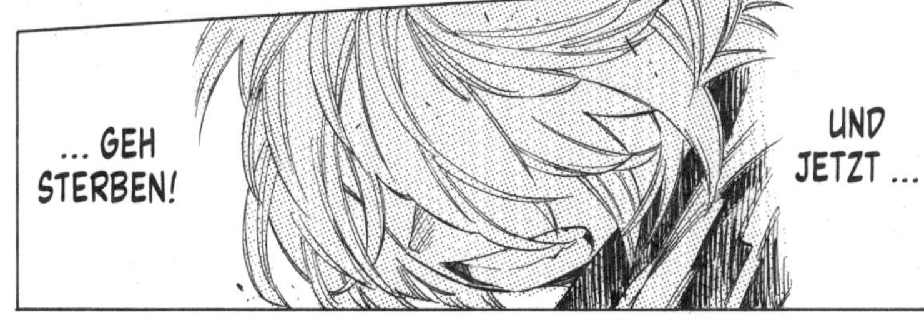
UND JETZT ...
... GEH STERBEN!

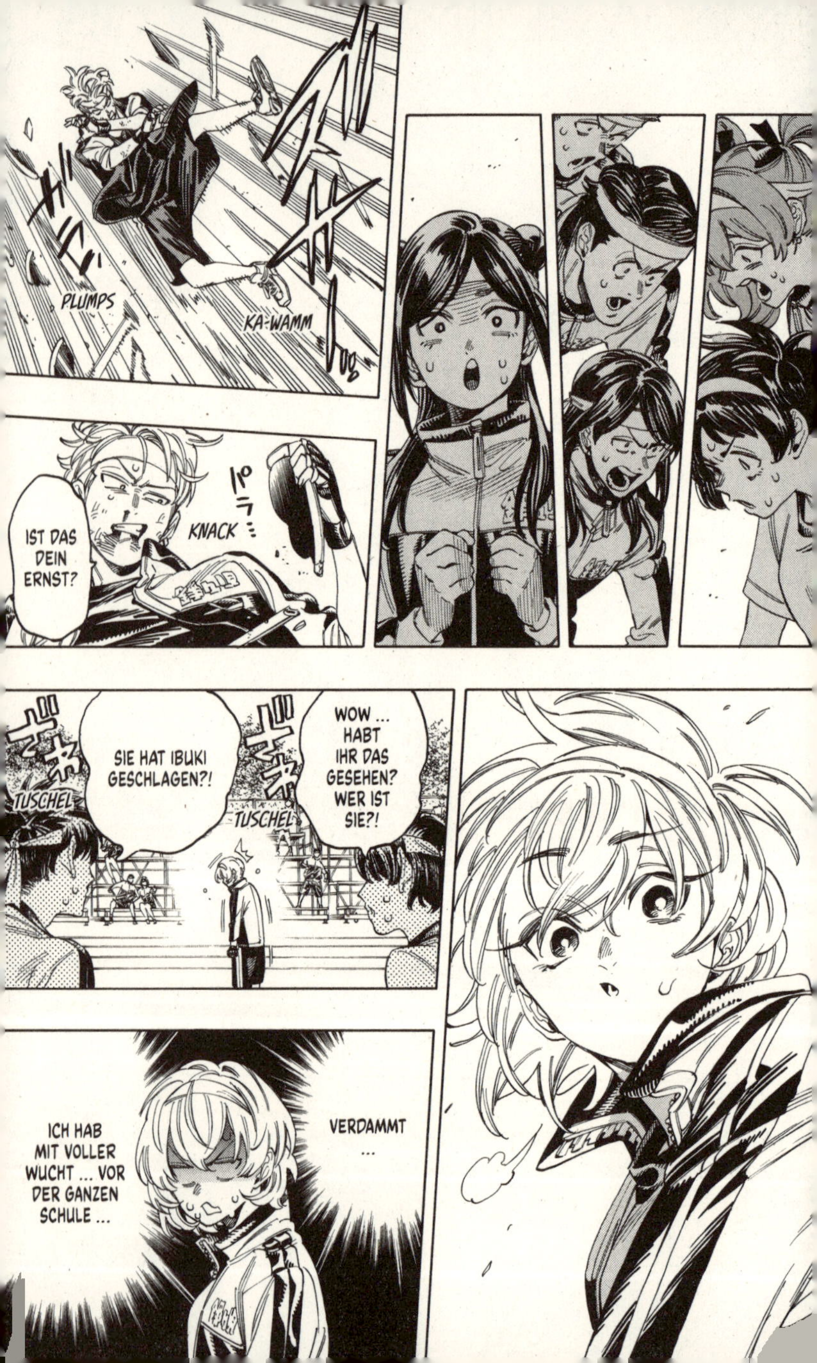

KA-WAMM
PLUMPS
KNACK
IST DAS DEIN ERNST?

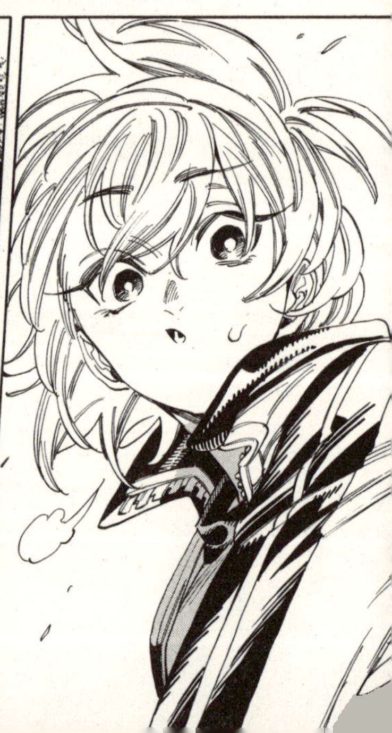

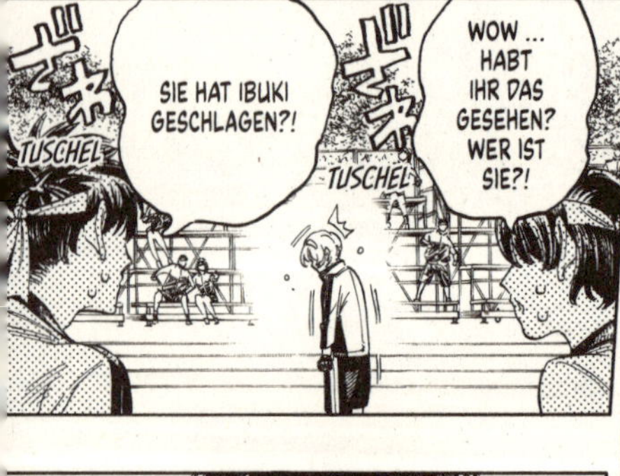

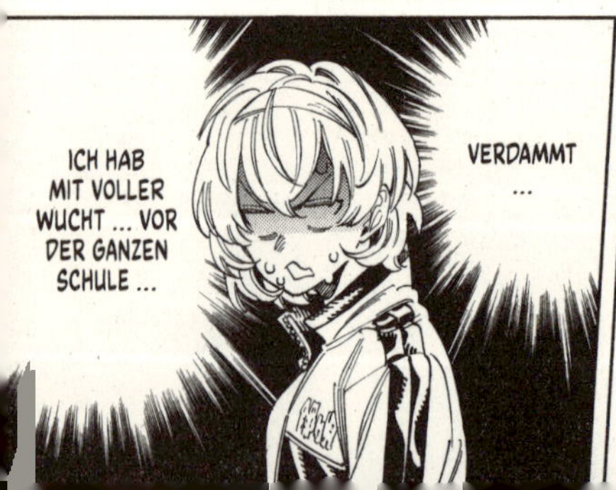

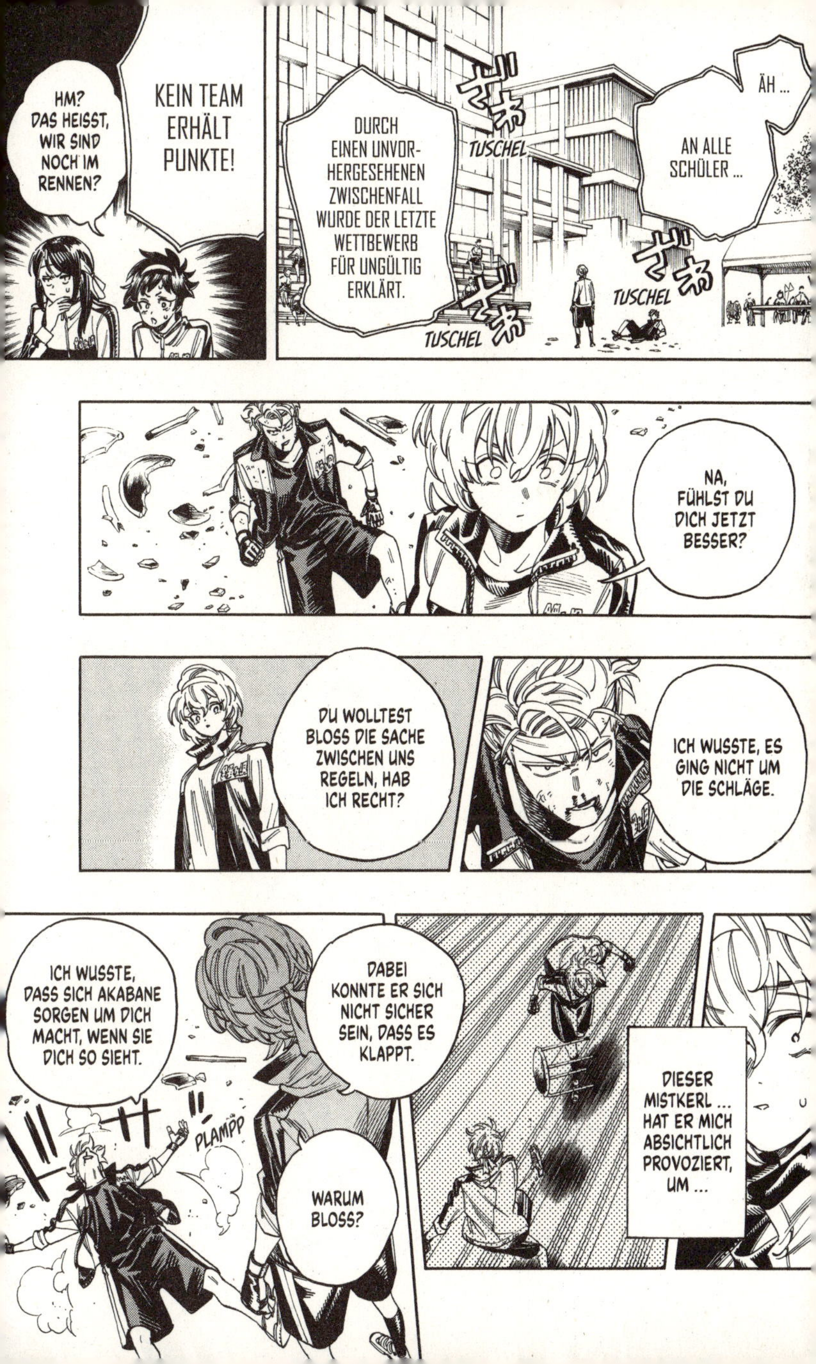

ÄH ...
AN ALLE SCHÜLER ...
TUSCHEL
TUSCHEL
DURCH EINEN UNVORHERGESEHENEN ZWISCHENFALL WURDE DER LETZTE WETTBEWERB FÜR UNGÜLTIG ERKLÄRT.
TUSCHEL
KEIN TEAM ERHÄLT PUNKTE!
HM? DAS HEISST, WIR SIND NOCH IM RENNEN?

NA, FÜHLST DU DICH JETZT BESSER?

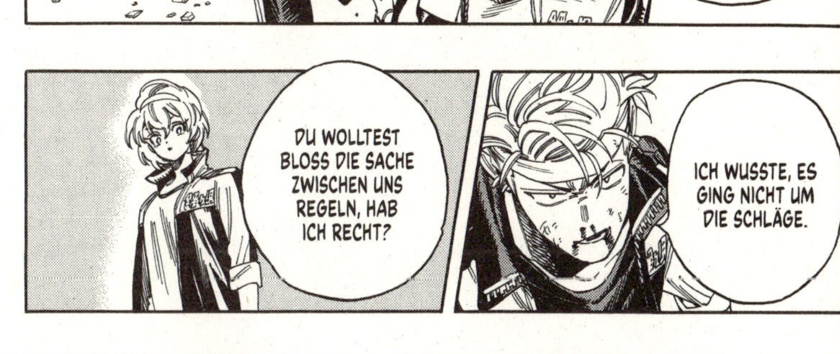

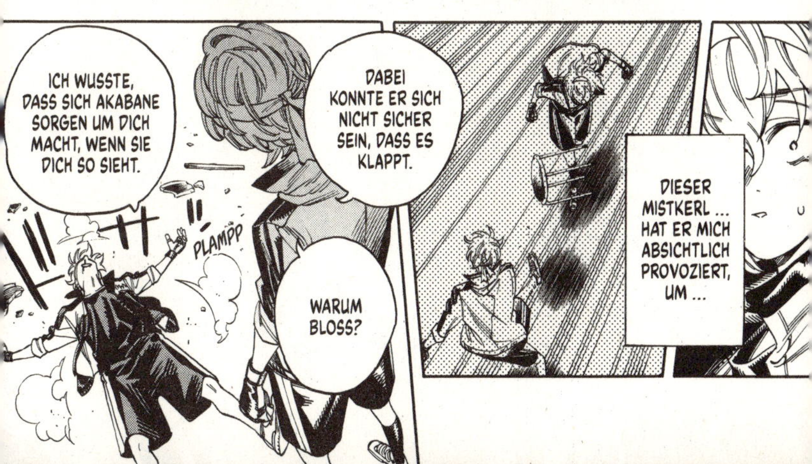

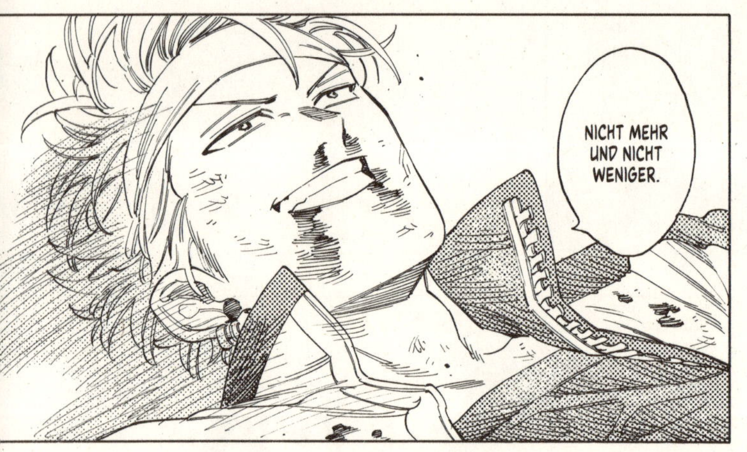
NICHT MEHR UND NICHT WENIGER.

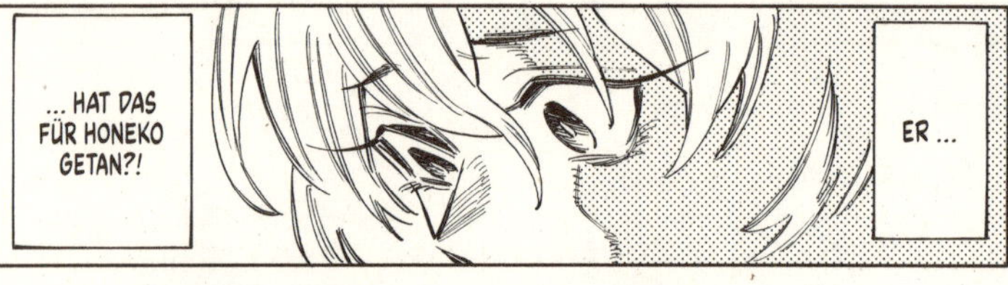
ER ...
... HAT DAS FÜR HONEKO GETAN?!

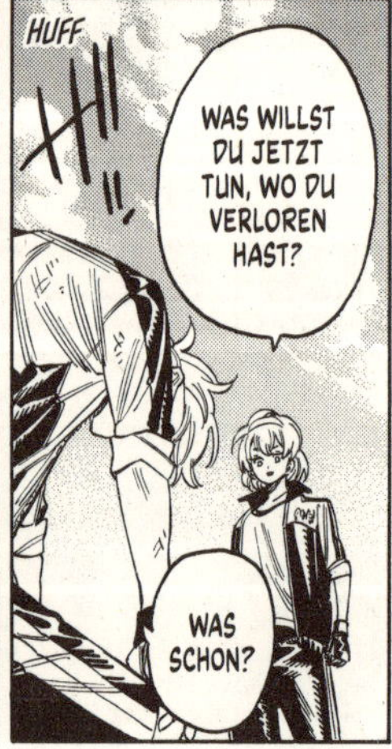
HUFF
WAS WILLST DU JETZT TUN, WO DU VERLOREN HAST?
WAS SCHON?

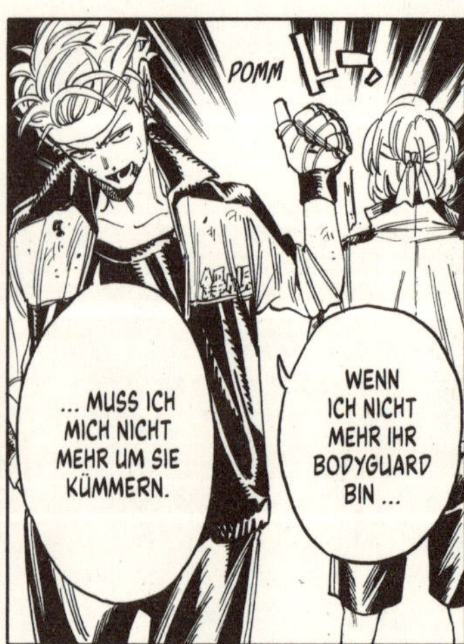
POMM
WENN ICH NICHT MEHR IHR BODYGUARD BIN ...
... MUSS ICH MICH NICHT MEHR UM SIE KÜMMERN.

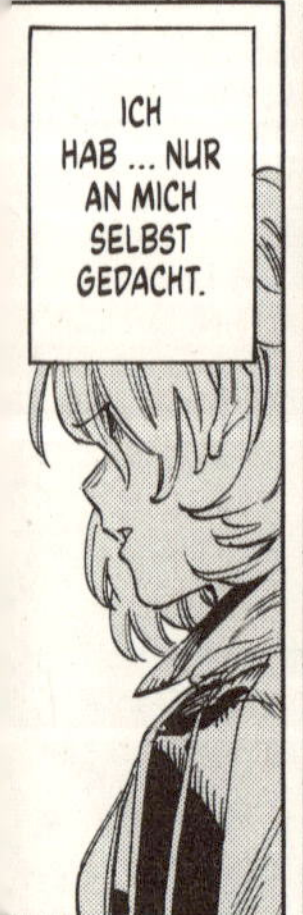
ICH HAB ... NUR AN MICH SELBST GEDACHT.

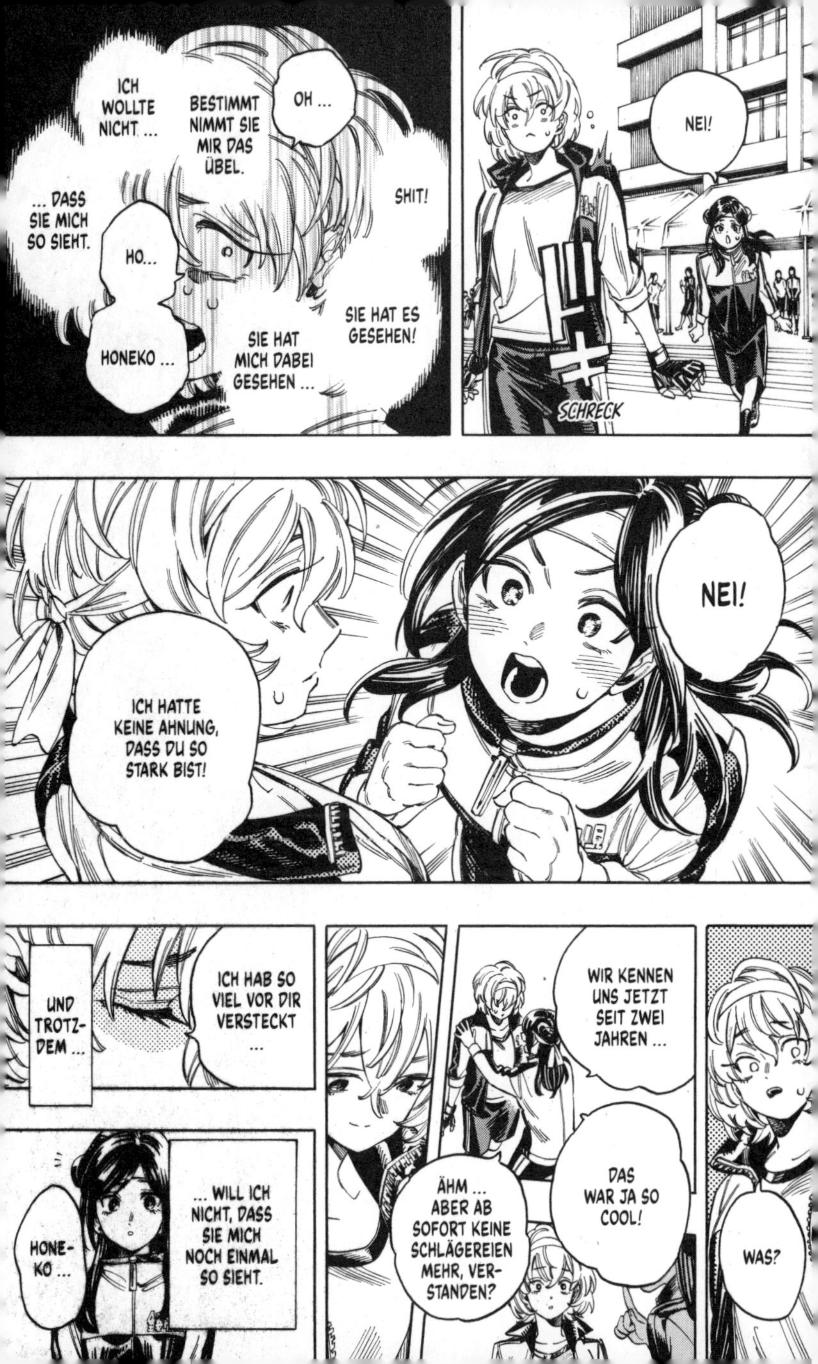

NEI!
SCHRECK
OH ...
BESTIMMT NIMMT SIE MIR DAS ÜBEL.
ICH WOLLTE NICHT ...
... DASS SIE MICH SO SIEHT.
SHIT!
SIE HAT ES GESEHEN!
SIE HAT MICH DABEI GESEHEN ...
HO...
HONEKO ...

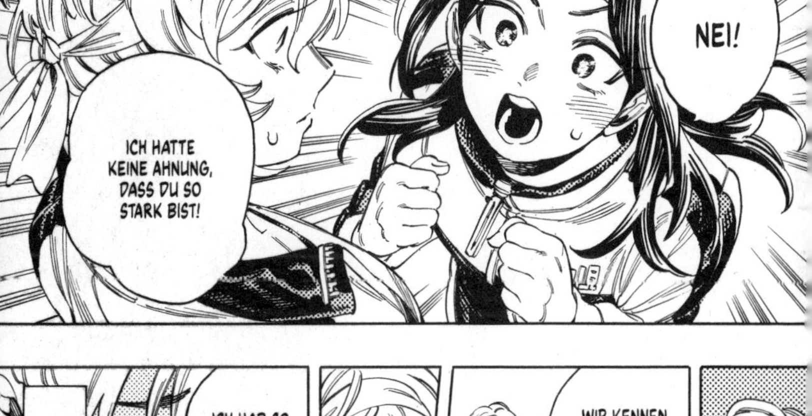

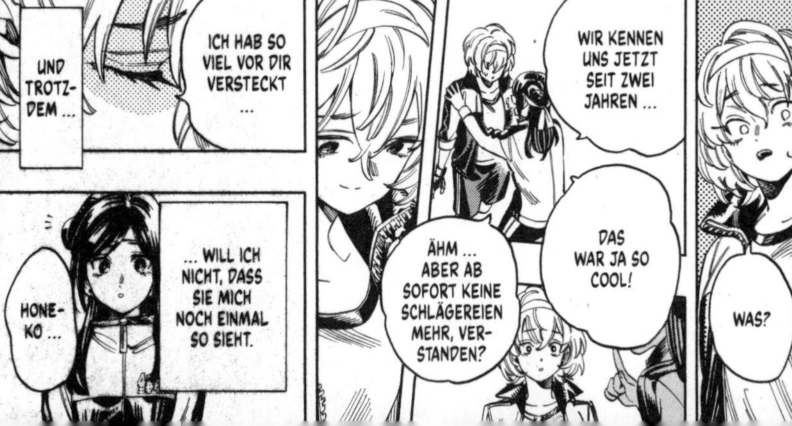

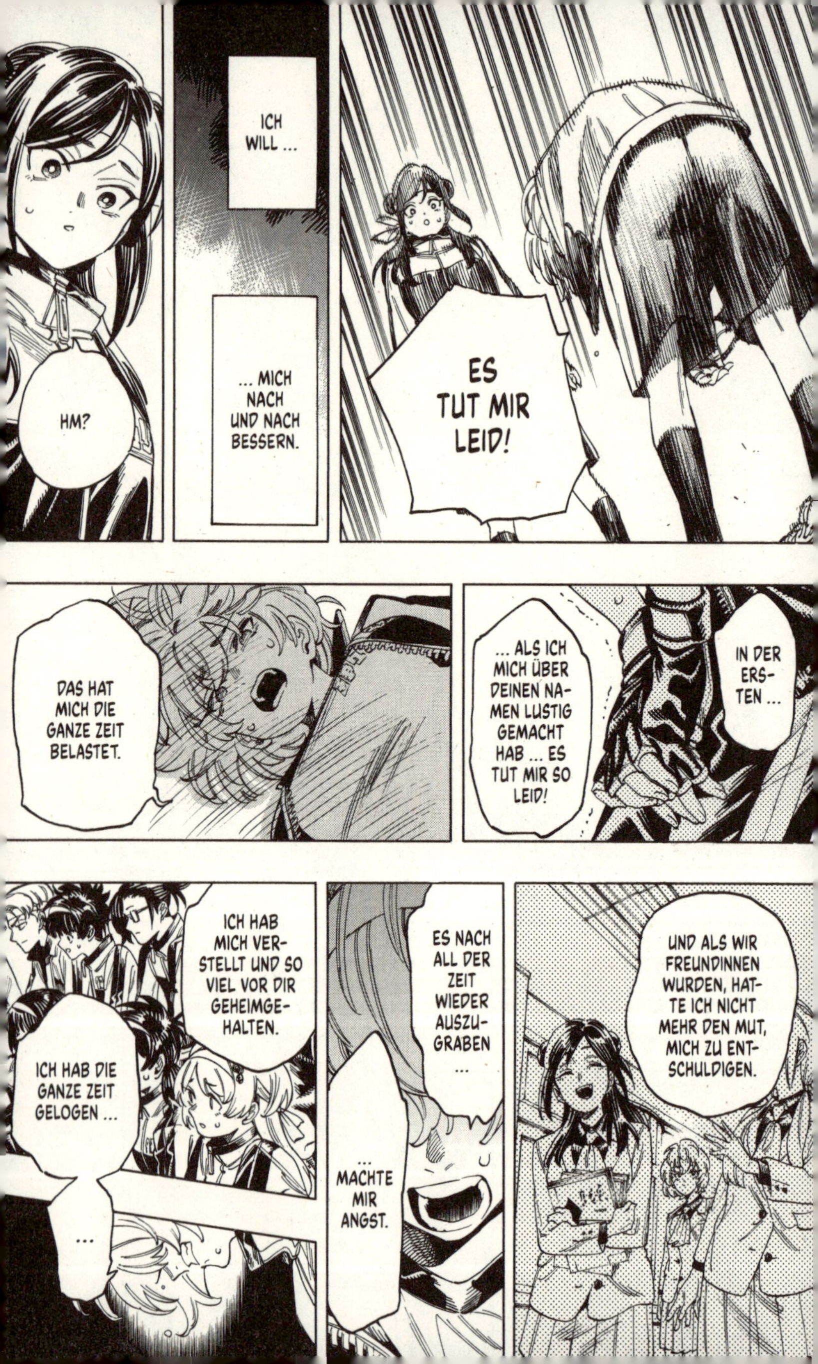

ES TUT MIR LEID!

ICH WILL ...

... MICH NACH UND NACH BESSERN.

HM?

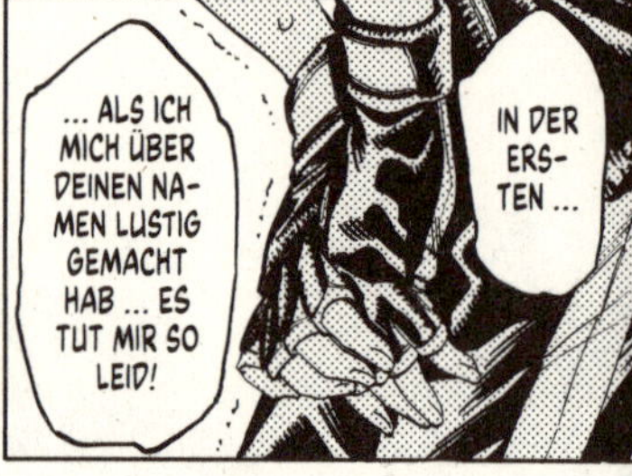

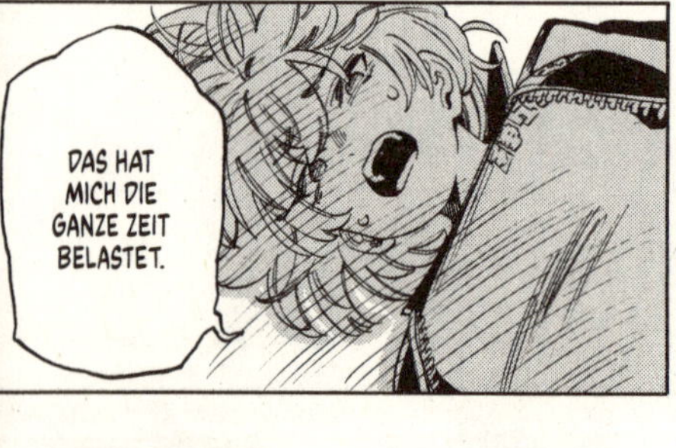

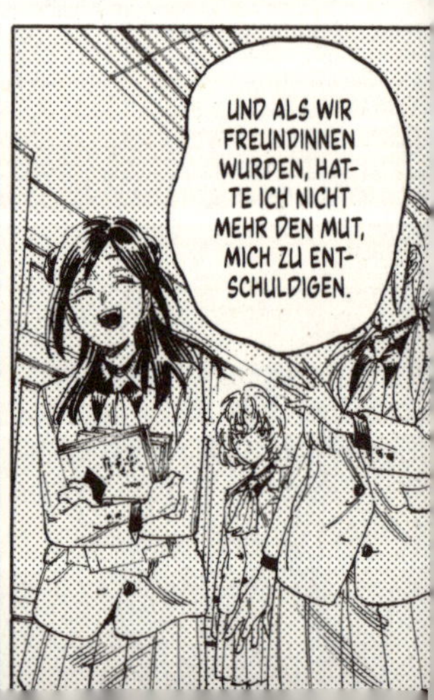

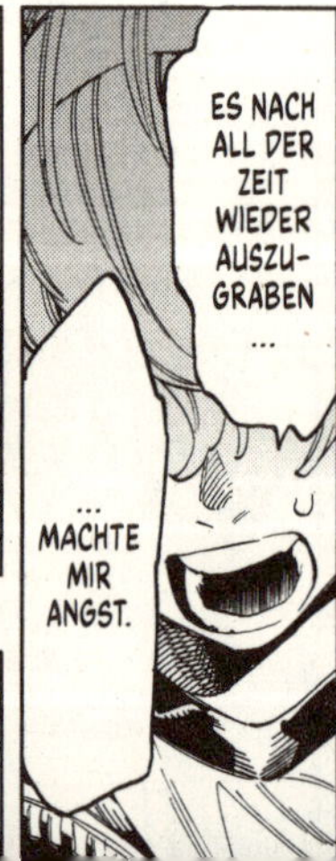

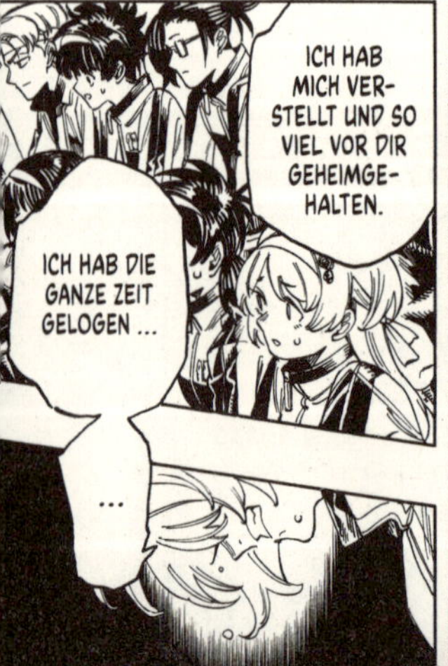

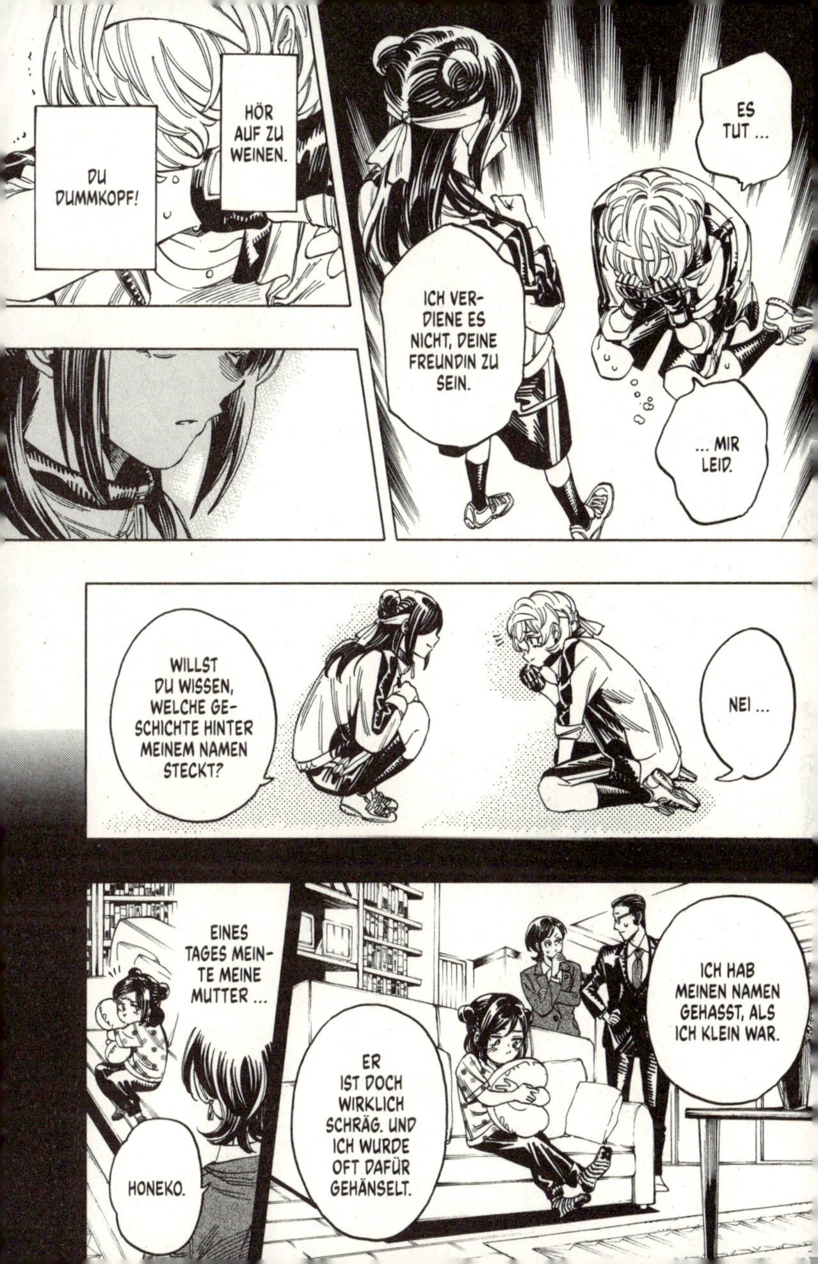

ES TUT ...
... MIR LEID.
ICH VERDIENE ES NICHT, DEINE FREUNDIN ZU SEIN.
HÖR AUF ZU WEINEN.
DU DUMMKOPF!
NEI ...
WILLST DU WISSEN, WELCHE GESCHICHTE HINTER MEINEM NAMEN STECKT?

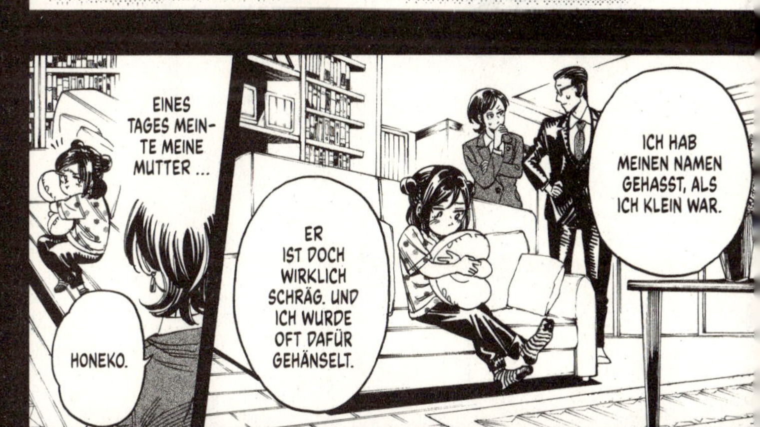

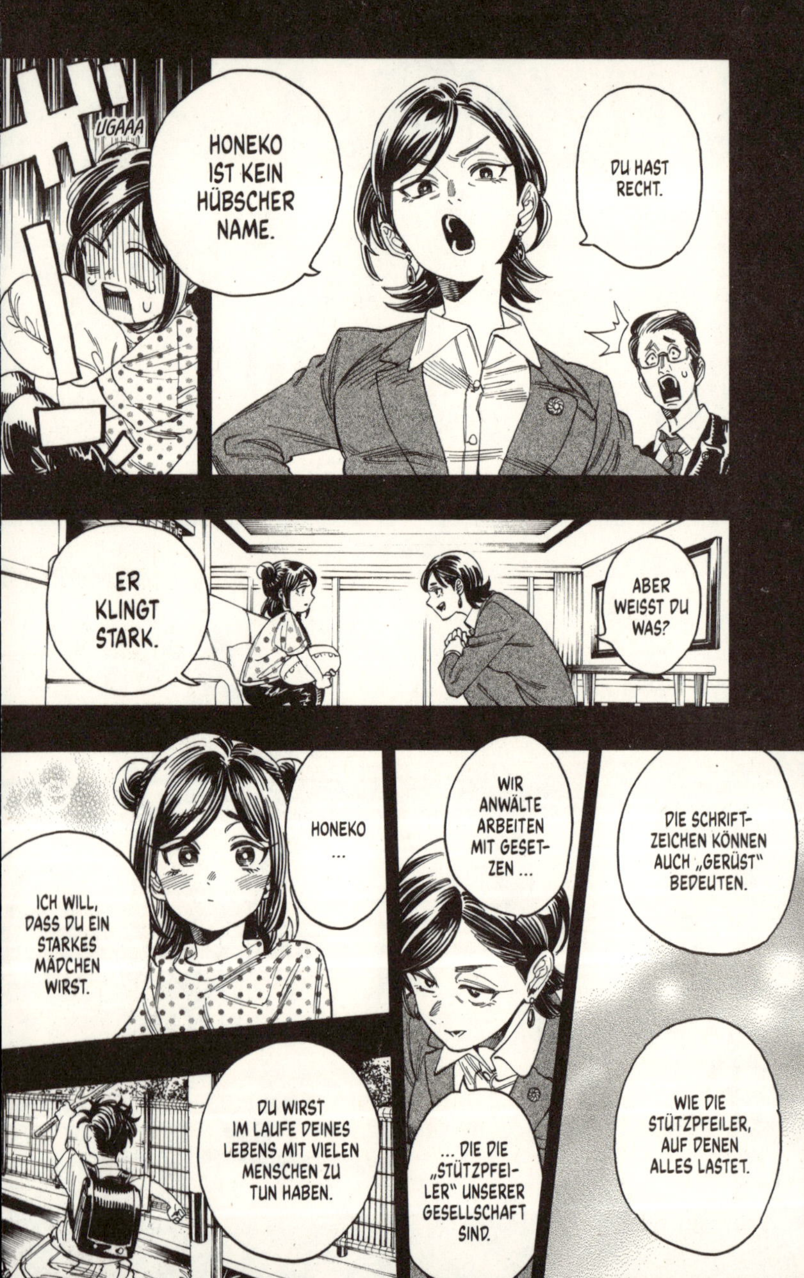
DU HAST RECHT.
HONEKO IST KEIN HÜBSCHER NAME.
UGAAA
ABER WEISST DU WAS?
ER KLINGT STARK.
DIE SCHRIFT-ZEICHEN KÖNNEN AUCH „GERÜST“ BEDEUTEN.
WIE DIE STÜTZPFEILER, AUF DENEN ALLES LASTET.
WIR ANWÄLTE ARBEITEN MIT GESET-ZEN …
… DIE DIE „STÜTZPFEI-LER“ UNSERER GESELLSCHAFT SIND.
HONEKO …
ICH WILL, DASS DU EIN STARKES MÄDCHEN WIRST.
DU WIRST IM LAUFE DEINES LEBENS MIT VIELEN MENSCHEN ZU TUN HABEN.

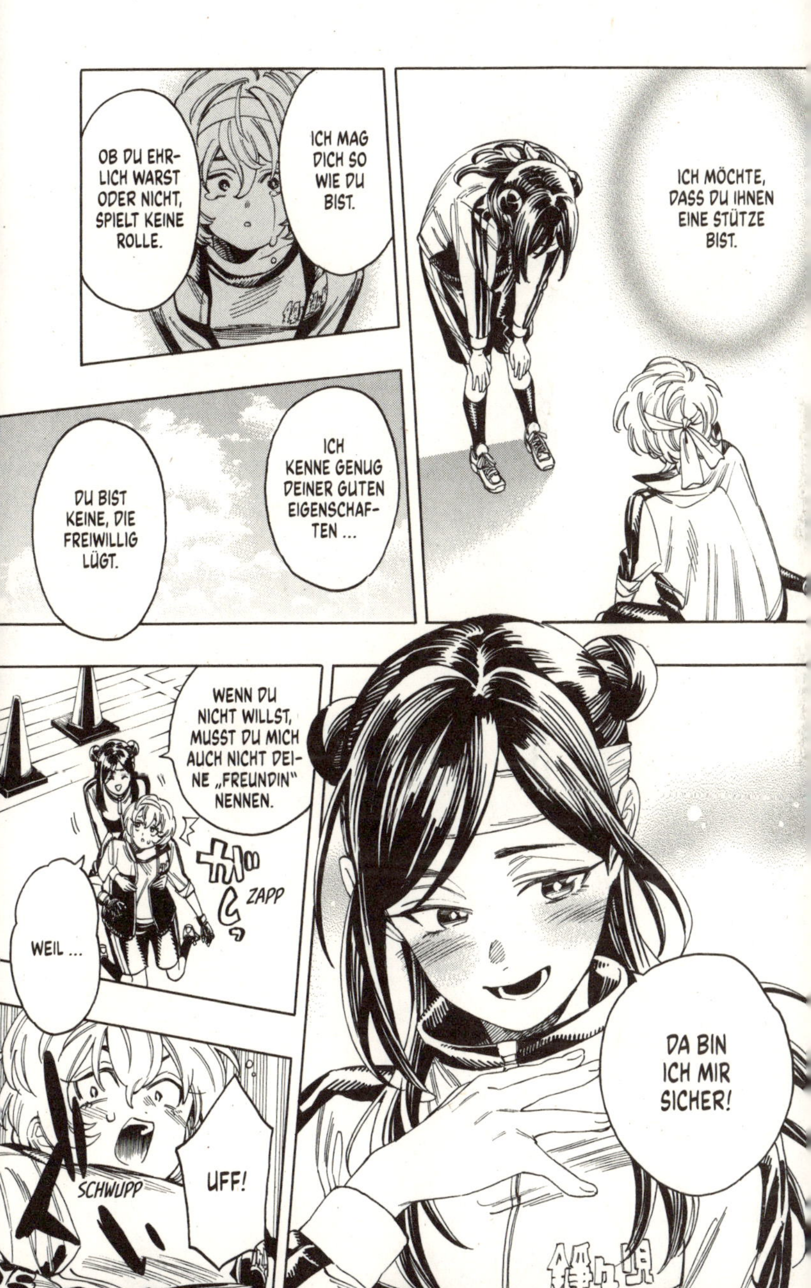
ICH MÖCHTE, DASS DU IHNEN EINE STÜTZE BIST.
ICH MAG DICH SO WIE DU BIST.
OB DU EHRLICH WARST ODER NICHT, SPIELT KEINE ROLLE.
ICH KENNE GENUG DEINER GUTEN EIGENSCHAFTEN ...
DU BIST KEINE, DIE FREIWILLIG LÜGT.
DA BIN ICH MIR SICHER!
WENN DU NICHT WILLST, MUSST DU MICH AUCH NICHT DEINE „FREUNDIN“ NENNEN.
ZAPP
WEIL ...
UFF!
SCHWUPP

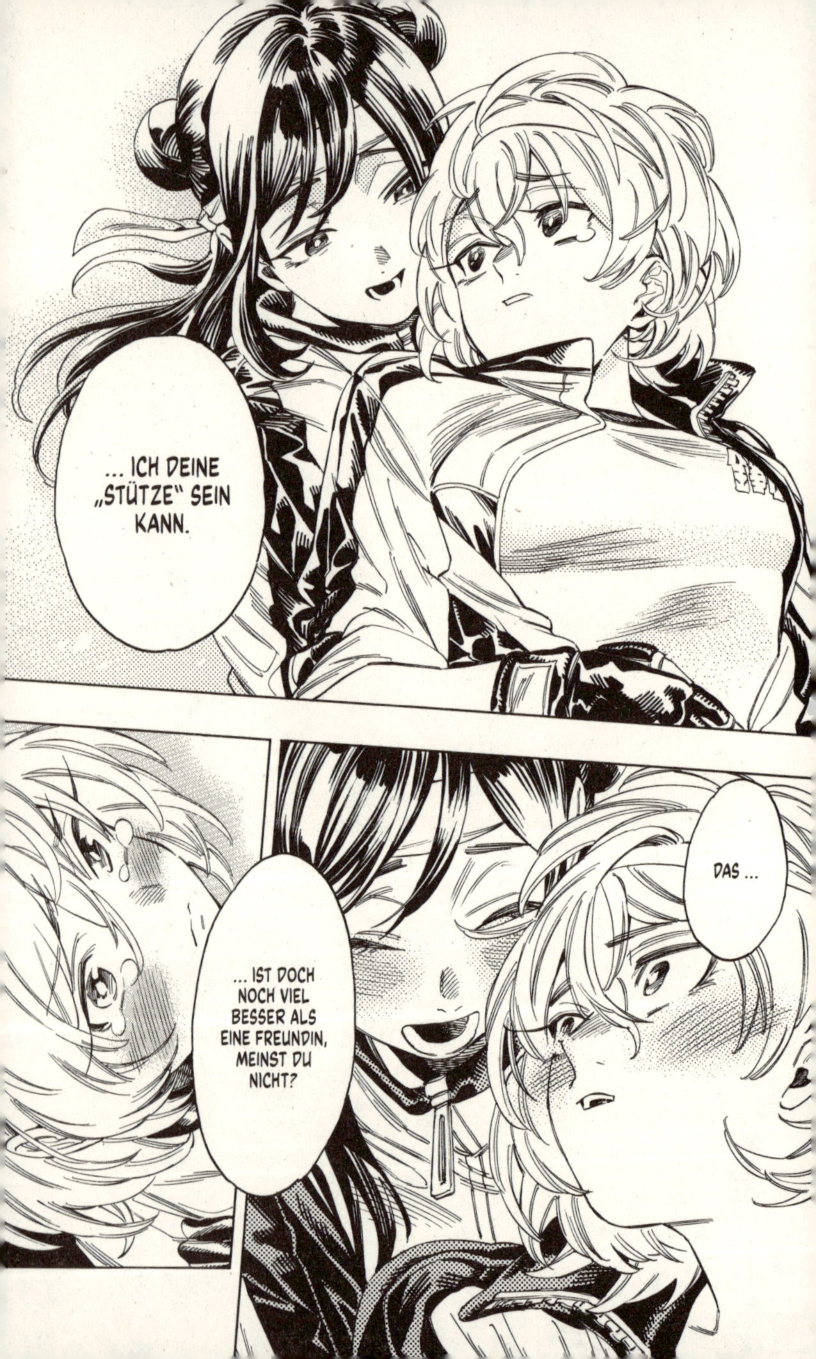
... ICH DEINE „STÜTZE" SEIN KANN.
DAS ...
... IST DOCH NOCH VIEL BESSER ALS EINE FREUNDIN, MEINST DU NICHT?

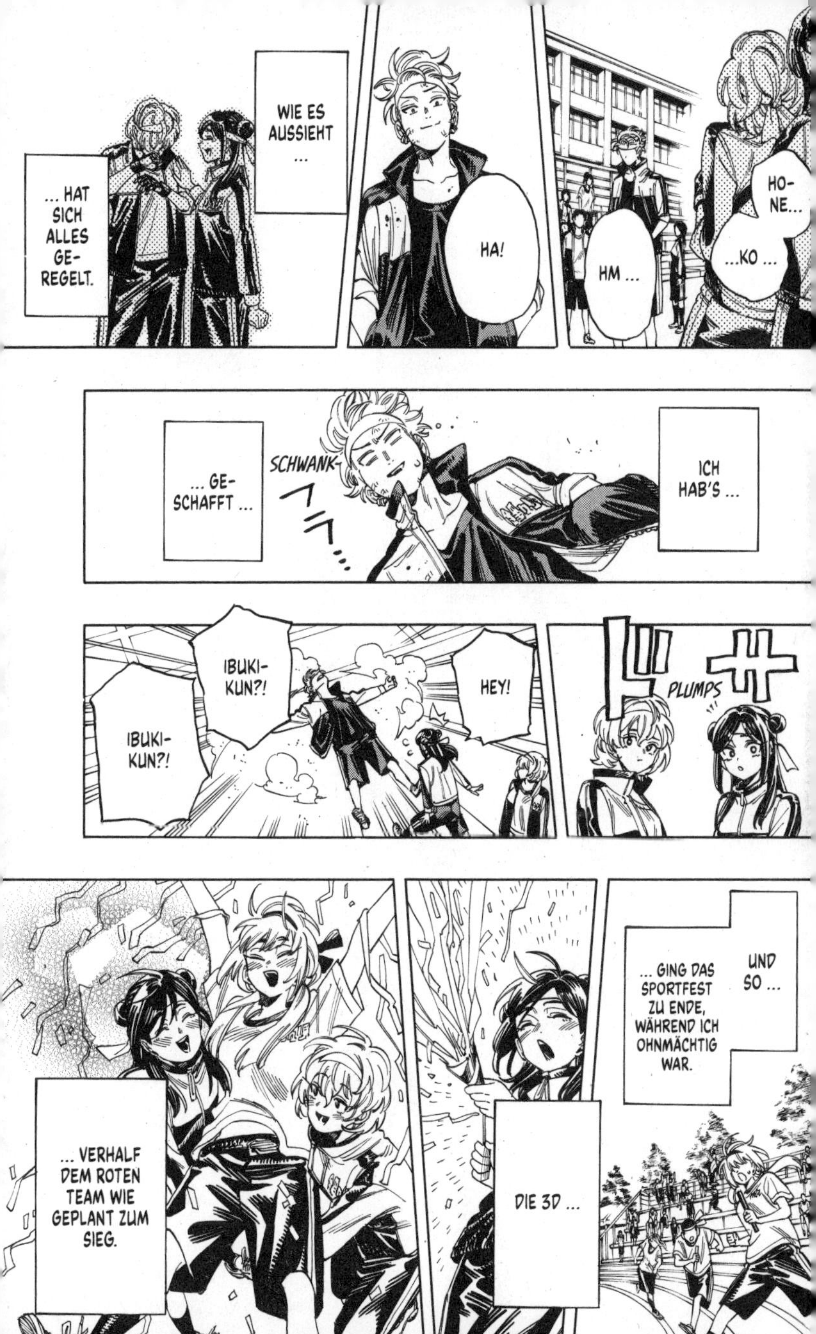
HO-NE...
...KO ...
HM ...
HA!
WIE ES AUSSIEHT ...
... HAT SICH ALLES GE-REGELT.
ICH HAB'S ...
SCHWANK
... GE-SCHAFFT ...
PLUMPS
HEY!
IBUKI-KUN?!
IBUKI-KUN?!
UND SO ...
... GING DAS SPORTFEST ZU ENDE, WÄHREND ICH OHNMÄCHTIG WAR.
DIE 3D ...
... VERHALF DEM ROTEN TEAM WIE GEPLANT ZUM SIEG.

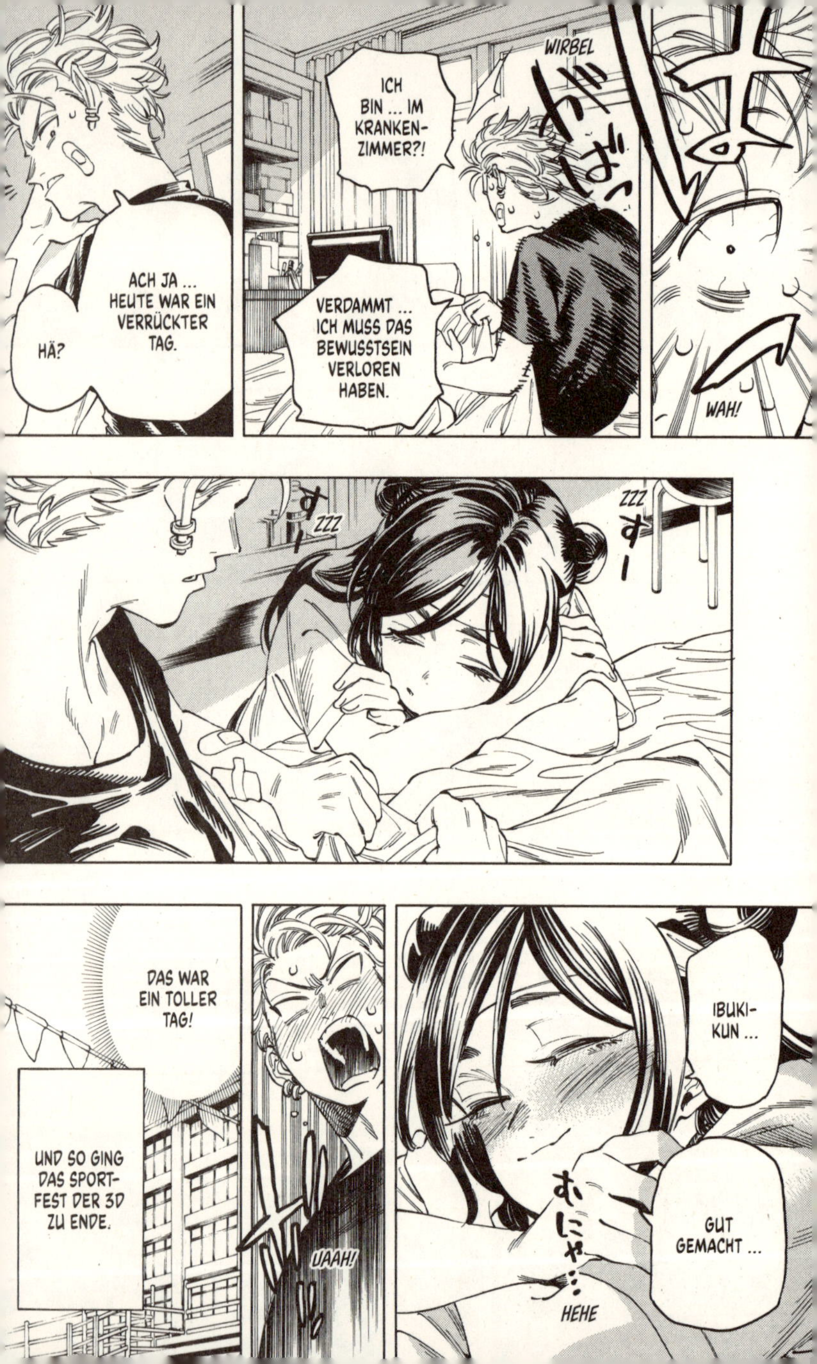

WAH!

WIRBEL

ICH BIN ... IM KRANKENZIMMER?!

VERDAMMT ... ICH MUSS DAS BEWUSSTSEIN VERLOREN HABEN.

ACH JA ... HEUTE WAR EIN VERRÜCKTER TAG.

HÄ?

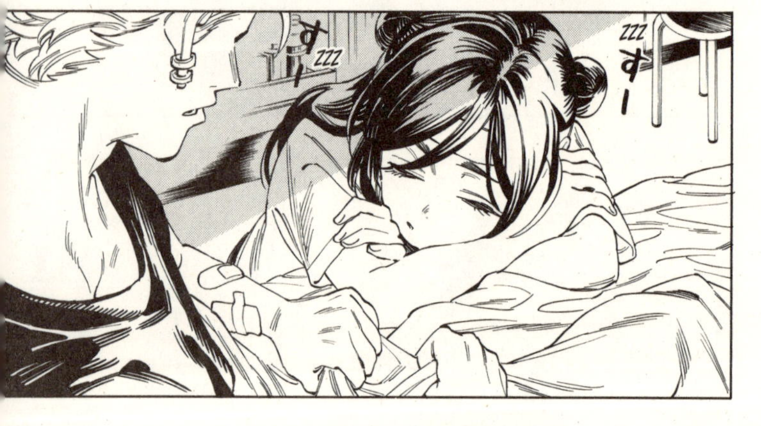

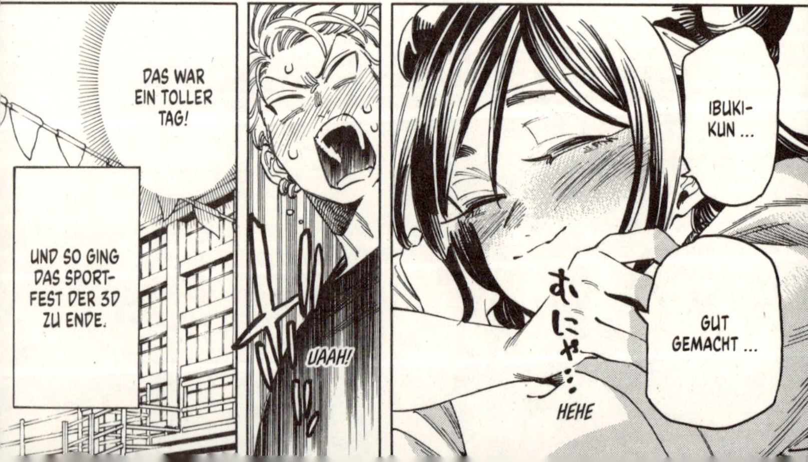

IN DER 3D, EPISODE 2

AM ABEND DES SPORTFESTES ...

AUF VORSCHLAG VON KIYOZUKA, DIE DAS DUELL ZWISCHEN IBUKI UND TOGEYA HAUTNAH MITERLEBTE, TREFFEN SICH DIE KIDS ZU EINEM VERSÖHNLICHEN ABENDESSEN.

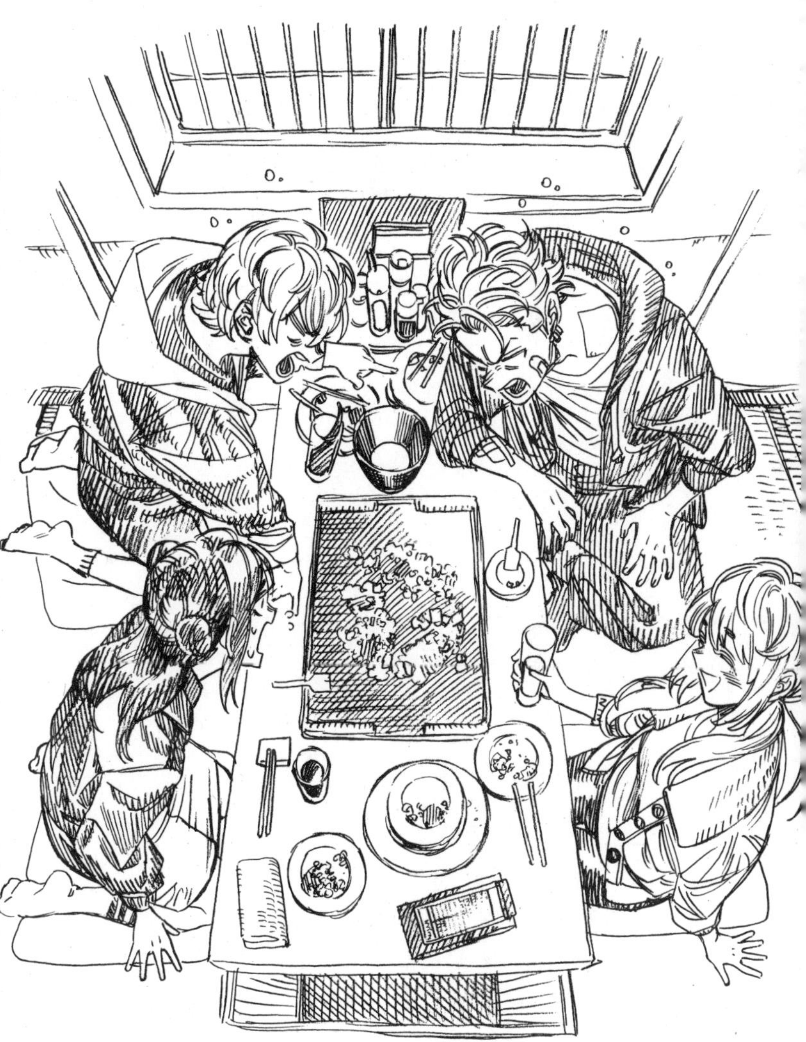

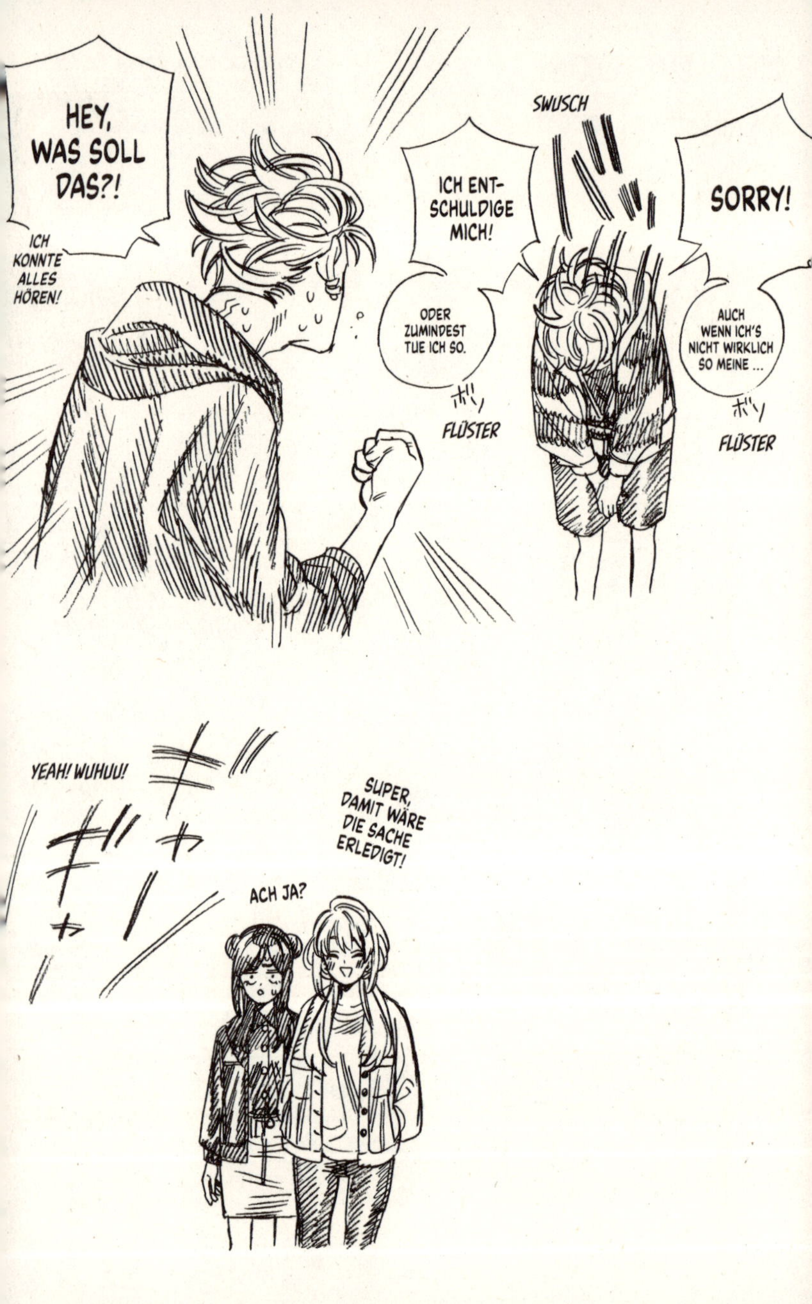
SWUSCH
SORRY!
AUCH WENN ICH'S NICHT WIRKLICH SO MEINE ...
ボソ
FLÜSTER
ICH ENT-SCHULDIGE MICH!
ODER ZUMINDEST TUE ICH SO.
ボソ
FLÜSTER
HEY, WAS SOLL DAS?!
ICH KONNTE ALLES HÖREN!
SUPER, DAMIT WÄRE DIE SACHE ERLEDIGT!
ACH JA?
YEAH! WUHUU!

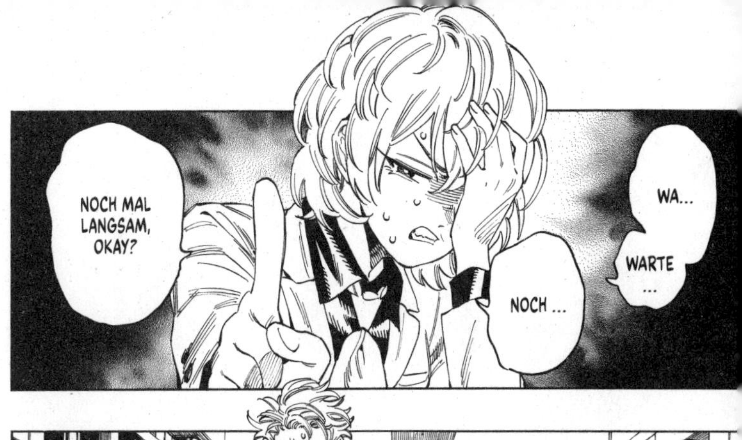

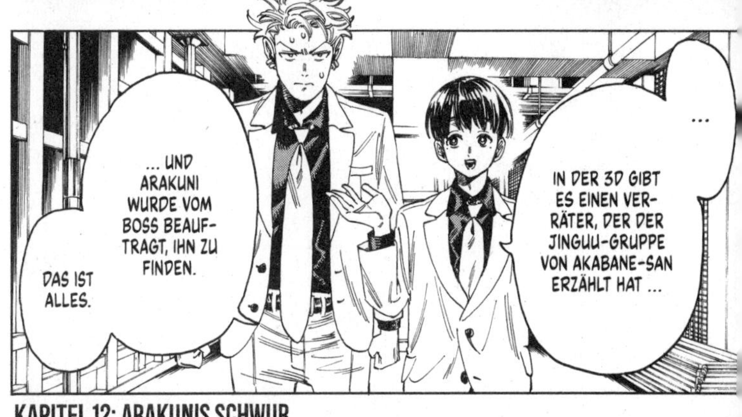

KAPITEL 12: ARAKUNIS SCHWUR

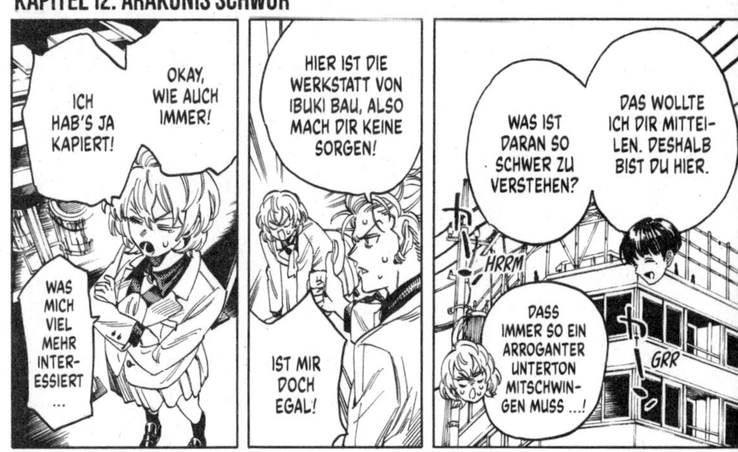

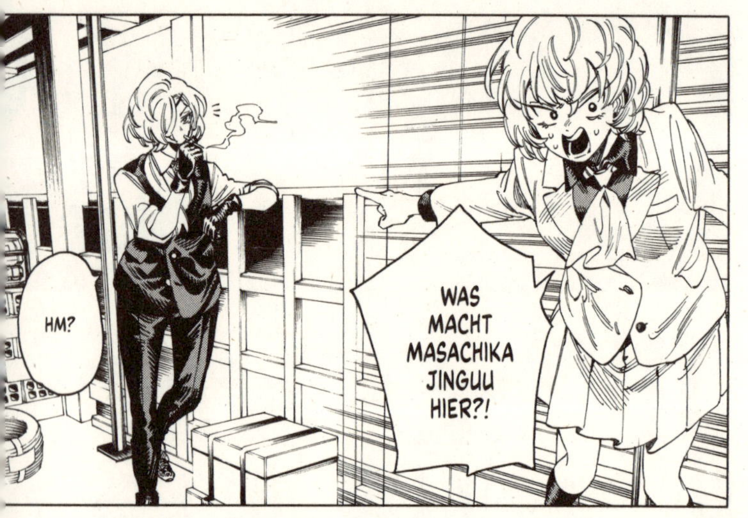
WAS MACHT MASACHIKA JINGUU HIER?!
HM?

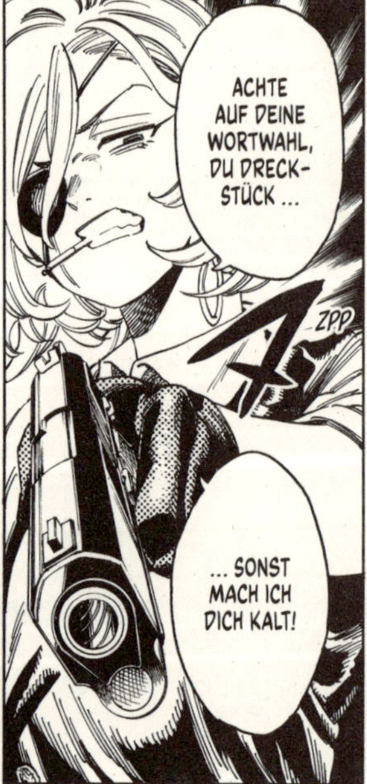
ACHTE AUF DEINE WORTWAHL, DU DRECK-STÜCK ...
ZPP
... SONST MACH ICH DICH KALT!

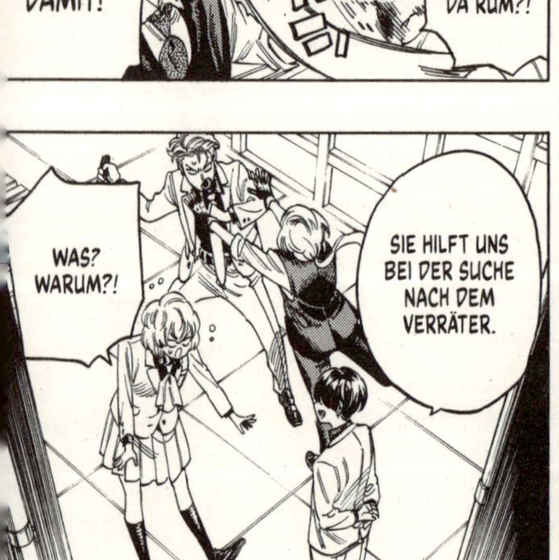
DU LÄUFST IMMER NOCH MIT DEM TEIL DA RUM?!
PATSCH
HER DAMIT!
SIE HILFT UNS BEI DER SUCHE NACH DEM VERRÄTER.
WAS? WARUM?!

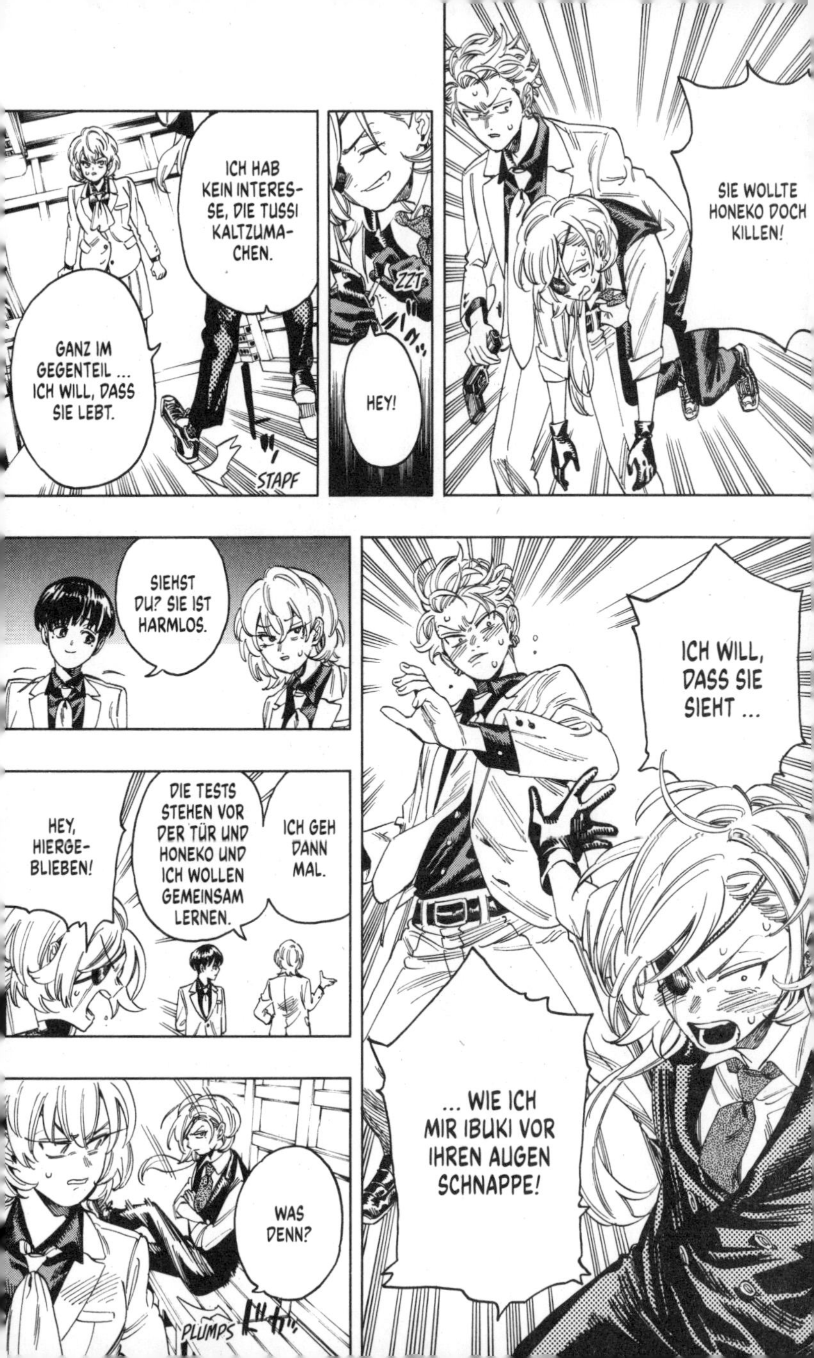
SIE WOLLTE HONEKO DOCH KILLEN!
ZZT
HEY!
ICH HAB KEIN INTERES-SE, DIE TUSSI KALTZUMA-CHEN.
GANZ IM GEGENTEIL ... ICH WILL, DASS SIE LEBT.
STAPF
ICH WILL, DASS SIE SIEHT ...
... WIE ICH MIR IBUKI VOR IHREN AUGEN SCHNAPPE!
SIEHST DU? SIE IST HARMLOS.
ICH GEH DANN MAL.
DIE TESTS STEHEN VOR DER TÜR UND HONEKO UND ICH WOLLEN GEMEINSAM LERNEN.
HEY, HIERGE-BLIEBEN!
WAS DENN?
PLUMPS

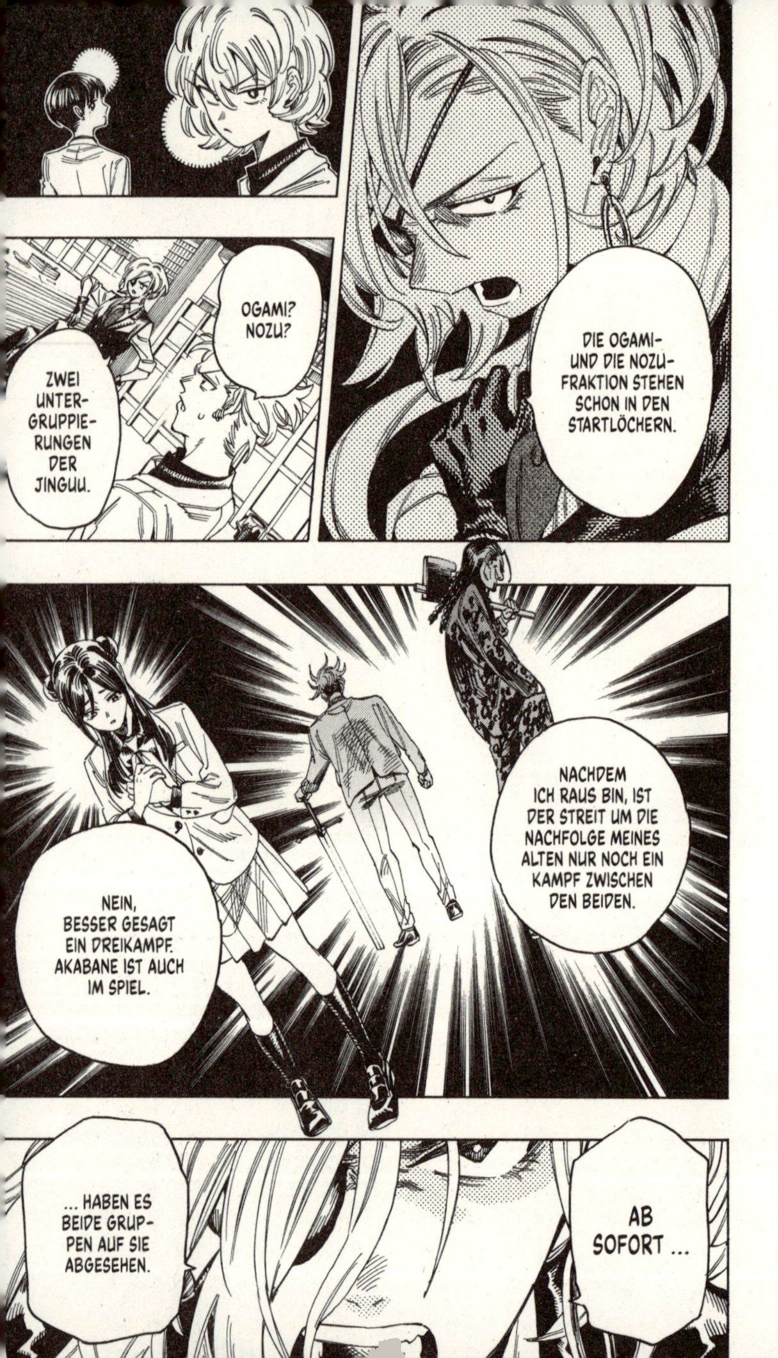
DIE OGAMI- UND DIE NOZU-FRAKTION STEHEN SCHON IN DEN STARTLÖCHERN.
OGAMI? NOZU?
ZWEI UNTERGRUPPIERUNGEN DER JINGUU.
NACHDEM ICH RAUS BIN, IST DER STREIT UM DIE NACHFOLGE MEINES ALTEN NUR NOCH EIN KAMPF ZWISCHEN DEN BEIDEN.
NEIN, BESSER GESAGT EIN DREIKAMPF. AKABANE IST AUCH IM SPIEL.
AB SOFORT ...
... HABEN ES BEIDE GRUPPEN AUF SIE ABGESEHEN.

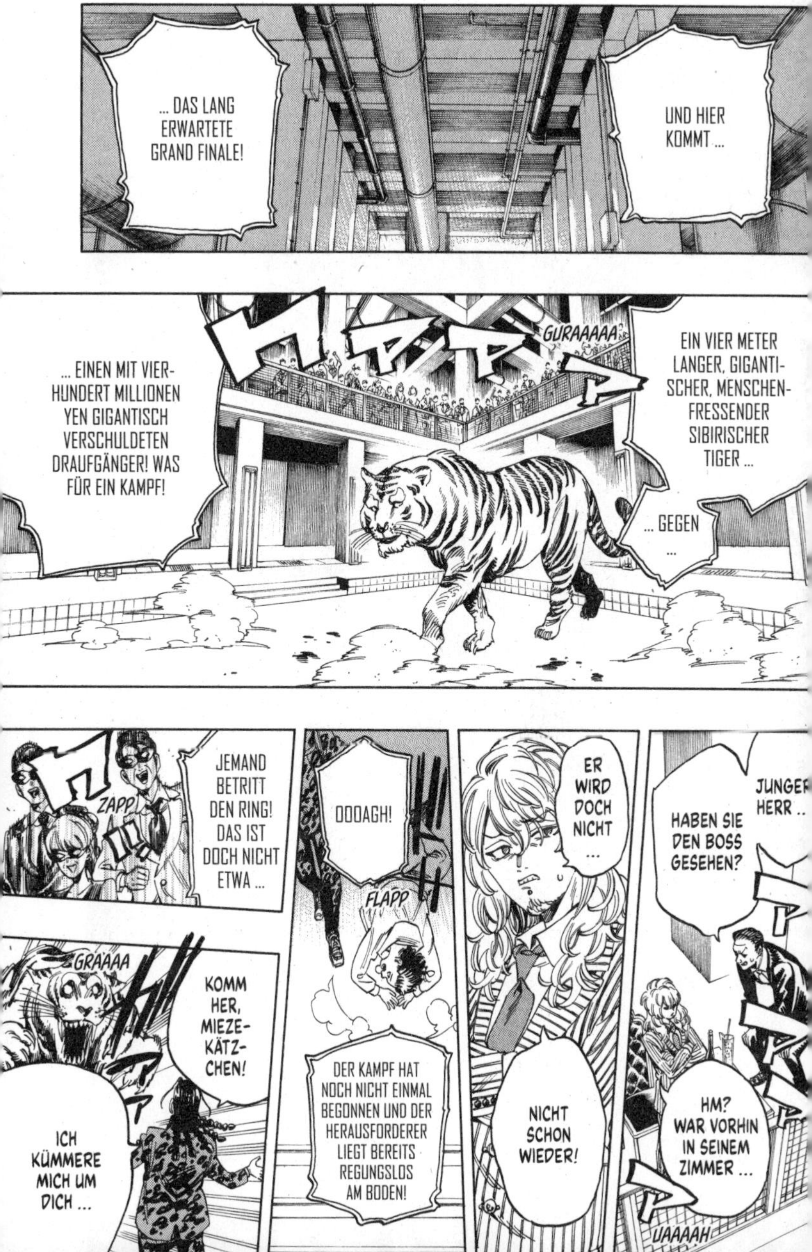

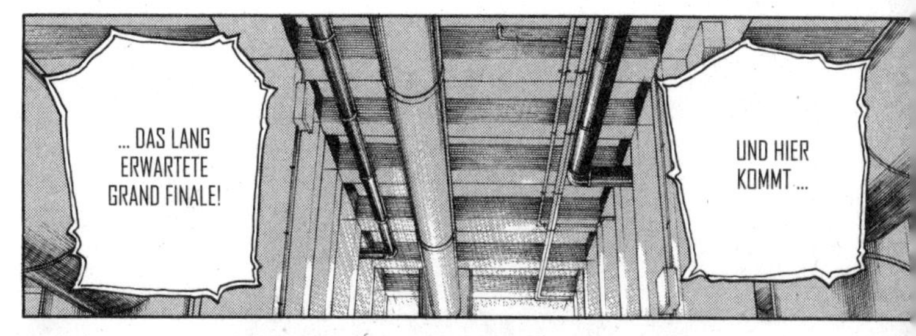
UND HIER KOMMT ...
... DAS LANG ERWARTETE GRAND FINALE!

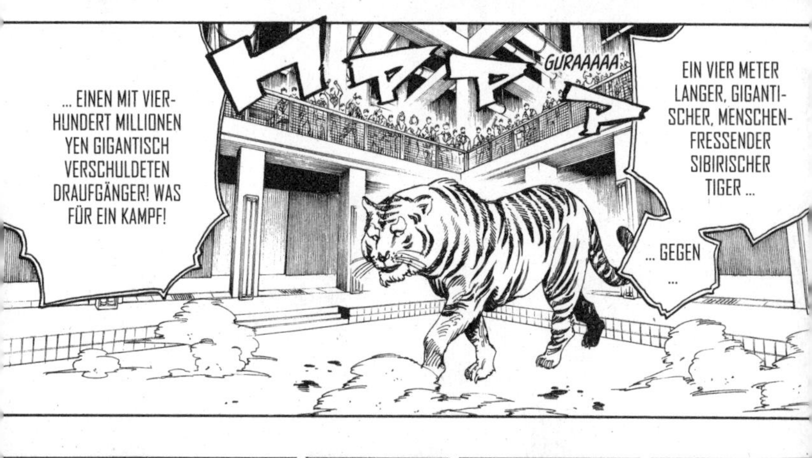
FLAPP
GURAAAAA
EIN VIER METER LANGER, GIGANTISCHER, MENSCHENFRESSENDER SIBIRISCHER TIGER ...
... GEGEN ...
... EINEN MIT VIERHUNDERT MILLIONEN YEN GIGANTISCH VERSCHULDETEN DRAUFGÄNGER! WAS FÜR EIN KAMPF!

JUNGER HERR ...
HABEN SIE DEN BOSS GESEHEN?
HM? WAR VORHIN IN SEINEM ZIMMER ...
UAAAAH
ER WIRD DOCH NICHT ...
NICHT SCHON WIEDER!
ZAPP
JEMAND BETRITT DEN RING! DAS IST DOCH NICHT ETWA ...
GRAAAA
KOMM HER, MIEZEKÄTZCHEN!
ICH KÜMMERE MICH UM DICH ...
OOOAGH!
FLAPP
DER KAMPF HAT NOCH NICHT EINMAL BEGONNEN UND DER HERAUSFORDERER LIEGT BEREITS REGUNGSLOS AM BODEN!

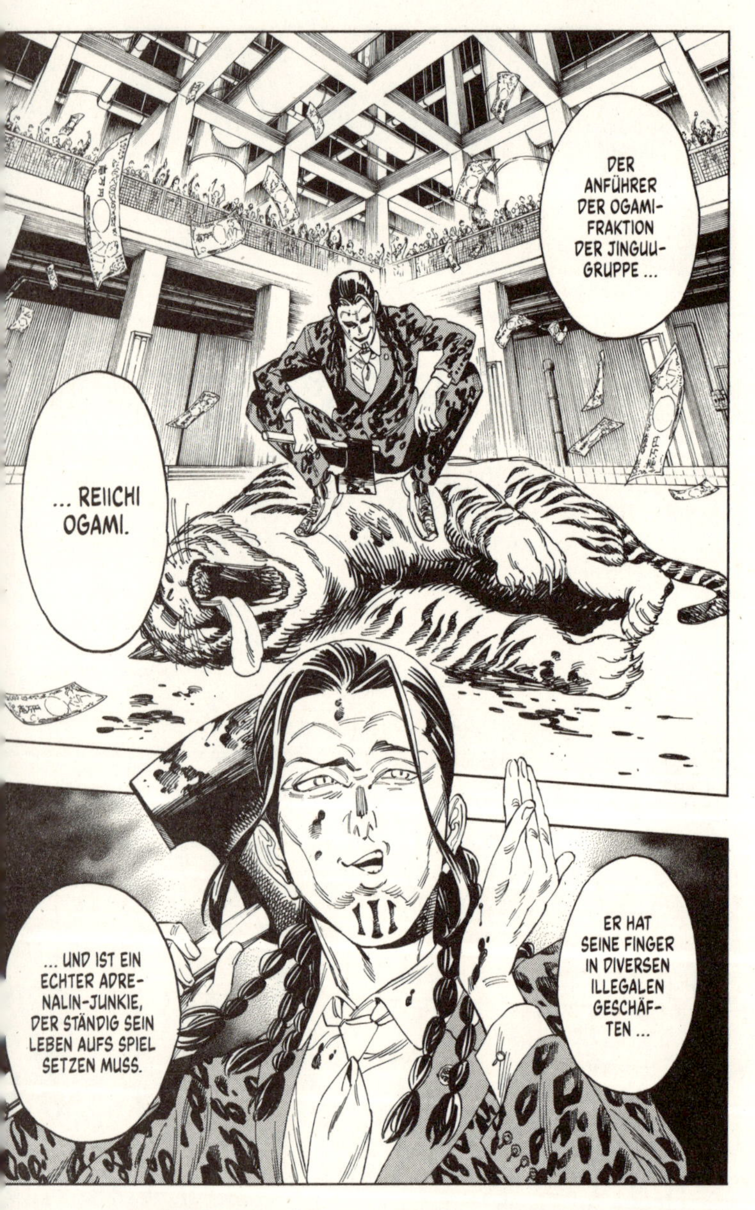
DER ANFÜHRER DER OGAMI-FRAKTION DER JINGUU-GRUPPE ...
... REIICHI OGAMI.
ER HAT SEINE FINGER IN DIVERSEN ILLEGALEN GESCHÄF-TEN ...
... UND IST EIN ECHTER ADRE-NALIN-JUNKIE, DER STÄNDIG SEIN LEBEN AUFS SPIEL SETZEN MUSS.

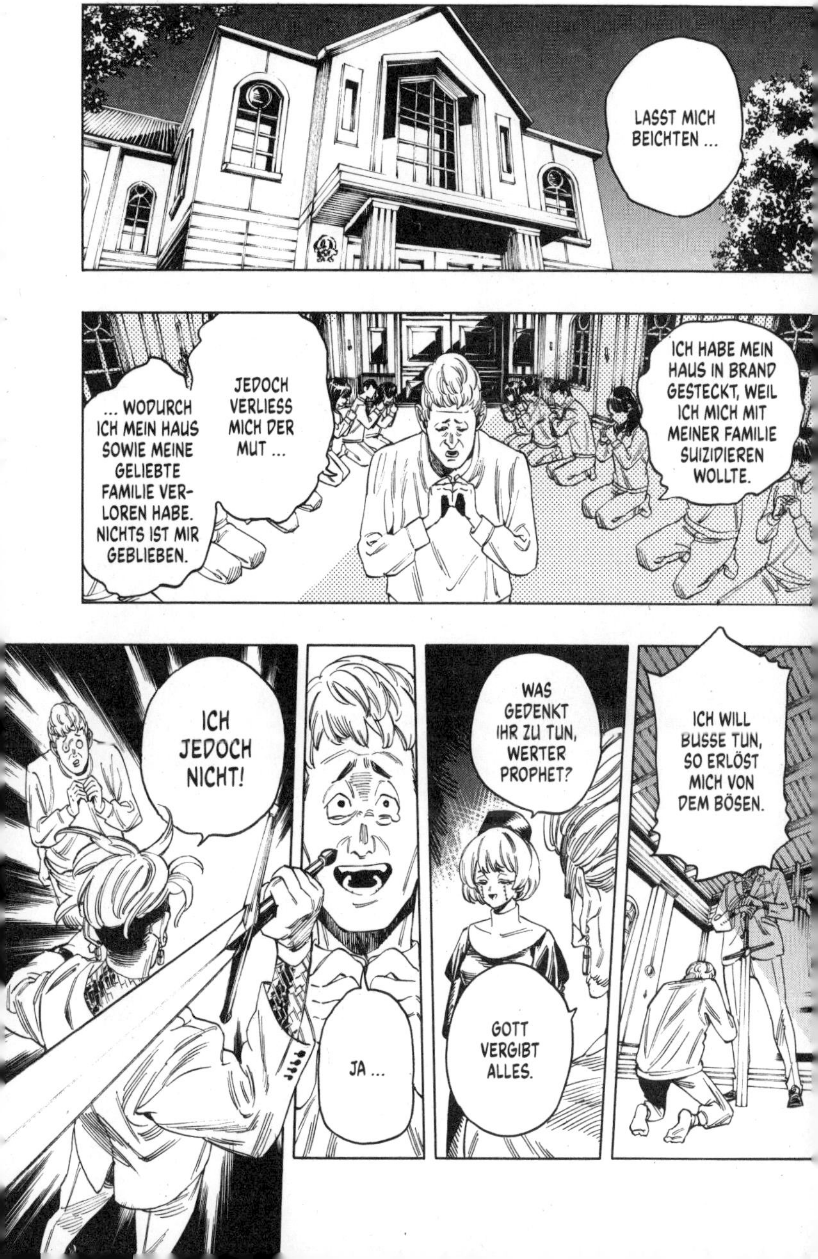

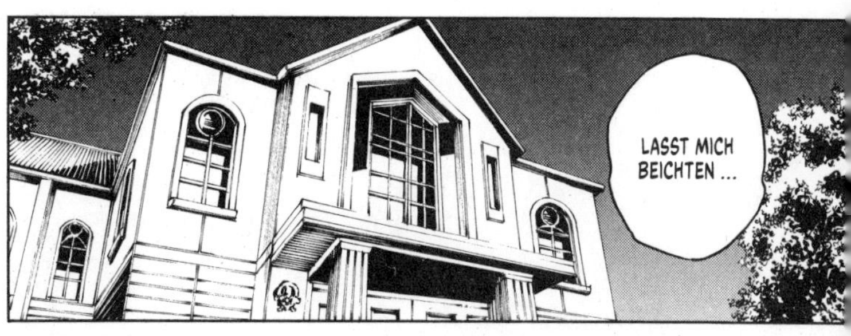

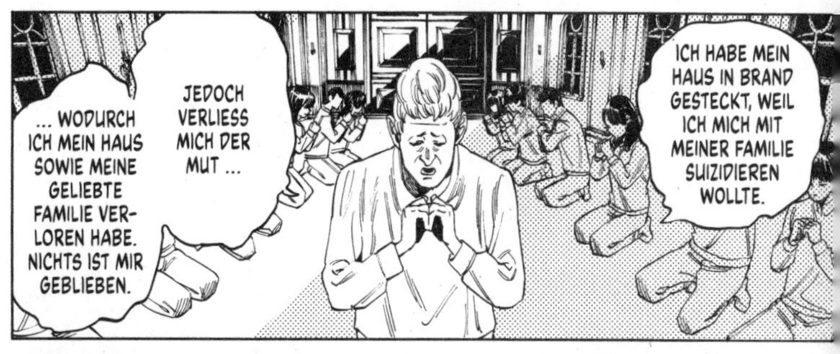

ICH WILL BUSSE TUN, SO ERLÖST MICH VON DEM BÖSEN.

WAS GEDENKT IHR ZU TUN, WERTER PROPHET?

GOTT VERGIBT ALLES.

JA ...

ICH JEDOCH NICHT!

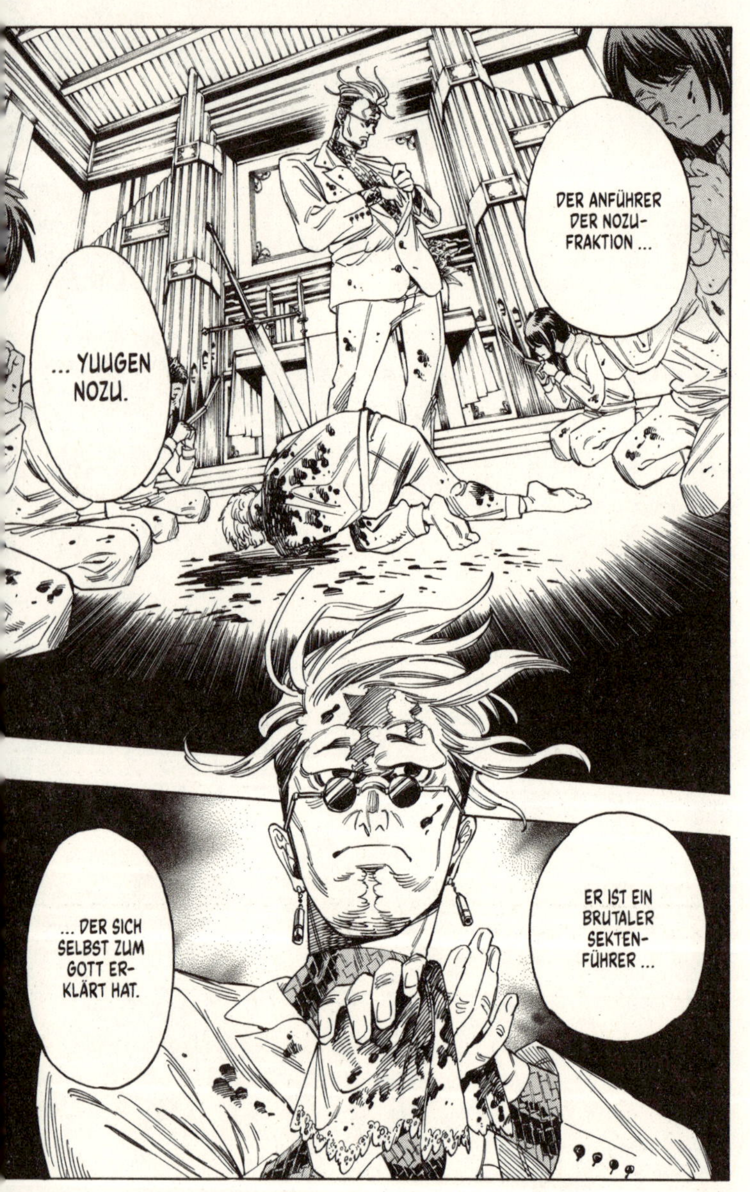
DER ANFÜHRER DER NOZU-FRAKTION ...
... YUUGEN NOZU.
ER IST EIN BRUTALER SEKTEN-FÜHRER ...
... DER SICH SELBST ZUM GOTT ER-KLÄRT HAT.

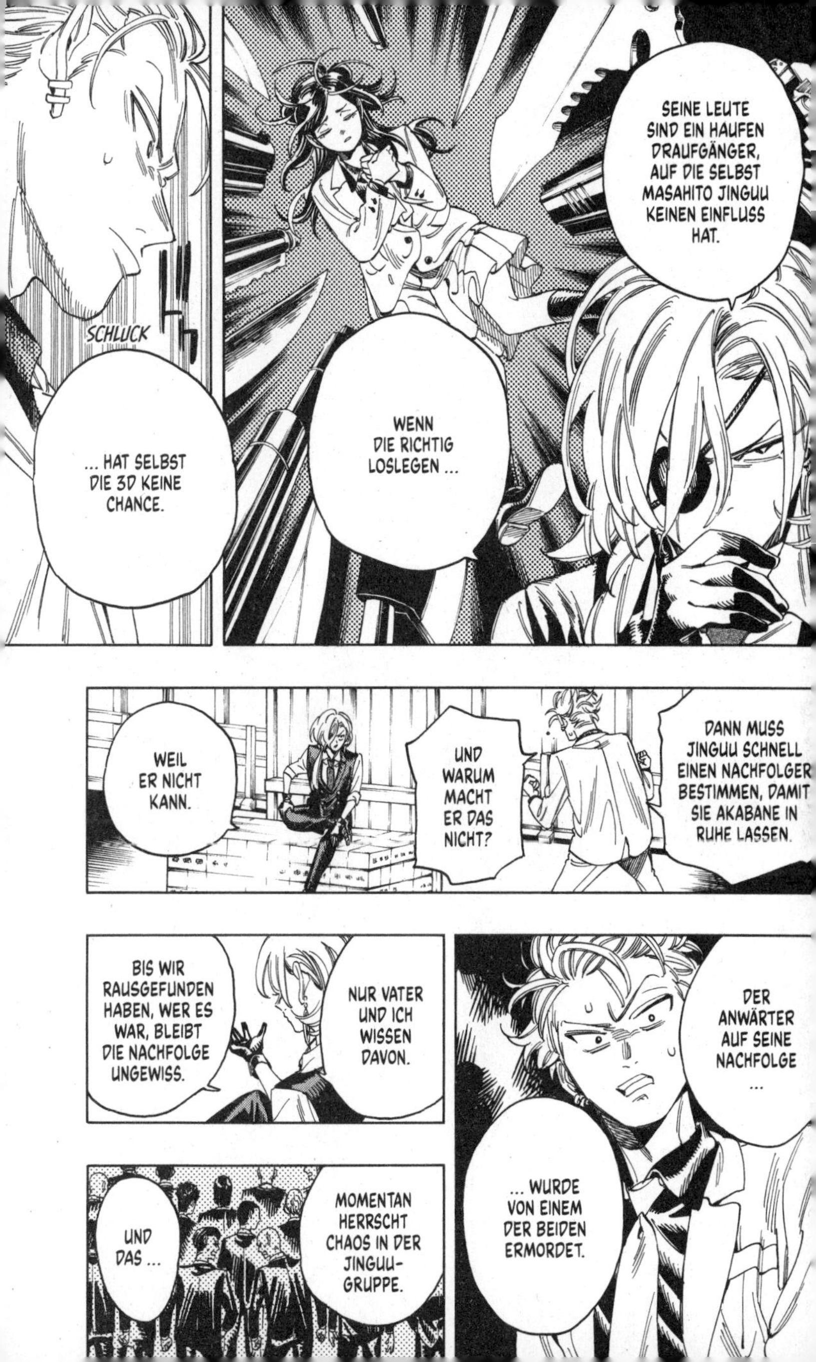

SEINE LEUTE SIND EIN HAUFEN DRAUFGÄNGER, AUF DIE SELBST MASAHITO JINGUU KEINEN EINFLUSS HAT.
WENN DIE RICHTIG LOSLEGEN ...
SCHLUCK
... HAT SELBST DIE 3D KEINE CHANCE.

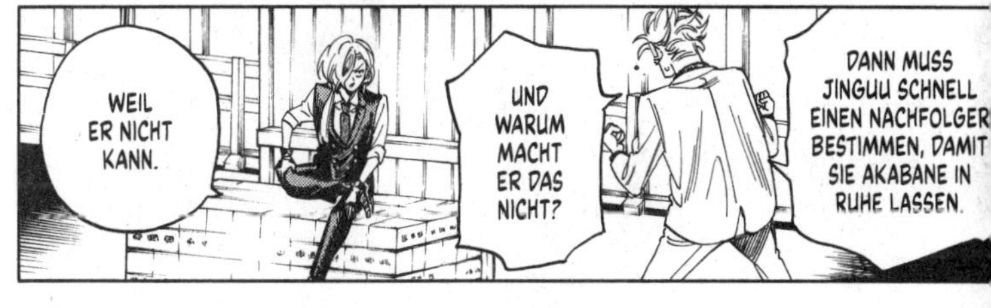
DANN MUSS JINGUU SCHNELL EINEN NACHFOLGER BESTIMMEN, DAMIT SIE AKABANE IN RUHE LASSEN.
UND WARUM MACHT ER DAS NICHT?
WEIL ER NICHT KANN.

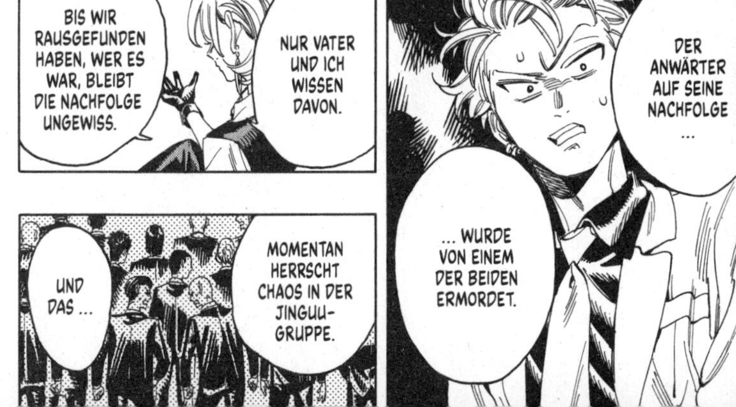
DER ANWÄRTER AUF SEINE NACHFOLGE ...
... WURDE VON EINEM DER BEIDEN ERMORDET.
NUR VATER UND ICH WISSEN DAVON.
BIS WIR RAUSGEFUNDEN HABEN, WER ES WAR, BLEIBT DIE NACHFOLGE UNGEWISS.
MOMENTAN HERRSCHT CHAOS IN DER JINGUU-GRUPPE.
UND DAS ...

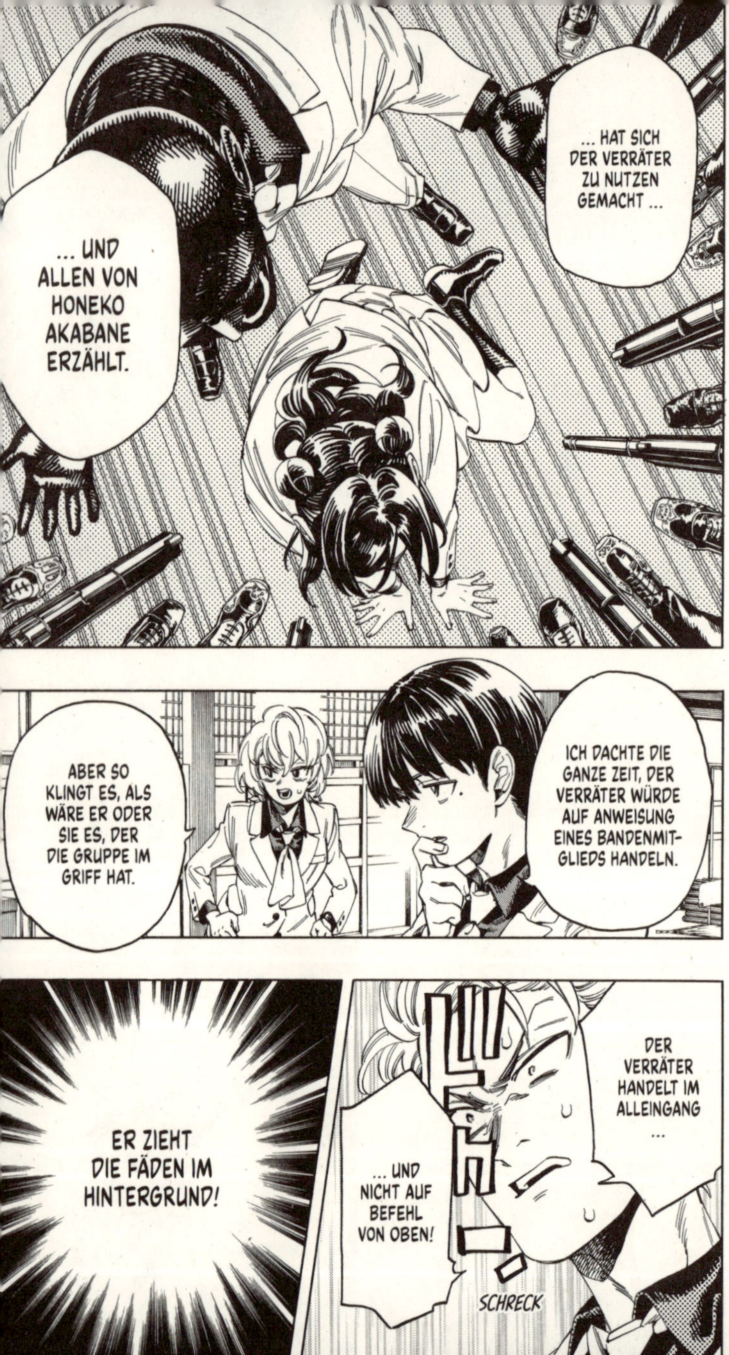

... HAT SICH DER VERRÄTER ZU NUTZEN GEMACHT ...

... UND ALLEN VON HONEKO AKABANE ERZÄHLT.

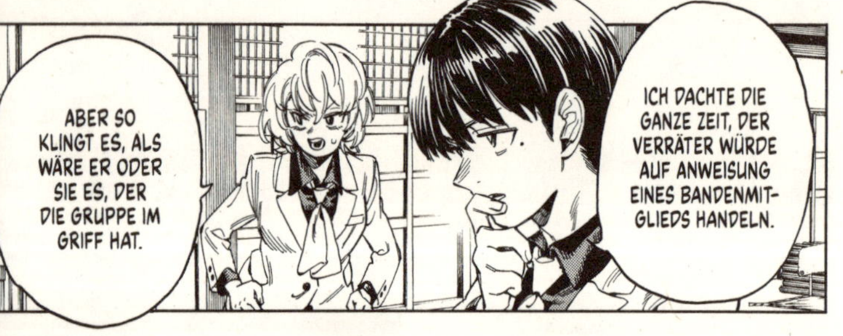

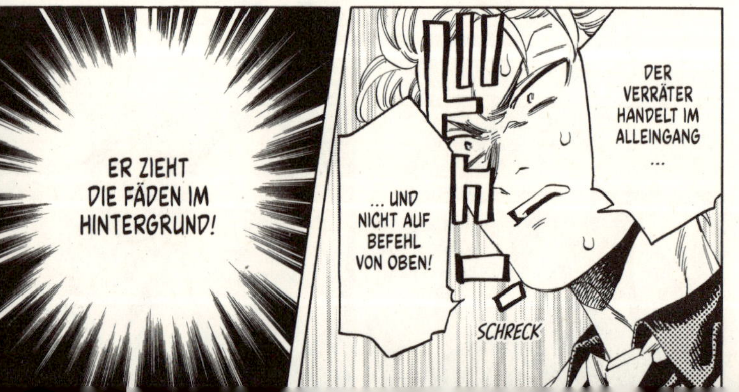

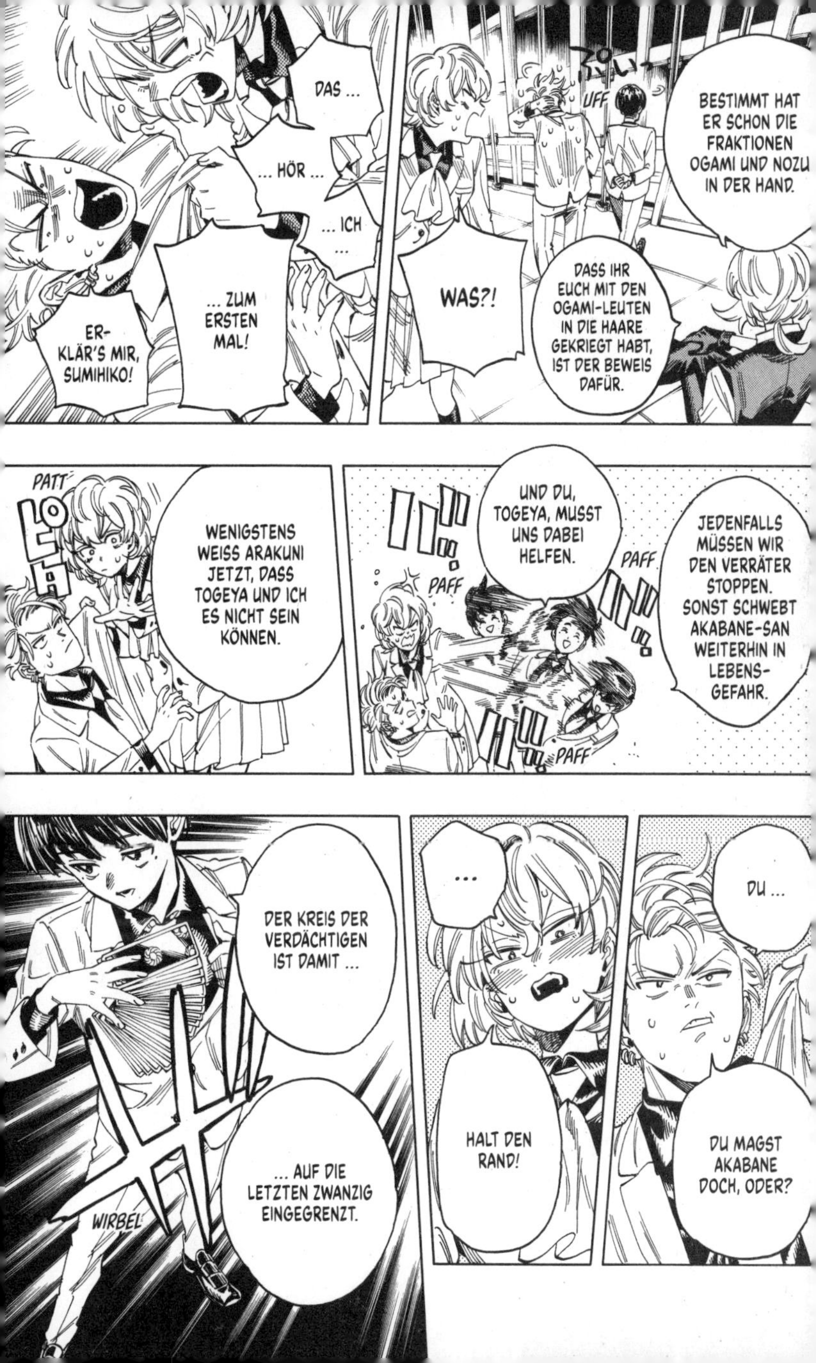

BESTIMMT HAT ER SCHON DIE FRAKTIONEN OGAMI UND NOZU IN DER HAND.
UFF
DASS IHR EUCH MIT DEN OGAMI-LEUTEN IN DIE HAARE GEKRIEGT HABT, IST DER BEWEIS DAFÜR.
WAS?!
DAS ...
... HÖR ...
... ICH ...
... ZUM ERSTEN MAL!
ER-KLÄR'S MIR, SUMIHIKO!

JEDENFALLS MÜSSEN WIR DEN VERRÄTER STOPPEN. SONST SCHWEBT AKABANE-SAN WEITERHIN IN LEBENS-GEFAHR.
UND DU, TOGEYA, MUSST UNS DABEI HELFEN.
PAFF
PAFF
PAFF
PATT
WENIGSTENS WEISS ARAKUNI JETZT, DASS TOGEYA UND ICH ES NICHT SEIN KÖNNEN.

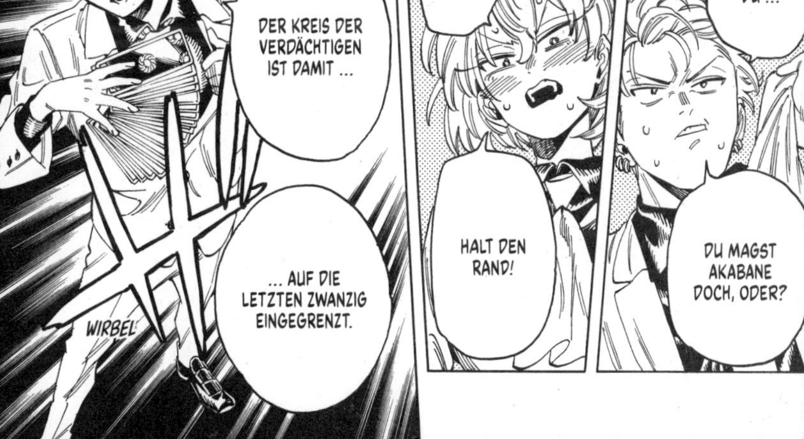

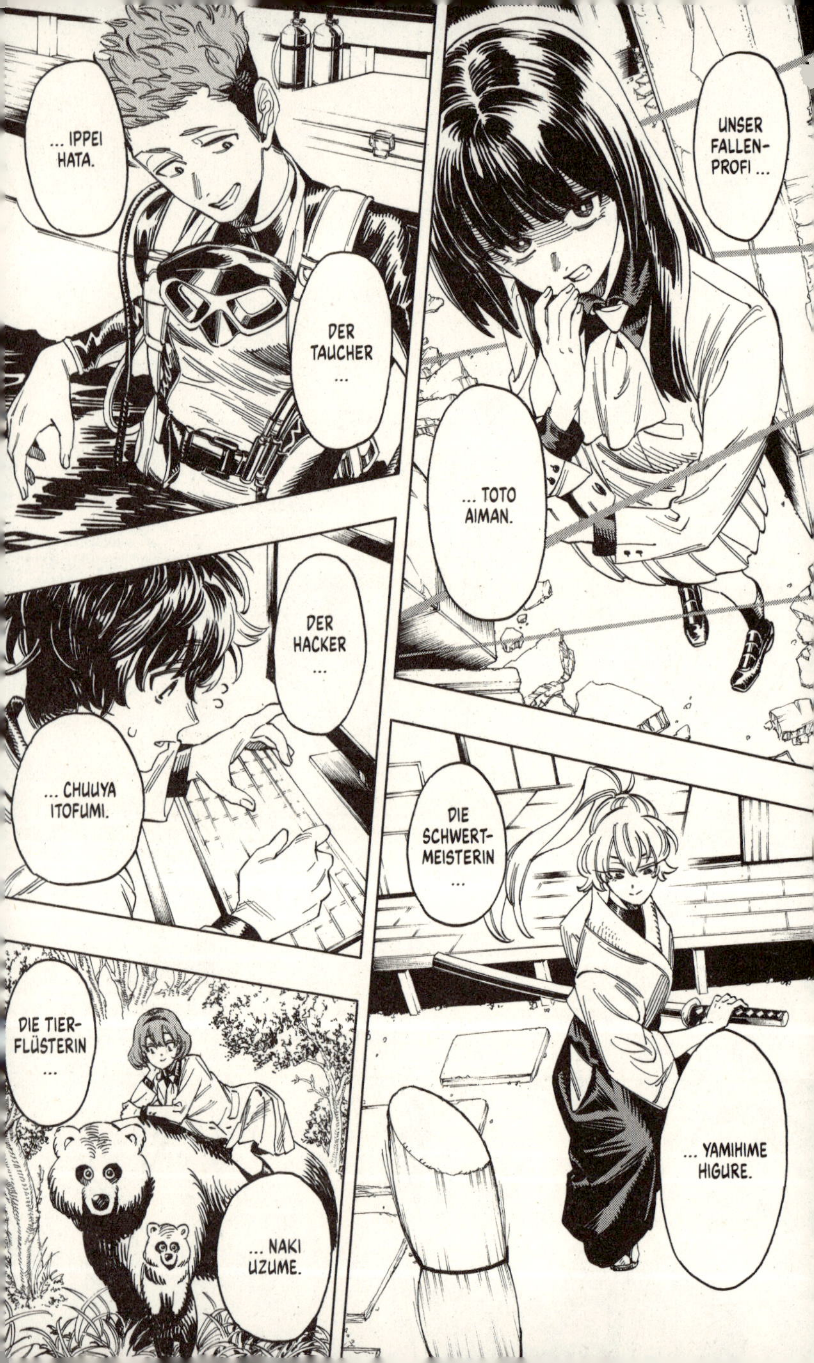
UNSER FALLEN-PROFI ...
... TOTO AIMAN.
DER TAUCHER ...
... IPPEI HATA.
DER HACKER ...
... CHUUYA ITOFUMI.
DIE SCHWERT-MEISTERIN ...
... YAMIHIME HIGURE.
DIE TIER-FLÜSTERIN ...
... NAKI UZUME.

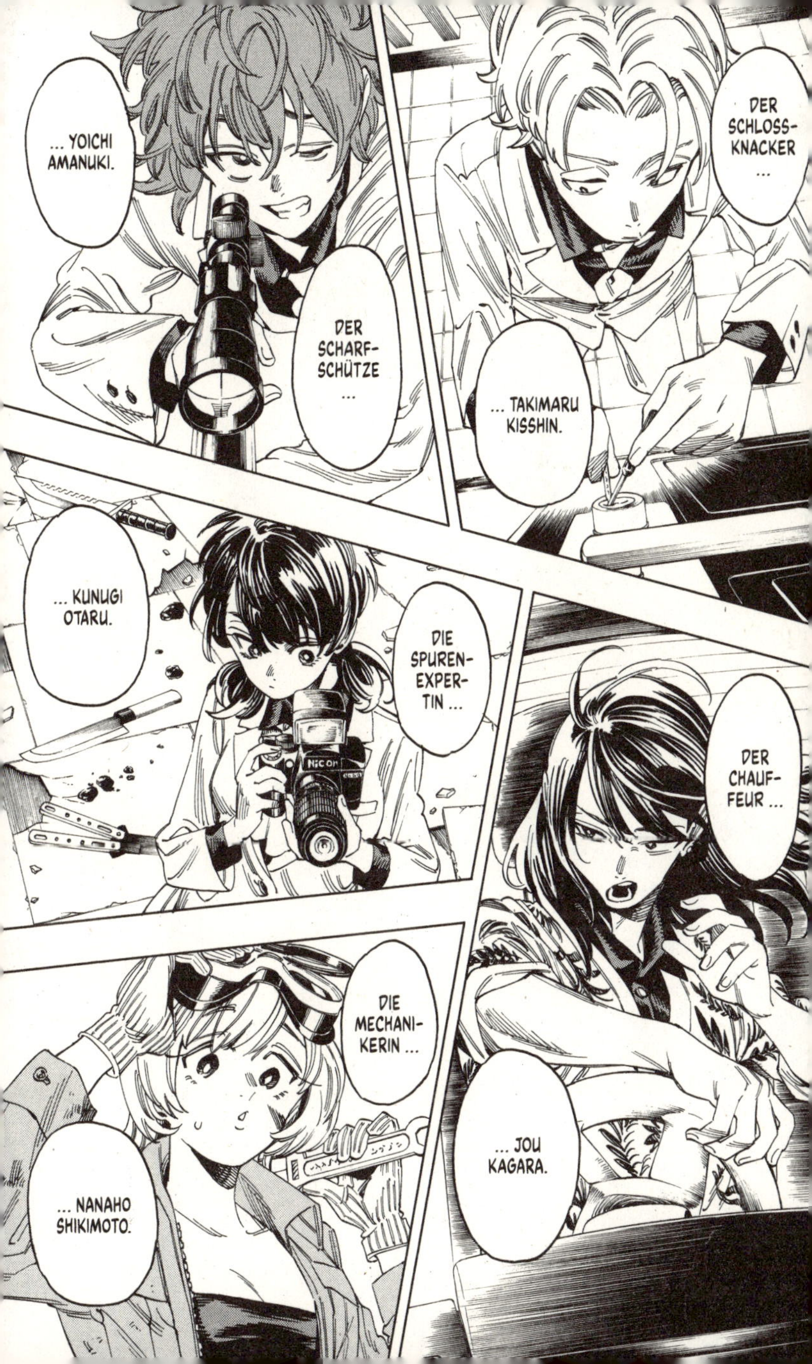
DER SCHLOSS-KNACKER …
… TAKIMARU KISSHIN.
DER SCHARF-SCHÜTZE …
… YOICHI AMANUKI.
DIE SPUREN-EXPER-TIN …
… KUNUGI OTARU.
DER CHAUF-FEUR …
… JOU KAGARA.
DIE MECHANI-KERIN …
… NANAHO SHIKIMOTO.

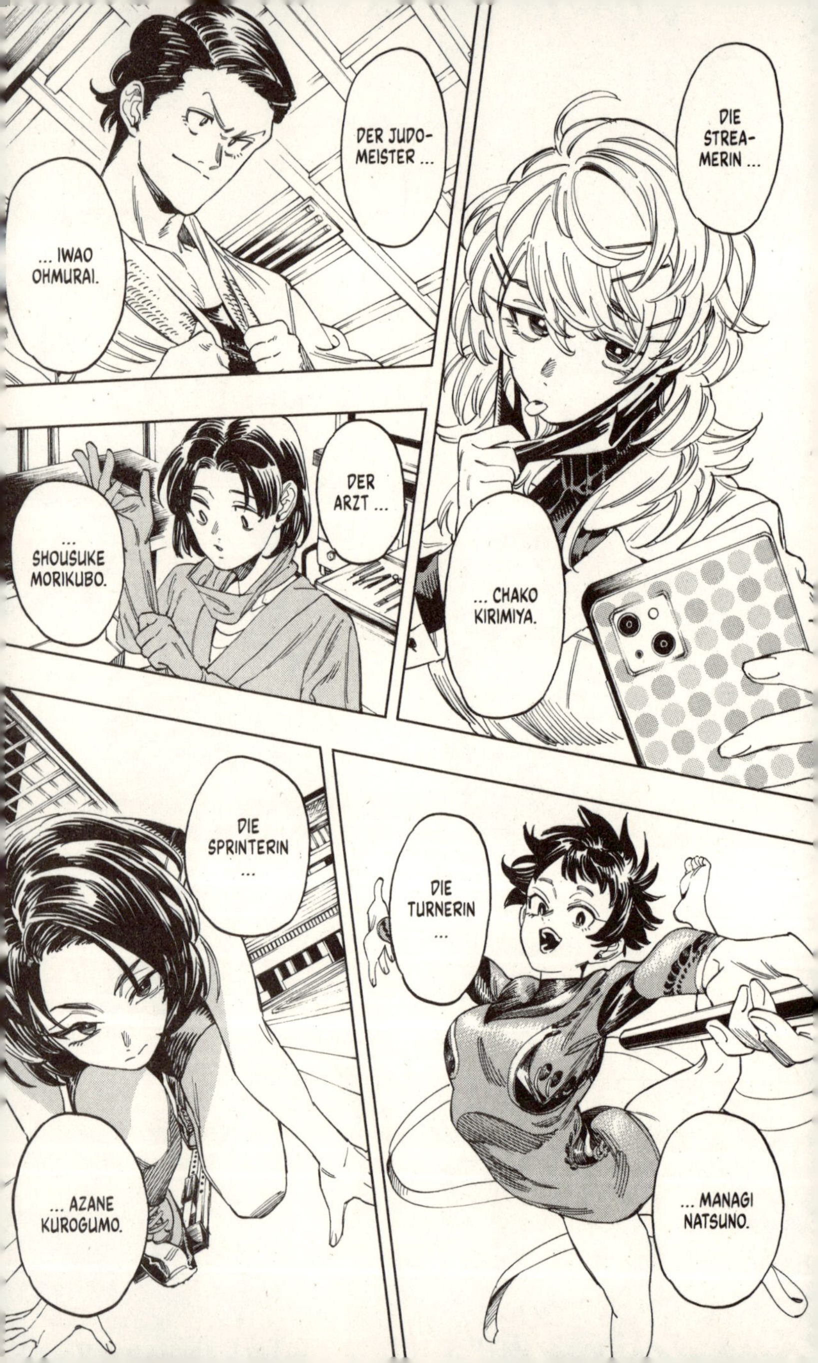
DIE STREA-MERIN ...
... CHAKO KIRIMIYA.
DER JUDO-MEISTER ...
... IWAO OHMURAI.
DER ARZT ...
... SHOUSUKE MORIKUBO.
DIE TURNERIN ...
... MANAGI NATSUNO.
DIE SPRINTERIN ...
... AZANE KUROGUMO.

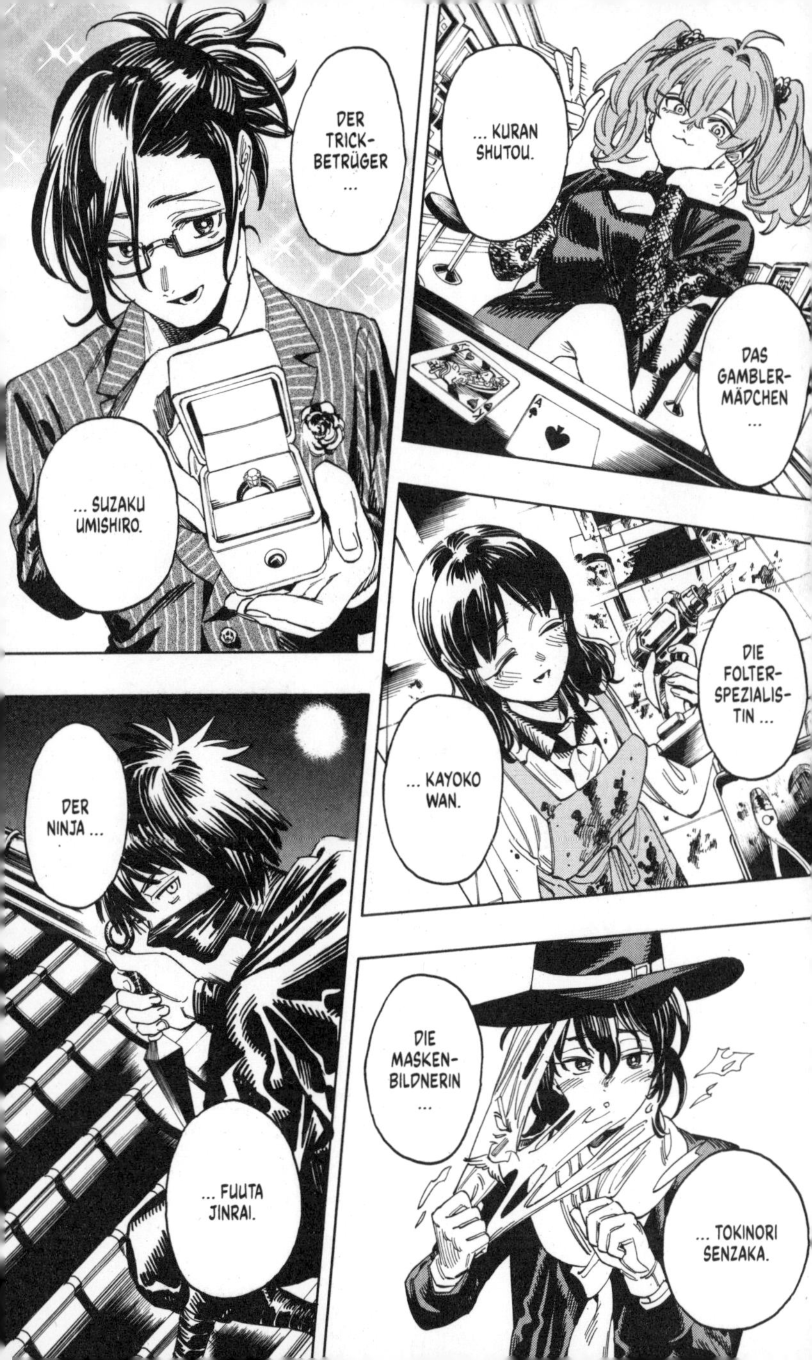
DAS GAMBLER-MÄDCHEN ...
... KURAN SHUTOU.
DER TRICK-BETRÜGER ...
... SUZAKU UMISHIRO.
DIE FOLTER-SPEZIALIS-TIN ...
... KAYOKO WAN.
DER NINJA ...
... FUUTA JINRAI.
DIE MASKEN-BILDNERIN ...
... TOKINORI SENZAKA.

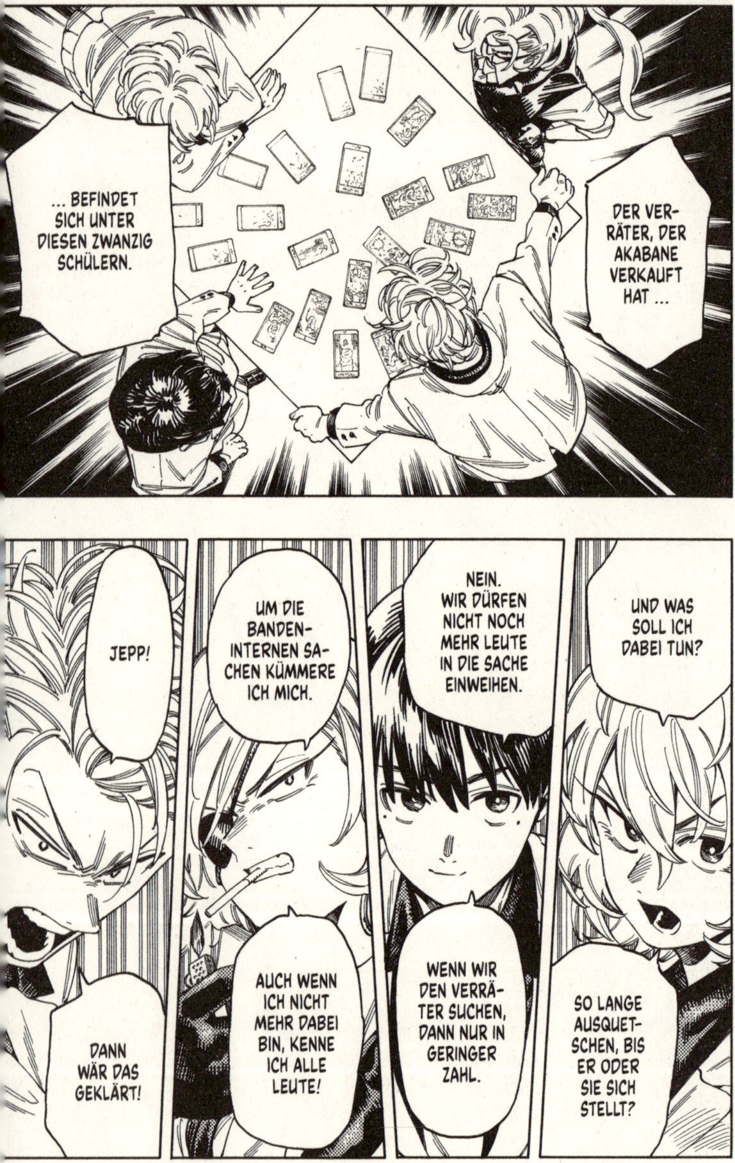

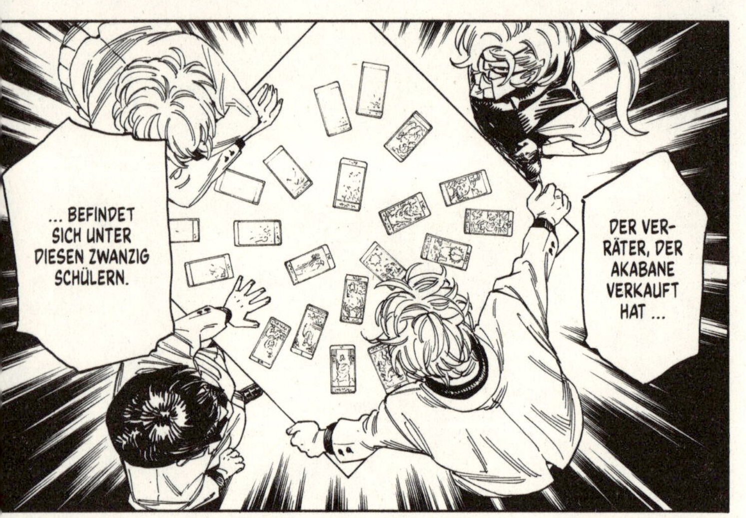
DER VERRÄTER, DER AKABANE VERKAUFT HAT ...
... BEFINDET SICH UNTER DIESEN ZWANZIG SCHÜLERN.

UND WAS SOLL ICH DABEI TUN?
SO LANGE AUSQUETSCHEN, BIS ER ODER SIE SICH STELLT?
NEIN. WIR DÜRFEN NICHT NOCH MEHR LEUTE IN DIE SACHE EINWEIHEN.
WENN WIR DEN VERRÄTER SUCHEN, DANN NUR IN GERINGER ZAHL.
UM DIE BANDENINTERNEN SACHEN KÜMMERE ICH MICH.
AUCH WENN ICH NICHT MEHR DABEI BIN, KENNE ICH ALLE LEUTE!
JEPP!
DANN WÄR DAS GEKLÄRT!

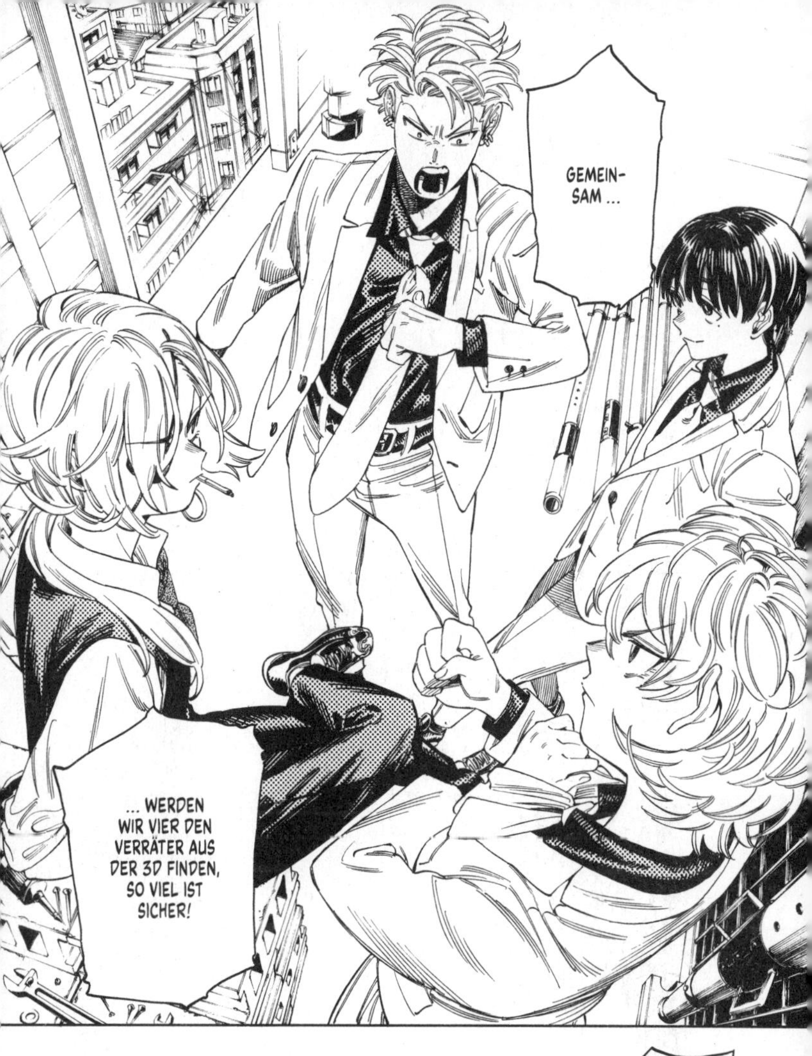

GEMEINSAM ...

... WERDEN WIR VIER DEN VERRÄTER AUS DER 3D FINDEN, SO VIEL IST SICHER!

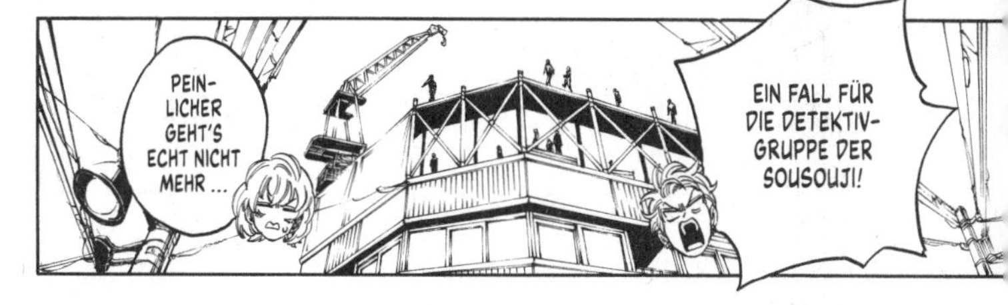

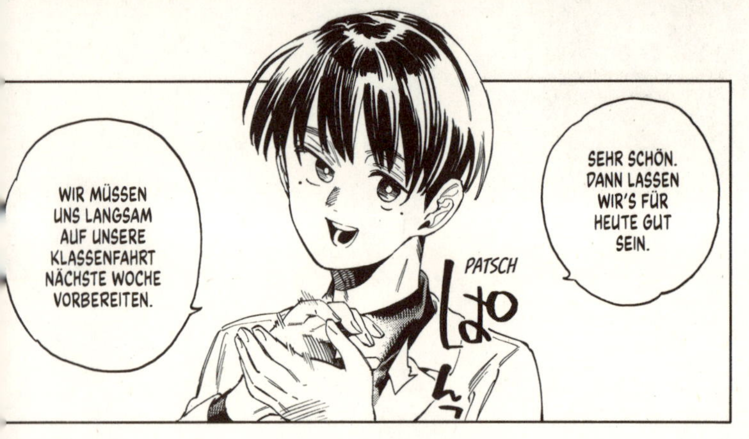
SEHR SCHÖN. DANN LASSEN WIR'S FÜR HEUTE GUT SEIN.
PATSCH
WIR MÜSSEN UNS LANGSAM AUF UNSERE KLASSENFAHRT NÄCHSTE WOCHE VORBEREITEN.
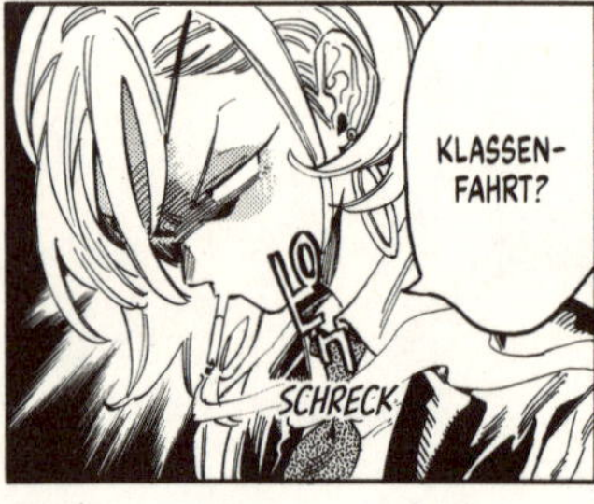
KLASSEN-FAHRT?
SCHRECK
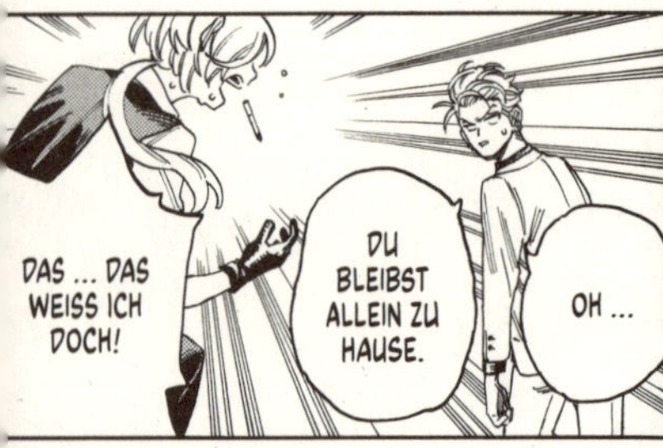
OH ...
DU BLEIBST ALLEIN ZU HAUSE.
DAS ... DAS WEISS ICH DOCH!
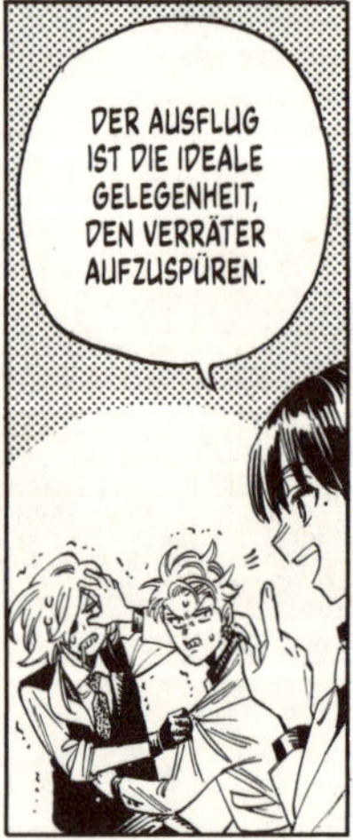
DER AUSFLUG IST DIE IDEALE GELEGENHEIT, DEN VERRÄTER AUFZUSPÜREN.
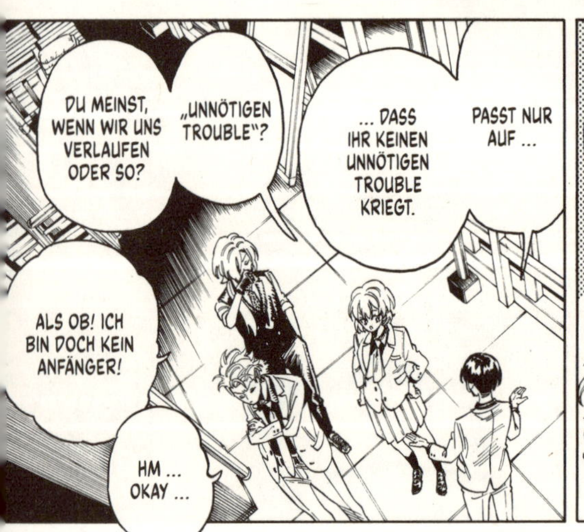
PASST NUR AUF ...
... DASS IHR KEINEN UNNÖTIGEN TROUBLE KRIEGT.
„UNNÖTIGEN TROUBLE"?
DU MEINST, WENN WIR UNS VERLAUFEN ODER SO?
ALS OB! ICH BIN DOCH KEIN ANFÄNGER!
HM ... OKAY ...

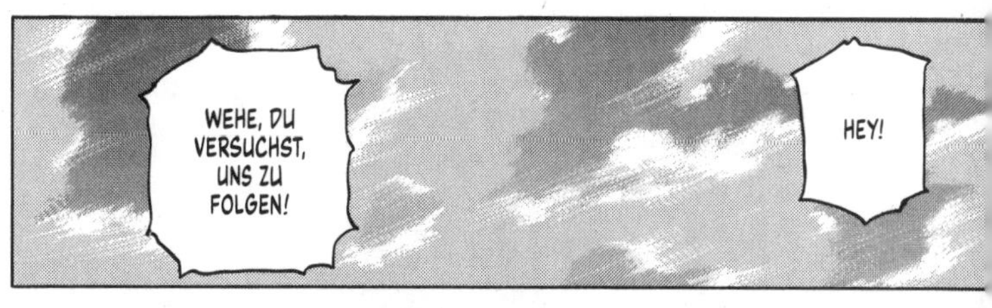

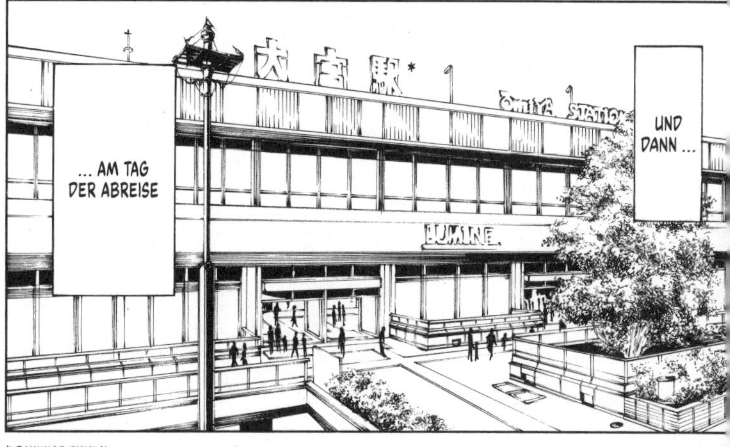

* BAHNHOF OHMIYA

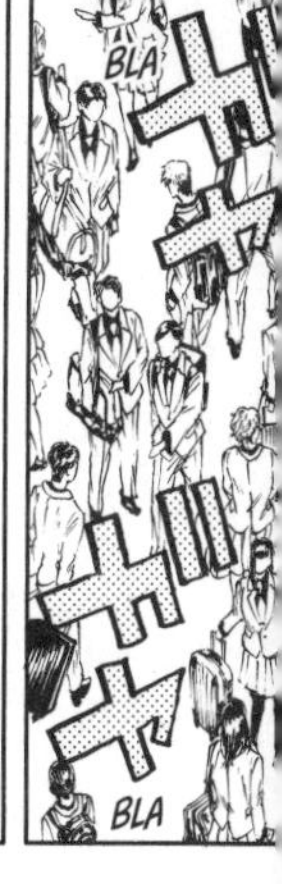

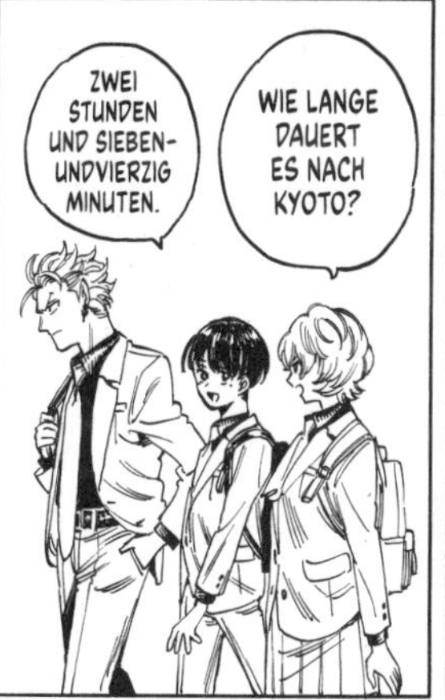

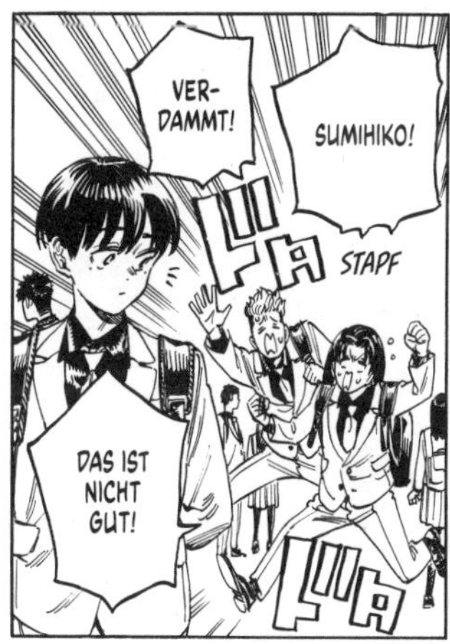

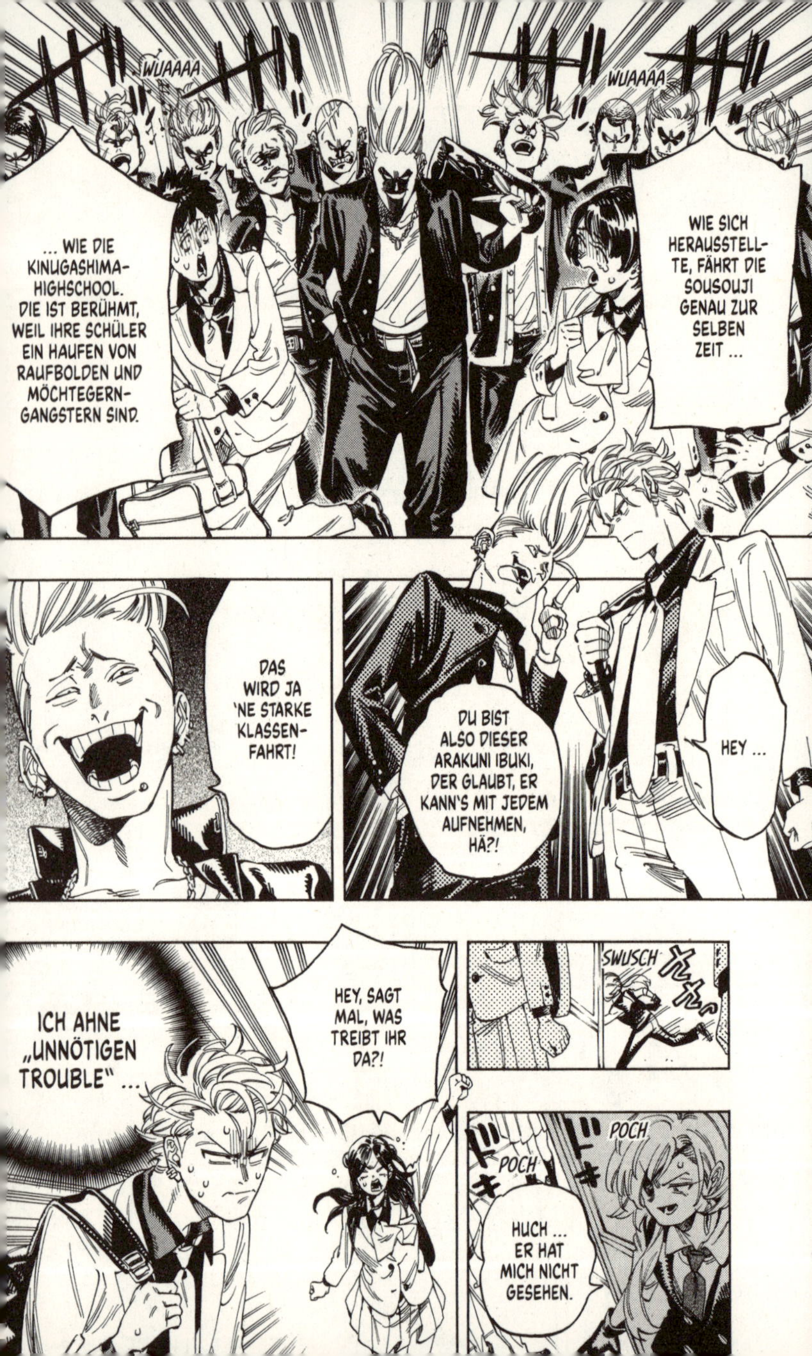
WUAAAA
WUAAAA
WIE SICH HERAUSSTELLTE, FÄHRT DIE SOUSOUJI GENAU ZUR SELBEN ZEIT ...
... WIE DIE KINUGASHIMA-HIGHSCHOOL. DIE IST BERÜHMT, WEIL IHRE SCHÜLER EIN HAUFEN VON RAUFBOLDEN UND MÖCHTEGERN-GANGSTERN SIND.
HEY ...
DU BIST ALSO DIESER ARAKUNI IBUKI, DER GLAUBT, ER KANN'S MIT JEDEM AUFNEHMEN, HÄ?!
DAS WIRD JA 'NE STARKE KLASSENFAHRT!
SWUSCH
POCH
POCH
HUCH ... ER HAT MICH NICHT GESEHEN.
HEY, SAGT MAL, WAS TREIBT IHR DA?!
ICH AHNE „UNNÖTIGEN TROUBLE" ...

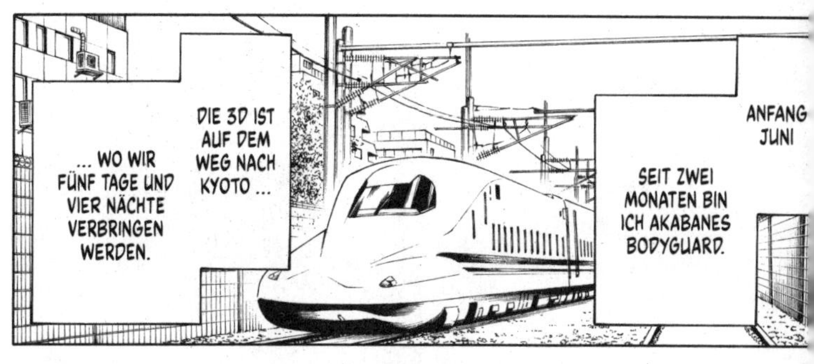

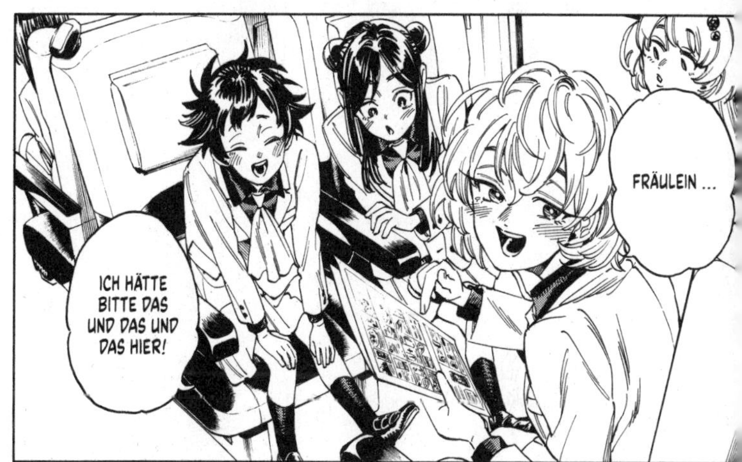

KAPITEL 13: DIE VERRÜCKTEN KIDS AUS DER KINUGASHIMA-HIG

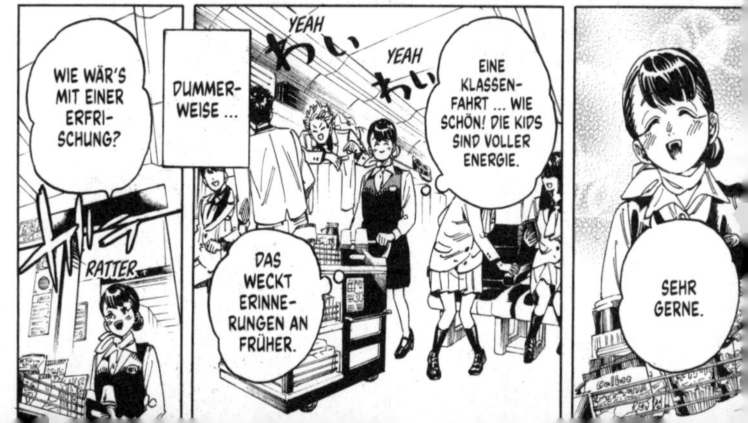

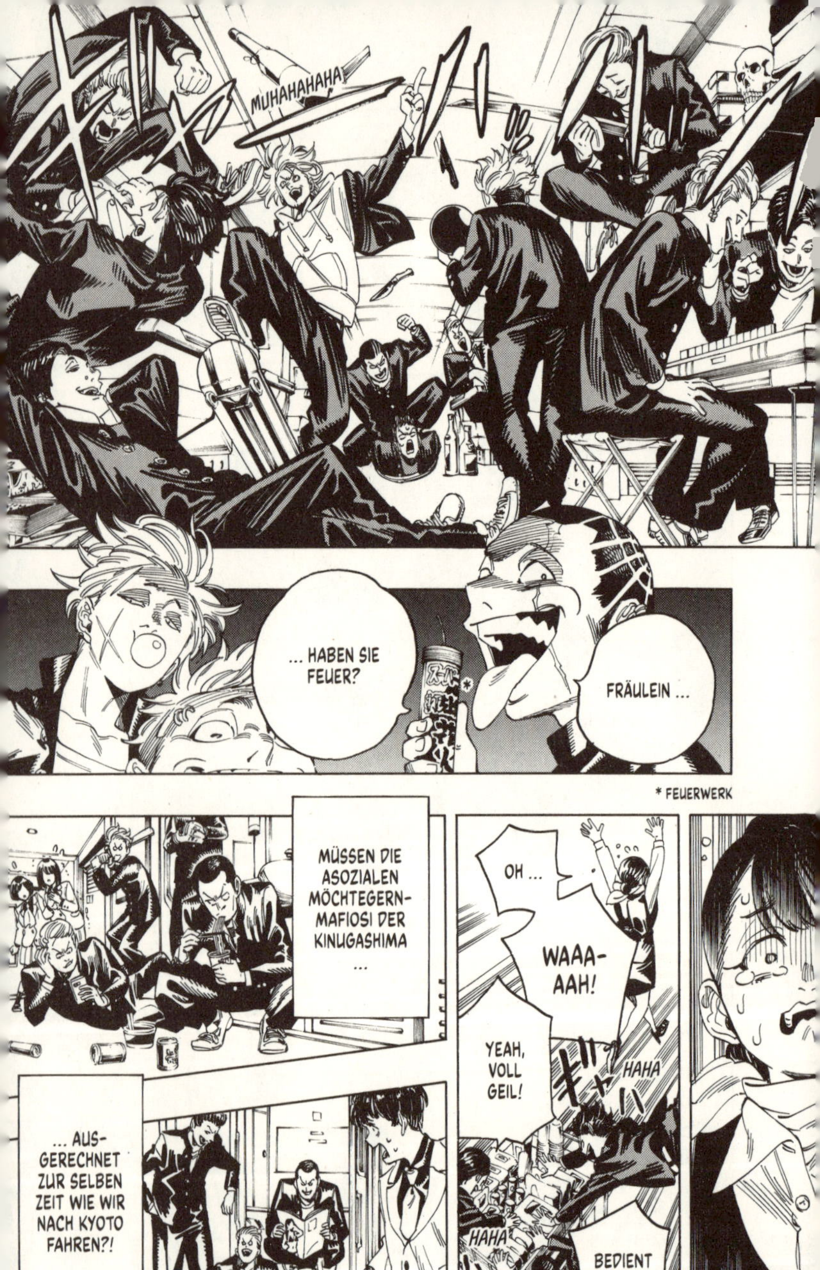

MUHAHAHAHA
FRÄULEIN ...
... HABEN SIE FEUER?
* FEUERWERK
OH ...
WAAA-AAH!
YEAH, VOLL GEIL!
HAHA
HAHA
BEDIENT EUCH!
MÜSSEN DIE ASOZIALEN MÖCHTEGERN-MAFIOSI DER KINUGASHIMA ...
... AUS-GERECHNET ZUR SELBEN ZEIT WIE WIR NACH KYOTO FAHREN?!

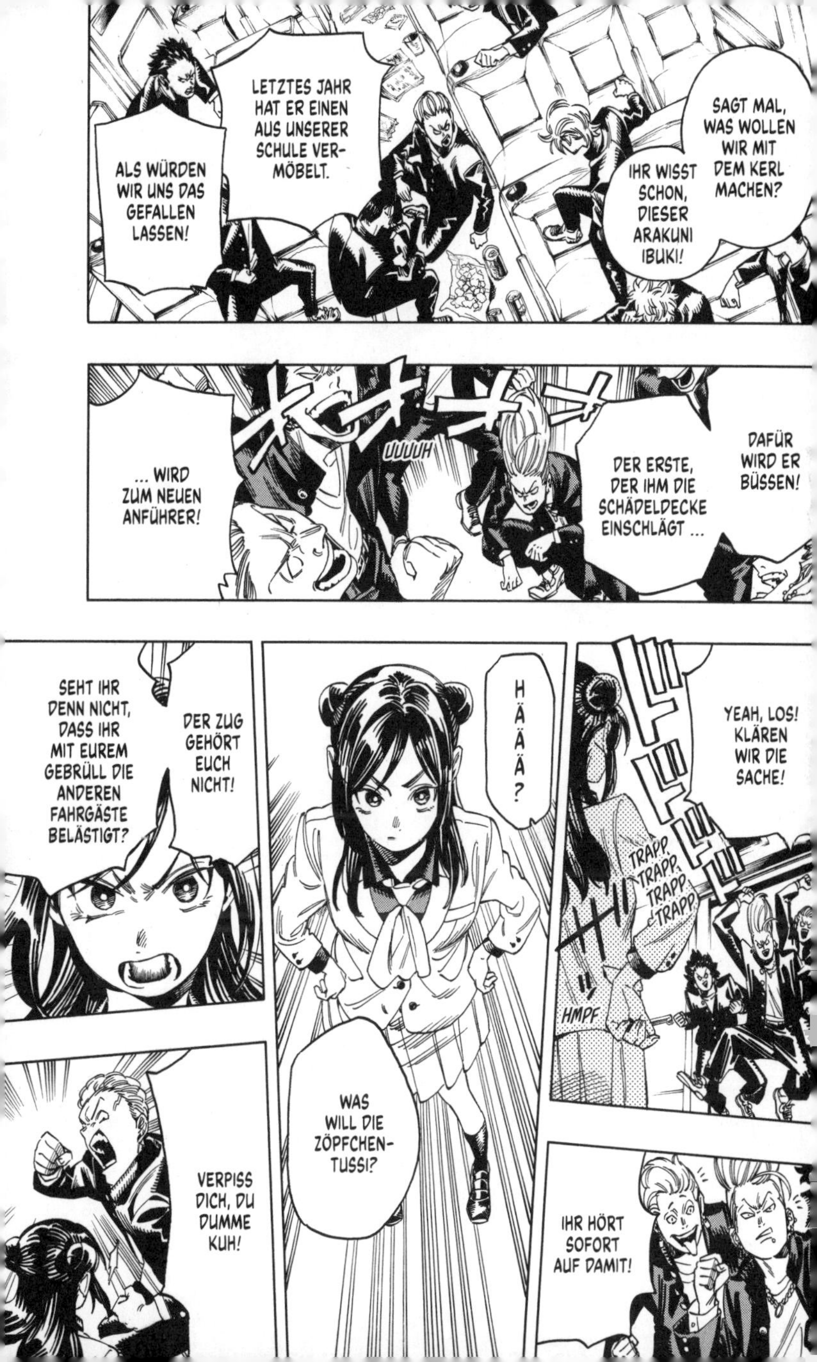

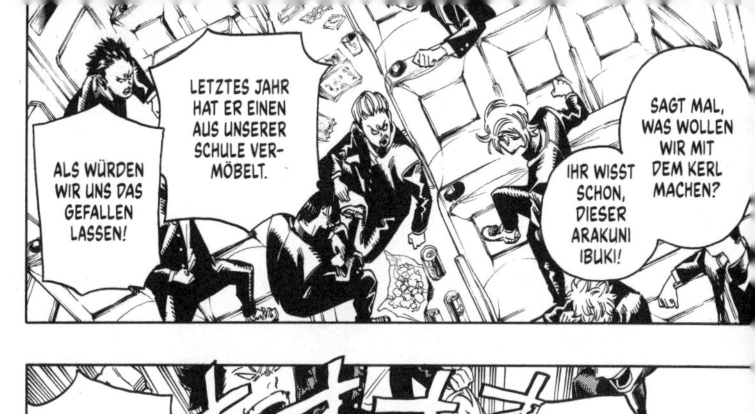

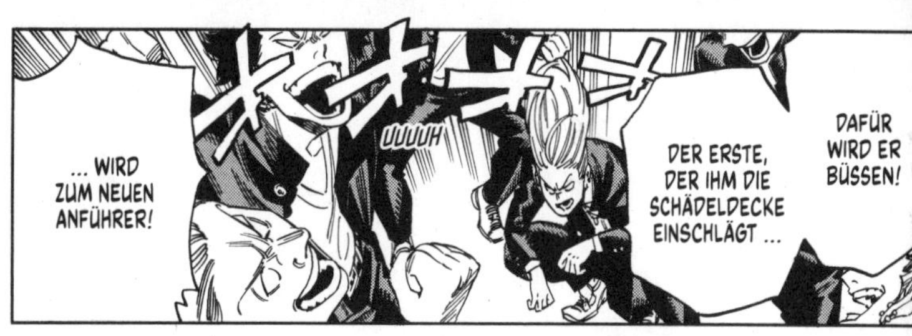

YEAH, LOS! KLÄREN WIR DIE SACHE!

TRAPP TRAPP TRAPP TRAPP

HMPF

HÄÄÄ?

WAS WILL DIE ZÖPFCHEN-TUSSI?

DER ZUG GEHÖRT EUCH NICHT!

SEHT IHR DENN NICHT, DASS IHR MIT EUREM GEBRÜLL DIE ANDEREN FAHRGÄSTE BELÄSTIGT?

IHR HÖRT SOFORT AUF DAMIT!

VERPISS DICH, DU DUMME KUH!

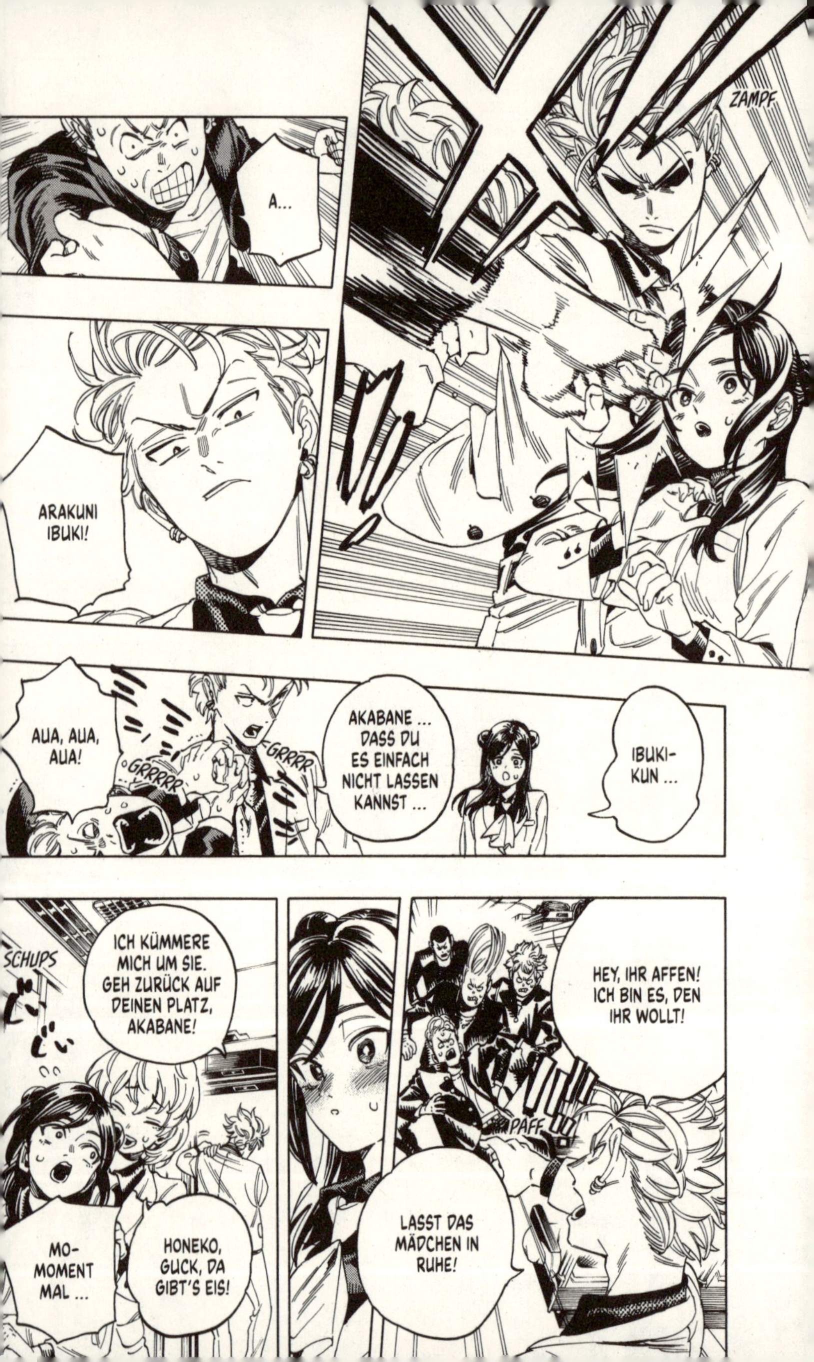

ZAMPF

A...

ARAKUNI IBUKI!

IBUKI-KUN ...

AKABANE ... DASS DU ES EINFACH NICHT LASSEN KANNST ...

GRRRR

AUA, AUA, AUA!

GRRRRR

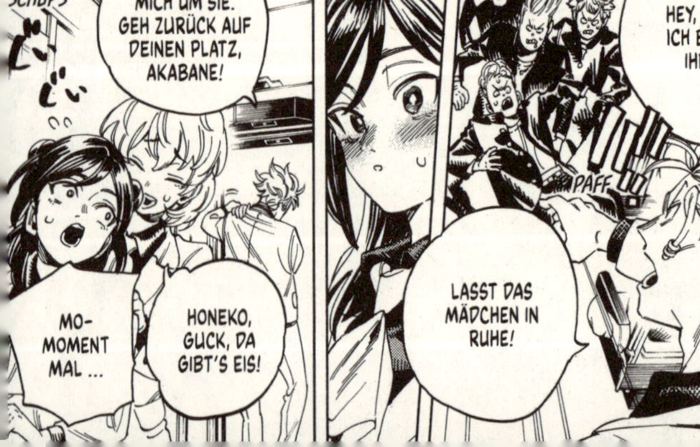

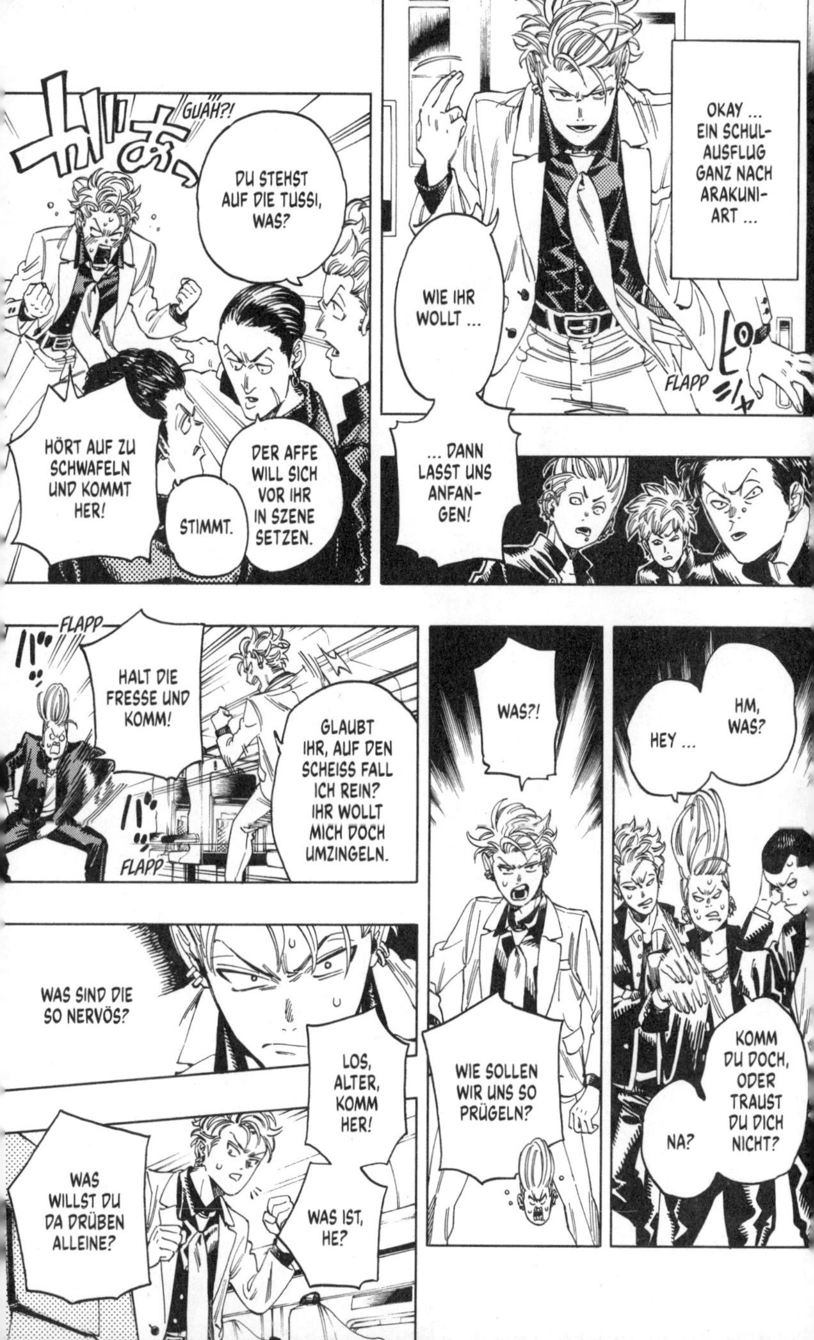
OKAY … EIN SCHULAUSFLUG GANZ NACH ARAKUNI-ART …
WIE IHR WOLLT …
FLAPP
… DANN LASST UNS ANFANGEN!
GUÄH?!
DU STEHST AUF DIE TUSSI, WAS?
DER AFFE WILL SICH VOR IHR IN SZENE SETZEN.
STIMMT.
HÖRT AUF ZU SCHWAFELN UND KOMMT HER!
HEY …
HM, WAS?
WAS?!
GLAUBT IHR, AUF DEN SCHEISS FALL ICH REIN? IHR WOLLT MICH DOCH UMZINGELN.
FLAPP
HALT DIE FRESSE UND KOMM!
FLAPP
KOMM DU DOCH, ODER TRAUST DU DICH NICHT?
NA?
WIE SOLLEN WIR UNS SO PRÜGELN?
WAS SIND DIE SO NERVÖS?
LOS, ALTER, KOMM HER!
WAS IST, HE?
WAS WILLST DU DA DRÜBEN ALLEINE?

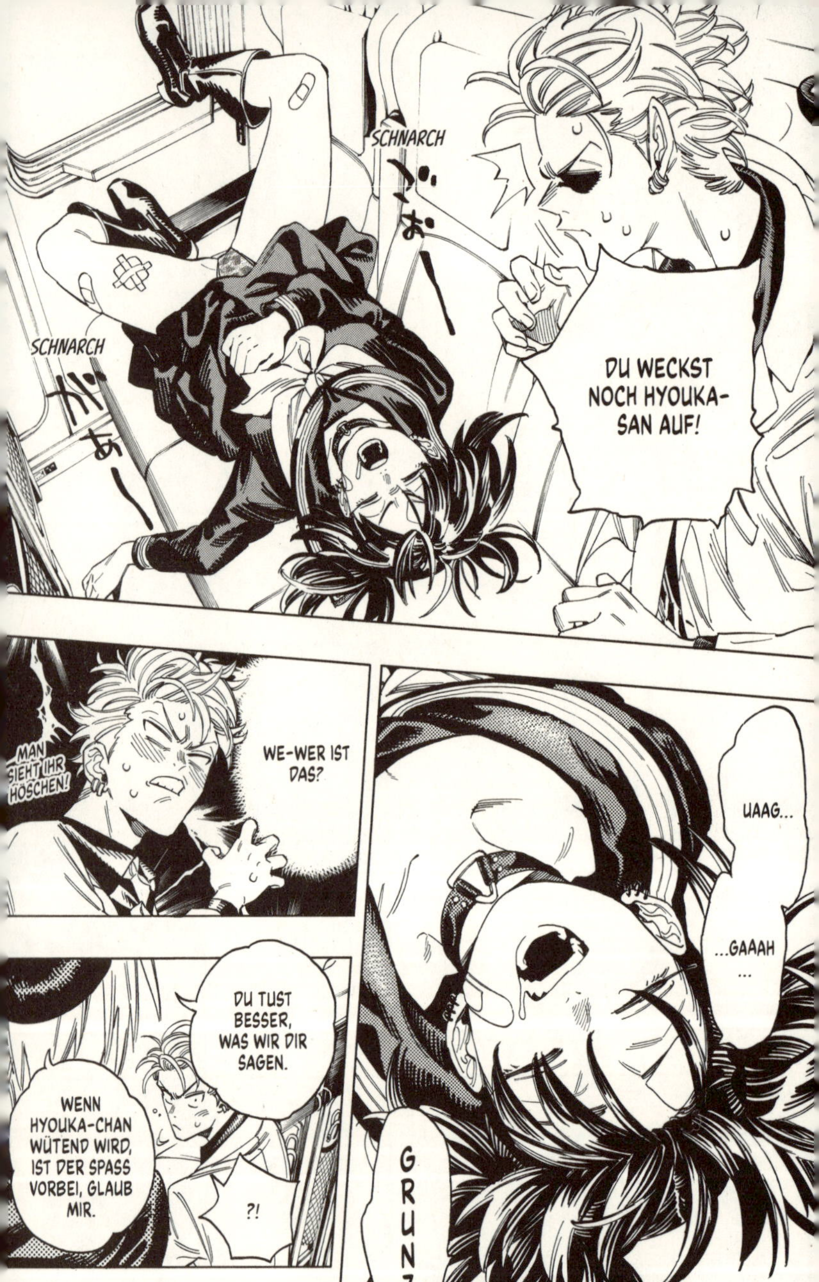
DU WECKST NOCH HYOUKA-SAN AUF!
SCHNARCH
SCHNARCH
UAAG...
...GAAAH...
GRUNZ
WE-WER IST DAS?
MAN SIEHT IHR HÖSCHEN!
DU TUST BESSER, WAS WIR DIR SAGEN.
WENN HYOUKA-CHAN WÜTEND WIRD, IST DER SPASS VORBEI, GLAUB MIR.
?!

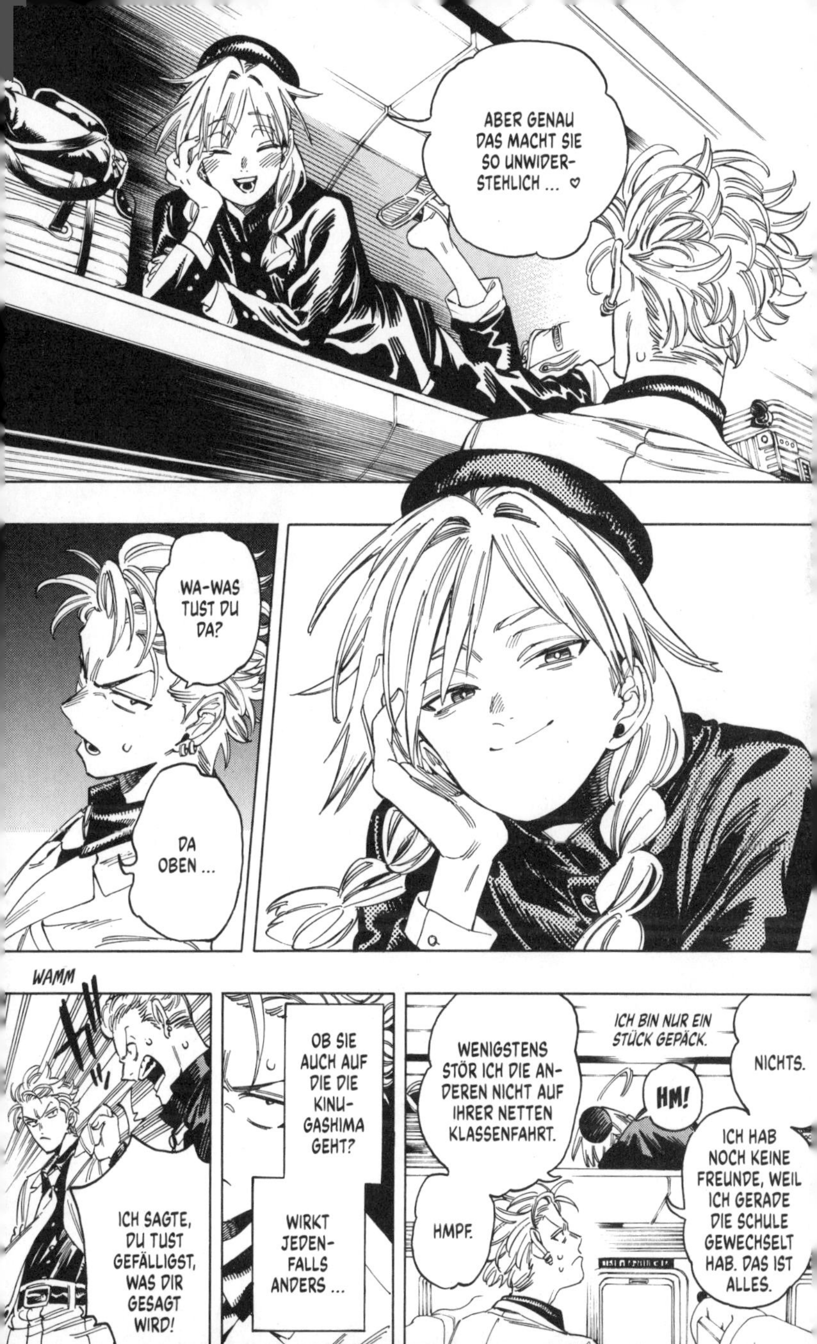

ABER GENAU DAS MACHT SIE SO UNWIDER-STEHLICH ... ♡
WA-WAS TUST DU DA?
DA OBEN ...
WAMM
ICH SAGTE, DU TUST GEFÄLLIGST, WAS DIR GESAGT WIRD!
OB SIE AUCH AUF DIE DIE KINU-GASHIMA GEHT?
WIRKT JEDEN-FALLS ANDERS ...
NICHTS.
ICH BIN NUR EIN STÜCK GEPÄCK.
HM!
ICH HAB NOCH KEINE FREUNDE, WEIL ICH GERADE DIE SCHULE GEWECHSELT HAB. DAS IST ALLES.
WENIGSTENS STÖR ICH DIE AN-DEREN NICHT AUF IHRER NETTEN KLASSENFAHRT.
HMPF.

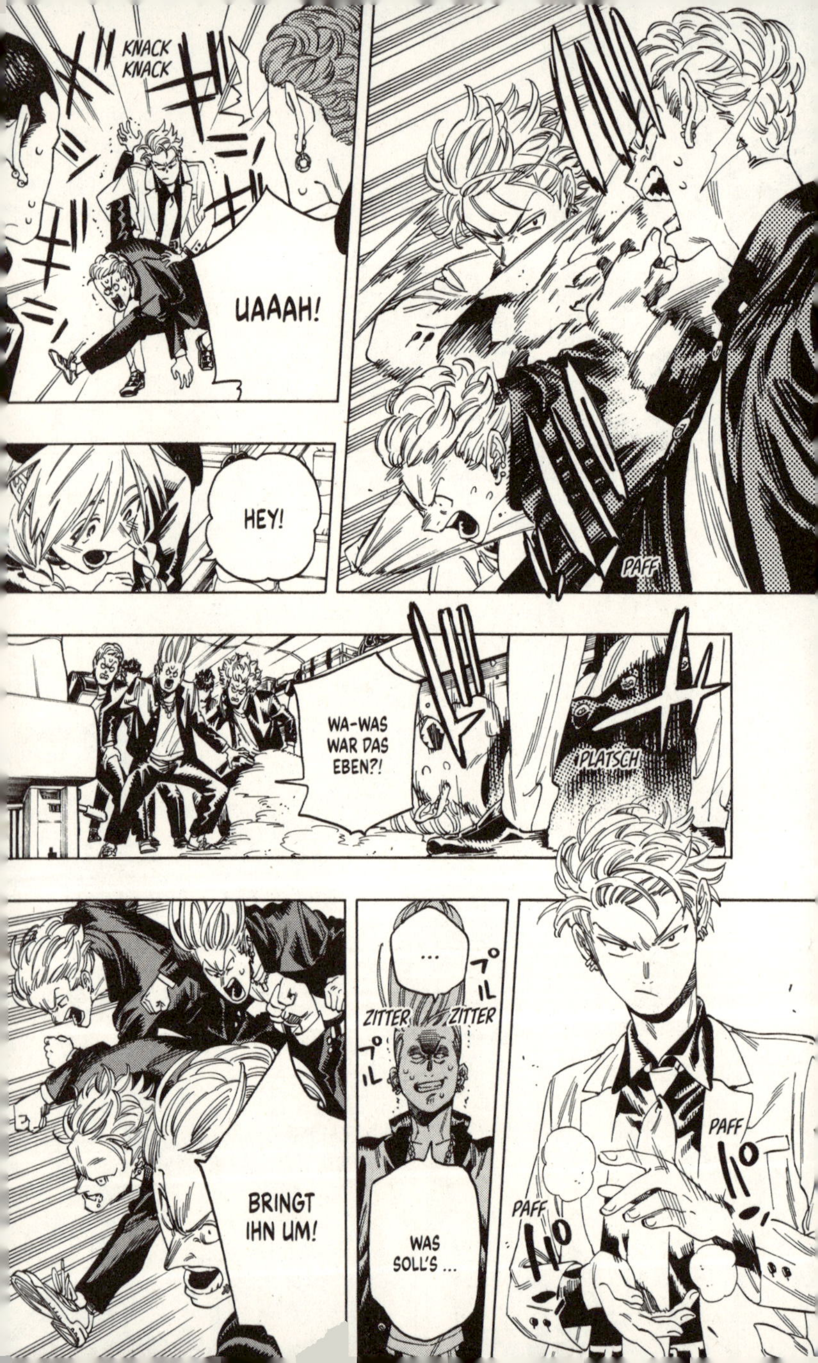
PAFF
KNACK KNACK
UAAAH!
HEY!
PLATSCH
WA-WAS WAR DAS EBEN?!
PAFF
PAFF
...
プル
ZITTER
ZITTER
プル
WAS SOLL'S ...
BRINGT IHN UM!

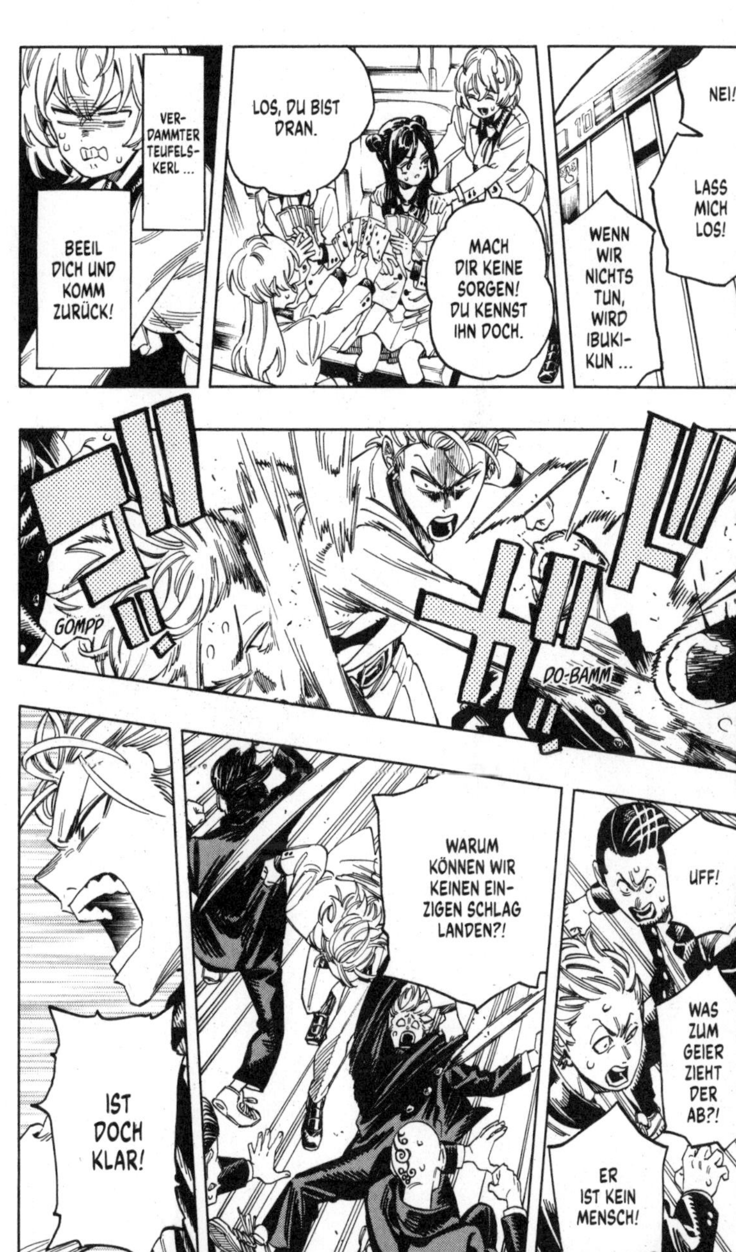
NEI!
LASS MICH LOS!
WENN WIR NICHTS TUN, WIRD IBUKI-KUN ...
LOS, DU BIST DRAN.
MACH DIR KEINE SORGEN! DU KENNST IHN DOCH.
VERDAMMTER TEUFELSKERL ...
BEEIL DICH UND KOMM ZURÜCK!
DO-BAMM
GOMPP
UFF!
WAS ZUM GEIER ZIEHT DER AB?!
ER IST KEIN MENSCH!
WARUM KÖNNEN WIR KEINEN EINZIGEN SCHLAG LANDEN?!
IST DOCH KLAR!

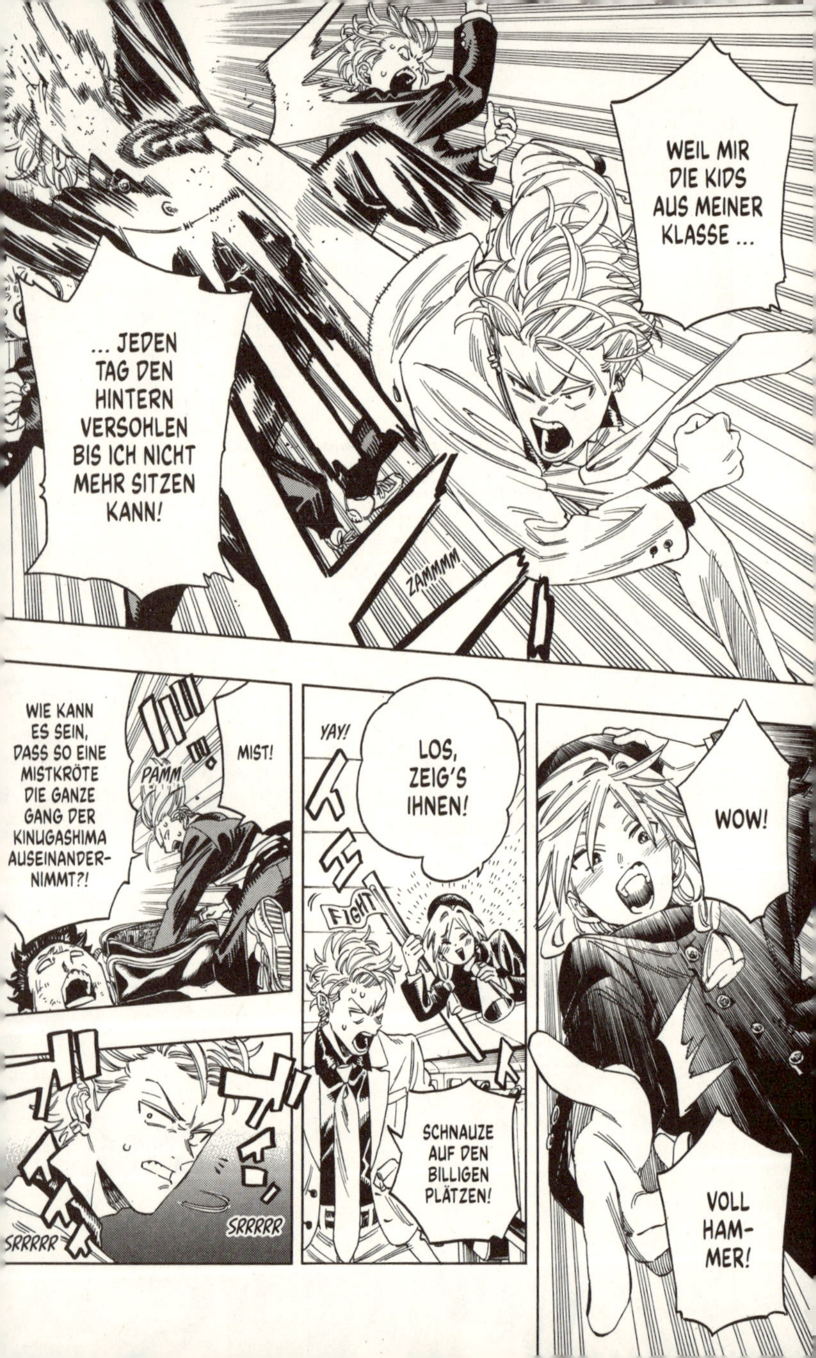
WEIL MIR DIE KIDS AUS MEINER KLASSE ...
... JEDEN TAG DEN HINTERN VERSOHLEN BIS ICH NICHT MEHR SITZEN KANN!
ZAMMMM
WOW!
VOLL HAM-MER!
LOS, ZEIG'S IHNEN!
YAY!
FIGHT
SCHNAUZE AUF DEN BILLIGEN PLÄTZEN!
MIST!
PAMM
WIE KANN ES SEIN, DASS SO EINE MISTKRÖTE DIE GANZE GANG DER KINUGASHIMA AUSEINANDER-NIMMT?!
SRRRRR
SRRRRR

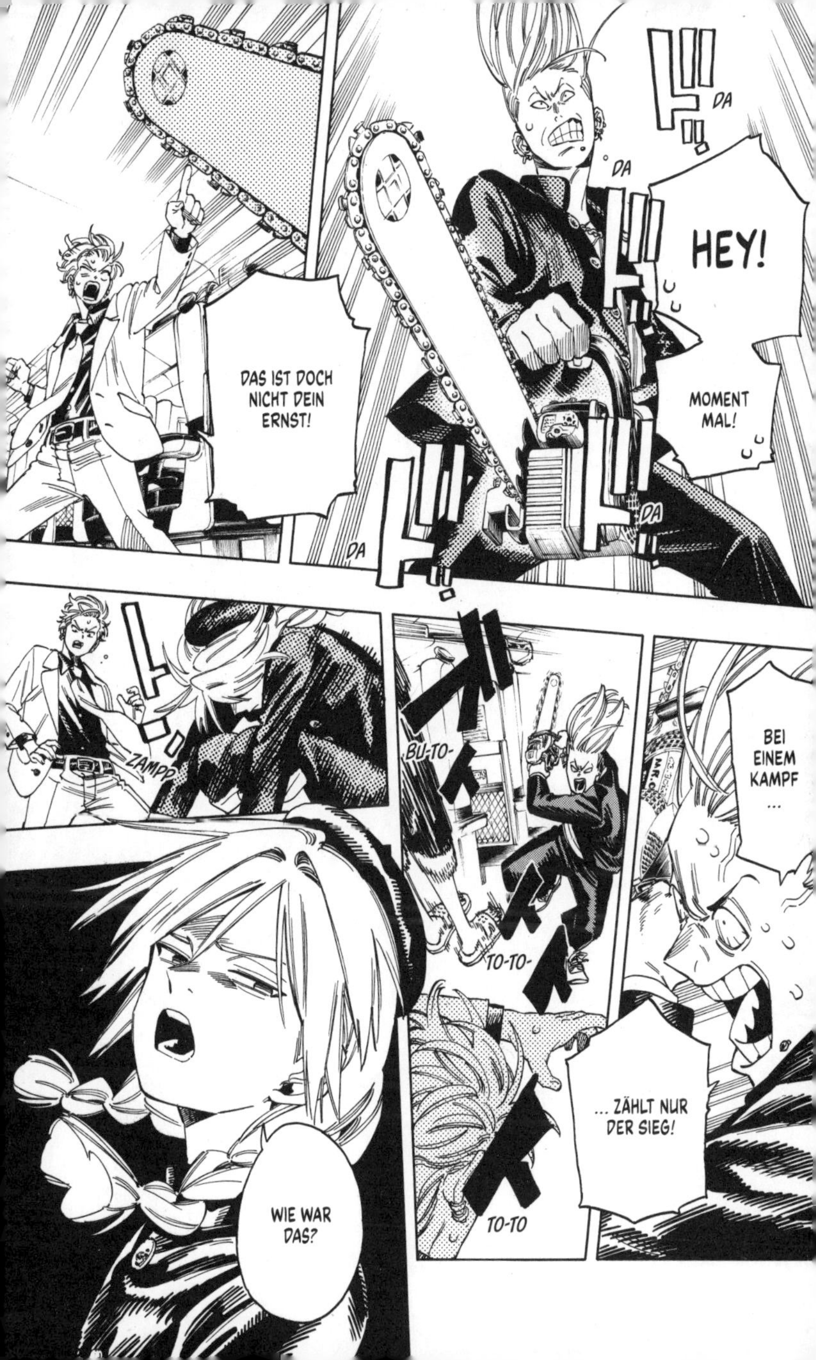
DA
DA
HEY!
MOMENT MAL!
DA
DA
DAS IST DOCH NICHT DEIN ERNST!
BEI EINEM KAMPF ...
... ZÄHLT NUR DER SIEG!
BU-TO-
TO-TO-
TO-TO
ZAMPP
WIE WAR DAS?

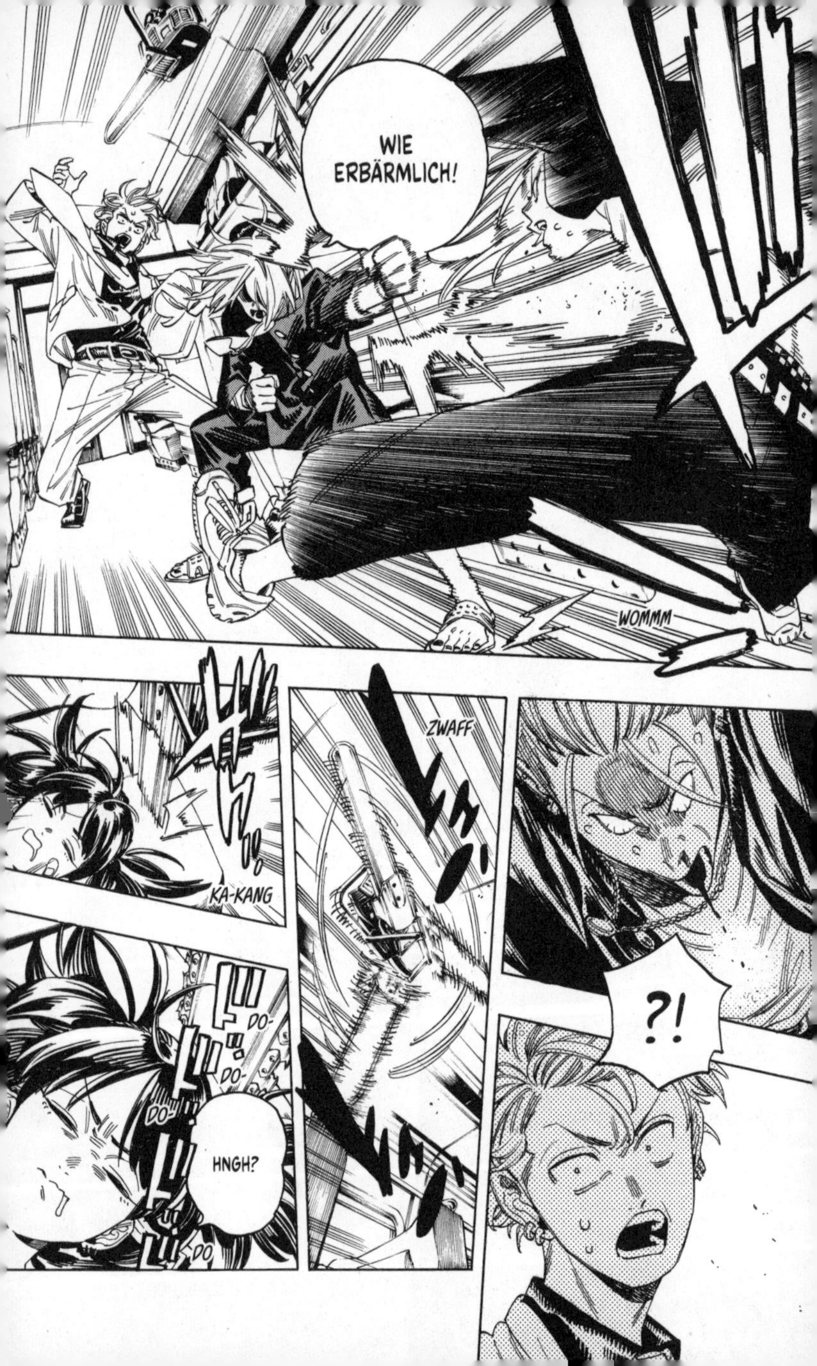
WIE ERBÄRMLICH!
WOMMM
ZWAFF
KA-KANG
?!
DO-
DO-
DO-
DO
HNGH?

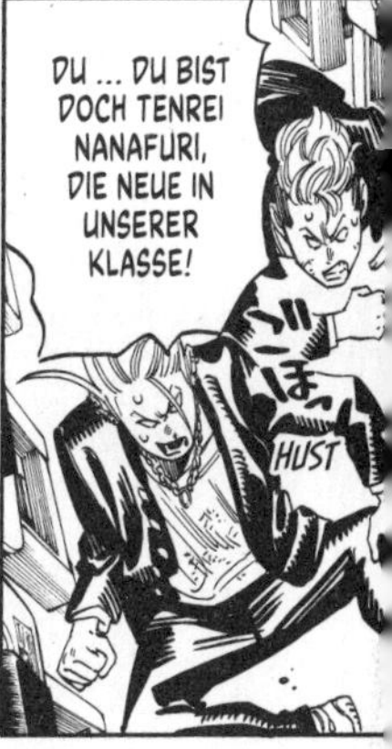
DU ... DU BIST DOCH TENREI NANAFURI, DIE NEUE IN UNSERER KLASSE!
HUST

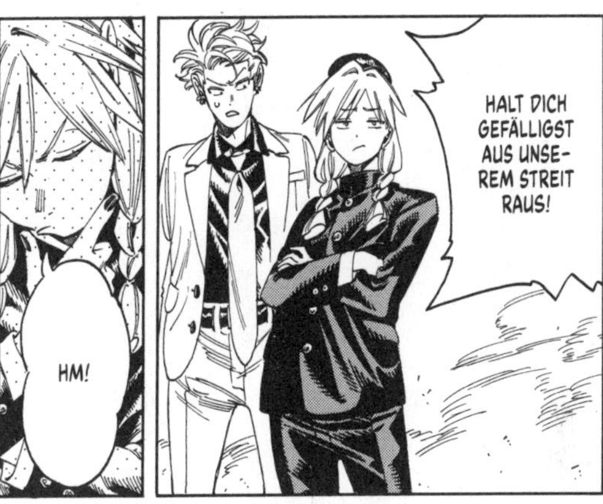
HALT DICH GEFÄLLIGST AUS UNSE-REM STREIT RAUS!
HM!

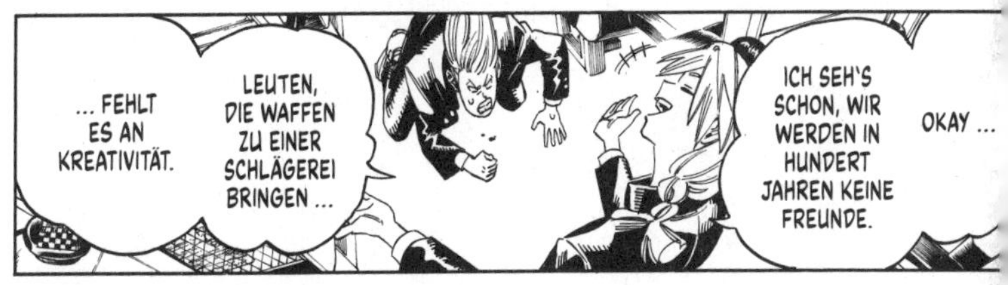
OKAY ...
ICH SEH'S SCHON, WIR WERDEN IN HUNDERT JAHREN KEINE FREUNDE.
LEUTEN, DIE WAFFEN ZU EINER SCHLÄGEREI BRINGEN ...
... FEHLT ES AN KREATIVITÄT.

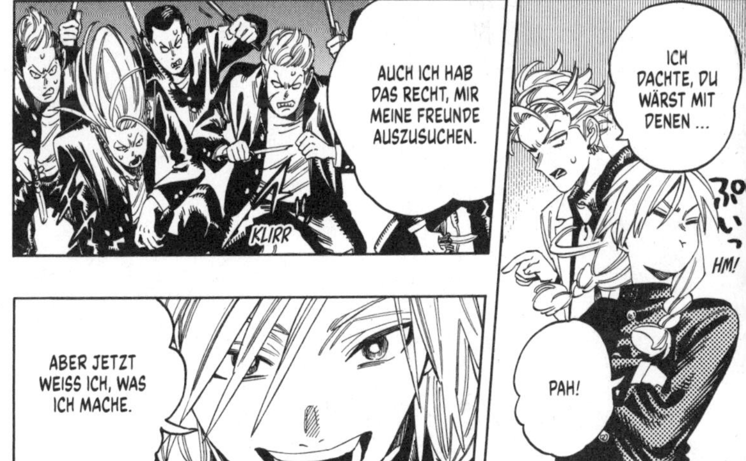
ICH DACHTE, DU WÄRST MIT DENEN ...
HM!
PAH!
AUCH ICH HAB DAS RECHT, MIR MEINE FREUNDE AUSZUSUCHEN.
KLIRR
ABER JETZT WEISS ICH, WAS ICH MACHE.

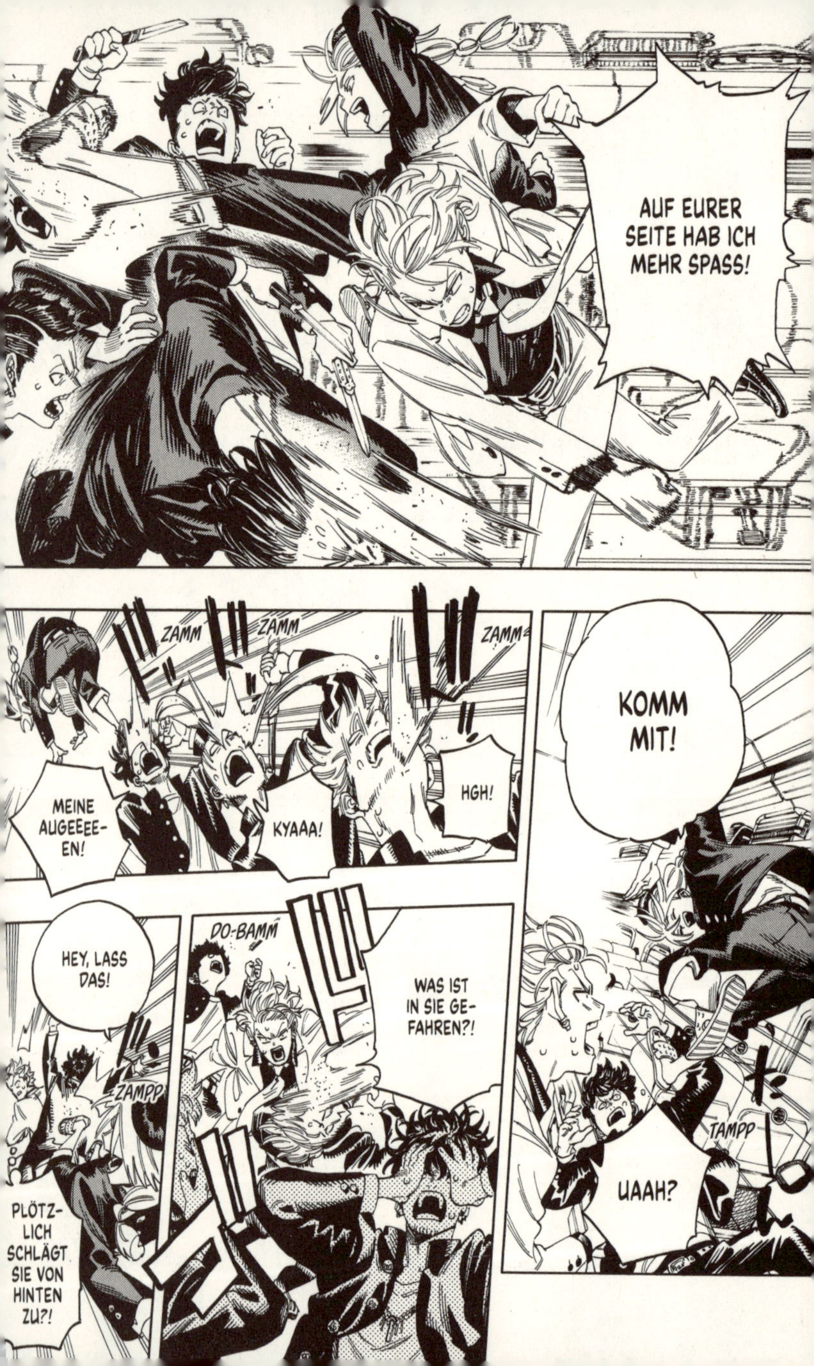
AUF EURER SEITE HAB ICH MEHR SPASS!
KOMM MIT!
TAMPP
UAAH?
ZAMM
ZAMM
ZAMM
HGH!
KYAAA!
MEINE AUGEEEE-EN!
DO-BAMM
WAS IST IN SIE GE-FAHREN?!
HEY, LASS DAS!
ZAMPP
PLÖTZ-LICH SCHLÄGT SIE VON HINTEN ZU?!

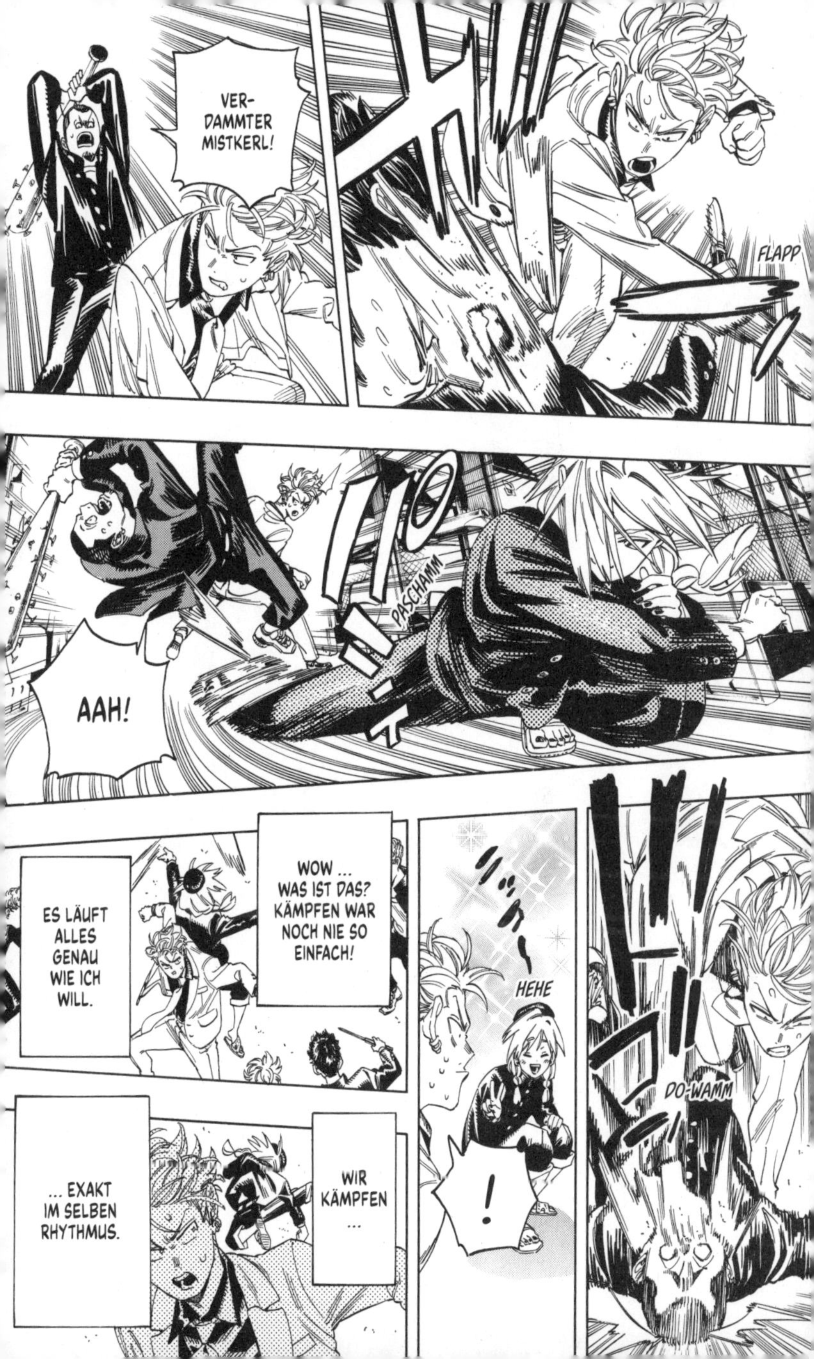
VER-
DAMMTER
MISTKERL!
FLAPP
PASCHAMM
AAH!
WOW ... WAS IST DAS? KÄMPFEN WAR NOCH NIE SO EINFACH!
ES LÄUFT ALLES GENAU WIE ICH WILL.
HEHE
!
DO-WAMM
WIR KÄMPFEN ...
... EXAKT IM SELBEN RHYTHMUS.

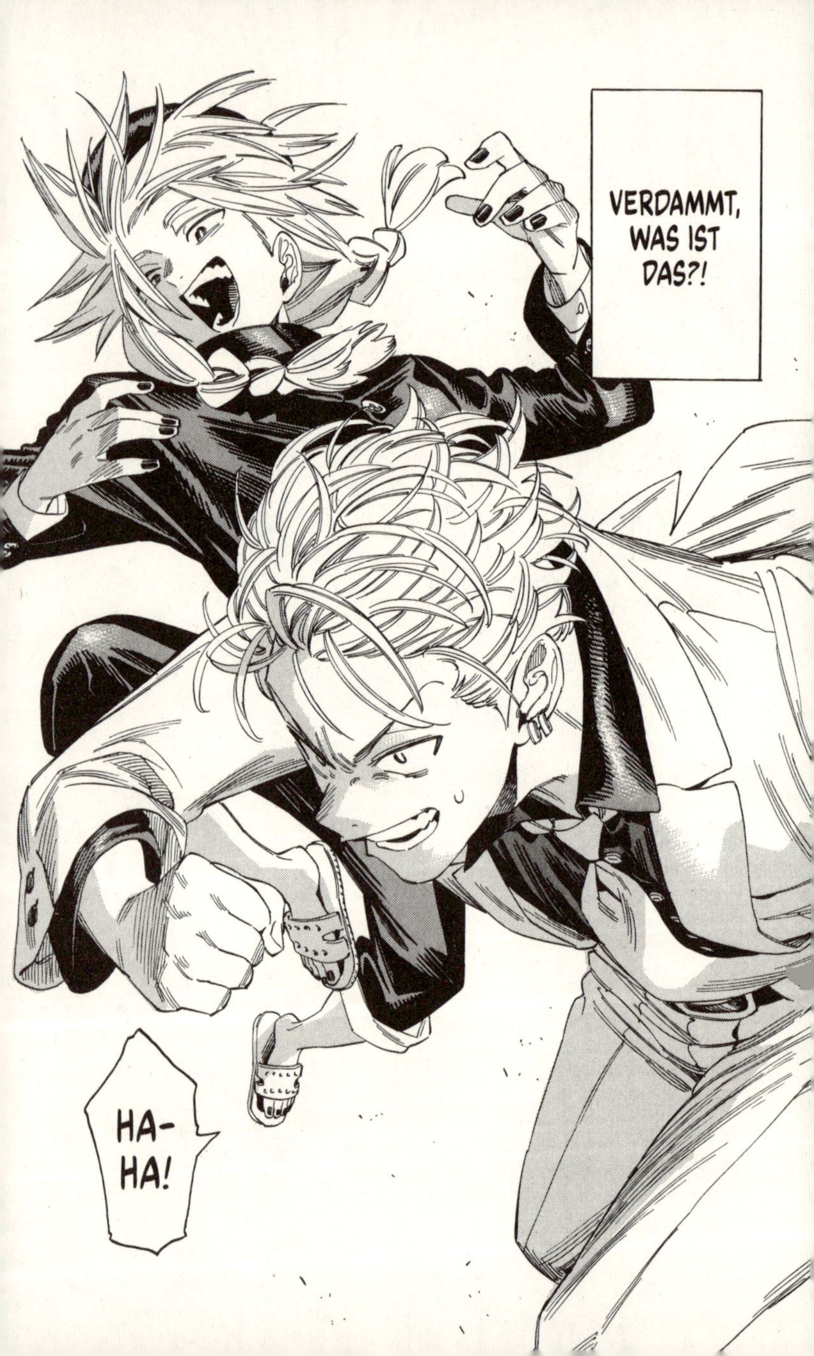
VERDAMMT, WAS IST DAS?!
HA-HA!

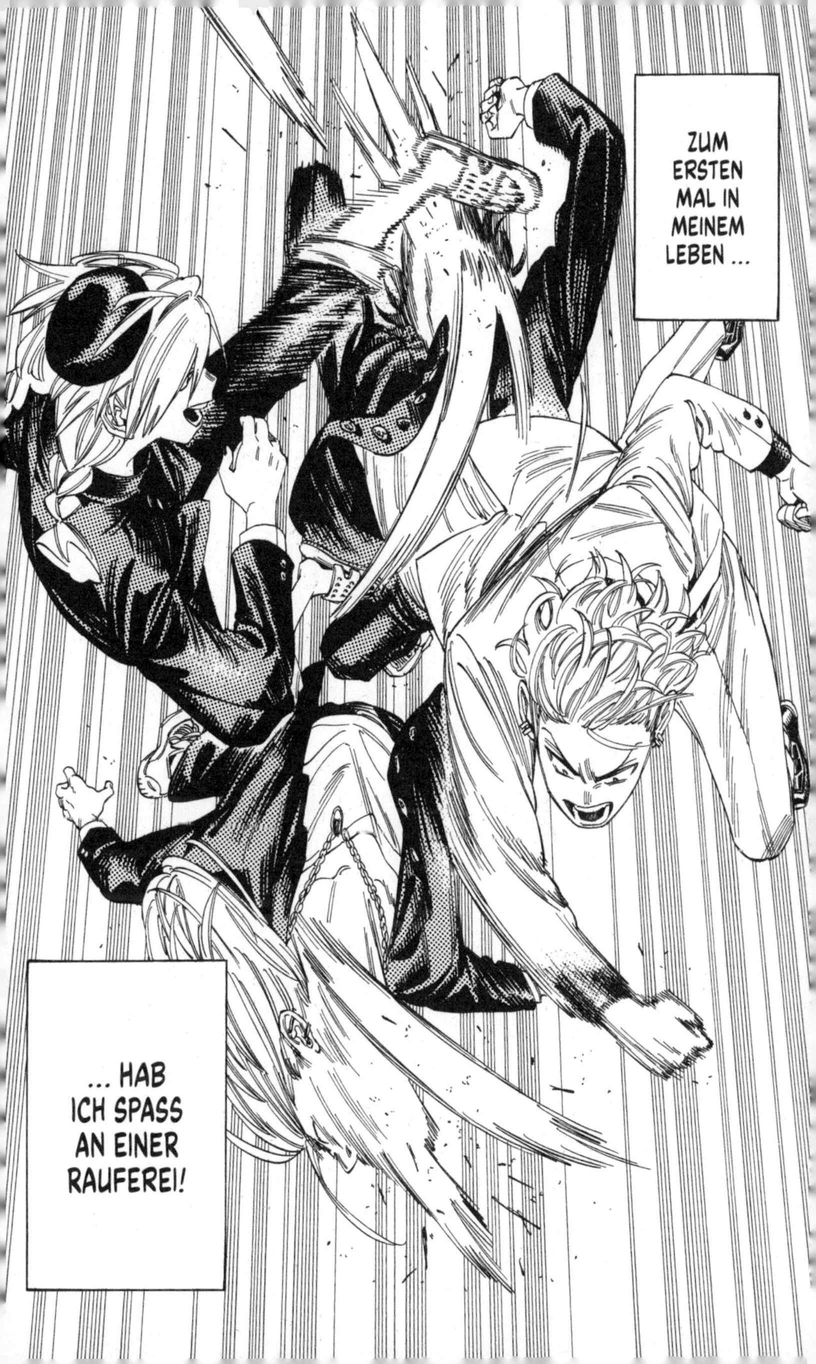
ZUM ERSTEN MAL IN MEINEM LEBEN ...
... HAB ICH SPASS AN EINER RAUFEREI!

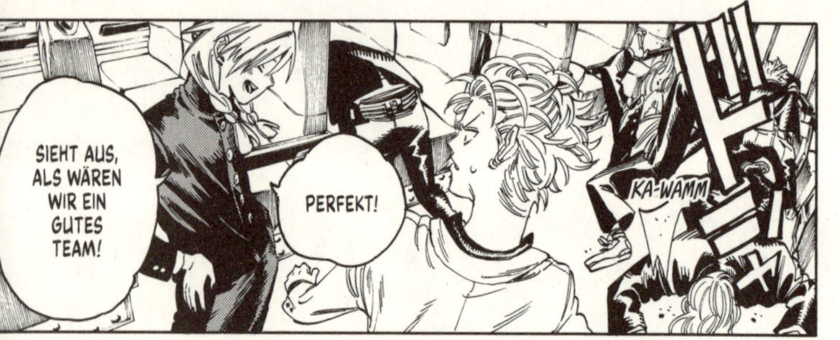
KA-WAMM
PERFEKT!
SIEHT AUS, ALS WÄREN WIR EIN GUTES TEAM!

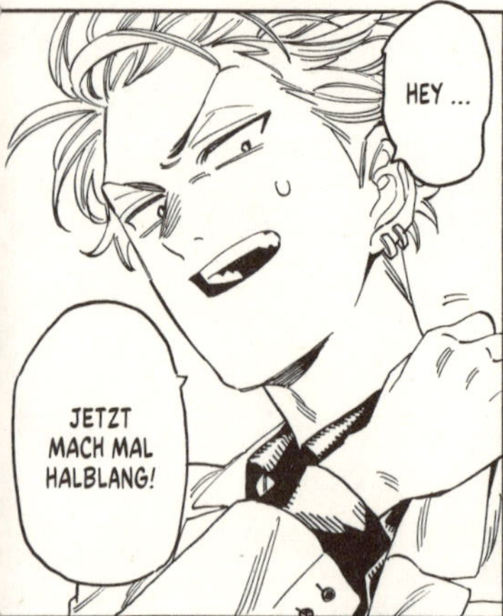
HEY ...
JETZT MACH MAL HALBLANG!

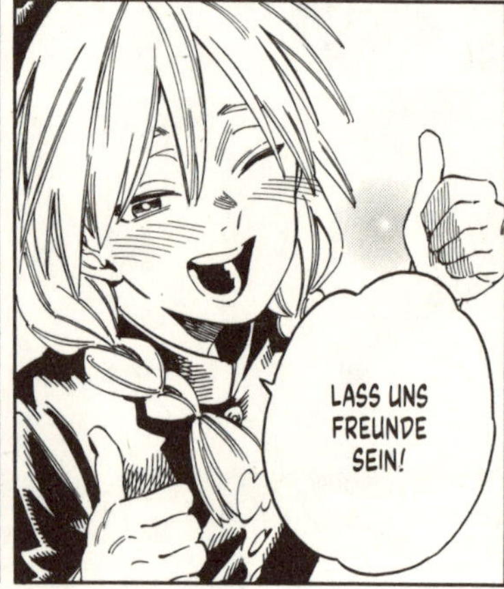
LASS UNS FREUNDE SEIN!

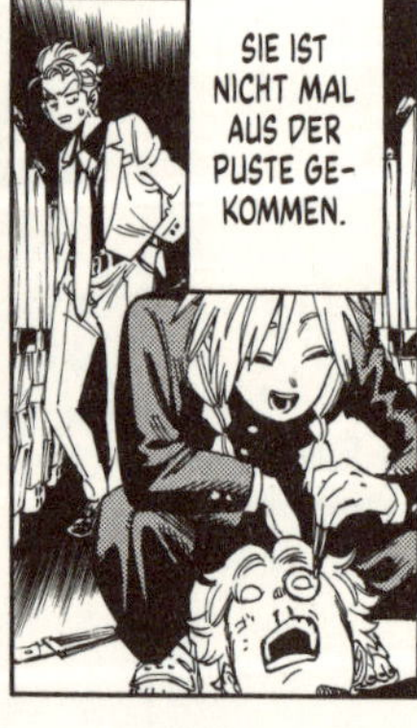
SIE IST NICHT MAL AUS DER PUSTE GE-KOMMEN.

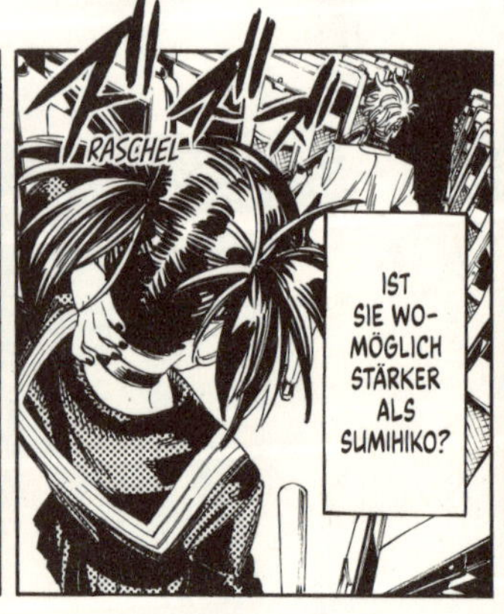
RASCHEL
IST SIE WO-MÖGLICH STÄRKER ALS SUMIHIKO?

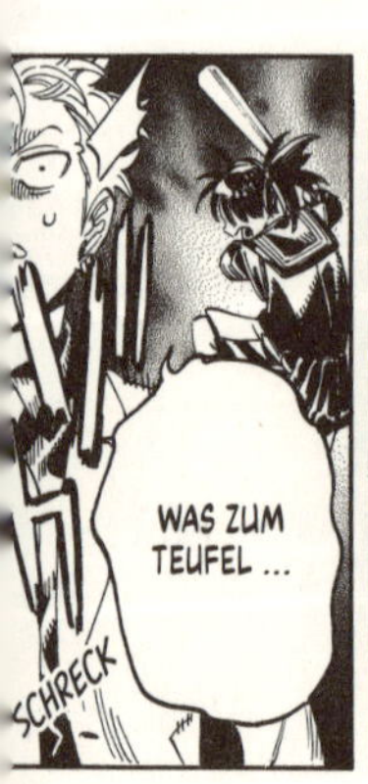
WAS ZUM TEUFEL ...
SCHRECK

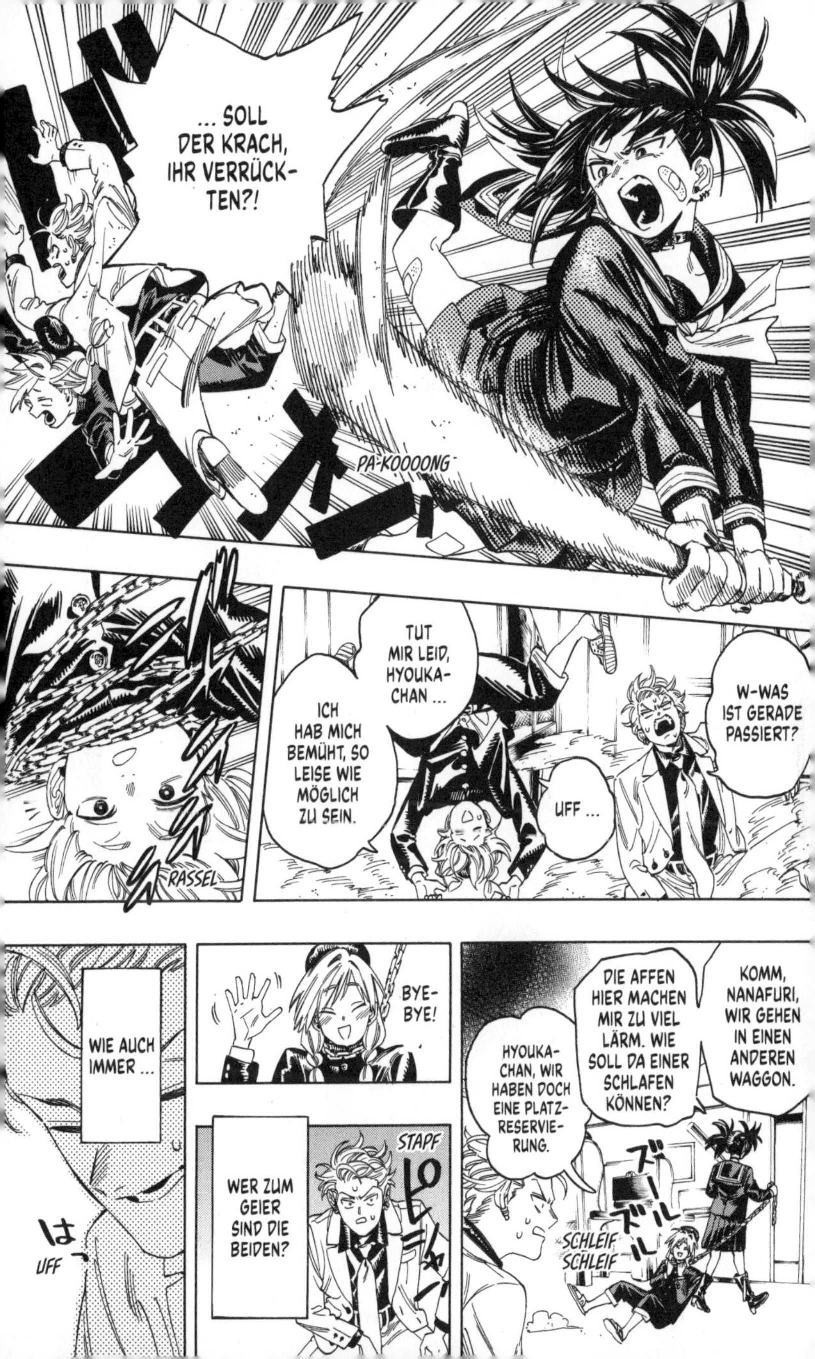
... SOLL DER KRACH, IHR VERRÜCKTEN?!
PA-KOOOONG
W-WAS IST GERADE PASSIERT?
UFF ...
TUT MIR LEID, HYOUKA-CHAN ...
ICH HAB MICH BEMÜHT, SO LEISE WIE MÖGLICH ZU SEIN.
RASSEL
KOMM, NANAFURI, WIR GEHEN IN EINEN ANDEREN WAGGON.
DIE AFFEN HIER MACHEN MIR ZU VIEL LÄRM. WIE SOLL DA EINER SCHLAFEN KÖNNEN?
HYOUKA-CHAN, WIR HABEN DOCH EINE PLATZ-RESERVIERUNG.
SCHLEIF SCHLEIF
BYE-BYE!
STAPF
WER ZUM GEIER SIND DIE BEIDEN?
WIE AUCH IMMER ...
UFF

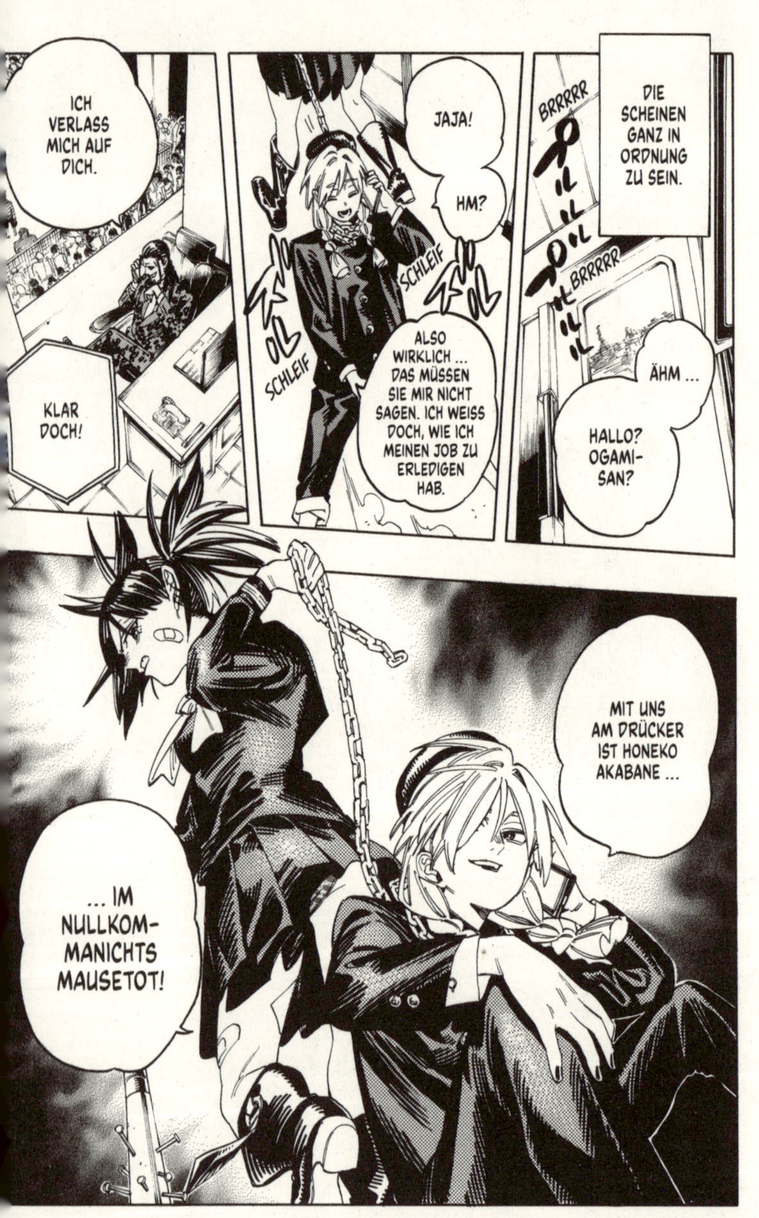
DIE SCHEINEN GANZ IN ORDNUNG ZU SEIN.
BRRRRR
BRRRRR
ÄHM ...
HALLO? OGAMI-SAN?
JAJA!
HM?
SCHLEIF
SCHLEIF
ALSO WIRKLICH ... DAS MÜSSEN SIE MIR NICHT SAGEN. ICH WEISS DOCH, WIE ICH MEINEN JOB ZU ERLEDIGEN HAB.
ICH VERLASS MICH AUF DICH.
KLAR DOCH!
MIT UNS AM DRÜCKER IST HONEKO AKABANE ...
... IM NULLKOMMANICHTS MAUSETOT!

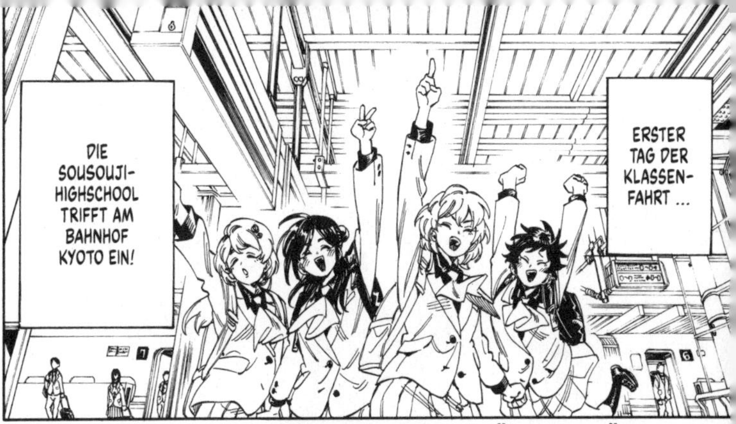

ERSTER TAG DER KLASSENFAHRT ...

DIE SOUSOUJI-HIGHSCHOOL TRIFFT AM BAHNHOF KYOTO EIN!

KAPITEL 14: RIESEN-ENTTÄUSCHUNG FÜR MASACHIK

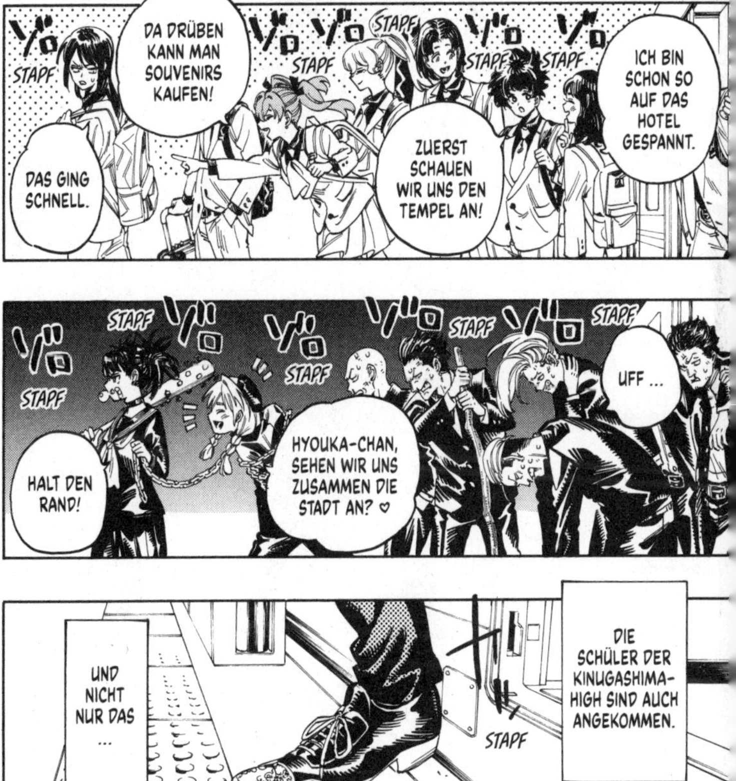

ICH BIN SCHON SO AUF DAS HOTEL GESPANNT.

STAPF

STAPF

ZUERST SCHAUEN WIR UNS DEN TEMPEL AN!

STAPF

STAPF

DA DRÜBEN KANN MAN SOUVENIRS KAUFEN!

STAPF

DAS GING SCHNELL.

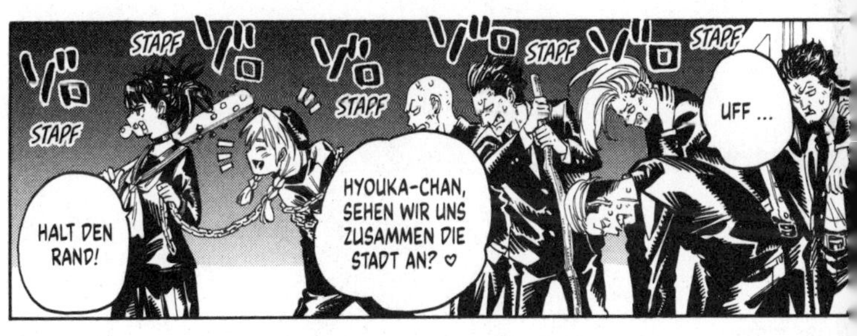

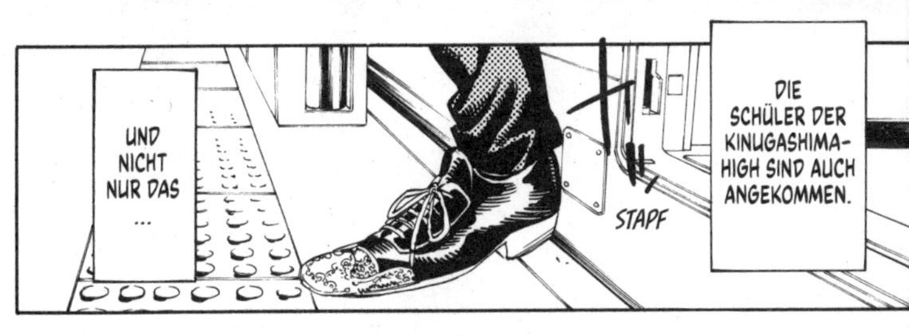

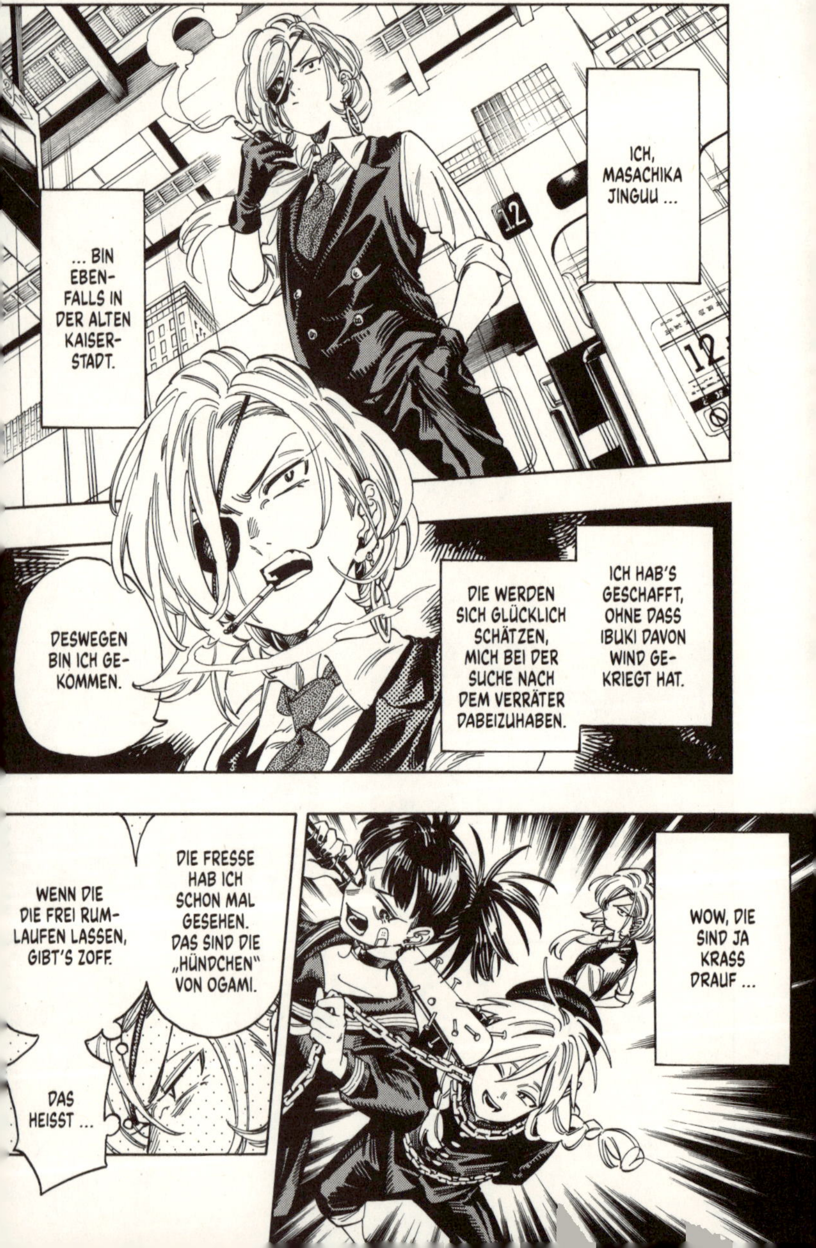

ICH, MASACHIKA JINGUU ...

... BIN EBENFALLS IN DER ALTEN KAISERSTADT.

ICH HAB'S GESCHAFFT, OHNE DASS IBUKI DAVON WIND GEKRIEGT HAT.

DIE WERDEN SICH GLÜCKLICH SCHÄTZEN, MICH BEI DER SUCHE NACH DEM VERRÄTER DABEIZUHABEN.

DESWEGEN BIN ICH GEKOMMEN.

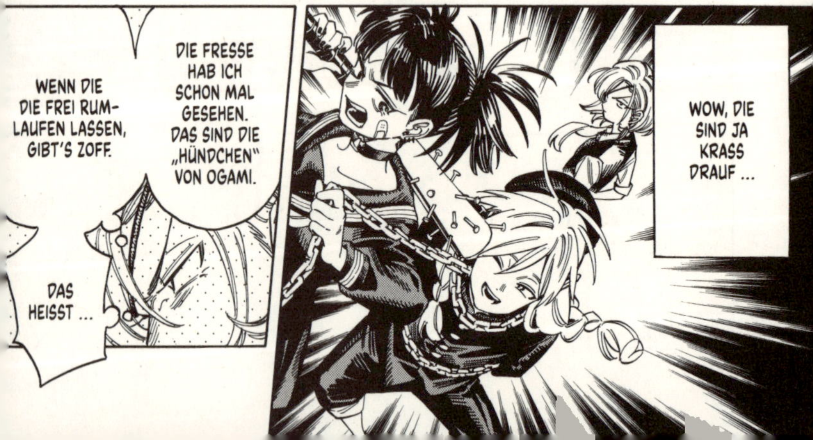

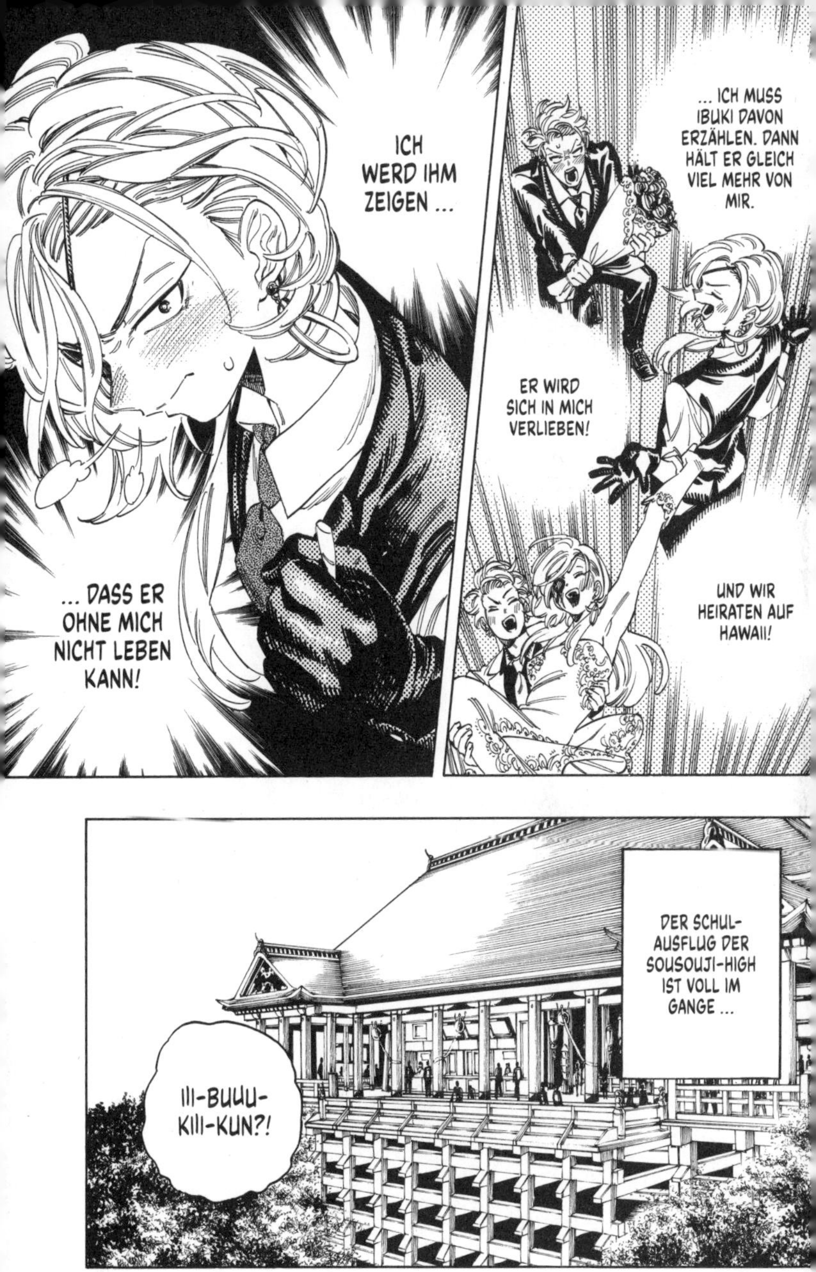

... ICH MUSS IBUKI DAVON ERZÄHLEN. DANN HÄLT ER GLEICH VIEL MEHR VON MIR.

ER WIRD SICH IN MICH VERLIEBEN!

UND WIR HEIRATEN AUF HAWAII!

ICH WERD IHM ZEIGEN ...

... DASS ER OHNE MICH NICHT LEBEN KANN!

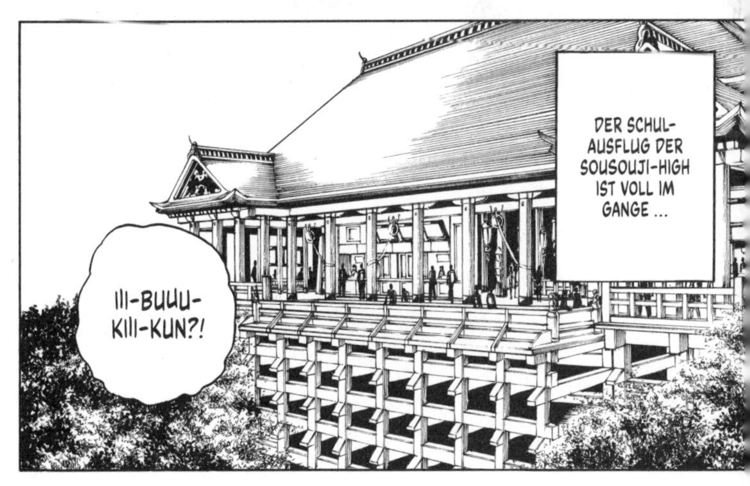

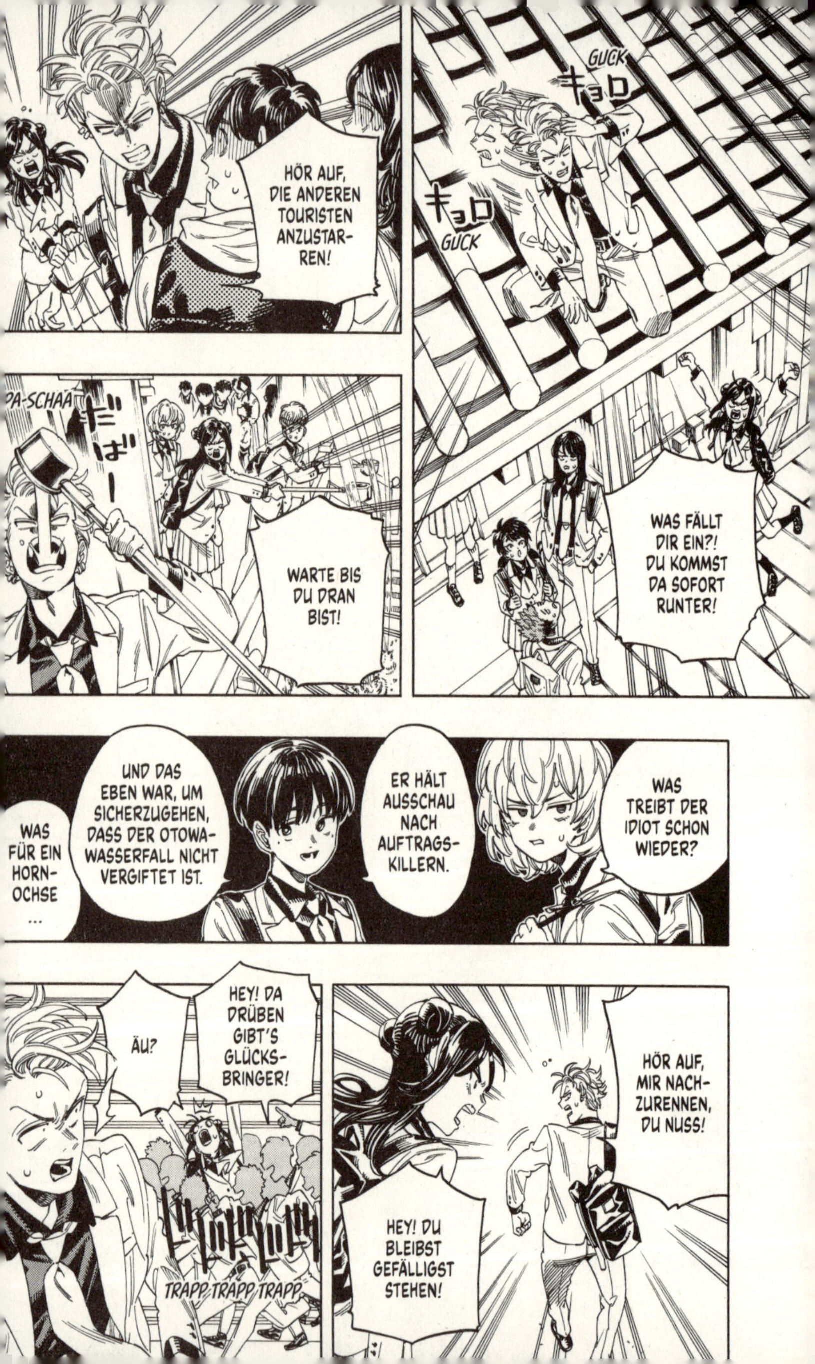

GUCK
キョロ
GUCK
キョロ
WAS FÄLLT DIR EIN?! DU KOMMST DA SOFORT RUNTER!
HÖR AUF, DIE ANDEREN TOURISTEN ANZUSTARREN!
PA-SCHAA
だばー
WARTE BIS DU DRAN BIST!

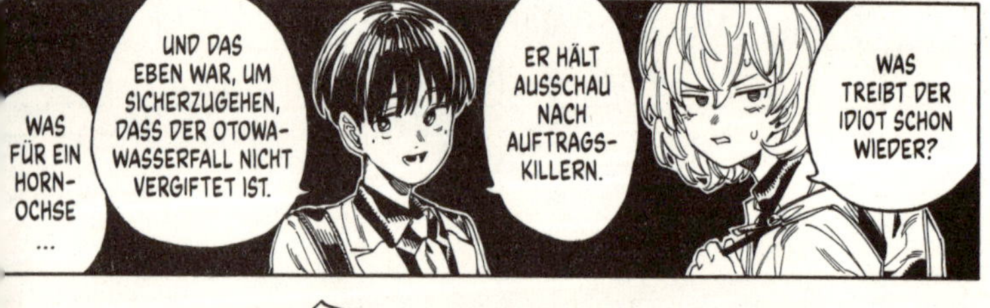

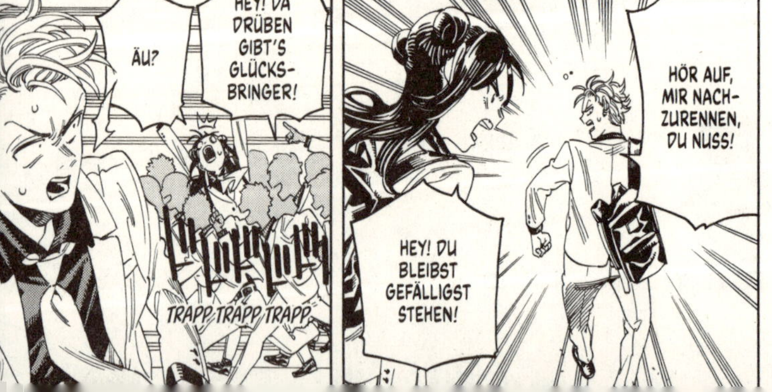

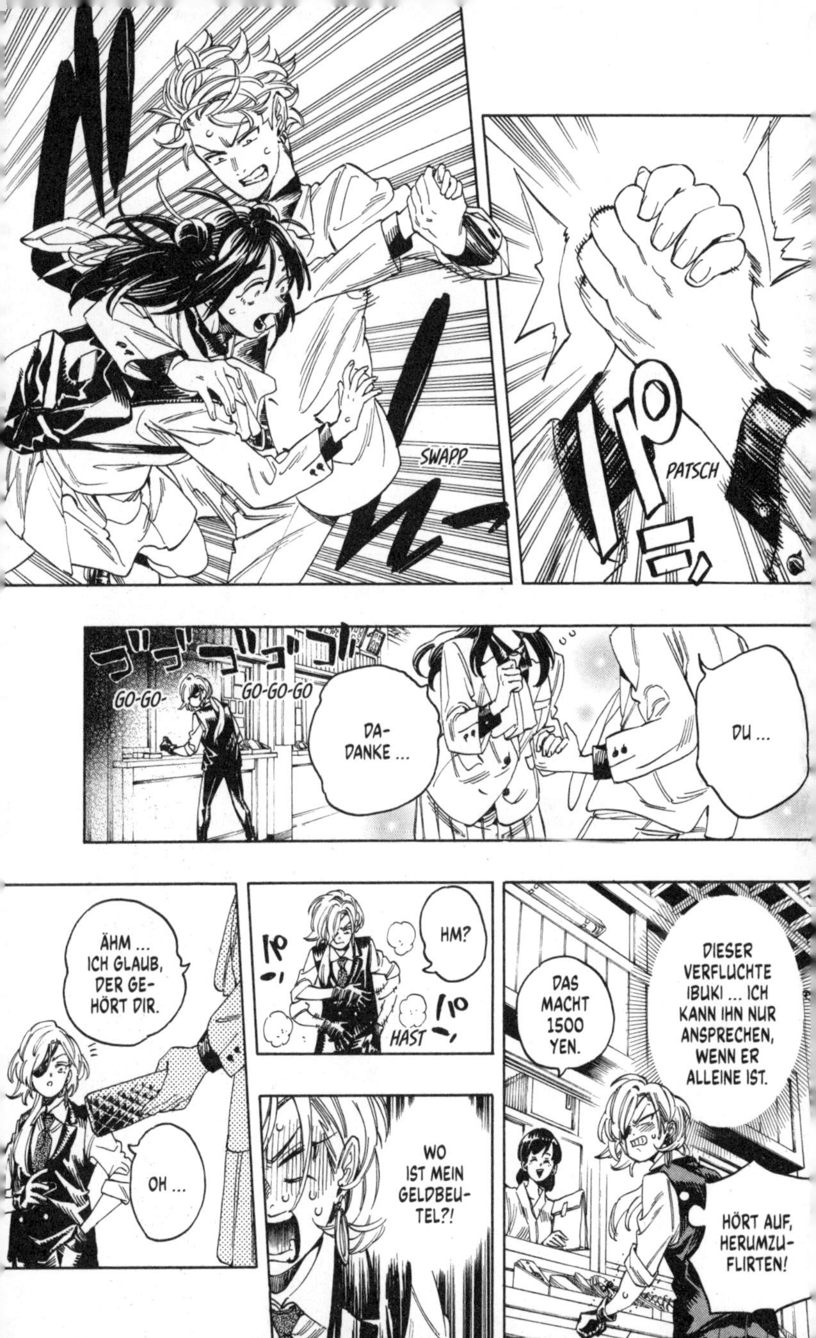
PATSCH
SWAPP
DU ...
DA-DANKE ...
GO-GO-GO
GO-GO-
DIESER VERFLUCHTE IBUKI ... ICH KANN IHN NUR ANSPRECHEN, WENN ER ALLEINE IST.
DAS MACHT 1500 YEN.
HÖRT AUF, HERUMZUFLIRTEN!
HM?
HAST
WO IST MEIN GELDBEUTEL?!
ÄHM ... ICH GLAUB, DER GEHÖRT DIR.
OH ...

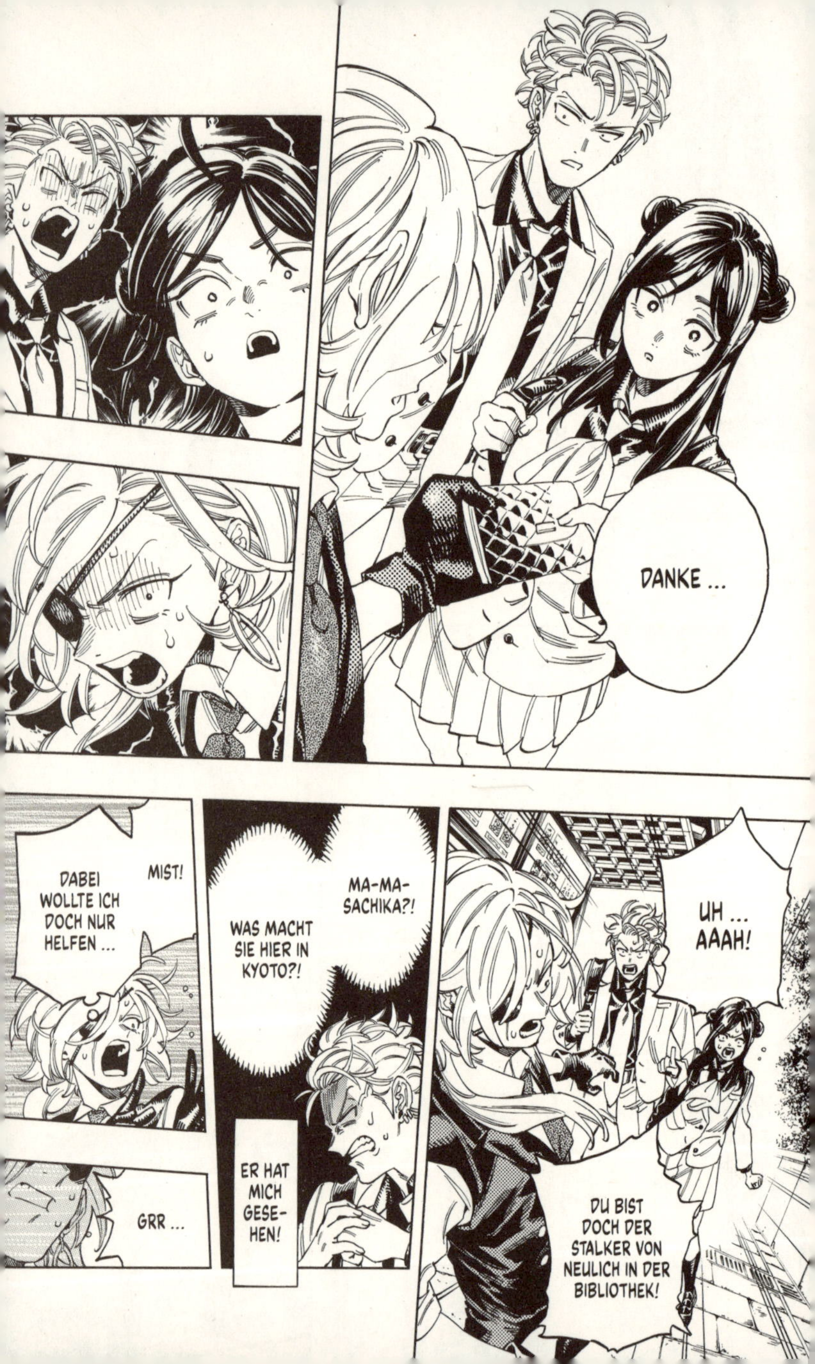

DANKE ...

UH ... AAAH!

DU BIST DOCH DER STALKER VON NEULICH IN DER BIBLIOTHEK!

MA-MA-SACHIKA?!

WAS MACHT SIE HIER IN KYOTO?!

ER HAT MICH GESEHEN!

MIST!

DABEI WOLLTE ICH DOCH NUR HELFEN ...

GRR ...

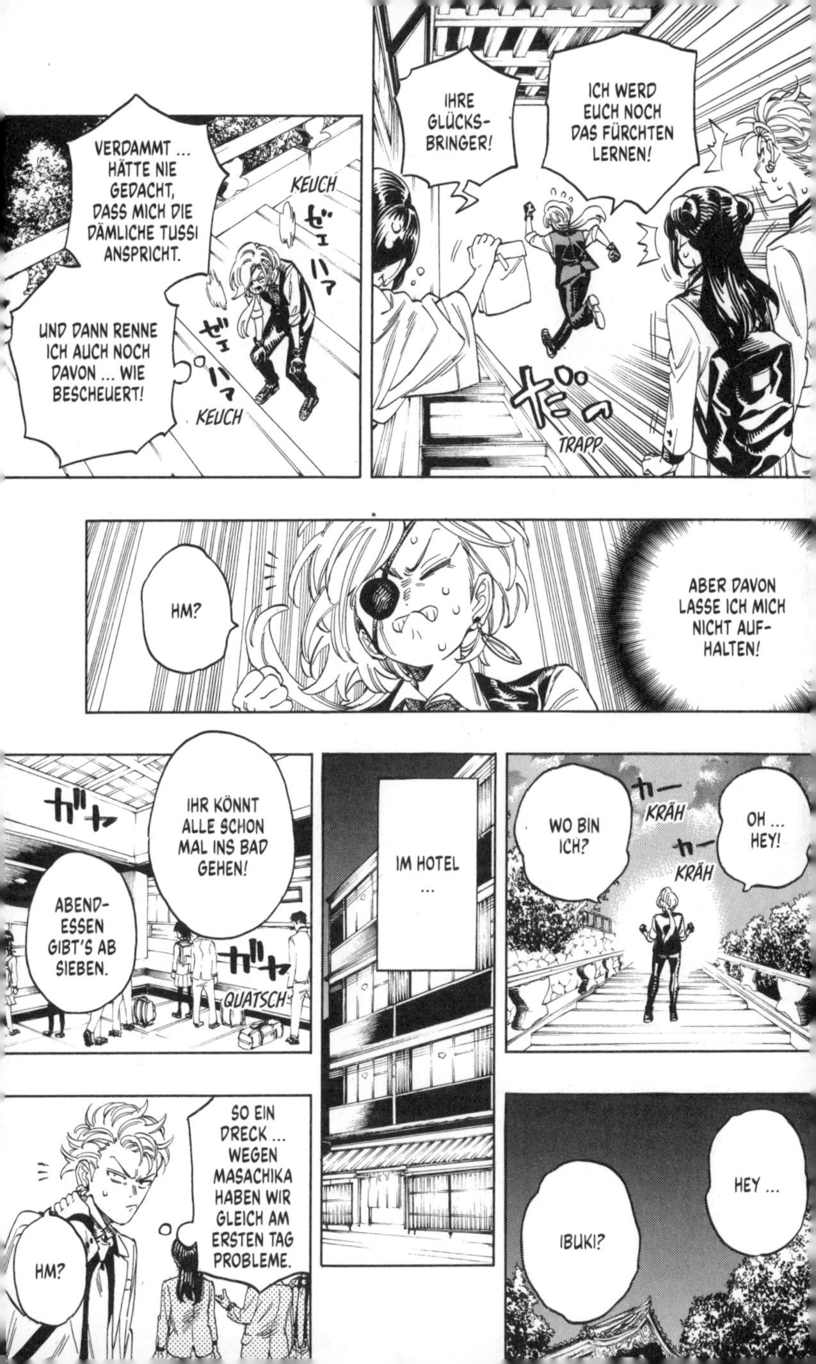

ICH WERD EUCH NOCH DAS FÜRCHTEN LERNEN!
IHRE GLÜCKS-BRINGER!
TRAPP
VERDAMMT … HÄTTE NIE GEDACHT, DASS MICH DIE DÄMLICHE TUSSI ANSPRICHT.
KEUCH
UND DANN RENNE ICH AUCH NOCH DAVON … WIE BESCHEUERT!
KEUCH
ABER DAVON LASSE ICH MICH NICHT AUFHALTEN!
HM?
OH … HEY!
KRÄH
KRÄH
WO BIN ICH?
IM HOTEL …
IHR KÖNNT ALLE SCHON MAL INS BAD GEHEN!
ABENDESSEN GIBT'S AB SIEBEN.
QUATSCH
HEY …
IBUKI?
SO EIN DRECK … WEGEN MASACHIKA HABEN WIR GLEICH AM ERSTEN TAG PROBLEME.
HM?

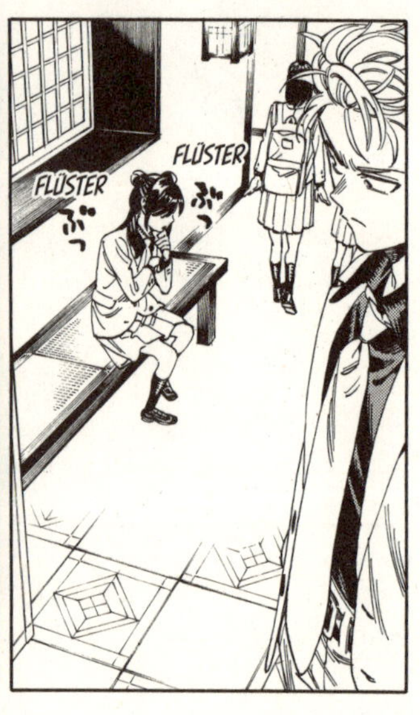
FLÜSTER
FLÜSTER

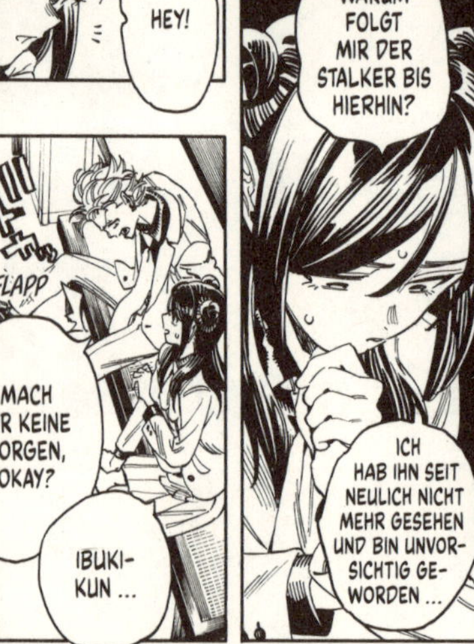
WARUM FOLGT MIR DER STALKER BIS HIERHIN?
ICH HAB IHN SEIT NEULICH NICHT MEHR GESEHEN UND BIN UNVORSICHTIG GEWORDEN ...

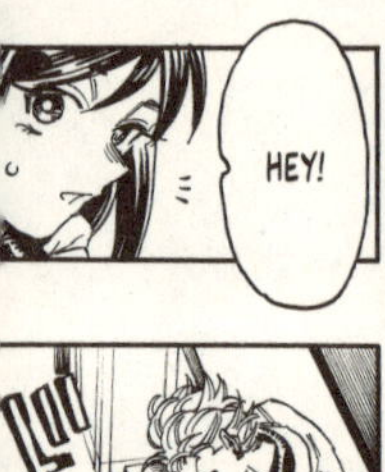
HEY!
PFLAPP
MACH DIR KEINE SORGEN, OKAY?
IBUKI-KUN ...

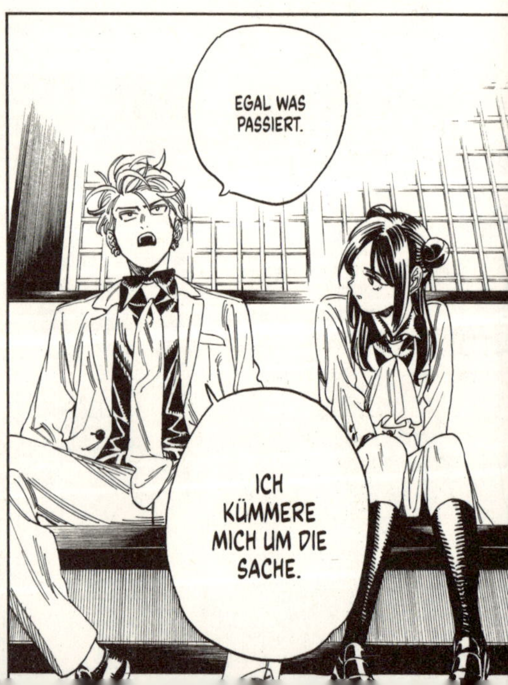
EGAL WAS PASSIERT.
ICH KÜMMERE MICH UM DIE SACHE.

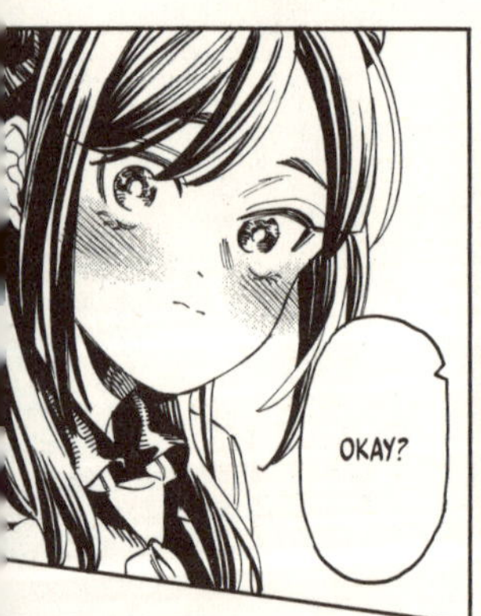
OKAY?

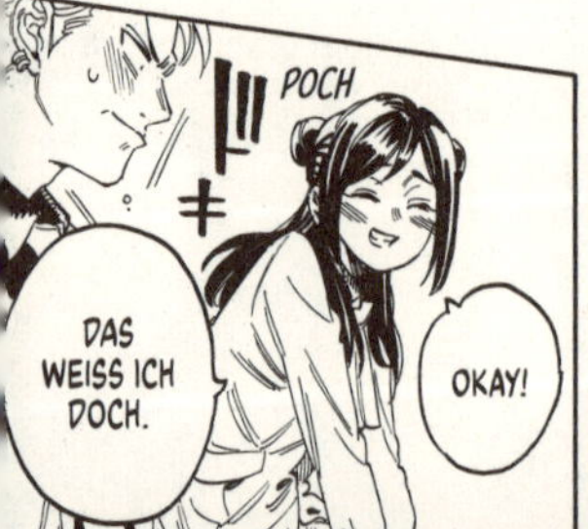
POCH
OKAY!
DAS WEISS ICH DOCH.

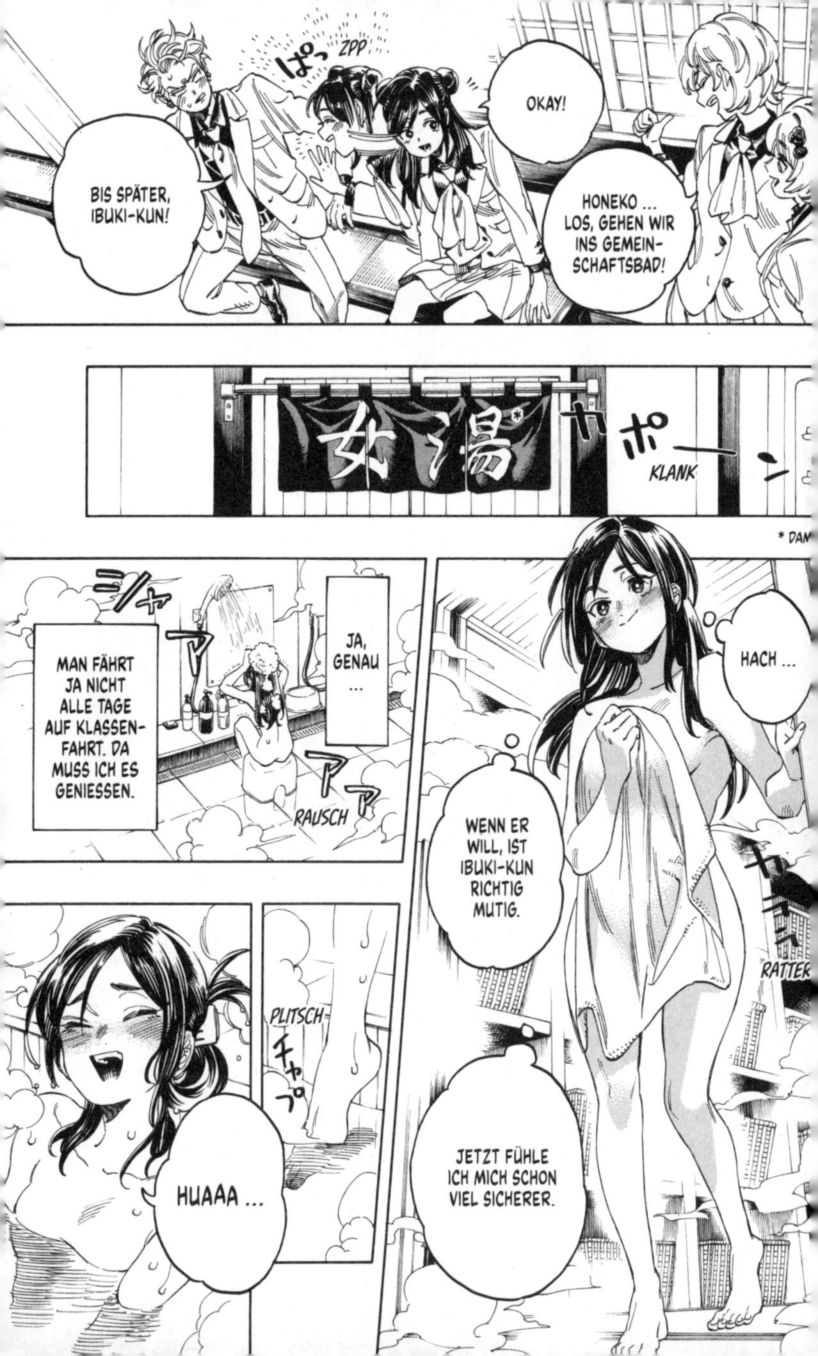
HONEKO ... LOS, GEHEN WIR INS GEMEINSCHAFTSBAD!
OKAY!
ぱっ
ZPP
BIS SPÄTER, IBUKI-KUN!
女湯*
カポーン
KLANK
* DAM
HACH ...
WENN ER WILL, IST IBUKI-KUN RICHTIG MUTIG.
JETZT FÜHLE ICH MICH SCHON VIEL SICHERER.
RATTER
JA, GENAU ...
MAN FÄHRT JA NICHT ALLE TAGE AUF KLASSENFAHRT. DA MUSS ICH ES GENIESSEN.
シャアア
RAUSCH
PLITSCH
チャプ
HUAAA ...

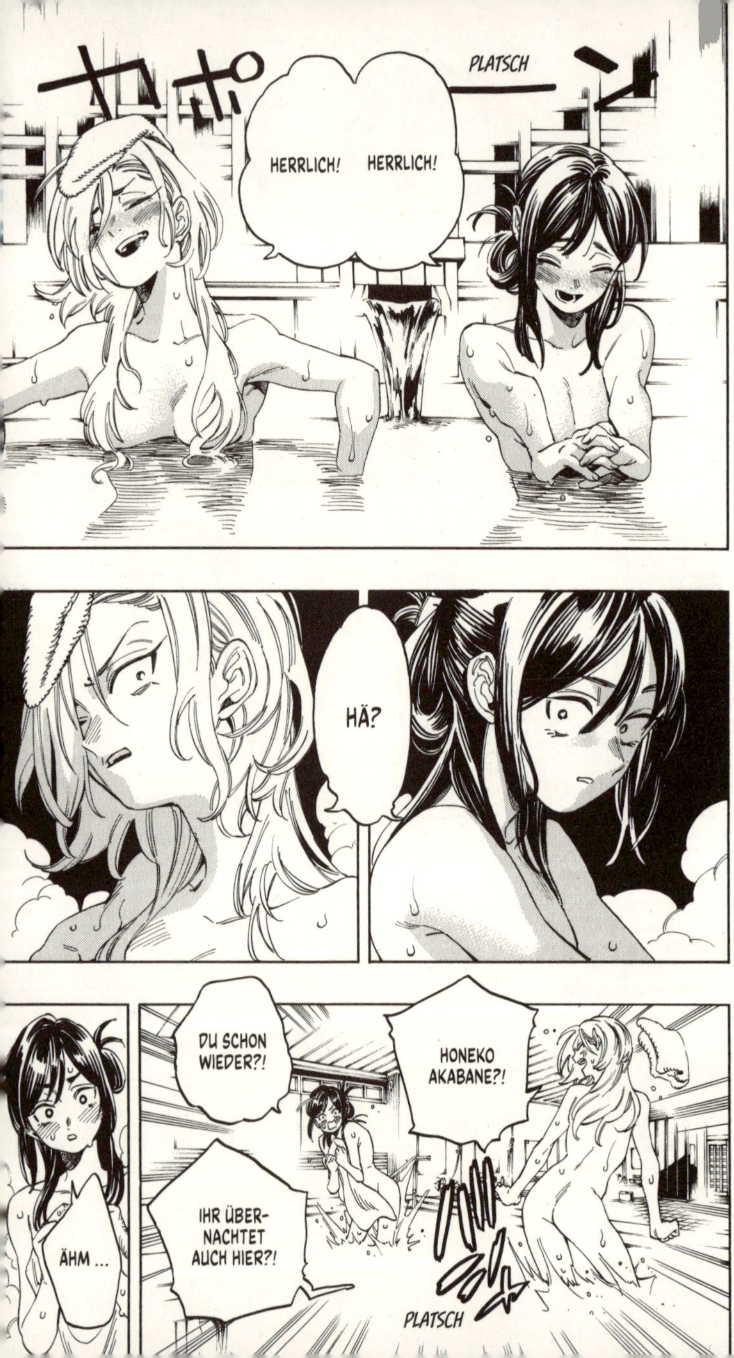

PLATSCH

HERRLICH! HERRLICH!

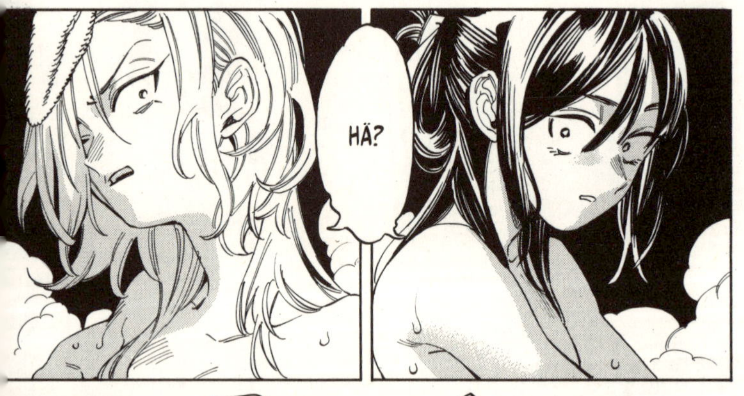

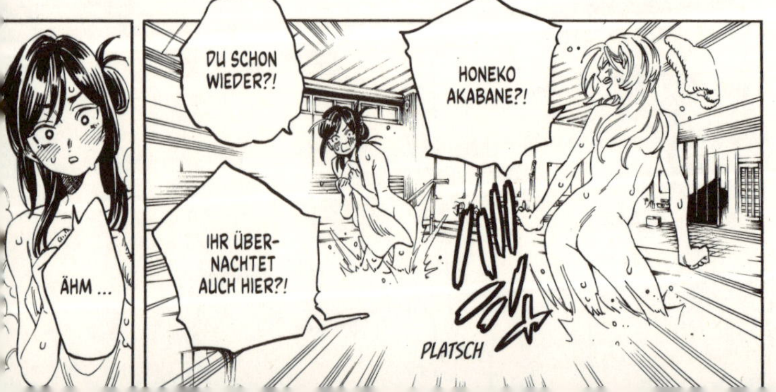

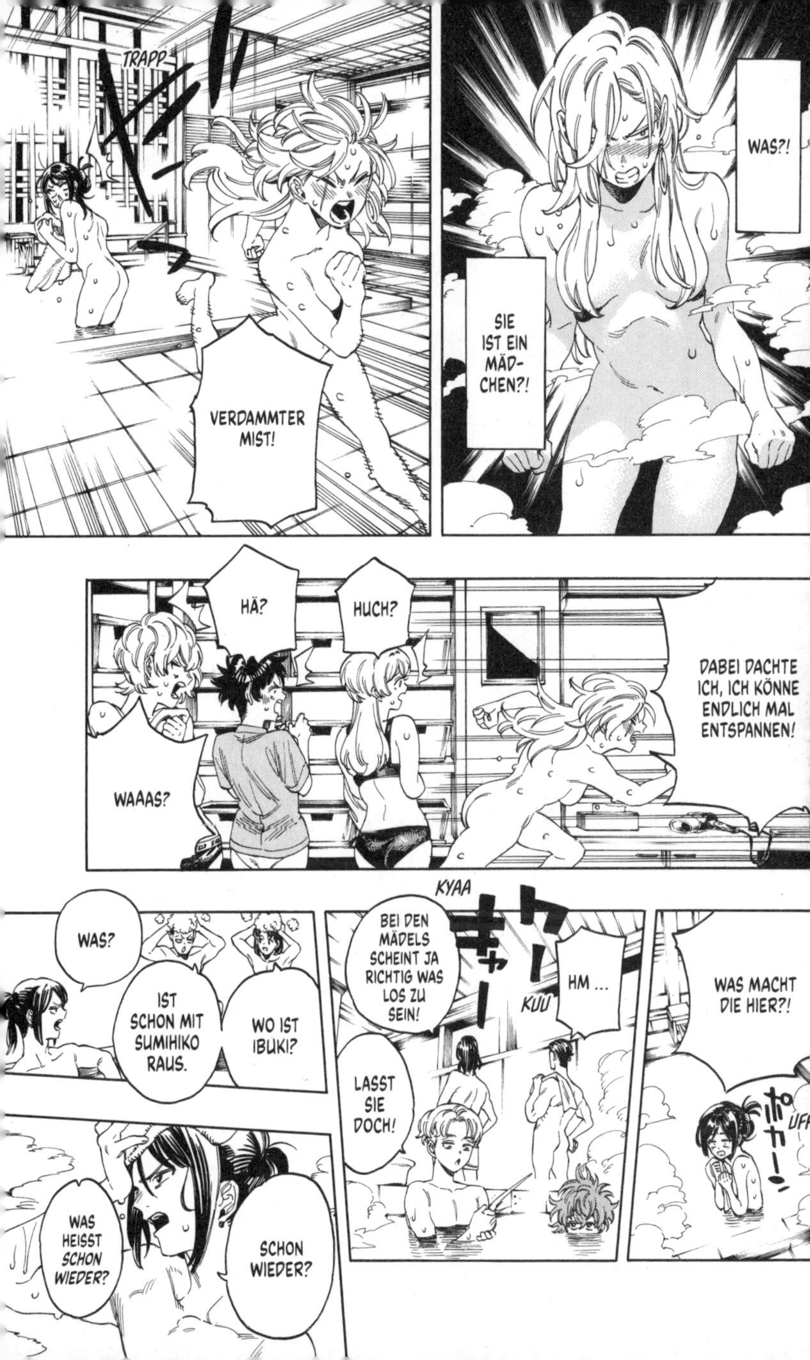
WAS?!
SIE IST EIN MÄDCHEN?!
TRAPP
VERDAMMTER MIST!
DABEI DACHTE ICH, ICH KÖNNE ENDLICH MAL ENTSPANNEN!
HUCH?
HÄ?
WAAAS?
WAS MACHT DIE HIER?!
UFF
KYAA
HM ...
KUU
BEI DEN MÄDELS SCHEINT JA RICHTIG WAS LOS ZU SEIN!
LASST SIE DOCH!
WO IST IBUKI?
IST SCHON MIT SUMIHIKO RAUS.
WAS?
SCHON WIEDER?
WAS HEISST SCHON WIEDER?

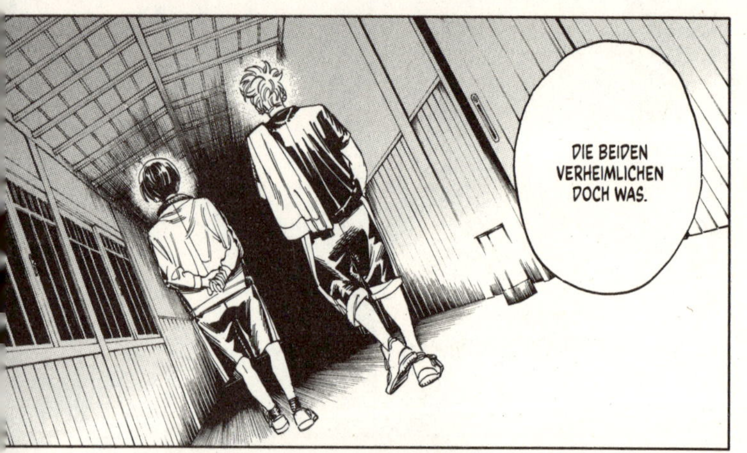

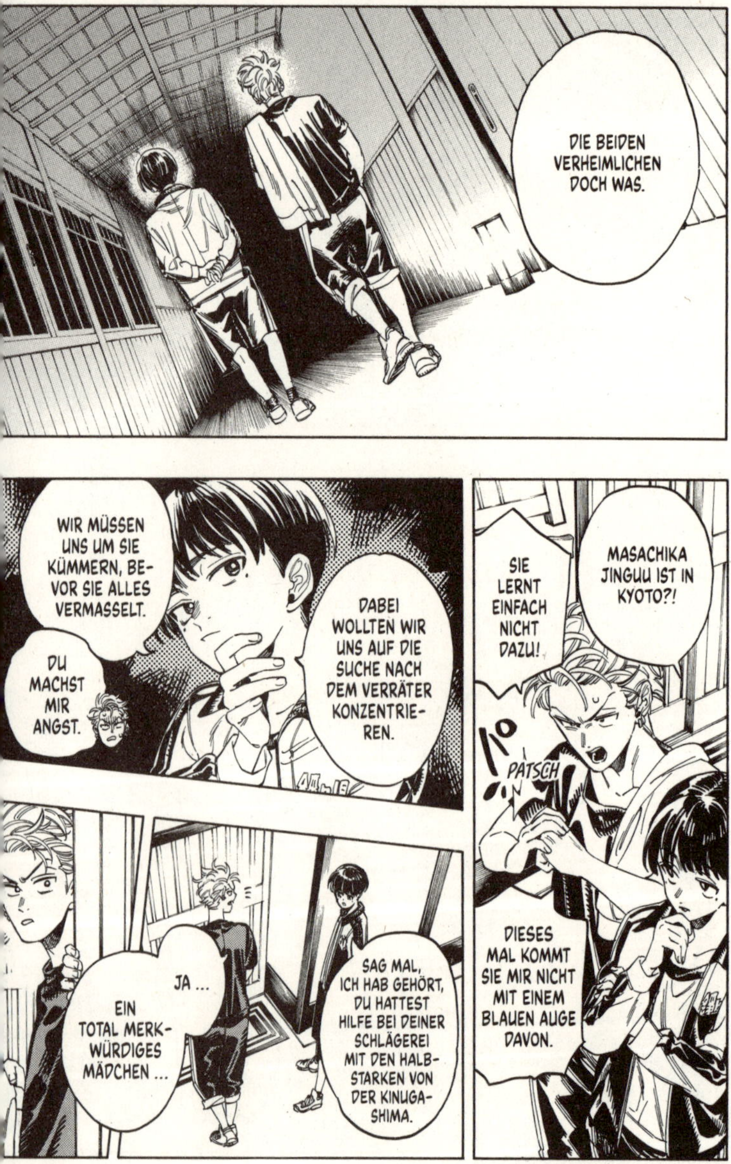

MASACHIKA JINGUU IST IN KYOTO?!
SIE LERNT EINFACH NICHT DAZU!
PATSCH
DIESES MAL KOMMT SIE MIR NICHT MIT EINEM BLAUEN AUGE DAVON.
DABEI WOLLTEN WIR UNS AUF DIE SUCHE NACH DEM VERRÄTER KONZENTRIEREN.
WIR MÜSSEN UNS UM SIE KÜMMERN, BEVOR SIE ALLES VERMASSELT.
DU MACHST MIR ANGST.
SAG MAL, ICH HAB GEHÖRT, DU HATTEST HILFE BEI DEINER SCHLÄGEREI MIT DEN HALBSTARKEN VON DER KINUGASHIMA.
JA ...
EIN TOTAL MERKWÜRDIGES MÄDCHEN ...

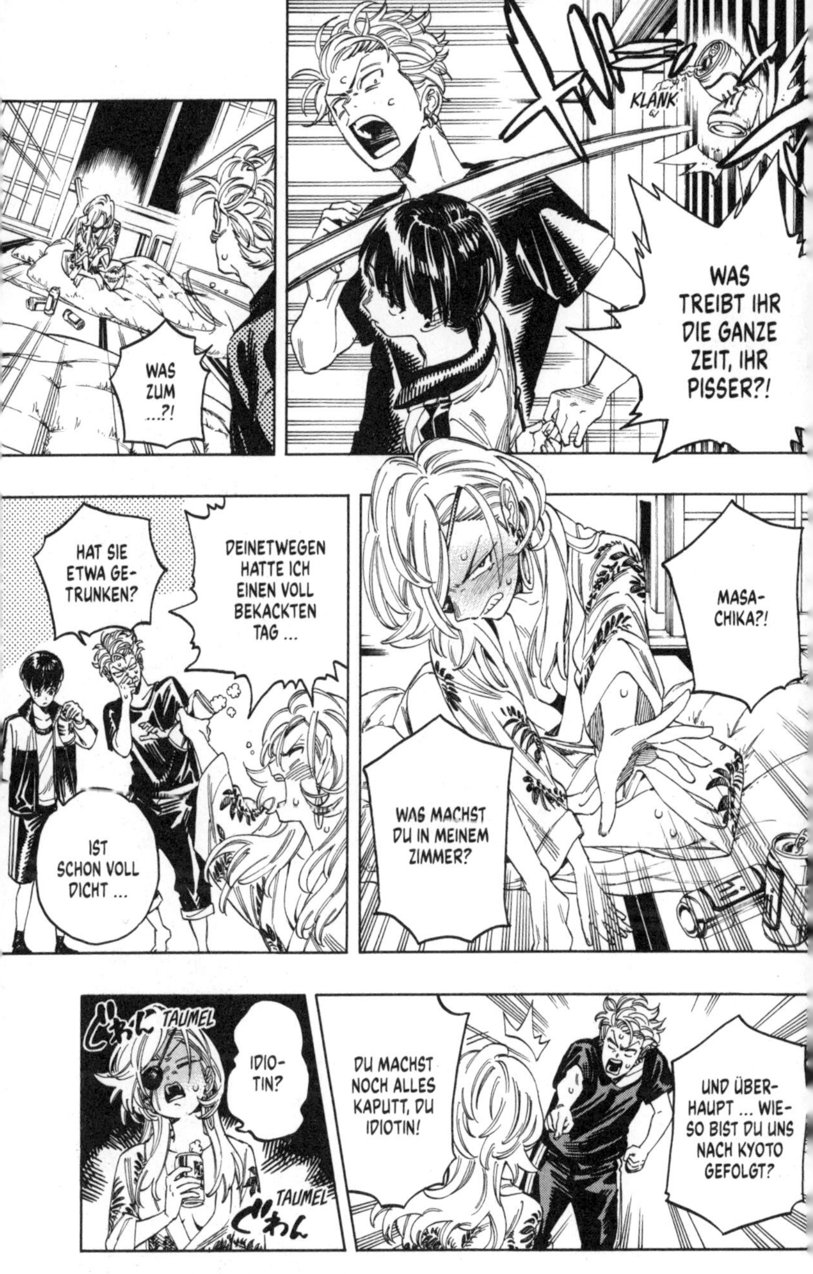

KLANK
WAS TREIBT IHR DIE GANZE ZEIT, IHR PISSER?!
WAS ZUM ...?!
MASACHIKA?!
WAS MACHST DU IN MEINEM ZIMMER?
DEINETWEGEN HATTE ICH EINEN VOLL BEKACKTEN TAG ...
HAT SIE ETWA GETRUNKEN?
IST SCHON VOLL DICHT ...
UND ÜBERHAUPT ... WIESO BIST DU UNS NACH KYOTO GEFOLGT?
DU MACHST NOCH ALLES KAPUTT, DU IDIOTIN!
ぐわん TAUMEL
IDIOTIN?
TAUMEL ぐわん

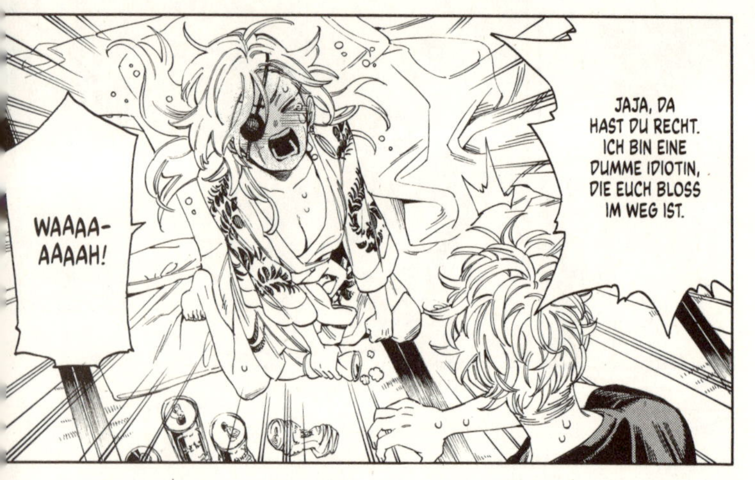
JAJA, DA HAST DU RECHT. ICH BIN EINE DUMME IDIOTIN, DIE EUCH BLOSS IM WEG IST.
WAAAA-AAAAH!

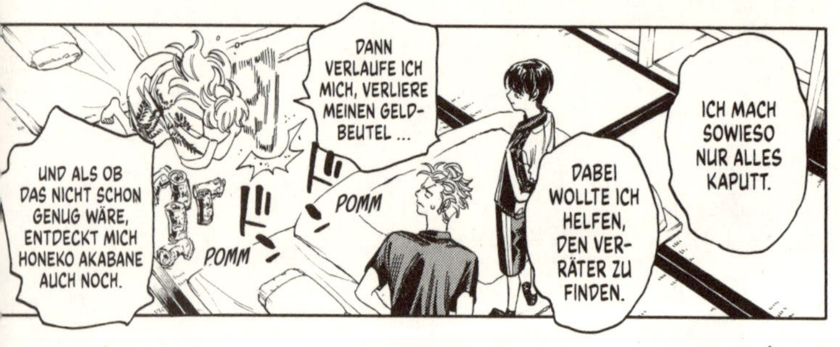
ICH MACH SOWIESO NUR ALLES KAPUTT.
DABEI WOLLTE ICH HELFEN, DEN VERRÄTER ZU FINDEN.
DANN VERLAUFE ICH MICH, VERLIERE MEINEN GELDBEUTEL ...
POMM
POMM
UND ALS OB DAS NICHT SCHON GENUG WÄRE, ENTDECKT MICH HONEKO AKABANE AUCH NOCH.

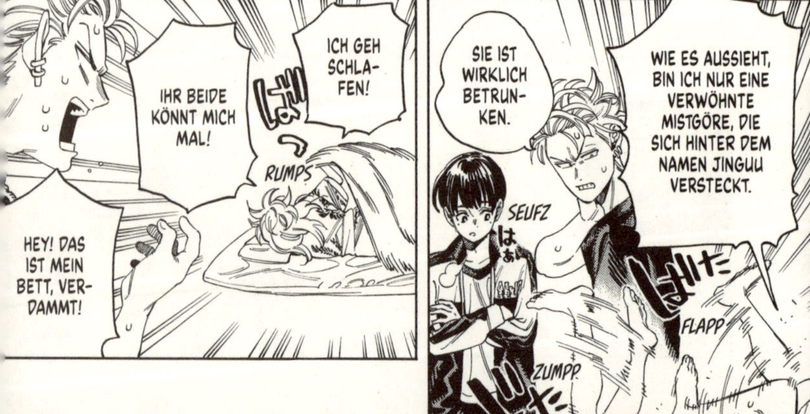
WIE ES AUSSIEHT, BIN ICH NUR EINE VERWÖHNTE MISTGÖRE, DIE SICH HINTER DEM NAMEN JINGUU VERSTECKT.
SIE IST WIRKLICH BETRUNKEN.
SEUFZ
FLAPP
ZUMPP
ICH GEH SCHLAFEN!
IHR BEIDE KÖNNT MICH MAL!
RUMPS
HEY! DAS IST MEIN BETT, VERDAMMT!

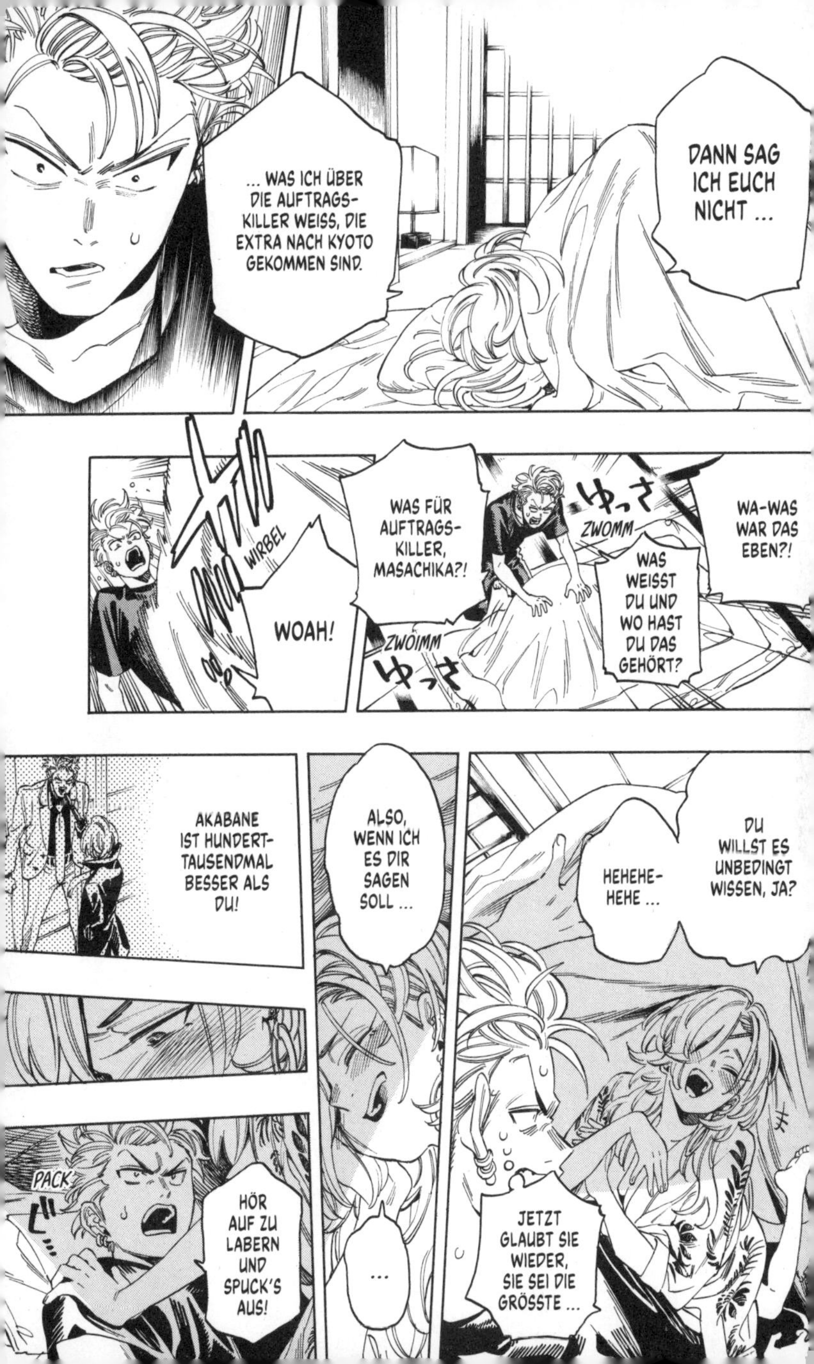
DANN SAG ICH EUCH NICHT …
… WAS ICH ÜBER DIE AUFTRAGS-KILLER WEISS, DIE EXTRA NACH KYOTO GEKOMMEN SIND.
WA-WAS WAR DAS EBEN?!
ゆっさ
ZWOMM
WAS WEISST DU UND WO HAST DU DAS GEHÖRT?
ZWOIMM
ゆっさ
WAS FÜR AUFTRAGS-KILLER, MASACHIKA?!
WIRBEL
WOAH!
DU WILLST ES UNBEDINGT WISSEN, JA?
HEHEHE-HEHE …
ALSO, WENN ICH ES DIR SAGEN SOLL …
AKABANE IST HUNDERT-TAUSENDMAL BESSER ALS DU!
JETZT GLAUBT SIE WIEDER, SIE SEI DIE GRÖSSTE …
…
HÖR AUF ZU LABERN UND SPUCK'S AUS!
PACK

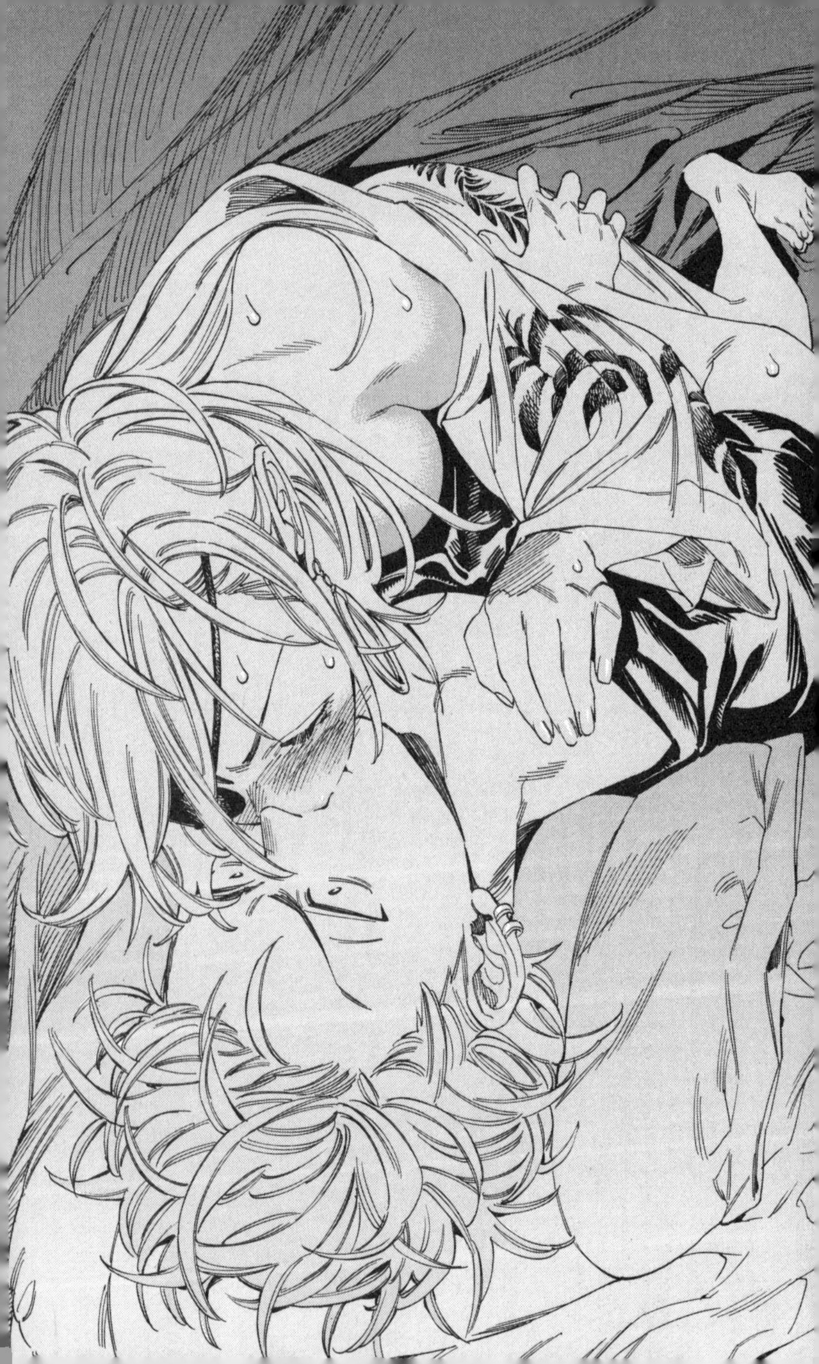

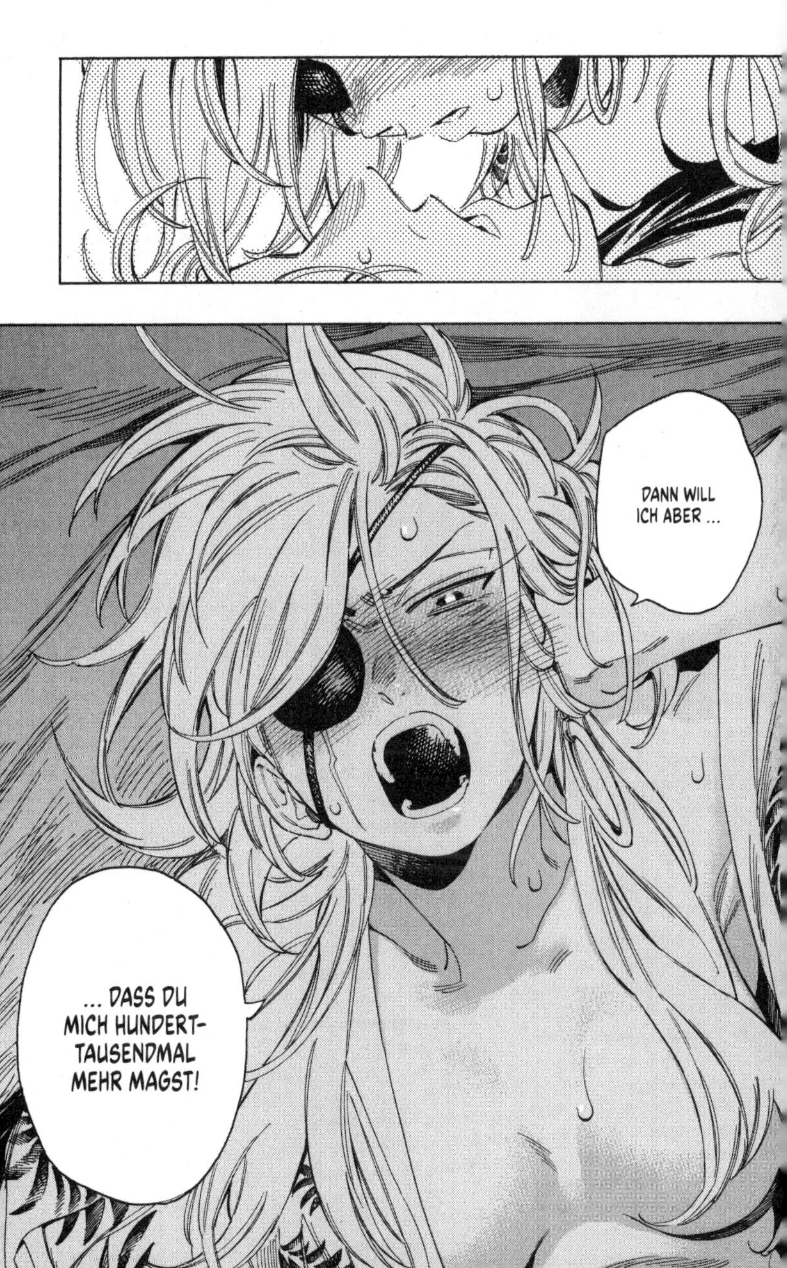
DANN WILL ICH ABER …
… DASS DU MICH HUNDERT-TAUSENDMAL MEHR MAGST!

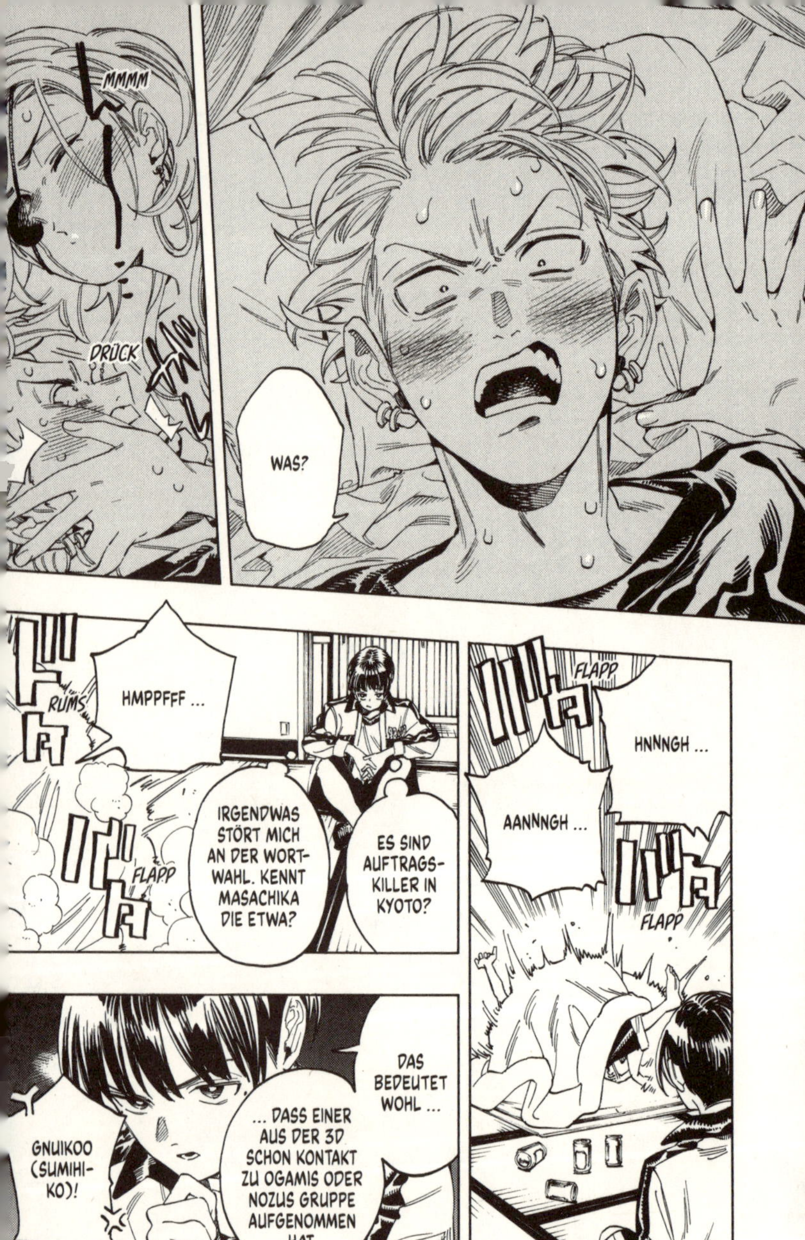
MMMM
WAS?
DRÜCK
RUMS
HMPPFFF ...
FLAPP
HNNNGH ...
AANNNGH ...
FLAPP
ES SIND AUFTRAGS-KILLER IN KYOTO?
IRGENDWAS STÖRT MICH AN DER WORT-WAHL. KENNT MASACHIKA DIE ETWA?
FLAPP
DAS BEDEUTET WOHL ...
... DASS EINER AUS DER 3D SCHON KONTAKT ZU OGAMIS ODER NOZUS GRUPPE AUFGENOMMEN HAT.
GNUIKOO (SUMIHI-KO)!

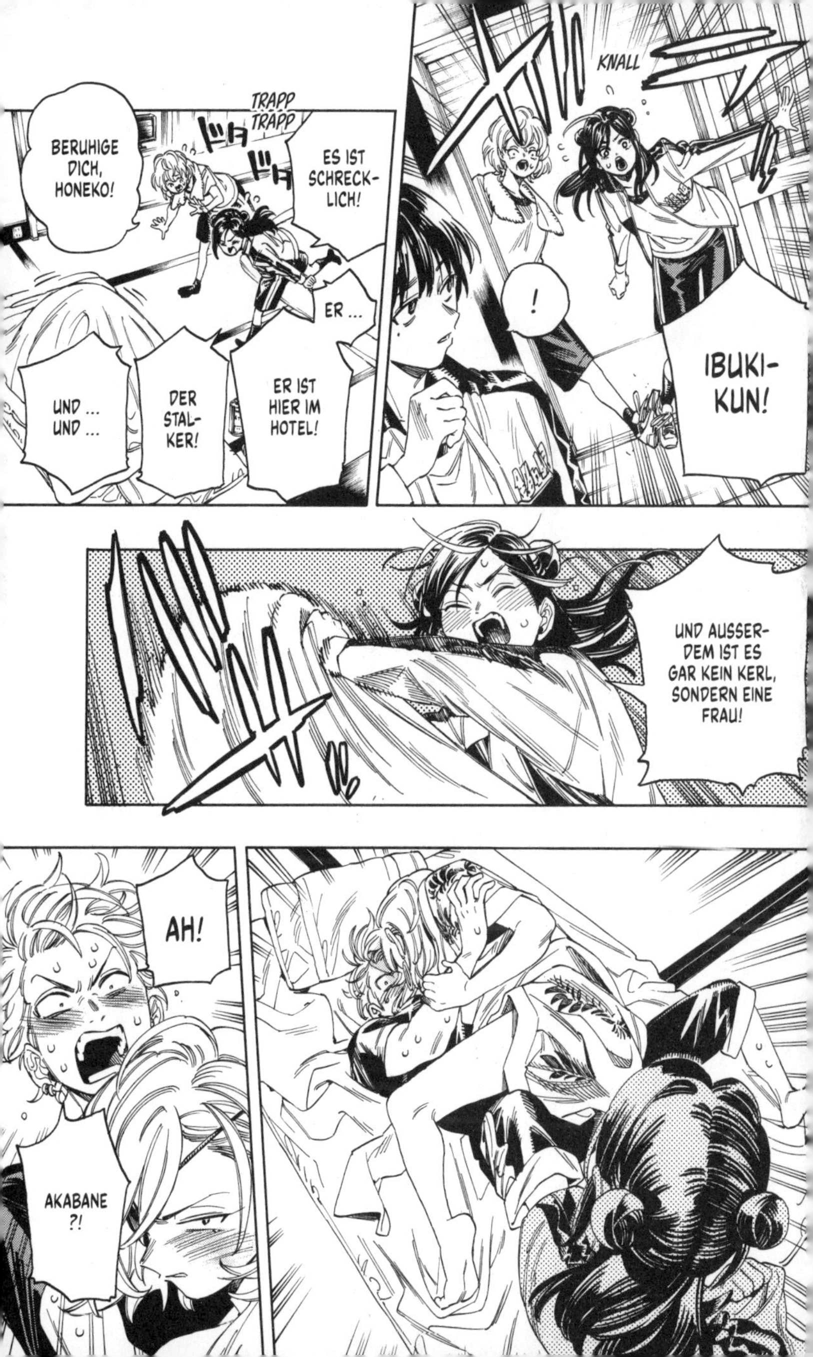

KNALL

!

IBUKI-KUN!

TRAPP TRAPP

ES IST SCHRECK-LICH!

BERUHIGE DICH, HONEKO!

ER ...

ER IST HIER IM HOTEL!

DER STAL-KER!

UND ... UND ...

UND AUSSER-DEM IST ES GAR KEIN KERL, SONDERN EINE FRAU!

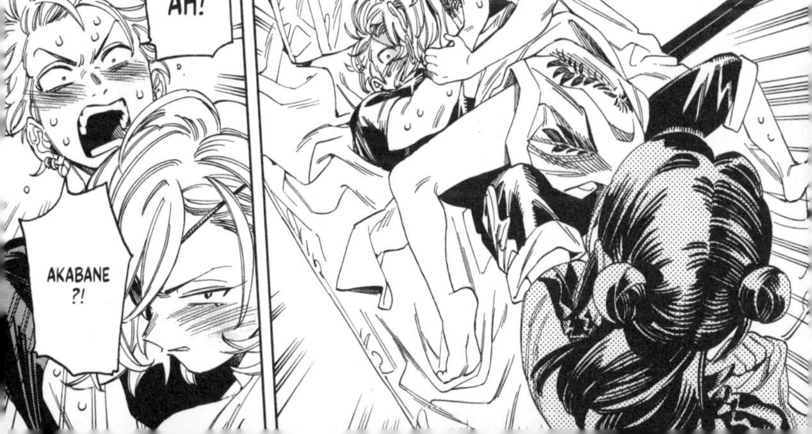

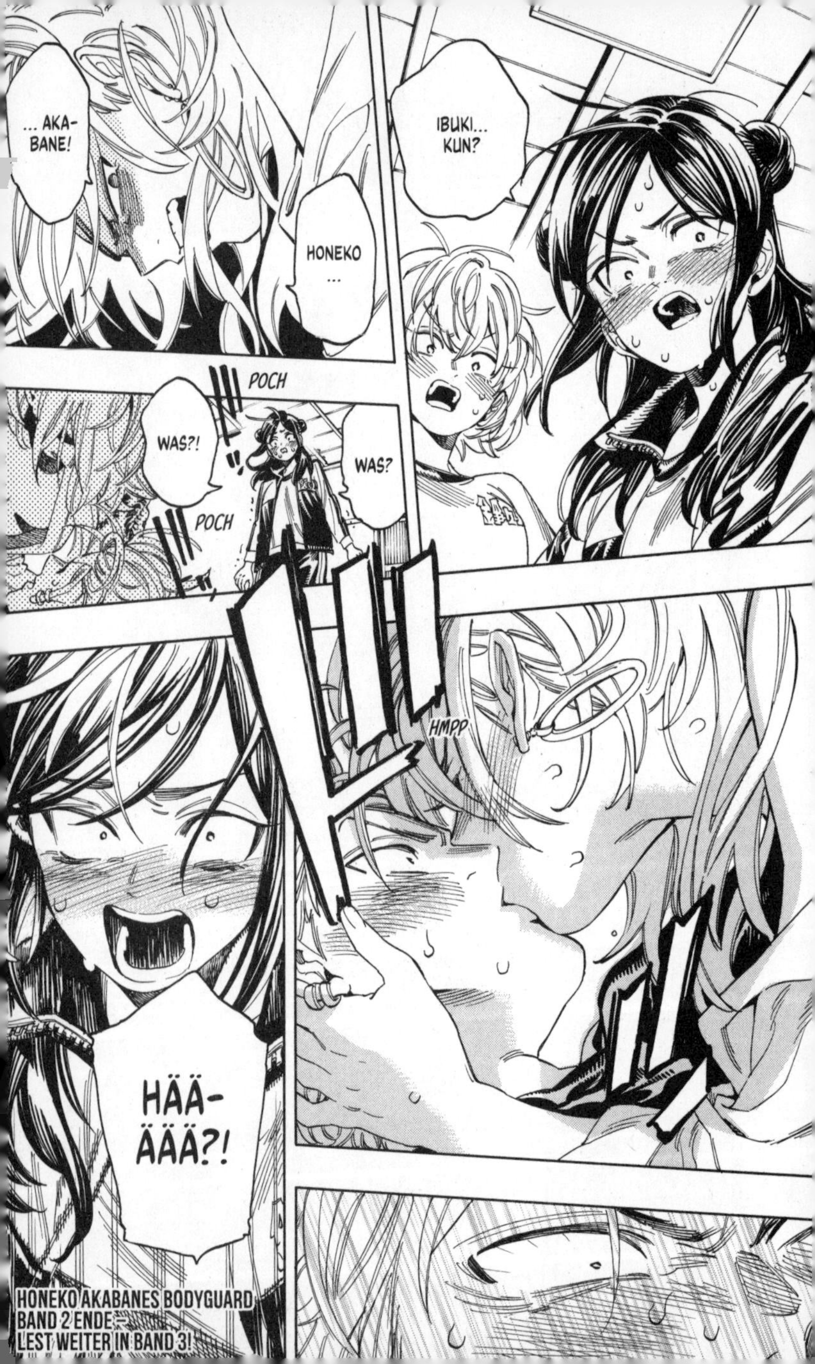
IBUKI... KUN?
HONEKO ...
... AKA-BANE!
WAS?
POCH
WAS?!
POCH
HMPP
HÄÄ-ÄÄÄ?!
HONEKO AKABANES BODYGUARD BAND 2 ENDE – LEST WEITER IN BAND 3!

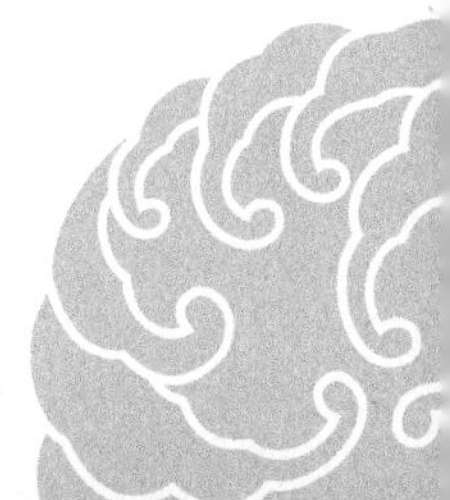

ACHTUNG!

Dieser Comic wird wie im Original gelesen:
von rechts nach links,
also fangt einfach von der anderen Seite des Buches an
und stürzt euch in die Welt von

HONEKO AKABANES BODYGUARD

HONEKO AKABANES BODYGUARD erscheint bei **PANINI MANGA**, Schloßstraße 76, D-70176 Stuttgart. HONEKO AKABANES BODYGUARD wird unter Lizenz in Deutschland von PANINI Verlags-GmbH veröffentlicht. Druck: LEGO PRINT S.p.A. Direkt-Abos auf **www.paninimanga.de**. Geschäftsführer **Hermann Paul**, Publishing Director Europe **Marco M. Lupoi**, Finanzen/Logistik **Felix Bauer**, Marketing Director **Holger Wiest**, Marketing **Dr. Rebecca Haar**, **Jessica Langer**, Vertrieb **Alexander Bubenheimer**, PR/Presse **Steffen Volkmer**, Publishing Manager **Lisa Pancaldi**, Redaktion **Marlene Eggertsberger**, **Stephanie Jakob**, **Matthias Korn**, **Philipp Nakata**, **Daniela Uhlmann**, Übersetzung **Benjamin Rusch**, Proofreading **Jan Lukas Kuhn**, grafische Gestaltung **Rudy Remitti**, **Nicola Spano**, Art Director **Alessandro Gucciardo**, Redaktion Panini Comics **Elisa Panzani**, **Ludovica Ungari**, Repro/Packager **Alessandro Nalli** (coordinator), **Anna Boselli**, **Mario Da Rin Zanco**, **Valentina Esposito**, **Luca Ficarelli**, **Simone Guidetti**, **Linda Leporati**, **Fabio Melatti**. **ISBN** 978-3-7416-3695-0

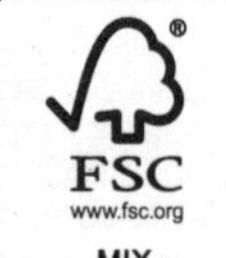

1. Auflage

Bibliografische Information der Deutschen Nationalbibliothek
Die Deutsche Nationalbibliothek verzeichnet diese Publikation in der Deutschen Nationalbibliografie; detaillierte bibliografische Daten sind im Internet über dnb.d-nb.de abrufbar.